日興門流と創価学会

須田晴夫

鳥影社

はじめに

本書は、書名の通り、日蓮の後継者である日興から創価学会に至るまでの思想史を概観した書である。

以前に、日蓮の事跡と思想についてまとめたものを『新版　日蓮の思想と生涯』として上梓した。本書は、いわばその続編に当たるものである。

日蓮は、周知のように、入滅に先立って本弟子六人を定めたが、日蓮が遺言した本弟子による墓所の香華輪番は実際には行われず、日蓮入滅から八年後に当たる日興の身延離山後、日興と他の五人（五老僧）との意見の相違は決定的なものとなった。日興は富士方面を拠点に布教と門下の育成に努め、日興門流を形成した。

同門流の根本教義は日蓮から日興に伝えられたとされる相伝書に基づいている。そこで本書では、代表的な相伝書である「本因妙抄」「百六箇抄」「御本尊七箇相承」の読解を試みることにした。また、日興門流の教義を体系化した日寛教学についても考察してみた。

今日、日蓮が創始した仏教を日本と世界に広げ、大きな影響力を持つ創価学会と創価学会インタナショナル（ＳＧＩ）は、この日興門流を源流にしている。創価学会は日蓮を末法の本仏（教主）と仰ぎ、日興を末法の僧宝とする日興門流の教義を継承し、基盤にして自身の思想を形成してきた。一九九一年に日蓮正宗から分離・独立するまで、創価学会は日蓮正宗の信徒団体であった。その故に創価学会は、創立されたのは一九三〇年だが、伝統宗教と断絶した単なる新宗教ではない。

一方で創価学会は、日蓮・日興の教義について、牧口初代会長による価値論、戸田第二代会長による生命論、池田第三代会長による人間主義などの視点を加えて現代的に捉え直し、日蓮仏法を現代に適合した普遍的な世界宗教として提示しつつある。そこで、その創価学会の思想的独自性についても触れることとした。

もとより八百年近くに及ぶ教団と思想の歴史は複雑多岐にわたり、容易にその全貌をつかめるものではないが、本書ではなるべく簡潔にその概要を記述してみた。

本書が、日蓮の仏教と創価学会をより深く理解する上で、何らかの役に立てれば幸いである。

二〇一八年二月十六日　日蓮生誕の日に

著者記す

はじめに

目次

第一章　日興と五老僧の対立（五一相対）　9
第一節　本弟子六人の事績　9
第二節　五一相対の概要と背景　14
1　「天台沙門」の呼称　16
2　国家安泰の祈禱（祈国）　20
3　神社参詣を巡る問題　21
4　御書に対する姿勢の相違　23
5　本尊観の相違　24
6　修行観の相違　31
7　曼荼羅本尊の書き方の相違　33
8　五一相対の背景　34
第二章　日蓮と相伝法門　38
第三章　本因妙抄　44
第一節　文献の考察　44
第二節　本文の読解　49
第四章　百六箇抄　87
第一節　文献の考察　87
第二節　本文の読解　90
第五章　御本尊七箇相承　160
第六章　日興の思想と行動　177
第一節　日興の著述　177
第二節　日興の行動　181
第七章　日興の直弟子の思想　183
第一節　三位日順　183
第二節　その他の直弟子　185
第八章　日尊門流の思想　187
第九章　第九世日有と左京日教　190
第一節　第九世日有　190
1　日蓮本仏論　190
2　曼荼羅本尊正意　192
3　人法一箇　192
4　本因妙思想　193

5　本末制度　195
第二節　左京日教　198
第十章　保田妙本寺系の思想　202
第一節　日郷　202
第二節　日要　203
第三節　日我　204
第十一章　稚児貫首と要法寺出身貫首　207
第一節　稚児貫首　207
第二節　要法寺出身貫首　208
第十二章　第二十六世日寛の思想　210
第一節　日寛の経歴　210
第二節　「六巻抄」の概要　211
1　「三重秘伝抄」　213
2　「文底秘沈抄」　218
（1）本門の本尊篇　219
（2）本門の戒壇篇　221
（3）本門の題目篇　222
3　「依義判文抄」　222
4　「末法相応抄」　227
（1）一部読誦の破折　227
（2）造仏論の破折　228
5　「当流行事抄」　231
（1）「方便品篇」　231
（2）「寿量品篇」　233
（3）「唱題篇」　236
6　「当家三衣抄」　236
第三節　日寛教学への批判　238
第四節　戒壇本尊について　240
第五節　日寛教学の位置づけ　245
第十三章　日寛前後の富士門流　248
第一節　江戸時代の富士門流　248
第二節　明治期以降の富士門流　250
第十四章　創価学会の出現　253
第一節　牧口常三郎の事績　254
1　教育者への道　254
2　『人生地理学』の発刊　255
3　再び教育の現場に　258
第二節　戸田城聖の事績　260
1　実業から教育の世界へ　260
2　牧口常三郎との出会い　261
第三節　創価教育学会の創立　263

1　日蓮仏法に入信　263
2　『創価教育学体系』の発刊　265
第四節　価値創造の思想――牧口価値学説　269
利　美　善　273

第十五章　戦時下の創価教育学会　279
第一節　宗教弾圧の背景と経過　279
第二節　牧口の獄中闘争と殉教　284
第三節　戸田の獄中闘争と悟達　287

第十六章　創価学会の発展　294
第一節　戸田の出獄と学会の再建　294
第二節　第二代会長に就任　296
第三節　池田大作の事績　301
1　苦難の青春時代　301
2　戸田城聖との出会い　302
3　学会発展の原動力として活躍　304
4　海外布教と教育・文化運動の展開　306

第十七章　日蓮正宗からの分離・独立　308
第一節　創価学会破門処分の経過と背景　308
第二節　破門処分の理由　311
第三節　団体としての創価学会　314

付論　宮田論文への疑問
――日蓮本仏論についての一考察　319

資料　三大章疏七面相承口決　365
参考文献　375
事項索引　人名索引

凡例

一、日蓮遺文（御書）の引用は創価学会版『日蓮大聖人御書全集』（堀日亨編）による。書名を示さずページ数のみ示すものは同書の引用であることを示す。ただし、読み易さを考慮して、句読点を整え、送り仮名を加えるなどした。副詞など漢字を平仮名に改めた箇所もある。また、仮名づかいも現代仮名づかいに改めた。漢文は読み下しにした場合もある。

一、法華経の引用は創価学会版『妙法蓮華経並開結』（創価学会教学部編）による。読み下し文は改めたものもある。

一、『富士宗学要集』『日興上人全集』『歴代法主全書』『六巻抄』『日寛上人文段集』『日蓮宗宗学全書』『牧口常三郎全集』『価値論』『戸田城聖全集』の引用は、御書と同様に句読点・送り仮名などを改めた。

一、御書の題号および仏教用語の読み方については『仏教哲学大辞典　第三版』（創価学会）を参照した。

日興門流と創価学会

第一章　日興と五老僧の対立(五一相対)

第一節　本弟子六人の事績

日興《にっこう》の真筆が現存する「宗祖御遷化記録」に明らかなように、入滅を目前にした日蓮は、弘安《こうあん》五（一二八二）年十月八日、日昭《にっしょう》（一二二一～一三二三）・日朗《にちろう》（一二四五～一三二〇）・日興（一二四六～一三三三）・日向《にこう》（一二五三～一三一四）・日頂《にっちょう》（一二五二～一三一七）・日持《にちじ》（一二五〇～？）の六人を本弟子として定めたが、日蓮仏法の理解において日興と他の五人（五老僧）は大きく異なっていた。

『三師御伝土代《さんしごでんどだい》』（一三三三年成立、成立年代には異説あり）、『高祖年譜攷異《こうそねんぷこうい》』（一七七九年成立）、『御書略註《ごしょりゃくちゅう》』（一八四八年成立）、などによれば、本弟子六人の経歴は次の通りである。

日昭

日昭は承久《じょうきゅう》三（一二二一）年、下総国《しもうさのくに》（千葉県北部）海上郡で生まれた。日蓮より一歳年長である。弁阿闍梨《べんあじゃり》と称した。俗姓は印東《いんとう》氏。池上宗仲《いけがみむねなか》・宗長《むねなが》、また日朗の叔父にあたる。十五歳の頃、天台宗の寺に登って出家し、後に比叡山延暦寺《ひえいざんえんりゃくじ》で学んだ。比叡山滞在中に日蓮と知り合いになったとされる。

建長《けんちょう》五（一二五三）年、日蓮が鎌倉の松葉《まつば》ケ谷《がやつ》に草庵を構えて弘教を開始すると、まもなく日昭は日蓮の門下となった。佐渡流罪などで日蓮が不在の折は日昭が鎌倉の教団の中心的存在となって教団の維持に努めた。鎌倉の浜土に自身の草庵を構えて教団の拠点とし、日蓮の身延入山後も鎌倉で活動を続けた（日昭の草庵は後に妙法華寺となった）。日昭が佐渡や身延に日蓮を訪れた記録はない。

弘安《こうあん》六（一二八三）年一月、日蓮の百カ日忌《き》法要が身延で行われた後、日昭は日蓮が法華経の行間や紙背に諸文献の要文を記した「注法華経」を持ち去った。また、日蓮が遺言で門下に指示した墓所の月ごとの輪番にも参加せず、身延に登ることがなかった。

弘安八（一二八五）年、幕府から迫害を受ける恐れが生じた際には「天台沙門《てんだいしゃもん》」と名乗る申状を幕府に提出。真言宗などの他宗と並んで蒙古調伏《もうこちょうぶく》・国家安泰の祈禱を行い、迫害を回避した。比叡山延暦寺と連携を保ち、比叡山から「法印《ほういん》」や「権律師《ごんりっし》」の位を受けている。日昭門流は比叡山で受戒したとの説もある。元亨《げんこう》三（一三二三）年、鎌倉浜土の妙法華寺において百三歳で死去した。主な門下には日祐《にちゆう》、日成《にちじょう》らがいる。

日朗

日朗《にちろう》は寛元《かんげん》三（一二四五）年、下総国猿島郡に生まれ、筑後房、大国阿闍梨《だいこくあじゃり》と称した。日昭の甥《おい》、池上兄弟の従弟《いとこ》にあたる。建長六（一二五四）年、十歳の時に鎌倉松葉ケ谷の草庵に日蓮を訪れて得度し、日蓮の門下となった。文永八（一二七一）年の竜の口の法難の際には捕らえられて他の門下四人とともに土牢に幽閉された（翌年二月に釈放）。釈放後は日昭とともに鎌倉における教団の維持にあたった。鎌倉の比企《ひき》ケ谷《がやつ》に拠点を設け、鎌倉を活動の舞台とした（その拠点は後に妙本寺となった）。佐渡流罪の赦免状を日朗が届けたという伝承は当時の法制度上認められず、日朗が佐渡の日蓮を訪ねたことはなかった。

日蓮の身延入山後、日朗が身延に登って日蓮の教示を受けた形跡もない。日蓮が弘安五（一二八二）年に池上兄弟の館で入滅した後、池上兄弟は自邸敷地内の一建物を寺院とし、従弟の日朗をその別当にした（現在の池上本門寺）。それ以降、日朗は鎌倉と池上を中心に活動したと見られる。

身延における日蓮の百カ日忌法要の後、日朗は日蓮が随身した釈迦の一体仏を持ち去った。また、日蓮の墓所月番にも加わらず、日昭と同様、身延に登ることはなかった。弘安八（一二八五）年の迫害の際、「天台沙門」と記した申状を幕府に提出し、国家安穏の祈禱を諸宗とともに行って迫害を回避したのも日昭と同一である。元応《げんおう》二（一三二〇）年、七十六歳で死去。

日朗門流は日像《にちぞう》、日輪《にちりん》、日印、日伝など多くの門下を輩出し、関東だけでなく、越後や京都などにも教勢を拡大した。とくに日像は天台宗などによる迫害を受けながら京都で弘教し、後醍醐《ごだいご》天皇の朝廷に接近して弘教の許可を獲得。坊地の寄進を受けて妙顕寺《みょうけんじ》を開くなど、権力に迎合する姿勢を顕著にしている。

日向

日向《にこう》は建長五（一二五三）年、安房国《あわのくに》（千葉県南部）長《なが》狭《さ》郡で生まれた。俗姓は小林氏。佐渡公（または民部公《みんぶこう》）、後に佐渡阿闍梨（または民部阿闍梨）と称した。幼少時に比叡山に登ったが、文永元（一二六四）年、房総方面に弘教していた日蓮に出会い、門下となった。『元祖化導記』『高祖年譜攷異《こうい》』などによると、日蓮の佐渡流罪の折には日興らとともに日蓮に随順したと見られる。

建治二（一二七六）年、日蓮が師匠の道善房《どうぜんぼう》死去の報に接して「報恩抄」を執筆した折、日向は使者として安房国の清澄寺《せいちょうじ》に派遣され、同抄を道善房の墓前で読んでいる。また、同年、上総国《かずさのくに》（千葉県中央部）の茂原《もばら》に信徒の斎藤《さいとう》兼綱《かねつな》が法華堂を建立した際、日向は清澄寺を後にして茂原に赴き、法華堂の開堂供養を行ったと伝えられる（後の藻《そう》原寺《げんじ》）。これ以降、上総国茂原が日向の活動範囲となったが、藻原寺開創しばらくの時期は身延にとどまることが多く、また、日蓮の指示で文献収集などのため各地に派遣されていたと見られる。日興による富士方面の弘教が進展して天台宗による反発が生じた時期には日興の応援として富士方面に派遣されている。

日蓮は身延において法華経の談義、講義を行ったが、弘安元年から同三年にかけて行われた講義を日向が筆録したとされるのが「御講聞書《おこうききがき》」である。同書が日向の筆録によるというのは伝承に過ぎないが、同書が日向の名に帰されていることは日向が身延において日蓮から教示を受けられる状況にあったことをうかがわせる。

弘安五年の日蓮の葬儀、翌年の百カ日忌法要に日向は他行していて参加していない。おそらく茂原方面の活動に従事していたと推定される。日蓮の墓所輪番にも日向は応じなかったが、弘安八（一二八五）年に至って身延に登った。当時、身延の中心者であった日興はそれを歓迎して日向を学頭職に補任した。しかし、地頭の波木井実長《はきいさねなが》は次第に日興よりも日向の影響を受けるようになり、日興と日向の見解の相違が顕著になっていった。

正応《しょうおう》二（一二八九）年の春、日興が日向や波木井実長と袂《たもと》を分かって身延を離山した後は日向が中心者となって身延山久遠寺を運営した。正和二（一三一三）年、日向は久遠寺を弟子の日進《にっしん》に譲り、翌年、六十二歳をもって茂原で死去している。

日頂

日頂《にっちょう》は建長四（一二五二）年、駿河国《するがのくに》（静岡県）富士郡に生まれた。伊予房《いよぼう》または伊予阿闍梨と称した。幼少時に父が死去し、母が富木常忍《ときじょうにん》と再婚したので、常忍の養子となった。日向の弟子となって後に日興に帰服した寂仙房日《じゃくせんぼうにっ》澄《ちょう》は弟にあたる（日澄は母と常忍の間の子とされている）。幼少時、近くの天台宗寺院である真間弘法寺《ままぐほうじ》に入った。『本化別頭仏祖統紀《ほんげべつずぶっそとうき》』によれば、文永四（一二六七）年、日蓮が安房から鎌倉に帰る途中、下総《しもうさ》の富木常忍邸に滞在した折、日蓮の門下になったと伝えられる。

佐渡流罪の時は日興とともに佐渡に渡り、日蓮に随順したが、文永十一（一二七四）年正月には越中《えっちゅう》（富山県）に派遣されて佐渡から離れたと推定される。佐渡流罪赦免後は身延に入ったが、建治三（一二七七）年に富木常忍が弘法寺を改宗させたのを受けて同寺の開山住職になっていることから、それ以降は身延と下総を往復していたと考えられる。

弘安五（一二八二）年の日蓮の葬儀、翌年の百カ日忌法要にも日向と同様、他行していて参加していない。日蓮の入滅当時、日頂は弘法寺を拠点に活動していたためであろう。「五人所破抄」によれば、日頂は正応《しょうおう》三（一二九〇）年前後に日向と連名の申状を幕府に提出したと見られることから（正本は現存しない）、日向と緊密に連携を取り、教義的には日向の影響を受けることが多かったと推定される。その後、富木常忍と不和となり、日向とも袂《たもと》を分かった。正安《しょうあん》四（一三〇二）年、真間弘法寺を日揚《にちよう》に付し、先に日興に帰服していた弟日澄《にっちょう》の縁を頼って重須《おもす》に赴き、日興に帰服した。嘉元《かげん》元（一三〇三）年には重須に正林寺《しょうりんじ》を開いて日興に協力し、文保《ぶんぽう》元（一三一七）年、重須で六十六歳をもって死去した。

日持

日持《にちじ》は建長二（一二五〇）年、駿河国庵原《いはら》郡松野で、日蓮の信徒である松野六郎左衛門の次男として生まれた。甲斐公《かいこう》、後に蓮華阿闍梨と称した。七歳の時、富士郡の天台宗寺院四十九院《しじゅうくいん》に入り、そこで日興と出会って日興の弟子となった。文永七（一二七〇）年、二十一歳の時、日興によって日蓮に帰依し、日蓮から日持の名を授けられた。日興の弟子であったことから佐渡流罪にも随順し、日蓮の身延入山後は身延にも住した可能性がある。

日興と同様、四十九院の供僧《ぐそう》であり続けた。日興の富士弘教の進展に伴い、四十九院の院主によって日興とともに四十九院を追放された弘安元（一二七八）年には日興らと連名で「四十九院申状」を幕府に提出している。

日蓮入滅の時には葬儀に参列し、墓所輪番にも名を挙げられているが（「墓所可守番帳事《ぼしょまもるべきばんちょうのこと》」には日持の花押がある）、輪番に応じず、その後、身延に登った記録はない。弘安六（一二八三）年には兄の松野六郎左衛門尉が松野の邸宅に蓮永寺を創建し、日持はそこに住した。それ以前から出身地の松野を中心に活動したと推定される。日蓮入滅時には日興と不和となっていた模様で、むしろ日朗と密接な関係をもっていた。

正応元（一二八八）年、日蓮の七回忌にあたり、侍従公日浄《にちじょう》らとともに日蓮の等身大の御影《みえい》（座像）を造立、池上本門寺に安置した（現在、国指定の重要文化財）。永仁《えいにん》三（一二九五）年、海外への布教に出発。東北地方、北海道を経て中国大陸に渡ったと伝えられるが、死没した年や場所を含め、その後の消息は明らかでない。

日興

日興《にっこう》は寛元《かんげん》四（一二四六）年、甲斐国《かいのくに》（山梨県）巨摩《こま》郡で生まれた。俗姓は大井氏。幼少の頃、父が死去して母が再婚したので、駿河国富士郡に住む外祖父に養育された。七歳の時、近くの天台宗寺院四十九院に登った。伝承によれば、正嘉《しょうか》二（一二五八）年、十三歳の時、一切経閲覧のため岩本実相寺に滞在していた日蓮に出会って門下となり、伯耆房《ほうきぼう》と称した（後に白蓮阿闍梨の名を日蓮から授けられた）。その後も四十九院で修学を続けたが、弘長《こうちょう》元（一二六一）年、日蓮の伊豆流罪の折には伊豆まで赴いて日蓮に随順した。伊豆流罪赦免後も日蓮に給仕した。

佐渡流罪の際、日興は島に渡る時から赦免されて鎌倉に戻るまで、日蓮に随従した。この点について大石寺第四世日道（または第六世日時）による『三師御伝土代《さんしごでんどだい》』に次のように記されている。

「文永八年（かのとのひつじ）九月十二日、大聖人御勘気の時、佐渡の嶋へ御供あり。御年二十六歳なり。御名は伯耆房。配所四ケ年給仕あって同十一年(きのえいぬ)二月十四日、赦免有って、三月十六日、鎌倉へ聖人御供して入り給う」（『富士宗学要集』第五巻七頁）。

文永十一（一二七四）年五月、日蓮が鎌倉を去って身延に入る時も、日興は自身が身延の地頭波木井実長《はきいさねなが》を教化して日蓮に帰依させた関係から、身延まで日蓮を案内し、日蓮につき従った。

身延に日蓮が居住する庵室が完成すると、日興は甲斐・駿河・伊豆などで活発な弘教活動を展開した。その結果、四十九院や実相寺、滝泉寺《りゅうせんじ》の僧侶が相次いで日蓮の門下となり、農民層にまで多くの入信者を見るようになると、各寺院の住職らが反発し、北条家の権力と結びついて日蓮門下に迫害を加えるようになった。弘安二（一二七九）年九月、迫害は頂点に達し、農民信徒二十名が逮捕されて鎌倉に連行される事態となった。いわゆる「熱原法難《あつはらほうなん》」である。同法難は農民信徒三名が処刑されるほど深刻なものであったが、日興はその中心となって信徒を守るために奮闘した。

弘安五（一二八二）年九月、日蓮が湯治のため身延を出て常陸《ひたち》に向かう際にも日興は随行し、武蔵国《むさしのくに》（東京都）の池上兄弟の館に到着した日蓮が波木井実長に宛てて書簡を発した時、衰弱のため筆を執ることができない日蓮に代わって日興が執筆している（「波木井殿御報」一三七六頁）。同年十月、日蓮が入滅し、葬送を行った際も、日興は日蓮の遺言とともに葬送の次第を書き残している（「宗祖御遷化記録」）。

弘安六年一月に日蓮の百カ日忌法要が身延で行われ、その際に本弟子六人が月ごとの輪番で墓所を護る成約がなされたが、実際は百カ日忌以降、日興以外の五人が身延に来ることはなく、輪番制は行われなかった。身延山に入山していた日興は（日興の身延入山の時期については諸説ある）、五老僧が墓所輪番を順守しないことを遺憾としていたので、弘安八（一二八五）年に至って日向《にこう》が身延に登ってきたことを歓迎し、学頭職に補任した。

その後、地頭の波木井実長が日向に感化されて日興の教導に従わないことが決定的になったので、日興は身延に留まっていたのでは日蓮の教義を護ることができないと判断し、正応二（一二八九）年の春、身延を出て、有縁の門下である南条時光《なんじょうときみつ》が地頭職を務める駿河国富士郡上野郷に移り、大石寺《たいせきじ》を創建した（身延離山）。

永仁六（一二九八）年には大石寺を弟子の日目《にちもく》に譲り、重須《おもす》に談所を作ってそこに移った（現在の北山本門寺）。重須談所では多くの門下を育成して教線の拡大に努め、日興門流は関東のみならず東北から四国・九州にまで拡大していった。元弘三（一三三三）年、重須の地で八十八歳で逝去した。

第二節　五一相対の概要と背景

五老僧と日興の対立が顕著に現れるようになったのは、弘安八（一二八五）年、日向が身延に来て学頭に補任されてからである。

身延の地頭波木井実長は、日興によって日蓮に帰依したにもかかわらず、日向に接するにつれて日向の影響を受けていくようになっていく。日興は日蓮の教義を厳格に維持していく姿勢を堅持したのに対し、日向は鎌倉の日昭・日朗らと同様、かなり柔軟な態度を取った。

例えば神社への参詣についても、日興は日蓮の指導通り、謗法《ほうぼう》の国を善神は捨て去っている故に神社には善神ではなく悪鬼が入っているとの「神天上《かみてんじょう》の法門」に基づいて神社参詣を厳禁したのに対し、日向は神社参詣を容認した。また礼拝する本尊についても、日興は文字曼荼羅に限るとしたの対し、日向は釈迦仏像を造立してよいとした。

実長は次第に日向の影響に染まって日興の指導を聞き入れないようになった。ついには実長は「自分は日向を師匠とした」と言って釈迦仏の仏像を造立し、神社に参詣したり、念仏の道場を建立するなどの行為に出た。日興は身延に留まっていたのでは日蓮の正統教義を護ることはできないと判断し、正応二（一二八九）年の春、身延を出て、有縁の門下である南条時光が地頭職を務めている駿河国富士郡上野郷に移った。ここに日興と五老僧の決別は決定的なものとなった。

断腸の思いで身延を出た折の日興の心情は、波木井一族の一人に宛てた書状「原殿御返事」に次のように記されている。

「身延沢を罷《まか》り出で候こと、面目なさ、本意なさ、申し尽くし難く候えども、打ち還し案じ候えば、いずくにても聖人の御義《おんぎ》を相継ぎ進《まい》らせて、世に立て候わんことこそ詮にて候え。さりともと思い奉るに、御弟子ことごとく師敵対せられ候いぬ。日興一人、本師の正義を存じて本懐を遂げ奉り候べき仁《じん》に相当たって覚え候えば、本意忘るること無く候」（編年体御書一七三三頁）。

ここで日興が五老僧を「師敵対」と厳しく断じ、日興一人が日蓮の正義を弘通する大導師の立場にあるとの自覚を明示していることが重要である。

日興は正応二（一二八九）年の身延離山後、駿河国富士郡に大石寺と重須談所を創建し、多くの門下を育成して教線の拡大に努めたが、その間も五老僧との教義上の相違を明確にすることを忘れず、延慶《えんきょう》二（一三〇九）年には五老僧の一人である日頂（富木常忍の継子《けいし》。この当時は日興に帰服している）の弟で、重須談所の初代学頭である寂仙房日澄《にっちょう》に命じて五老僧の誤謬を破折せしめた。日澄が記述したものに日興が印可を与え、さらに日興自身が末尾の八箇条を追加して完成したとされるのが「富士一跡門徒存知《ふじいっせきもんとぞんち》の事」である（本書については一四二二年に日算が書写したとの記録があり、また一五二一年に重須の僧である日誉が書写した写本が大石寺に所蔵されている〈『富士宗学要集』第一巻五九頁〉）。

しかし、翌年、日澄が死去したので、日興は日澄の弟子で重須談所第二代学頭である三位日順《さんみにちじゅん》（一二九四〜一三五六）に命じ、「富士一跡門徒存知の事」をもとに五老僧の謬義をさらに明確に破折し、日興門流の教義をまとめさせた。それが嘉暦《かりゃく》三（一三二八）年に成立した「五人所破抄」である。「富士一跡門徒存知の事」と「五人所破抄」は日澄と日順の手になるものだが、ともに日興の指示で作成されたものであり、実質的には日興自身の意思を反映した日興本人の著述と見ることができる（「五人所破抄」には日興の弟子日代《にちだい》が書写し、末尾に日順の署名がある写本が北山本門寺に現存している。同寺の目録には「六人の立義草案一冊〈二十五紙〉日代上人筆。大学頭日順師命を稟《う》け之を記す」〈『富士日興上人詳伝』六四四頁〉と日順が日興の命を受けて作成した旨が明記されている）。

また日順は日興の命によって「五人所破抄」を執筆したことを建武《けんむ》三（一三三六）年の「日順阿闍梨血脈」で次のように述べている。

「汝、先師（日澄を指す——引用者）の蹤跡《じゅうせき》を追うてまさに五一の相違を注せよと云々。忝《かたじけな》くも厳訓を受けてなまじいに紙上に勒《ろく》し、ほぼ高覧に及ぶ」（『富士宗学要集』第二巻二四頁）

身延派の望月歓厚《もちづきかんこう》は「五人所破抄」を日興の意思ではなく、弟子が制作したものとするが(『日蓮宗学説史』七四頁)、何の客観的根拠も示しておらず、憶測に基づく主張に過ぎない(「富士一跡門徒存知の事」と「五人所破抄」については創価学会山梨県青年部編『五人所破抄に学ぶ』に詳しいので、この項については同書を参照した)。

「富士一跡門徒存知の事」と「五人所破抄」によれば、五老僧と日興の相違点は次の諸点である(これを五老僧と日興との対比という意味で「五一相対」という)。

①日興が日蓮の弟子と称したのに対し、五老僧は自身について「天台沙門《しゃもん》」と称し、伝教大師の余流とした。

②日興が日蓮に倣《なら》って他宗と並んでの国家安泰の祈禱を拒否したのに対し、五老僧は他宗と交わって国家安泰の祈禱を行った。

③日興が「神天上《かみてんじょう》の法門」を遵守《じゅんしゅ》して神社参詣を禁じたのに対し、五老僧は神社参詣を認めた。

④日興が日蓮の御書を尊重して御書の収集・講義に努めたのに対し、五老僧は仮名《かな》の御書を蔑《さげす》み、御書を焼却するなどして軽視した。

⑤日興が文字曼荼羅《まんだら》を本尊としたのに対し、五老僧は釈迦仏像を本尊とし、文字曼荼羅を軽視した。

⑥日興が経典の書写行や経典一部の読誦を禁じて唱題と折伏を行じたのに対し、五老僧は経典の書写や一部読誦を行った。

1 「天台沙門」の呼称

①の「天台沙門」の呼称について「富士一跡門徒存知の事」には次のようにある。

「五人一同に云わく、日蓮聖人の法門は天台宗なり。よって公所に捧《ささ》ぐる状に云わく、天台沙門と云々。また云わく、先師日蓮聖人、天台の余流を汲《く》むと云々。また云わく桓武《かんむ》聖代の古風を扇《あお》いで伝教大師の余流を汲み、法華宗を弘めんと欲す云々。

日興が云わく、彼の天台・伝教所弘の法華は迹門なり。今、日蓮聖人の弘宣し給う法華は本門なり。この旨つぶさに状に載せ畢《お》わんぬ。この相違によって五人と日興と堅くもって義絶し畢わんぬ」(一六〇一頁)

「五人所破抄」ではさらに具体的に日昭・日朗・日向・日頂が幕府に提出した申状の一部を文証として挙げ、五老僧が自らを「天台沙門」と称し、日蓮について天台・伝教の余流を汲む存在であるとしていることを次のように指摘している。

「天台の沙門日昭謹んで言上す。

先師日蓮は忝《かたじけな》くも法華の行者として専ら仏果の直道を顕し、天台の余流を酌《く》み、地慮《ちりょ》の研精《けんせい》を尽くすと云々。

また云わく、日昭不肖の身たりといえども兵火永息のため副将安全のために法華の道場を構え、長日の勤行を致し奉る。すでに冥々の志有り。あに昭々の感無からんや（詮を取る）。

天台沙門日朗謹んで言上す。

先師日蓮は如来の本意に任せ、先判の権経を閣《さしお》いて後判の実経を弘通せしむるに、最要いまだ上聞に達せず、愁欝《しゅううつ》を懐《いだ》いて空しく多年の星霜《せいそう》を送る。玉を含みて寂《じゃく》に入るが如く逝去せしめ畢わんぬ。しかして日朗、忝《かたじけな》くも彼の一乗妙典を相伝して鎮《とこしなえ》に国家を祈り奉る（詮を取る）。

天台法華宗の沙門日向・日頂謹んで言上す。

桓武聖代の古風を扇《あお》ぎ、伝教大師の余流を汲み、立正安国論に准じて法華一乗を崇《あが》められんことを請うの状。

右謹んで旧規を検《かんが》えたるに、祖師伝教大師は延暦《えんりゃく》年中に始めて叡山に登り、法華宗を弘通したもう云々。

また云わく、法華の道場に擬《ぎ》して天長地久を祈り、今に断絶すること無し（詮を取る）」（一六一〇頁）

ここで引用されている申状は、日昭と日朗のものは弘安八（一二八五）年に鎌倉幕府に提出された申状である。また、日向と日頂の連名による申状は現存しないが、引用の内容と一致する日頂の正応四（一二九一）年の申状が存在する（それらは『日蓮宗宗学全書』第一巻に収録）。なお、日持は永仁三（一二九五）年に大陸渡航する前、日朗と連携をとっており、日持の申状も存在したと推定されるが、今に伝わっていない。日興は「本尊分与帳」の日持に触れた箇所で「五人と一同に天台門徒なりとな（名）のれ（乗）り」（『富士宗学要集』第八巻六頁）として、他の四人と同様に天台沙門と名乗ったと断じている。日朗と密接であった日持の見解は、具体的な文献として今日に伝わっていないが、日朗らと同様のものであったと考えられる。

北条時頼《ほうじょうときより》に提出された「立正安国論」に天台沙門の名乗りがあったように、日蓮は佐渡流罪までは対外的には天台宗の学僧の立場をとっていたので、日昭・日朗・日向・日頂はそれに倣《なら》ったと見ることもできる。もっとも、四人の中においても日昭・日朗と日向・日頂では若干、その意味合いに相違がある。

というのも、弘安七年に蒙古《もうこ》の使いが対馬に到着し、弘安八年には第三回蒙古襲来の危機が高まって、朝廷および幕府から各地の寺社に対し蒙古調伏の祈禱が命じられた。幕府の権力が直接に及ぶ鎌倉では日昭・日朗の教団に対し、幕府の命に従わない場合は住坊を破却するとの脅迫が加えられたと見られる。

このことについて日興は「故聖人の御弟子六人の中に五人は一同に聖人の御姓名を改め、天台の弟子と号してここに住坊を破却せられんとするの刻《とき》、天台宗を行じて御祈禱を致すの由、各々申状を捧《ささ》ぐるに依って破却の難を免れ了《お》わんぬ」（『富士宗学要集』第八巻六頁）と述べている。

この幕府の圧力に対して、日昭・日朗は、日蓮の宗教は社会的権威を持つ天台宗に属するものであるとし、自ら天台沙門と名乗って蒙古調伏の祈禱を行うことにより住坊破却の危機を回避しようとした。ひたすら幕府の弾圧を免れることに終始した日昭・日朗の申状には権力に屈従する姿勢が顕著に見られる。

例えば日昭の申状では「副将安全のために法華の道場を構え、長日の勤行を致し奉る」と執権北条貞時《ほうじょうさだとき》を副将軍と持ち上げ、道場を構えて勤行を行うのも貞時の安全を祈念するためであるとしている。また、日朗申状の中の「五人所破抄」で引用していない部分には「徳政聖主の御代《みよ》」「今の賢君の御代」などという露骨な追従《ついしょう》の言葉も見ることができる。

このような日昭・日朗の、迫害を恐れてひたすら権力に屈従する態度は、竜の口の頸の座や二度の流罪など命に及ぶ迫害にも屈せず自己の信念を貫き通した日蓮の姿勢とはほとんど対極的なまでに相違している。日昭・日朗らにとって、師日蓮の思想と精神を継承することよりも当面の安穏を確保することが最優先であった。

さらに日朗の弟子日像《にちぞう》（一二六九～一三四二）に至っては——彼は権力に擦り寄ることで京都進出を果たした人物だが——「仏法は王臣に付して弘むべし」（『日蓮宗宗学全書』第一巻二四七頁）と権力の力を借りて初めて仏法弘通が可能になるという立場に立ち、「王法を守るの仏法は天台宗に限るべし」（同二五〇頁）と自身を天台宗の枠内に在るものと自己規定している。日像も日昭・日朗と同じく天台宗の権威を利用して自己の保存を図ったのである。

一方、日向と日頂は、ともに現在の千葉県の出身で、年齢も本弟子六人の中で最も若く、ほぼ同年齢であったこともあって、二人は緊密な関係にあったと見られる（日蓮入滅の時、日向は三十歳、日頂は三十一歳）。日向と日頂連名の申状について日興の「原殿御返事」で触れられていないので、それが作成・提出されたのは日興の身延離山（一二八九年）以降と推定される。この連名の申状は伝わっていないが、正応四（一二九一）年の日頂の申状は連名の申状をもとにして作成されたと考えられるので、連名の申状の内容は日頂の申状から推し量ることができる。

日頂の申状の冒頭には「天台法華宗の沙門日頂謹んで言上す」（『日蓮宗宗学全書』第一巻四〇頁）とあるので、連名の申状にも「天台法華宗の沙門」の名乗りがあった可能性が高い。

二人の申状が作成された当時、日向は身延、日頂は下総で活動していたので、幕府の圧力は鎌倉にいた日昭・日朗ほど強いものではなかったであろう。両者連名の申状に「桓武聖代の古風を扇ぎ、伝教大師の余流を汲み」「祖師伝教大師」などとあるので、日向・日頂の天台沙門の名乗りは弾圧を回避する意味だけでなく、むしろ積極的に日蓮の宗教を天台宗の枠内にあるものとする認識を示すものといえよう（日向は『金綱集《きんこうしゅう》』という著書を残しているが、そこでも日蓮の宗教は天台宗と一体のもののように扱われている。この点について望月歓厚は『日蓮宗学説史』で『金綱集』に触れて「天台と当宗との関係は明瞭ならず。寧《むし》ろ台《たい》当《とう》は殆《ほとん》ど同一に取扱はれたるやうにも見ゆ」〈同書四三頁〉と述べている）。

日向・日頂の申状には日昭・日朗のような権力に対する露骨な追従・屈従の言辞は見られないが、四人ともに「天台沙門」「天台法華宗の沙門」と名乗っており、日蓮が「立正安国論」で強調したような謗法破折の要素は全く見ることができない。その意味で四人の申状には権力に対する諫暁の意義は存在せず、自己の正当化を図る意図しかなかったといえよう。申状は対外的・公的な文書だが、自身の仏法理解の内容を述べた法門書を見ても、日向の『金綱集』が象徴するように、五老僧においては天台宗と日蓮仏法の相違があいまいであり、両者の明確な区別を見ることができない。

日蓮を天台・伝教の余流とした五老僧に対し、日興は日蓮と天台・伝教の相違を明確に示した。すなわち、日興の申状には次のように述べられている。

「日興、公家に奏し、武家に訴えて云わく、日蓮聖人は忝《かたじけな》くも上行菩薩の再誕にして、本門弘経の大権《たいごん》なり。所謂《いわゆる》大覚世尊、未来の時機を鑒《かんが》みたまい、世を三時に分かち、法を四依に付して以来、正法千年の内には迦葉《かしょう》・阿難《あなん》等の聖者、先ず小を弘めて大を略す。像法千年の間、異域にはすなわち陳・隋両主の明時に智者は十師の邪義を破る。本朝にはまた桓武《かんむ》天皇の聖代に伝教は六宗の僻論《びゃくろん》を改む。今、末法に入っては上行出世の境、本門流布の時なり。正像已に過ぎぬ。何ぞ爾前・迹門をもって強いて御帰依有るべけんや。なかんずく天台・伝教は像法の時に当たって演説し、日蓮聖人は末法の代を迎えて恢弘《かいこう》す。彼は薬王の後身、これは上行の再誕なり。経文に載《の》する所、解釈炳焉《へいえん》たる者なり。（中略）本と迹と既に水火を隔て、時と機とまた天地の如し。何ぞ地涌の菩薩を指していやしくも天台の末弟と称せんや」（一六一一頁）

ここに明らかなように、日興は出現の時と弘通の法、および仏法上の位置づけの観点から日蓮と天台・伝教の相違を明示した。

それを整理すれば次のようになる。

天台・伝教――像法――法華経（文上）迹門――薬王菩薩の後身
日蓮　　　――末法――法華経（文底）本門――上行菩薩の再誕

日蓮を天台の末弟と位置づけることを峻拒した日興は、当然ながら自身についても「天台沙門」の呼称を退け、「日蓮聖人の弟子日興」（『日蓮宗宗学全書』第二巻九五頁）と自身の立場を明確にしている。

2　国家安泰の祈禱（祈国）

五老僧は幕府の命令に従って他宗と並んで蒙古調伏・国家安泰の祈禱を行ったが、日興はそれを拒否した。この点について「五人所破抄」では次のように述べられている。

「祈国の段、またもって不審なり。所以《ゆえん》はいかん。文永免許の古《いにしえ》、先師素意の分、既にもって顕れ畢《お》わんぬ。何ぞ僣聖《せんしょう》・道門《どうもん》の怨敵に交わり坐して、とこしなえに天長地久の御願を祈らんや。いわんや三災いよいよ起こり、一分も徴《しる》し無し。ただに祖師の本懐に違するのみにあらず、かえって己身の面目を失うの謂《い》いか」（一六一一頁）

文永十一（一二七四）年に佐渡流罪が赦免された後、日蓮は侍所《さむらいどころ》の所司《しょし》（次官）である平左衛門尉《へいのさえもんのじょう》頼綱《よりつな》と会見したが、その折、頼綱は日蓮に坊舎を建立・寄進することを申し出て蒙古調伏の祈禱を行うよう要請したと伝えられる。しかし、日蓮はその要請をはっきりと拒絶した。日蓮においては謗法の諸宗への帰依を止めることが災難を防ぐための不可欠の前提であり、諸宗と並んで蒙古調伏・国家安泰の祈禱を行うことは論外であったからである。日興は、そのことに触れて、日蓮の意思はその折の経過に既に明確に表れているのだから、僣聖増上慢・道門増上慢に当たる諸宗に交わっての祈禱などが認められる道理はないと述べている。

日昭・日朗が諸宗に交わって国家安泰の祈禱を行った意味は、先に述べたように、幕府の命令に従うことで住坊の破却を回避しようとすること以外にはない。その意味では日昭・日朗による祈国は権力に強制されてやむを得ず行った面があったともいえる。しかし、日向・日頂による祈国は、強制されたというよりもむしろ自らの意思で行ったと見られる。例えば、日向は日興の身延離山前の正応元（一二八八）年十月、日興の制止を無視して国家安泰の祈禱を行っている。この点について日興は「原殿御返事」で次のように述べている。

「彼の民部《みんぶ》阿闍梨（日向のこと――引用者）、世間の欲心深くしてへつらい諂曲《てんごく》したる僧、聖人の御法門を立つるまでは思いも寄らず大いに破らんずる仁《じん》よと、この二三年見つめ候いて、さりながら折々は法門説法の曲がりけることを謂《い》われ無き由を申し候いつれども、敢《あ》えて用いず候。今年の大師講にも啓白《けいびゃく》の所願に天長地久御願円満、左右大臣、文武百官、各願成就との給い候いしを、この祈りは当時致すべからずと再三申し候いしに、いかでか国恩をば知り給わざるべく候とて制止を破り給い候いしあいだ、日興は今年、問答講仕《つかまつ》らず候いき」（編年体御書一七三二頁）

正応元年当時、祈国を行わなければ身延の坊舎が破壊されるという状況ではなかったが、それにもかかわらず日向はむしろ自らの意思で積極的に国家安泰の祈禱に踏み切っている。日向について日蓮の法門を大いに破壊する存在であると見ていた日興にとって、諸宗の謗法をそのままにして祈国を実施した日向の行為は決して容認できないものであった。

この当時、日向の影響を受けていた日頂も、正応四（一二九一）年の幕府に提出した申状で「一宇《いちう》の弊屋《へいおく》を立て法華の道場に擬し、天長地久を祈りて今に断絶することなし」（『日蓮宗宗学全書』第一巻四一頁）と述べているように、自らの意思で国家安穏の祈禱を行っている（その後、日頂は日向と袂《たもと》を分かち、義父の富木常忍とも義絶して、正安四〈一三〇二〉年、日興に帰服している）。

「立正安国論」などの日蓮の申状、また平左衛門尉の申し出を拒絶した日蓮の振る舞いに照らすならば、諸宗の謗法を放置したまま国家安穏の祈禱を行うことは日蓮の意思に違背する。日興は、その日蓮の意思を堅持し続けたが、日向・日頂は日蓮の意思を理解せず、また日昭・日朗は幕府の弾圧を回避して自己の保全を図るため、日蓮の意思を簡単に放棄した。ここにも日興と五老僧の大きな相違が表れている。

なお、日朗門流でも日朗の弟子日像《にちぞう》になると、「天長地久の御願を祈り奉り、とこしなえに海岳安全の懇祈を致す」（『日蓮宗宗学全書』第一巻二四七頁）として、迫害を回避するための方便ではなく、権力に接近するための手段として積極的に祈禱を行っている。

3　神社参詣を巡る問題

五老僧は神社の参詣を容認したが、日興は謗法の国では神は天上に上がってその国を捨て去っているとの「神《かみ》天上《てんじょう》の法門」を堅持して神社参詣を厳禁した。この点について「富士一跡門徒存知の事」では次のように述べられている。

「五人一同に云わく、諸の神社は現当を祈らんがためなり。よって伊勢太神宮《だいじんぐう》と二所と熊野と在々所々に参詣を企て、精誠《せいじょう》を致し、二世の所望を願う。

日興一人云わく、謗法の国をば天神地祇並びにその国を守護するの善神捨離して留《とど》まらず。故に悪鬼神、その国土に乱入して災難を致す云々。この相違によって義絶し畢わんぬ」(一六〇二頁)

また「五人所破抄」には次のようにある。

「五人一同に云わく、富士の立義の体為《ていた》らく、ただに法門の異類に擬するのみにあらず。あまつさえ神無《かみなし》の別途《べっと》を構う。既にもって道を失う。誰人かこれを信ぜんや。

日興が云わく、我が朝はこれ神明和光《しんめいわこう》の塵《じん》、仏陀利生の境なり。しかりといえども今、末法に入って二百余年、御帰依の法は爾前迹門なり。誹謗の国を棄捨するの条は経論の明文にして先師の勘《かんが》うる所なり。何ぞ善神・聖人の誓願に背き、新たに悪鬼乱入の社壇に詣でんや。ただし本門流宣の代、垂迹還住《すいじゃくげんじゅう》の時はもっとも上下を撰んで鎮守《ちんじゅ》を定むべし」(一六一四頁)

五老僧は、神社に神は存在しないという日興門流の主張は仏法の法門として特異なもので、誰も信ずるものではないという。それに対し日興は、神が謗法の国を捨て去るという神天上の法門は経論に説かれ、日蓮が主張したものであり、悪鬼が乱入している神社に参詣する道理はないとする。

日蓮は「立正安国論」で「つらつら微管《びかん》を傾け、いささか経文を披《ひら》きたるに、世皆正に背き、人悉《ことごと》く悪に帰す。故に善神は国を捨てて相去り、聖人は所を辞して還りたまわず。これをもって魔来《き》たり、鬼来たり、災《わざわ》い起こり、難起こる」(一七頁)と神天上の法門を明確に示し、人々が正法に背いて悪法に帰依しているために諸天善神が国を去り、その結果として災難が起きていると主張した。

また日蓮は「立正安国論」で、大集経、金光明経、仁王経等の諸文を引用し、神天上の法門がこれらの諸経に説かれていることを確認している。実際に日蓮は、立宗以来、生涯にわたって門下の神社参詣を容認することはなかった。日興は、日蓮のこの神祇不拝の在り方を忠実に継承したが、五老僧は日蓮が貫いたこの原則も簡単に放棄し、門下の神社参詣を容認していったのである。

その原因としては、国土が謗法状態にあるという意識が五老僧において希薄であったことが考えられる。諸宗と並んで国土安泰の祈禱を行ったことも、諸宗が謗法を犯しており、その破折が必要であるという観念が五老僧にほとんどなかったことを物語っている(先に触れたように、五老僧の申状に謗法破折の主張は全く見ることができない)。五老国土が謗法の状態であることが自覚できなければ、善神が国土を捨て去っているという認識を持つことができないのは当然である。要するに、五老僧においては神天上の法門は一つの観念的な理論にとどまっており、実際の行動を規定する原理になっていないことが分かる。

　また、五老僧の神社参詣容認の背景には、神祇信仰が盛んだった中世社会において実際に神祇不拝の態度をとることには強い抵抗があったことが考えられる。例えば、法然が創始した専修念仏には神社不拝の思想があったが、この点を天台宗など旧仏教側から問題にされ、法然自身が流罪されるなど、専修念仏に対する厳しい弾圧を招く原因の一つになった。その結果、法然教団は神祇不拝の主張を撤回することになった。日蓮滅後まもない当時においても神祇不拝の態度を実際に貫けば、社会全体から異端視される状況にあったと思われる。そこで五老僧は、社会との摩擦を起こさないことを最優先して神社参詣を容認していったと推定される。

4　御書に対する姿勢の相違

日蓮が残した御書に対する姿勢の相違について、「富士一跡門徒存知の事」には次のように述べられている。

「彼の五人一同の義に云わく、聖人御作の御書釈はこれ無き者なり。たとい少々これ有りといえども、あるいは在家の人のために仮字をもって仏法の因縁を粗《ほぼ》これを示し、もしくは俗男俗女の一毫の供養を捧ぐる消息の返札に施主分を書いて愚癡の者を引摂《いんじょう》したまえり。しかるに日興、聖人の御書と号してこれを談じ、これを読む。これ先師の恥辱を顕す云々。故に諸方に散在する処の御筆をあるいはスキカエシに成し、あるいは火に焼き畢《お》わんぬ。かくの如く先師の跡を破滅する故に、つぶさにこれを註して後代の亀鏡《ききょう》となすなり」（一六〇四頁）

また、「五人所破抄」では五老僧の主張が次のように示されている。

「五人一同に云わく、およそ倭漢両朝の章疏《しょうしょ》を披《ひら》いて本迹二門の元意を探るに、判教は玄文に尽くし、弘通は残る所無し。何ぞ天台一宗の外に胸臆《くおく》の異義を構えんや。拙《つたな》いかな、尊高の台嶺《たいれい》を褊《さみ》して辺鄙の富山を崇《あが》み、明静の止観を閣《さしお》いて仮字の消息を執する。誠にこれ愚癡を一身に招き、耻辱《ちじょく》を先師に及ぼす者か。僻案《びゃくあん》の至りなり。はなはだもって然るべからず。もし聖人の製作と号し、後代に伝えんと欲せば、よろしく卑賤の倭言を改め、漢字を用ゆべし云々」（一六一二頁）

それに対して日興は次のようにいう。

「上行菩薩は本極法身《ほんごくほっしん》・微妙深遠にして、寂光に居すといえども未了の者のために事をもって理を顕し、地より涌出したまいて以来、付を本門に承け、時を末法に待ち、生を我朝に降し、訓を仮字に示す。祖師の鑒機《かんき》失《とが》無くんば、遺弟の改転定めて恐れ有らんか。これらの所勘《しょかん》によって浅智の仰信《こうしん》を致すのみ。そもそも梵漢の両字と扶《ふ》桑《そう》の一点とは時に依り機に随って互に優劣無しといえども、つらつら上聖《じょうしょう》被下《ひげ》の善巧《ぜんぎょう》を思うに、ほとんど天竺・震旦《しんたん》の方便に超えたり。何ぞ倭国の風俗を蔑如して必ずしも漢家の水露を崇重せん。ただし西天の仏法東漸の時、既に梵音を飜じて倭漢に伝うるがごとく、本朝の聖語も広宣の日はまた仮字を訳して梵震《ぼんしん》に通ずべし。遠沾《おんでん》の飜訳は諍論に及ばず、雅《が》意の改変は独り悲哀を懐くものなり」（一六一三頁）

五老僧によれば、法華経の元意は天台の「法華玄義」「法華文句」に尽くされており、法華経の弘通も天台の他に残されているものはないので、日蓮が天台宗の外に異なる法門を説いたものではない――。このように五老僧は日蓮の宗教を天台宗の枠内にとどまるものと理解していた。自らを天台宗の僧侶（天台沙門）と自己規定していた彼らは、発表すべき文章も天台沙門に相応《ふさわ》しい漢文であるべきであり、日蓮が在家信徒からの供養に対する返礼として仮名で消息を記したのは日蓮の恥であると考えていた。そこで五老僧は日蓮の御書をすき返しにしたり、焼却処分したという。実際に彼らがそのような行為に出たことを示す記録は現存しないが、五老僧が仮名文字による御書を軽視していたことは事実であったと思われる。

それに対して日興は、漢文と仮名で優劣があるものではなく、むしろ日本の人々を化導する手段としては仮名の方が漢文よりも優れているとし、漢文に比べて仮名による表現を蔑視する理由はないと主張した。そして、広宣流布の時には日本の仮名がインド・中国に翻訳されて弘通されることになると述べている。

実際に当時、漢文を理解できるのは一部の知識階層に限られ、大半の武士を含む一般民衆は仮名文字を読解するのが精一杯の状況だった（民衆次元では仮名でも読解できない人々が少なくなかった）。そこで、法門書を除いて門下に宛てた日蓮の御書の大半は仮名で記されている（漢文の御書を授与された門下は富木常忍や曾谷教信などごく少数にとどまる）。仮名によってこそ日蓮の思想を人々に伝え、弘めることができたのであり、日蓮が仮名によって御書を記したところに可能な限り広範な民衆を救済しようとする意志が表れている。五老僧が仮名を蔑視したのは自分たちが漢文を駆使できる知識階層に属するという特権意識の表れであり、また民衆救済を第一義とした日蓮の心を理解していなかったことを示しているといえよう。

日興が御書の収集、書写に努力し、御書の講義を軸に門下の育成に努めたことは広く知られている。逝去の直前に残した「遺誡置文」に「一、義道の落居《らっこ》無くして天台の学文すべからざること。一、当門流に於いては御書を心肝に染め、極理を師伝して若し間《ひま》有らば台家《たいけ》を聞くべきこと」（一六一八頁）と明示している通り、日興は「御書根本」の姿勢を貫き、天台の学問は傍としたのである。

5　本尊観の相違

日興と五老僧ではその本尊観においても大きな相違が見られる。すなわち、日興が文字曼荼羅を本尊としたのに対し、五老僧は釈迦仏像を本尊とし、文字曼荼羅を軽視したことが指摘される。

この点について「富士一跡門徒存知《ふじいっせきもんとぞんち》の事」では次のように述べられている。

「一、本尊のこと四箇条

一、五人一同に云わく、本尊に於いては釈迦如来を崇《あが》め奉るべしとて既に立てたり。随って弟子檀那等の中にも造立供養の御書これ在りと云々。しかるあいだ、盛んに堂舎を造り、あるいは一躰を安置し、あるいは普賢・文殊を脇士《きょうじ》とす。よって聖人御筆の本尊に於いては彼の仏像の後面に懸け奉り、または堂舎の廊《ほそどの》にこれを捨て置く。

日興が云わく、聖人御立の法門に於いては全く絵像・木像の仏・菩薩を以て本尊となさず。ただ御書の意に任せて妙法蓮華経の五字をもって本尊となすべしと。即ち御自筆の本尊これなり。

一、上の如く一同にこの本尊を忽緒《こっしょ》し奉るのあいだ、あるいは曼荼羅なりと云って死人を覆うて葬る輩《やから》も有り、あるいはまた沽却《こきゃく》する族《やから》も有り。かくの如く軽賤するあいだ、多分はもって失せおわんぬ。

日興が云わく、この御筆の御本尊はこれ一閻浮提に未だ流布せず、正像末に未だ弘通せざる本尊なり。しかれば則ち日興門徒の所持の輩に於いては左右《そう》無く子孫にも譲り弟子等にも付嘱すべからず。同一所に安置し奉り、六人一同に守護し奉るべし。これひとえに広宣流布の時、本化国主御尋有らん期まで深く敬重し奉るべし。

一、日興弟子分の本尊に於いては一々皆書き付け奉ること、誠に凡筆を以って直ちに聖筆を黷《けが》すこと最もその恐れ有りといえども、あるいは親には強盛の信心を以ってこれを賜うといえども、子孫等之を捨て、あるいは師には常随給仕の功に酬《むく》いてこれを授与すといえども、弟子等これを捨つ。これに依ってあるいはもって交易し、あるいはもって他の為に盗まる。かくの如きの類い、それ数多なり。故に所賜の本主の交名を書き付くるは後代の高名の為《ため》なり。

一、御筆の本尊をもって形木に彫《きざ》み、不信の輩に授与して軽賤する由、諸方にその聞え有り。いわゆる日向・

日頂・日春等なり。
日興の弟子分に於いては在家出家の中にあるいは身命を捨て、あるいは疵《きず》を被《こう》むり、もしくはまた在所を追放せられ、一分信心の有る輩に忝《かたじけな》くも書写し奉りこれを授与する者なり。
本尊人数等、また追放人等、頚切られ、死を致す人等」（一六〇五頁）。

これによれば、「富士一跡門徒存知の事」が作成された延慶《えんきょう》二（一三〇九）年において、日興は五老僧が既に釈迦仏像を建立したとの認識をもっていた。五老僧は、日蓮の弟子檀那の中に釈迦仏像を造立して供養したことが記されている御書があるとして自らを正当化したようである。

しかし、御書が示す範囲において日蓮門下で釈迦像を造立したのは富木常忍と四条金吾夫妻のみで、極めて例外的なケースである。日蓮が門下に対して礼拝の対象である本尊として授与したのは文字曼荼羅だけであり、釈迦仏像の造立を門下に勧めたことは一切ない。もしも釈迦像を本尊とすることが日蓮の本意であるならば、釈迦像造立を門下に積極的に勧める御書があってしかるべきであるのに、そのような例は皆無である。

一方で、曼荼羅については「観心本尊抄《かんじんのほんぞんしょう》」で曼荼羅の相貌を述べた箇所で「その本尊の為体《ていたらく》」（二四七頁）、「かくの如き本尊」（二四八頁）と曼荼羅が本尊であることを明記し、「経王殿御返事」に「あいかまえて御信心を出だし、この御本尊に祈念せしめ給え。何事か成就せざるべき」（一一二四頁）と述べるなど、多くの御書で曼荼羅本尊に祈念することの功徳を強調している。

「阿仏房御書」では「あまりにありがたく候えば宝塔をかきあらわしまいらせ候ぞ。子にあらずんばゆずることなかれ。信心強盛の者に非ずんば見することなかれ。出世の本懐とはこれなり」（一三〇四頁）と、曼荼羅本尊が「出世の本懐」であると明言している。「経王殿御返事」や「阿仏房御書」に真筆や直弟子らの古写本は存在しないが、だからといってこれらの御書を偽書と断定することはできず、むしろ古来、真書として扱われている。内容的に見て真書と見るべきであろう。

日蓮が富木常忍と四条金吾夫妻の釈迦像造立を容認したのは、浄土教や密教が広く浸透していた当時、世間の人々が阿弥陀如来や大日如来を礼拝している中で釈迦仏を立てるのは、浄土三部経や大日経等を退けて法華経を尊重するのと同様、権実相対の意味から正しい方向に向かっている行為とみなすことができるからであろう。

礼拝の対象である本尊といえば仏像のほか考えられなかった当時、良かれと思って釈迦像を造立した常忍らの行為を日蓮が頭から否定し叱りつけたならば、日蓮についていけないことにもなり、せっかく法華経に向かっていた彼らの信仰そのものが損なわれる事態にもなったであろう。五重の相対の観点からいえば、日蓮は、権実相対を了解するのが精一杯で本迹相対や種脱相対を理解することができなかった富木常忍らの仏法理解のレベルを鑑《かんが》み、大きく包容しながら化導したのである。

　とくに富木常忍は釈迦の仏像を造立しただけでなく、釈迦仏の脇士として上行・安立行・浄行・無辺行の四菩薩像を造立することを考え、日蓮に四菩薩造立の時期について質問したことがあった（「四菩薩造立抄」）。

　それに対して日蓮は「今末法に入れば、もっとも仏の金言の如くんば造るべき時なれば、本仏・本脇士造り奉るべき時なり。当時はその時に相当たれば地涌の菩薩やがて出でさせ給わんずらん。まずそれ程に四菩薩を建立し奉るべし。もっとも今は然るべき時なりと云々」（九八八頁）と述べている。この文は、四菩薩の造立を意図する富木常忍の意向を一応は受け止めながら、地涌の菩薩が出現した時にそれを行うべきであるとして、実際にはその時点における四菩薩造立を制止する趣旨である。

　日蓮は一般門下に対して自身が上行菩薩に当たると明確に宣言することは抑制し、「地涌の菩薩のさきがけ日蓮」（「諸法実相抄」一三五九頁）等の謙遜の表現に終始した。日蓮は一般の門下に対してはまだ地涌の菩薩が出現していないとの立場に立っており、その立場から富木常忍に対して四菩薩造立は地涌の出現の時まで行うべきではないと教示したのである。そのため、富木常忍を含めて日蓮存命中に門下が四菩薩造立を行った例は見いだされない（しかし日蓮滅後、「富士一跡門徒存知の事」が書かれた時点では門下において釈迦仏と四菩薩像の造立が広く行われることになった）。

　五老僧が釈迦像を本尊としたことについては、まず日昭は弟子日祐《にちゆう》への譲り状（「譲與本尊聖教事」）の冒頭に「釈迦多宝像（泥仏木像）」として釈迦像を第一位に置き、曼荼羅を注法華経に次ぐ第三位に置いており、また日昭の申状には「我が本師釈尊は娑婆有縁の教主、利益無辺の慈父なり」（『日蓮宗宗学全書』第一巻一一頁）と釈尊を本師として強調していることなどから、釈迦像を本尊とした可能性が高いと思われる。

　日朗については、日朗自身の文献には日朗が釈迦像を本尊としたという記述はないが、日朗の弟子日印《にちいん》は「奉造立供養本尊日記」に「本門教主（本有三身円満久遠実成釈迦牟尼如来之遺像一躰）並びに脇士四菩薩（上行菩薩像、無辺行菩薩像、浄行菩薩像、安立行菩薩像）、已上の五像は仏菩薩の遺像なり。右本尊は末法の船筏、濁世の橋梁なり」

（『日蓮宗宗学全書』第一巻三一八頁）と一尊四士（釈迦像と四菩薩像）を本尊とすることを明記しており、日朗門流が釈迦像を本尊としたことは確実と見られる。もっとも同じ日朗の弟子である日像は「曼荼羅相伝」において文字曼荼羅をもって事の一念三千とする見解を表明しており（この点は日興門流の「本尊三度相伝」と類似している）、曼荼羅を本尊とした可能性もある。しかし、日朗門流は日興門流のように曼荼羅のみを本尊とする態度に立てず、他門流と同様に釈迦像を本尊とする方向に流れていったと推定される。

日向《にこう》については、日興の身延在山中に地頭波木井《はきい》実長《さねなが》に対して日朗が持ち去った日蓮所持の一体仏の代わりに釈迦仏像を造立するよう促しており（「原殿御返事」）、「富士一跡門徒存知の事」に波木井実長が「釈迦如来を造立供養して本尊と為し奉る」ことを「日向これを許す」（一六〇三頁）と記されていることから、日向が釈迦像を本尊とする立場に立っていたことは明らかである。

日興は実長から造像について意見を求められた際、「御力契《かな》い給わずんば、御子孫の御中に作らせ給う仁《じん》出来し給うまでは、聖人の文字にあそばして候を御安置候べし」（「原殿御返事」編年体御書一七三三頁）と、造像は将来、実長の子孫にそれを成し遂げられるだけの経済力のある者が現れるまで行うべきではなく、それまでは日蓮が文字で表した曼荼羅を安置すべきであると教訓し、造像を抑止しようとしたが、実長は日興の指南を無視して造像を強行した。

日頂については「富士一跡門徒存知の事」の追加分に「伊予阿闍梨の下総国真間《まま》の堂は一躰仏なり。しかるに去る年月、日興が義を盗み取って四脇士を副《そ》う。彼の菩薩の像は宝冠形なり」（一六〇九頁）とあるように、日興に帰服する以前の日頂は義父富木常忍が造立した下総国真間の堂の一体仏に四菩薩像を加えている。それは富木常忍に随順しての行為と見られるが、ともかく帰服以前の日頂が仏像造立を肯定していたことは明確である。

日持については造像の事情は不明だが、日持の弟子である治部《じぶ》房《ぼう》日位は「大聖人御葬送日記」の「御遺物配分事」で「御本尊（一体）釈迦立像　大国《だいこく》阿闍梨」（『日蓮宗学全書』第一巻五五頁）として釈迦像を本尊と見ていることから、師である日持も釈迦像を本尊と見る立場に立っていたと推定される。

本尊として釈迦像を造立した五老僧に対し、日興は「日興が云わく、聖人御立の法門に於いては全く絵像・木像の仏・菩薩を以て本尊となさず。ただ御書の意に任せて妙法蓮華経の五字をもって本尊となすべしと。即ち御自筆の本尊これなり」（一六〇六頁）とあるように文字曼荼羅本尊こそが日蓮の正意であるとの立場に立ち、生涯にわたって門下の寺院において木絵の仏像を本尊とすることを許さず、文字曼荼羅を本尊とする態度を厳格に貫いた。

とくに日蓮直筆の曼荼羅については子孫や弟子に譲ることのできる私的なものと考えず、一箇所に保管して弟子一同が共同して守護すべき公的なものであるとした。その上で日興の弟子に授与された日蓮直筆の曼荼羅については子孫や弟子が散逸することを防ぐため、授与された者の名前を曼荼羅に書き加える措置をとっていることを明記している。

本尊を釈迦像とするか曼荼羅とするかという点における五老僧と日興の相違について「五人所破抄」では次のように記されている。

「また五人一同に云わく、先師所持の釈尊は忝《かたじけな》くも弘長配流の昔これを刻み、弘安帰寂の日も随身せり。何ぞたやすく言うに及ばんや云々。

日興が云わく、諸仏の荘厳同じといえども印契《いんけい》に依って異を弁ず。如来の本迹は測り難し。眷属をもってこれを知る。ゆえに小乗三蔵の教主は迦葉・阿難を脇士と為し、伽耶始成《がやしじょう》の迹仏は普賢・文殊左右に在り。この外の一躰の形像、あに頭陀《ずだ》の応身に非ずや。およそ円頓の学者は広く大綱を存して網目を事とせず。つらつら聖人出世の本懐を尋ぬれば、もと権実已過《いか》の化導を改め、上行所伝の乗戒を弘めんがためなり。図する所の本尊は、また正像二千の間、一閻浮提の内、未曾有の大漫荼羅なり。今に当たっては迹化の教主既に益無し。いわんや哆哆《たた》婆和《ばわ》の拙仏をや。次に随身所持の俗難はただこれ継子一旦の寵愛、月を待つ片時の螢光か。執する者なお強いて帰依を致さんと欲せばすべからく四菩薩を加うべし。あえて一仏を用ゆることなかれ云々」（一六一四頁）

これによれば、五老僧は釈迦像を本尊とする理由として、日蓮が伊豆流罪の時から釈迦の一体仏（脇士のない仏像）を随身したことを挙げたと見られる。この一体仏は伊豆流罪中、地頭伊東祐光《いとうすけみつ》より病気平癒の祈願の御礼として贈られたものである。五老僧はこの一体仏を日蓮自身が彫刻したと主張したようだが、もちろん日蓮自身による造像の例は皆無であり、五老僧の主張は事実に反する。五老僧は日蓮による造像という虚構を構えることで一体仏の権威化を図ったと見られる。

この一体仏は、「神国王御書」に「小菴には釈尊を本尊とし一切経を安置したり」（一五二五頁）とあることから、佐渡流罪以前の松葉ケ谷《まつばがやつ》の草庵においては本尊とされていたと思われるが、佐渡流罪以後、曼荼羅本尊が図顕されてからは本尊とされることはなかったと考えられる。実際に日蓮は、臨終に際して、自身が随身した一体仏について

「墓所の傍《かたわ》らに立て置くべし」(『日蓮宗宗学全書』第二巻一〇五頁)と遺言しており、一体仏を本尊として扱う旨の教示はない。

「図する所の本尊は、また正像二千の間、一閻浮提の内、未曾有の大漫荼羅なり」とある通り、日興において本尊は曼荼羅本尊のみであった。それでも、どうしても仏像を礼拝したいと仏像に執着する者がいた場合、日興は一体仏ではなく四菩薩を脇士とする形式にすることを条件にそれを容認したが、それは仏像以外の本尊を考えることができなかった当時の文化状況を鑑みての配慮というべきである。日興のこのスタンスは、日蓮が富木常忍や四条金吾夫妻の釈迦像造立を容認したのと同様であったといえよう。

また、日興が四菩薩を加えることを条件にしたのは一体仏よりもハードルを上げることによって少しでも仏像造立を抑制しようとした姿勢の表れとも解せられる。従って、この「五人所破抄」の記述や「原殿御返事」をもって日興が積極的に仏像造立を認めたと解することは誤りである。日興が曼荼羅本尊正意の立場にあったことは日興が門下の寺院に釈迦仏像の安置を絶対に許さなかったという明確な事実に明らかである。

四菩薩を加えることを条件に仏像造立を認める日興の教示は仏像に強く執着する者を教導するための例外的な方便であったが、この日興の義を他門流が盗み取って利用し、四菩薩を加えた形での釈迦像造立が次第になされることとなった。この事情については、日澄が「富士一跡門徒存知の事」を執筆した後に日興が追加したと見られる「追加八箇条」に「近年以来、日興所立の義を盗み取り、己《おの》が義と為す輩《やから》出来する由緒《ゆいしょ》、条条の事」(一六〇八頁)として、日高《にっこう》(日昭の弟子)、摩訶一日印《まかいちにちいん》(日朗の弟子)、天目らの四菩薩造立の例を挙げて述べられている。

例外的な方便として仏像造立を容認した日蓮・日興の姿勢は本尊イコール仏像としか考えられなかった当時の文化状況に対するやむを得ない対応だった。それ故、仏像以外の本尊も広く認める現代においては仏像造立を容認する必要はない。むしろ仏像を本尊とすることは物神崇拝(フェテシズム)に陥る危険があるだけでなく、偶像崇拝を厳しく排除する一神教世界に日蓮仏教を布教するためには大きな障害となろう。

なお、「木絵二像開眼之事」「本尊問答抄」「四条金吾釈迦仏供養事」などに仏像の開眼を法華経によって行うべきことが説かれていることをもって日蓮に造仏思想があったとする意見があるが、妥当ではない。これらの教示は、仏像の開眼を真言密教で行うことが支配的であった当時の状況下において、仮に仏像の開眼を行うならば密教ではなく法華経によって行わなければならないとする趣旨であり、真言密教を退けて法華経を宣揚する権実相対の意義にほかならない。門下の中にも仏像造立に執着する人が見られた当時の状況を踏まえた教示であると解すべきである。

結論として、日蓮が門下に対して仏像造立を勧めた例は皆無であるという事実から、日蓮に造仏思想は存在せず、日蓮仏法の本尊は文字曼荼羅のみと解すべきである。

日蓮が当時、一般的であった仏像本尊を斥《しりぞ》けて誰人も顕したことのない文字曼荼羅を本尊とするという革命的な行為に出た理由は何か。それは多くの視点から深く考えなければならない重大問題だが、一つの理由として仏像では法を表すことができないということが挙げられよう。法は言語を定着させた文字によって初めて表現されうるものだからである。曼荼羅の中央に「南無妙法蓮華経　日蓮」を置いてその周囲に十界の諸尊を配置することによって十界互具の法理を表すことが可能となる。

絵像・木像の仏を本尊とすることはいわば仏を神格化することであり、礼拝される仏と礼拝する衆生が分断・対立する構図となって十界互具の義は成立しない。「日女御前御返事」に「日蓮が弟子檀那等、正直捨方便・不受余経一偈と無二に信ずる故によってこの御本尊の宝塔の中へ入るべきなり」（一二四四頁）とあるように、文字曼荼羅においては唱題する人も妙法に照らされた十界の衆生の一員として曼荼羅の中に参入するのであり、師である仏と弟子の衆生が一体不二となりうるのである。

日蓮が自ら創始した文字曼荼羅を本尊として門下に授与し続けたことは、師弟を分断する仏像本尊に対するアンチテーゼの意味がある。また日興が生涯にわたって曼荼羅本尊正意の立場を堅持したことは、日興こそが日蓮の内奥の思想を正しく継承した後継者であることを示しているといえよう。

6　修行観の相違

日興と五老僧では仏道修行の在り方についても大きな相違がある。この点について「富士一跡門徒存知の事」では次のように述べられている。

「五人一同に云わく、如法経《にょほうきょう》を勤行し、これを書写し供養す。よって在々所々に法華三昧または一日経を行ず。

日興が云わく、かくの如き行儀はこれ末法の修行に非ず。また謗法の代には行ずべからず。これに依って日興と五人と堅くもって不和なり」（一六〇二頁）

「五人所破抄」には次のようにある。

「五人一同に云わく、如法・一日の両経は共にもって法華の真文なり。書写・読誦に於いても相違有るべからず云々。

日興が云わく、如法・一日の両経は法華の真文たりといえども正像転時の往古《おうこ》、平等摂受の修行なり。今末法の代を迎えて折伏の相を論ずれば、一部読誦を専らとせず、ただ五字の題目を唱え、三類の強敵を受くといえども諸師の邪義を責むべきものか。これすなわち勧持・不軽の明文、上行弘通の現証なり。何ぞ必ずしも折伏の時、摂受の行を修すべけんや。ただし四悉《しっしつ》の廃立、二門の取捨、よろしく時機を守るべし。あえて偏執することなかれ云々」（一六一四頁）

五老僧は修行として、法華経の如法経（経典の書写のこと）や一日経（大勢が集まって一部の経典を一日で書写すること）や法華経一部の読誦を行ったが(例えば日朗は「本迹見聞」で「一乗の妙行は安楽行品」〈『日蓮宗宗学全書』第一巻一九頁〉と述べており、五種の妙行を修行の内容としたと見られる)、日興はそれらの行は正法・像法時代に行われた摂受の行であるとしてそれを退け、唱題と折伏を修行の骨子とした。

経典の書写は、インドにおいて大乗仏教の興隆とともに仏教経典が文字に記されることが始まって以来、インド・中国で盛んに行われた。法華経においても経典の受持・読・誦・解説・書写の「五種の妙行」が法華経の修行として繰り返し説かれている。日本ではとくに天台宗で慈覚大師円《えん》仁《にん》が「如法経」を鼓吹《こすい》したために重要視され、「如法経」「一日経」という書写行が重要な修行とされるようになった。日蓮の宗教を天台宗の枠組みにあるものと捉えていた五老僧が修行においても天台宗の修行である「如法経」「一日経」を行ったのも自然の経緯であったといえよう。

しかし、日蓮が書写行を含む五種の妙行を奨励した事実はない。入滅前年の弘安四年、地頭波木井実長《はきいさねなが》一族が中心になって身延に大坊を建設した際、落成を祝賀する儀式の一環として実長の要請で一日経を行った例はあるが、「地引御書」に「ただし一日経は供養しさ(止)して候」（一三七五頁）とあるように、この時も日蓮は一日経を途中で中止している（日蓮が一日経を行った例は大坊落成のこの時以外にはない）。このような振る舞いにも一日経の実施が日蓮の本意でなかったことが表れている。

日蓮は「観心本尊抄《かんじんのほんぞんしょう》」で「釈尊の因行果徳の二法は妙法蓮華経の五字に具足す。我等この五字を受持すれば自然に彼の因果の功徳を譲り与え給う」（二四六頁）として曼荼羅本尊の受持を強調し、「日女御前御返事」で「法華経を受け持《たも》ちて南無妙法蓮華経と唱うる、即ち五種の修行を具足するなり」（一二四五頁）と曼荼羅本尊を受持して唱題に励む行に五種の妙行が含まれると説いている。また「四信五品抄」では「初心の者兼ねて五度を行ずれば正業の信を妨ぐるなり」（三四一頁）と述べて、末法において五種の妙行を行うことは本尊を受持しての唱題という末法の正しい修行を妨げる弊害があるとしている。

天台宗で行じていた観念観法の瞑想行や経典の書写・読誦の行は相手を破折せずに次第に正法へと誘引していく摂受の行であったが、日蓮は末法に行うべき修行は摂受ではなく相手の誤りを破折して正法に帰伏させる折伏行であることを多くの御書で強調している。例えば「如説修行抄」には次のように説かれている。

「敵《かたき》有る時は刀杖《とうじょう》・弓箭《きゅうせん》を持つべし。敵無き時は弓箭・兵杖何にかせん。今の時は権教即実教の敵と成るなり。一乗流布の時は権教有って敵と成りてまぎらわしくば実教よりこれを責むべし。これを摂折二門の中には法華経の折伏と申すなり。天台云わく『法華折伏破権門理《ほっけしゃくぶくはごんもんり》』と。まことに故あるかな。しかるに摂受たる四安楽の修行を今の時行ずるならば、冬、種子を下して、春、菓《このみ》を求むる者にあらずや。鶏《にわとり》の暁に鳴くは用《よう》なり、宵《よい》に鳴くは物怪《もっけ》なり。権実雑乱の時、法華経の御敵を責めずして山林に閉じ篭もり摂受を修行せんは、あに法華経修行の時を失う物怪にあらずや」（五〇三頁）

このように日蓮は修行として、天台宗が行ってきた書写行などを退け、専ら唱題行と折伏を強調した。日興の立場は日蓮の教示に忠実なものであったといえよう。

7　曼荼羅本尊の書き方の相違

日興は「富士一跡門徒存知の事」と「五人所破抄」によって五老僧を厳しく破折したが、日興と五老僧の相違は曼荼羅本尊の書き方においても大きなものがある（ちなみに日蓮滅後、出家して日常《にちじょう》と名乗り、中山門流の祖となった富木常忍の場合も五老僧と同様である）。

五老僧は中央の首題「南無妙法蓮華経」の直下に自分自身の名前を記したのに対し（例えば日朗の場合、「南無妙法蓮華経　日朗〈花押〉」と記した）、日興は首題の直下には必ず「日蓮　在御判」としたため、自らの名前は「書写之」の言葉とともに記して（「書写之　日興〈花押〉」とした）、自分が当該曼荼羅を書写した当人であるとの責任を明らかにしている。日興が終生にわたって貫いたこの曼荼羅書写の書式は、基本的に日興門流において今日まで維持されている。

日蓮は文字曼荼羅を図顕する際、南無妙法蓮華経の首題の下には「日蓮〈花押〉」としたためたが、五老僧はその日蓮の書き方を表面的に受け止め、首題の下にはその曼荼羅を書いた当人の名前を記すものと理解したのであろう。その在り方には日蓮も自分自身も同列の存在とする態度を見てとることができる。日蓮と自分を同列に置いたということは、日蓮を一人の先輩程度の存在と受け止め、信仰上は根本の師匠として認識することができなかったことを意味している。

それに対して、日興は自身を日蓮と同列に置かず、自身が曼荼羅を書くことを「書写」と称し、日蓮が図顕した曼荼羅本尊を書写するという姿勢に終始した。日興は「日蓮聖人の弟子日興」（正応二年の申状、『日蓮宗宗学全書』第二巻九五頁）と明言して自身を日蓮の弟子と規定し、日蓮を根本の師とする立場を明確にしたのである。

この文字曼荼羅の書き方の相違は極めて特徴的で、日興が五老僧とは全く異なる書き方をしているという事実は、日興が曼荼羅の書き方について日蓮から何らかの教示を受けていたことを推測せしめる（ただし五老僧の中で日向《にこう》だけは首題の下に「日蓮聖人　在御判」と記した曼荼羅を残している〈京都・妙伝寺蔵〉。曼荼羅の書き方について日向が日興の影響を受けていた可能性がある）。日興門流に伝わる「御本尊七箇相承」に「日蓮在御判と嫡々《ちゃくちゃく》代々と書くべし」（『富士宗学要集』第一巻三二頁）とあることもその裏づけの一つとなろう。

文字曼荼羅の書き方は基本的に各門流の門下に継承された。五老僧の門流は首題の下に自分の名前と花押を記すのが一般的であるのに対し（中山門流も同じ）、日興門流は首題の下に「日蓮　在御判」としたためることを基本とした。

文字曼荼羅における日蓮の位置づけについて日興と五老僧に大きな相違があるのは、日蓮をどのような存在と見るかという点について両者に明確な違いがあったことを示している。五老僧とその門流は、曼荼羅を書く場合に日蓮の名を伝教大師の外側や八幡大菩薩の脇に記すことが多いが、それは五老僧が日蓮の宗教を天台宗の延長にあるものと見て、日蓮を伝教の弟子と捉えたからであろう。

それに対し、日興が日蓮の名を首題の南無妙法蓮華経の直下に記したのは、日蓮が南無妙法蓮華経と一体の末法の教主・本仏と捉えていたことを推測せしめる。すなわち、文字曼荼羅の相貌の相違は、釈迦本仏か日蓮本仏かという人本尊についての認識の違いを示すものと考えられる。

8　五一相対の背景

以上、概観してきたように、教義の理解と文字曼荼羅の書き方について、日興と五老僧では対極的といえるほど大きな相違がある。そこで日興は、元弘《げんこう》三（一三三三年）、逝去一か月前に門下に残した「日興遺誡置文」の冒頭で「一、富士の立義《りゅうぎ》いささかも先師の御弘通に違せざる事。一、五人の立義一々に先師の御弘通に違する事」（一六一七頁）と、日興が日蓮の弘通した教義に違背しておらず、五老僧の主張が日蓮の教義に違背していることを宣言している。五老僧を「師敵対」（「原殿御返事」）と断じて徹底して糾弾した日興の峻厳な姿勢は逝去直前まで明確に貫かれていたのである。

日興は本弟子六人の中で唯一自身のみが日蓮の教義を正しく継承しているとの揺るぎない確信に立っていた。その確信は、当然ながら日興の門下にも受け継がれているが、五老僧の一人である日頂も、日興に帰服した後、日興が日蓮の正統継承者であることを「本尊抄得意抄副書」で次のように述べている。

「興上人、一期の弘法の付嘱を受け、日蓮日興と次第して、日興は無辺行の再来として末法本門の教主日蓮が本意の法門直授たり」（『日蓮宗宗学全書』第一巻四四頁）。

本書について『日蓮宗宗学全書』の編者は自身の宗派的立場に制約されたためか真偽未決としているが、日頂の正筆が佐渡の世尊寺に現存している本書を偽書とする理由はなく、日頂の見解を率直に示した文書と受け止めるべきであろう。また「末法本門の教主日蓮」と明記しているこの文は、日頂に日蓮本仏義があったことを示す明文となっている。

同じく日蓮を師匠としながら、日興と五老僧の見解が曼荼羅の書き方も含めてどうしてこれほどまでに相違するようになったのか。この点を考えると、日蓮に師事してきた在り方が日興と五老僧では大きく異なっていたことに思い至らざるを得ない。具体的にいえば、日興は伊豆流罪から佐渡流罪、さらには身延時代から入滅に至るまで、日蓮の弘通の主要な時期を日蓮に随順したのに対し、五老僧の代表格である日昭・日朗が日蓮の教示に親しく接したのは佐渡以前の鎌倉期に限られる。日頂は佐渡に随順したと伝えられるが、義父富木常忍の影響下にあったために活動の舞台は下総《しもうさ》が中心であり、日蓮に従った時期はやはり限定される。日向は佐渡に随順し、日蓮の身延入山後に日蓮の法華経講義を聴聞したとされるが、上総《かずさ》の茂原《もばら》を中心に活動したことから、身延期の日蓮に長期間にわたって随順していない。日持が佐渡・身延で日蓮に随順した可能性はあるが、それを裏づける明確な記録は残っていない。

日蓮の身延入山も、日興が地頭波木井実長を日蓮門下に導いた当人であることから、日興の勧めによるものと考えられる。日蓮が身延を出て、入滅の地である池上から波木井実長に宛てた最後の書簡（「波木井殿御報」）も日興が日蓮の言葉を口述筆記していること、また日蓮の葬儀の詳細な記録を残していることを考えるならば、日興は日蓮の入滅の時ももっとも近くに日蓮に随順し、厚く信頼されていた高弟であることがうかがえる。要するに、日蓮に随順した期間の長さと密度の高さにおいて日興と五老僧では大きな相違があった。

曼荼羅本尊の図顕や三大秘法の法理など、日蓮独自の教義が本格的に展開されるのは佐渡流罪以降であり、鎌倉期の教示しか知らないのであれば、到底日蓮仏法の全貌をうかがうことはできない。実際に日向が残した『金綱集《きんこうしゅう》』を見ても、説かれているのは唱題の教義だけで、本尊や戒壇に関する内容は皆無である。日昭や日朗も、その著述で唱題行は主張するものの、本尊および戒壇については何も述べていない。

日蓮は鎌倉期においては対外的には自身を「天台沙門」と称し、天台宗の学僧の立場にあるものとしていたが、五老僧はその対外的な表明をそのまま表面的に受け止め、日蓮の宗教を天台宗の枠内ないしはその延長にあるものと理解するにとどまっていた。それに対し、日興は伊豆流罪から入滅に至るまで日蓮に親しく随順し、日蓮のダイナミックな思想展開の過程を間近に知り得る立場にあった（日蓮の身延入山後、日興は富士方面の弘教に従事したので、常に日興が日蓮の身辺にいたわけではないが、富士と身延が隣接していたので緊密な連携が保たれていた）。その間には教義について日蓮に質問したり、日蓮から口頭でさまざまな教示を受ける機会も少なくなかったと思われる。

要するに日興の場合、五老僧よりも日蓮から文献以外の教示を受ける機会に恵まれていたと推定される。そこで、文献に示されない口頭での教示、すなわち口伝、相伝による思想伝授の重要性に着目する必要があろう。

日頂・日向・日持は、佐渡や身延で日蓮に接する機会があったと思われるが、同時期に同じ師匠に接しても師匠の思想の理解において弟子の理解力の差に応じて相違が生じてこよう。とくに口頭による教示の場合、弟子の機根の程度によって師匠の教えそのものに違いがあるのも当然というべきであろう。

ちなみに日興と五老僧の相違が生じた原因について、創価学会第二代会長の戸田城聖は、会員からの質問に答えて次のように述べている。

「この問題についていわなければならないことは、二つ三つ四つとありますが、第一に五人は、日蓮大聖人様のおそばで給仕が足りなかったのです。みな日蓮大聖人様に服して、南無妙法蓮華経ということをひろめにかかりましたが、おそばでほんとうの、真実を聞く時間が少なかった。これが一つです。

それから、日蓮大聖人様の仏法のゆき方を、おそばですっかりみないからわからない。なぜかならば、第一番に日蓮大聖人様がおおせあそばしたのは、南無妙法蓮華経へいれるまえに、法華経、法華経とおっしゃったのです。これは『教相・観心』という二つに分けていくことが大事です。ところで、当時の五老僧は、教相の面においてみな服したのです。そのころの学者は、みなそうでした。法華経ということは知っているけれども、南無妙法蓮華経の真実がわからない。日蓮大聖人様は、まず南無妙法蓮華経ということをしみこませたのです。

それから佐渡へおいでになって、御本尊がご出現になるわけです。そして、佐渡から帰られてから、未来のわれわれにたいして、戒壇の建立と、この三つ（三大秘法のひろまる順序）に分けていらっしゃるのです。そうなると、佐渡以後の本尊建立については、五老僧はわからないのです。ですから、御本尊とはどれほどのものかということは、『常随給仕』と申しまして、そばについて離れなかった御開山日興上人しかわからなかったのです」（『戸田城聖全集』第二巻一五六頁）

第二章　日蓮と相伝法門

仏教において教義は文献上で表明されるものだけでなく、口頭で示されるもの（口伝）がある。仏教を考察する上でこの事実を無視することはできない。

現生人類が登場したのは五万年前頃とされるが、文字が用いられるようになったのは六千年前頃からに過ぎない。人類は、大部分の歴史において、口承によって思想を伝播してきたのである。仏教の歴史を見ても、歴史的釈尊から始まった仏教思想はしばらく口承によって伝えられ、それが文字に記されるようになったのは大乗仏教が興隆し始めた紀元前後であったとされる。原始仏典から大乗経典に至る全ての経典も、戒律を記した律蔵も、それ以前の口承によって伝えられてきた思想を基盤にして成立したのである。仏教思想の全てが文献化されたわけではないので、文献化されていない思想もあると見なければならない。

事実、竜樹《りゅうじゅ》や天台、伝教など大乗仏教の主流を形成してきた祖師には口伝、口決を尊重する態度を広く見ることができる。例えば竜樹の『大智度論』では「説般若波羅蜜。教照等説者。若案文若口伝。教者為人讃般若。令受持読誦正憶念」（『大正蔵』二十五巻五一八頁）と口伝に言及し、また天台の『摩訶止観』にも「此の中、皆口決を須《もち》ふ」（同四十六巻五〇頁）、「面受口決随意広論」（同一一二頁）とある。伝教が口決、口伝を重んじたことは周知のことであり、それは『守護国界章《しゅごこっかいしょう》』の「鏡像円融《きょうぞうえんゆう》の義、口決にあらずんば解せず」（『伝教大師全集』第二巻二六六頁）、『顕戒論』の「一心三観。傳於一言」（同第一巻三五頁）などの文に見ることができる。

日蓮は、自己の主張の裏づけとして、天台、妙楽、伝教などの文を「文証」として用いる態度を貫いたが、決して文献一辺倒ではなく、同時に一般の文献には示されない口伝、相伝の重要性に対する配慮も忘れなかった。このことは真筆や古写本が現存あるいは曾存する多くの御書に照らして明らかである。

例えば「聖密房御書」（真筆曾存）では中国華厳宗の澄観《ちょうかん》が天台の一念三千の法門を盗み取ったことについて「澄観は持戒の人、大小の戒を一塵をもやぶらざれども一念三千の法門をばぬすみとれり。よくよく口伝あるべし」（八九六頁）と述べている。また「法華行者逢難事《ほっけぎょうじゃほうなんじ》」（真筆完存）には「竜樹・天親は共に千部の論師なり。ただ権大乗を申べて法華経をば心に存して口に吐きたまわず。ここに口伝有り」（九六五頁）とある。

さらに「曾谷入道殿許御書《もと》」（真筆完存）には「慧日大《えにちだい》聖尊《しょうそん》、仏眼をもって兼ねてこれを鑒《かんが》みたもう故に諸の大聖を捨棄し、この四聖を召し出して要法を伝え、末法の弘通を定むるなり。問うて曰わく、要法の経文いかん。答えて曰わく、口伝をもってこれを伝えん」（一〇三三頁）と述べ、釈迦仏が上行菩薩らを呼び出して伝えた「要法」の文について、書中に示さず、口伝によって教示すると明言している。

この他、真筆や古写本がある御書で口伝に言及したものは、以下のようなものがある（真筆や古写本がない御書を見れば、さらに多数に上る。ちなみに、ここで詳しくは述べないが、真筆や古写本のない御書を実質的に偽書扱いして一律に排除するような態度は適切ではない）。

「天下第一のわうわくのあるなり。これより外に弘仁九年の春のえきれい、また三古《さんこ》なげたる事に不可思議の誑惑《おうわく》あり。口伝すべし」（「三三蔵祈雨事」〈真筆現存〉一四六九頁）

「問う、諸経の如きはあるいは菩薩のため、あるいは人天のため、あるいは声聞・縁覚のため、機に随って法門もかわり益もかわる。この経は何なる人のためぞや。答う、この経は相伝に有らざれば知り難し」（「一代聖教大意」〈大石寺第三世日目の写本あり〉三九八頁）

とくに「一代聖教大意」では法華経を論じた箇所で、華厳経で説かれる提婆達多に対する授記、普超経《ふちょうきょう》に説かれる阿闍世王に対する授記などと法華経に説かれる二乗・竜女・提婆に対する授記では相違がないではないかとの問いに対し、「答う、予の習い伝うる処の法門、この答えに顕るべし。この答えに法華経の諸経に超過し、また諸経の成仏を許し許さぬは聞こうべし。秘蔵の故に顕露に書《しる》さず」（四〇一頁）と述べ、その答えは秘蔵の法門である故に書面に記さないとしている。

日蓮は重要法門を示した御書を執筆した際、文献に記していない内容を口頭で伝えた場合もあったと見られる。その典型的な例が「報恩抄」である。周知の通り、「報恩抄」は剃髪《ていはつ》の師道善房《どうぜんぼう》死去の報に接した日蓮が師への報恩のために記した法門書であり、そこには日蓮仏法の根本法理である三大秘法が説かれている。本抄は、民部日向《みんぶにこう》に託して、日蓮の兄弟子で清澄寺の僧侶である浄顕房《じょうけんぼう》・義成房《ぎじょうぼう》に対して発せられた。「報恩抄送文」には次のように述べられている。

「御状給わり候い畢わんぬ。親疎と無く法門と申すは心に入れぬ人にはいわぬことにて候ぞ。御心得候え。御本尊図して進《まいら》せ候。（中略）この文は随分大事の大事どもをかきて候ぞ。詮なからん人々にきかせなばあしかりぬべく候。また、たといさなくとも、あまたになり候わば、ほかさまにもきこえ候なば、御ため、またこのため安穏ならず候わんか。御まえと義成房と二人、この御房をよみてとして嵩《かさ》がもりの頂にて二三遍、また故道善御房の御はかにて一遍よませさせ給いてはこの御房にあづけさせ給いて、つねに御聴聞候え。たびたびになり候ならば、心づかせ給うこと候なん」（三三〇頁）

ここで日蓮は浄顕房・義城房に対し、「報恩抄」を嵩が森と道善房の墓前で読み上げた後は日向に預けて「報恩抄」に関する法門を日向から聴聞するように教示している。要するに、日蓮が「報恩抄」で示そうとした法理は「報恩抄」そのものには言い尽くせておらず、文献上では明かせなかった内容を日向から聴聞する必要があるというのである。日蓮は「報恩抄」の文の上では明示できなかった内容を日向に口頭で伝授しており、それを日向から浄顕房・義成房に伝えるよう指示していたと考えられる。

「報恩抄」に関しては口頭による教授が必要であると日蓮が考えていたことは、本抄が完成した建治二年七月二十一日の当日、鎌倉の日昭に書簡を発し（「弁殿御消息」〈真筆完存〉）、鎌倉で活動している日朗（筑後房）、三位房、日《にっ》高《こう》（帥《そつ》阿闍梨、大田乗明《おおたじょうみょう》の子息）の三名を急遽《きゅうきょ》身延に登山させるよう指示していることからも明らかであろう。

「弁殿御消息」には次のようにある。

「ちくご房・三位・そつ等をば、いとまあらばいそぎ来たるべし。大事の法門申すべしとかたらせ給え。十住毘《じゅうじゅうび》婆沙《ばしゃ》等の要文を大帖にて候と真言の表のしょうそくの裏にさど房のかきて候と、そうじてせせとかきつけて候もののかろきとりてたび候え。紙なくして一紙に多く要事を申すなり」（一二二五頁）

「紙なくして」とは「報恩抄」の執筆で多くの紙を使ったからであろう。また「大事の法門」とは、当然、「報恩抄」で示した法門を指している。つまり、日蓮は重要な法門を記した「報恩抄」が完成したので、その内容を能力ある弟子たちに直接教示しようとしたのである。その内容は、単に「報恩抄」の写本を読めば了解できるというものではなく、日蓮からの口頭での伝授が必要であったことが分かる。日蓮は文献に示しきれない微妙な思想を少数の弟子たちに口伝しようとしたといえよう。

「曾谷殿御返事」に「今年一百よ人の人を山中にやしないて、十二時の法華経をよましめ談義して候ぞ」（一〇六五頁）とあるように、日蓮は身延において門下に法華経の講義を行ったが、その折には口頭で自身の思想を語った。佐渡流罪の時でも鎌倉に留まっていた弟子たちに「小僧達、談義あるべしと仰せらるべく候」（九五五頁）と仏法の論議に励むよう奨励していた日蓮であるから、法華経講義の席以外でも、機会を見て門下に法門を口頭で語ることは稀ではなかったであろう。法門を口伝することは日蓮において通常の振る舞いであったと考えられる。

そこで、日興に限らず、日蓮の門下には広く相伝思想を見ることができる。例えば日興は「五重円記」で次のように述べている。

「本門の観心の円とは事の一念三千の円なり。本門の元意の円とは事行の妙法蓮華経これなり。本時自行唯与円合の円これなり。円と合との二字、事の三千、事行の妙法、二重の不同、唯授一人の口伝これ有り云々。今、当家の円宗は事行の妙法蓮華経宗なり」(『日蓮宗宗学全書』第二巻九一頁)。

日昭は「日成譲状《にちじょう》」で、「我が宗の奥旨においてはことごとく日成に相伝し畢んぬ」(『日蓮宗宗学全書』第一巻一一頁)とする。

日向は「金綱集《きんこうしゅう》」で次のように述べている。

「問うて云わく、随縁真如、不変真如、この二門中にいずれ勝と云うべきや。答えて曰く、常途の義に云わく、随縁真如は劣、不変真如は勝と云うなり。今、相伝の義に云わく、随縁真如は勝、不変真如は劣なり云々」(『日蓮宗宗学全書』第十四巻五九四頁)

「元より諸法の親疎は論ぜざるところなり。疎を依報と名づけ、親を正報と云う。しかりといえどもその性互具するものなり。諸余りのこと、これを准例《じゅんれい》す。皆これ口伝相承なり。あえて他見すべからざるものなり」(同五九五頁)

富木常忍は「観心本尊抄」の文を引いて、本尊の口伝について日朗・日興等に相伝があったとして次のように言う。

「これについて当家の相伝これ有り。書に出だすがごとし云々。この観心本尊抄の外に本尊の口伝、日朗・日興等に相伝これ有り。日朗への相伝は名越谷《なごえやつ》、日興への相伝は富士に在り。また常忍坊に相伝有り。これらの意か」(『日蓮宗宗学全書』第一巻一七一頁)

実際に曼荼羅本尊について、日興をはじめ日昭・日朗・日向・日常《にちじょう》(富木常忍)の各門流に多くの口伝が伝わっていることは『本尊論資料』に収録されている諸文献にうかがうことができる。

日朗の弟子日像《にちぞう》も「漫荼羅相伝」で「努めて悪筆あるいは無智の僧俗これを書すといえども大漫荼羅首題等に軽意を生ぜざれ軽意を生ぜざれ。この條、面授口傳なり。筆記すべからずといえども懇念のあいだ、これを注進す」(『日蓮宗宗学全書』第一巻二二九頁)と曼荼羅について口伝があることを記している。

また、身延における日蓮の法華経講義をまとめたのが「御義口伝《おんぎくでん》」と「御講聞書《おこうききがき》」だが、その筆録者は日興と日向とされているので、「御義口伝」は日興とその門下、「御講聞書」は日向とその門下の編集によって成立したと考えられる。「御義口伝」の成立年次は弘安元(一二七八)年、「御講聞書」は弘安三（一二八〇）年とされているので、日蓮の法華経講義は複数回なされたと推定される。

日蓮の法華経講義は日蓮が内奥に抱いていた思想をうかがう貴重な機会であったので、門下においてはその記録を留める配慮がなされたであろう。講義の内容を書き留めた直接の記録そのものは現存しないが、その「元資料」をもとに日興門流、日向門流の判断のもとに編集されたのが「御義口伝」と「御講聞書」と理解される。

このように日蓮とその門下が口伝を重んじたことは明らかだが、当然ながら、日蓮は口伝のみを尊重して文献を軽視したのではない。日蓮は「開目抄」や「撰時抄」などの諸抄において天台の「修多羅《しゅたら》と合せば録して之を用いよ。文無く義無きは信受すべからず」（「法華玄義」）の文や伝教の「仏説に依憑《えひょう》して口伝を信ずること莫れ」（「法華秀句」）の文を繰り返し引用して強調している。

すなわち、口伝といっても正統な文献と論理的方向性において矛盾したものであってはならず、文献を無視して恣《し》意《い》的な口伝、相伝を主張することは許されないとの立場が日蓮のスタンスであった。その日蓮の態度は、文献よりも口伝を重視する「口伝主義」の立場から自由奔放に恣意的な思想を展開してきたいわゆる天台本覚思想を厳しく批判するものであった（天台本覚思想の作品においては存在しない架空の文献や文を捏造して自説の裏づけに用いる虚偽が少なくない。多くの作品が口伝法門を寄せ集めて作成したものであるため、実作者の名を明かせず、伝教大師最澄、元三《がんざん》大師良源《りょうげん》、恵心僧都源信などを著者にすることで権威化を図ることが平然と行われている）。

天台本覚思想とは、白河上皇の院政開始（一〇八六年）から始まる院政期に起こって、江戸時代中期の元禄《げんろく》・享保《きょうほう》期まで日本天台宗の支配的思潮となったものである。「本覚」とは本来の覚性（悟り）のことで、「現実世界をすべて本覚の現れとし、現実世界の絶対的肯定を説く」（『広辞苑』第六版）のが本覚思想の特徴である。

要するに現実世界は全て仏の悟りの現れであるから、何が起ころうと全てをそのまま受け入れるべきと考え、一切の修行を不要とする立場といえよう。天台や伝教にも口伝思想はあったが、それは文献を無視したものではなかった。ところが、日本天台宗では第三十三代座主の蓮実房勝範《しょうはん》（九九六〜一〇七七）あたりから密教の口伝思想に影響されて、文献よりも口伝を重視する態度が生じた。

秘伝の口伝を切り紙に記し、それを私有財産化して実子にしか伝えず、さらには公然と高額で売買する状態となった。結局、天台本覚思想は「みな滔滔《とうとう》として秘事口傳をもてあそび、たゞ相承傳受に浮身をやつし、その間また玄旨《げんし》歸命壇《きみょうだん》のごとき、むしろ邪法視せらるゝものが隆盛をきはめ、以て堕落その極に達するに至った」（硲慈弘《はざまじこう》『日本佛教の開展とその基調（下）』八九頁）と評されるものとなった。

日蓮が出家まもない十七歳の時に書写した「授決円多羅《じゅけつえんたら》義集唐決《ぎしゅうとうけつ》」が天台本覚思想の初期の文献であることからうかがえるように、日蓮は修学中から天台本覚思想を学んで深く吸収したが（日蓮が比叡山で教えを受けたとされる俊範《しゅんぱん》も恵心流の流れを汲む学僧だった）、その上で本覚思想を厳しく批判するところに自身の宗教を確立している。

要するに日蓮は、文献に全てが尽くされているとする文献至上主義も、文献を無視して口伝のみを尊重する口伝主義もともに退け、いわば両者を止揚する立場に立っていた。その立場は、基本的には天台、伝教と軌を一にするものであったといえよう。

第三章　本因妙抄

第一節　文献の考察

次に、日興が日蓮から授けられた相伝書について述べることとする。

日興門流の思想を端的に示す相伝書としてまず挙げられるのは「本因妙抄」である。本抄については、『富士宗学要集』を編纂した大石寺第五十九世堀日亨《にちこう》によれば（『富士宗学要集』第一巻八頁）、大石寺第六世日時《にちじ》（?～一四〇六）が一三九一年頃に書写したとされる写本（大石寺蔵）、要法寺《ようぼうじ》第十九世日辰《にっしん》（一五〇八～一五七六）が日興の弟子日尊《にちぞん》（一二六五～一三四五）の自筆本から一五六〇年に写した写本（西山本門寺蔵）、保田妙本寺第十四世日我《にちが》（一五〇八～一五八六）が一五七二年頃に書写した写本（保田妙本寺蔵）がある（日亨はこの三種の写本をもとに『富士宗学要集』のテキストを校正したとする）。

日辰本の「奥書」によれば、住本寺日住《にちじゅう》は、日尊本の筆跡が日尊の建てた石塔の筆跡と同じなので、日尊本が日尊の自筆であることは間違いないとしている（『日蓮宗宗学全書』第二巻一〇頁）。日尊が建てた石塔とは、日尊が興《こう》国《こく》四（一三四三）年に京都東山の実報寺《じっぽうじ》に建立した石塔のことである（この石塔は現存する）。日辰本「奥書」が虚偽であると断定する根拠はないので、日尊自筆本が存在した可能性は極めて高いと考えられる（執行海秀《しぎょうかいしゅう》氏は日尊本の正本が現存しない限り日辰の主張は信用し難いとするが〈『興門教学の研究』二一頁〉、厳密にいえば、日尊本の正本が現存しないことは日辰の主張が虚偽であるとする根拠にはならない）。日尊自筆本が存在するとなれば、「本因妙抄」が日興の時代に既にあったことの有力な根拠となる。

なお、日時の写本については近年、日時が書写した曼荼羅本尊の筆跡との比較から日時のものではないとされており（筆者は不明）、日時の写本とすることはできない（したがってこの写本は「伝《でん》日時写本」とでも称すべきものとなろう）。

さらに「本因妙抄」が日興の時代に存在したことを推定せしめるのは日興の弟子で重須《おもす》談所の第二代学頭である三位日順が著したとされる「本因妙口決《ほんいんみょうくけつ》」の存在である。日順が本書を執筆した時期については本書の末尾に「そもそもこの血脈は高祖聖人、弘安五年十月十一日の御記文、唯授一人の一人は日興上人にして御座《おわ》し候。本地甚深の奥義、末法利益の根源なり。さきに信心深き者、愚老に訓義を乞う」(『富士宗学要集』第二巻八四頁)とあるので日順の晩年と考えられ、そこから松本佐一郎氏は本書の成立を「貞《じょう》和《わ》文和《ぶんわ》の頃」(『富士門徒の沿革と教義』一〇四頁)、すなわち一三四五年から一三五五年頃と推定している(ここで「唯授一人」の言葉があることが注目されるが、日蓮から日興への仏法継承を指したもので、後年の大石寺法主の権威化とは関係ない。日尊本や「本因妙口決」があることから考えれば、「本因妙抄」は一人にしか伝えないというものではなく、日興門流の高僧が共通して認識していたものであろう)。

もっとも、「本因妙口決」については以前から三位日順の著作ではなく、後世に作られた偽書とする説がある。その根拠として「本因妙口決」に「日蓮宗」という用語があることが挙げられている。例えば宮田幸一氏は、「日蓮宗」という用語は「三位日順が生きていた時代には使われなかった」と断じ、『日蓮宗』という用語は、天台法華宗が、日蓮系の教団に対して、『法華宗』という用語の使用を禁止した天文法華《てんぶんほっけ》の乱以後に、自称として使用するようになるある種屈辱的な意味を帯びた用語である。また三位日順のほかの著作との思想内容上の相違も大きく『本因妙口決』を三位日順の著作とするのは、困難である」(「日有の教学思想の諸問題」)と述べている。

宮田氏は、「日蓮宗」という用語は一五三六年の天文法華の乱以後に日蓮系教団の自称として使用されるようになった屈辱的な意味を持つ用語であるという。氏が何を根拠にそのように主張するのか不明だが、歴史的事実の認識としては完全な誤りである。河内将芳《かわうちまさよし》著『日蓮宗と戦国京都』などによれば、実際には天文法華の乱以前において日蓮系教団に属さない人物が「日蓮宗」の用語を用いている史料が数多く見られる。

例えば、文明元(一四六九)年八月、延暦寺の東塔政所《まんどころ》に集まった大衆が山門奉行に出した文書には「楞厳院《りょうごんいん》閉籠衆《へいろうしゅう》」が「日蓮宗を追放すべきのむね、下知を加え」たと述べている(「京都大学所蔵文書」)。

明応五(一四九六)年に公家の三条西実隆《さんじょうにしさねたか》の日記『実隆公記』六月二十五日条には「今日、日蓮宗ら確執、喧嘩《けんか》のことあり」と記されている。同じく八月六日条には、後土《ごっち》御門《みかど》天皇自身が、内大臣の二条尚基《にじょうひさもと》が「日蓮宗に帰依」したとのうわさを耳にしてそれを諫めよとの勅定《ちょくじょう》を出したとの記述がある。

祇園社《ぎおんしゃ》(今の八坂神社)の執行《しぎょう》(寺社において諸務を行う者の上首のこと)が記した日記『祇園執行日記』の天文元(一五三二)年七月二十八日条には「かの一向宗、都の日蓮宗退治そうらわんよし風聞そうろう」と記されている。

このように、天文法華の乱以前にも日蓮系教団以外の者が一般的に「日蓮宗」の用語を用いた例は少なくなく、「日蓮宗」という言葉は日蓮系教団の自称でも屈辱的意味を帯びた用語でもない。天文法華の乱以前に「法華宗」「日蓮宗」の用語は混在して用いられていたのである。

日興門流の文書においても、南条日住が大石寺第九世日《にち》有《う》の談話を記録した「有師物語聴聞抄佳跡上」（一四六二年成立）には「日蓮宗」の語が見られる。すなわち同抄には「遠江国《とおとうみのくに》橋本云う処に天下に隠れなき禅僧あり。尋ね行き値うたれば何宗ぞと問う。日蓮宗と答う」（『富士宗学要集』第一巻一九四頁）とある。日有の時代には既に日有自身が「日蓮宗」の言葉を用いていたことが分かる。

西山本門寺第八世日眼《にちげん》（？〜一四八六）の談話を記した「日眼御談」（『富士宗学要集』第二巻一三一頁）にも「日蓮宗」の用語が頻出している（宮田氏は、「日眼御談」が『日蓮正宗富士年表』に掲載されていないことを理由として「日蓮正宗から認められていない」とし、「日眼御談」を無視している。しかし、『富士年表』に掲載されていないことのみをもって同書が「日蓮正宗から認められていない」と断ずるのは飛躍しているし、それだけで「日眼御談」を偽書とするのは明らかに根拠薄弱であろう）。

要するに「日蓮宗」の言葉が何時から用い始められたか、確定するのは困難であり、三位日順が「日蓮宗」の用語を用いることはありえないとすることはできない。

「日蓮宗」の用語は、日順が著した他の著作にはなく、「本因妙口決」のみに見られる。しかし、「本因妙口決」は天台宗と日蓮の宗旨の相違を明確にすることを眼目にしているのであるから、日順が天台宗と異なる日蓮の宗旨を示す言葉として「日蓮宗」の用語を用いるのはそれなりの必然性があると見るべきであろう。

ちなみに日順は「摧邪立正抄《さいじゃりっしょうしょう》」で「天台法華宗とは天台は能住の山号、法華は所依の経体なるが故にあるいは天台宗と名づく。あるいは法華宗という」（『富士宗学要集』第二巻三九頁）と述べ、「法華宗」の用語は天台宗を示す言葉であるとしている。そこで、「法華宗」という用語では天台宗と日蓮の宗旨の区別が示せないことになる。その意味で、日順が「日蓮宗」の用語を用いることも十分にあり得るだろう。「日蓮宗」の用語があることをもって「本因妙口決」を偽作とすることは不可能である。

また宮田氏は「本因妙口決」を偽作とする理由として、本書が日順の他の著作との思想内容上の相違が大きいことを挙げているが、これもまた不適切である。そもそも相違が大きい、小さいなどという判断それ自体が評者の主観によるだけの単なる印象批評に過ぎず、何らの客観的根拠を持つものでもない。

たとえ他の著作に見られない特徴的な内容があったとしても、「本因妙口決」は日興門流の根幹思想を示す相伝書を注釈した、いわば特別の性格と目的を持った書であるから、特徴的な思想内容がそこに盛り込まれているのはむしろ当然で、決して異とすべきことではない。一般に文献の意義は、いつ、誰に対して、何を目的に著されたかなどという文献ごとの個別事情を無視して理解できるものではないからである。結局、思想内容という点からも「本因妙口決」を偽書と断ずることはできない。なお「本因妙口決」の文体は三位日順の他の著作に比べて十分に推敲されていない面があるが、この点について堀日亨は、「堀上人に富士門流史を聞く（一）」（「大白蓮華」第六六号）で、保田妙本寺日安が書写した三位日順の文献の中には「本因妙口決」と同じ種類のものがあることを指摘している。

『富士宗学要集』を編纂した堀日亨《ほりにちこう》も「本因妙口決」偽作説を退け、日順の撰述によるとの見解を次のように述べている。

「この時代として天台色のあるものがある。ゆえに一般日蓮宗では、口決は後人が順師にたくして、天台色のあるものを書いたとみている。しかし日蓮大聖人のもの、そのものが中古天台の説を使用している。ゆえに順師がそうだからといって偽作にするのは変である」（「大白蓮華」第一〇二号二八頁）。

さらに日順自身が「日順阿闍梨血脈」で「一流相伝の血脈、いささか短慮に任せて案立す」（『富士宗学要集』第二巻二四頁）と日興門流の相伝書に関する著述を行ったことを明言しており、このことも「本因妙口決」が日順の著述であることを推測させるものになっている。

結論として、「本因妙口決」を偽書と断ずるだけの確実かつ十分な根拠は存在しないので、従来通り「本因妙口決」を三位日順の著作として扱うことが至当であろう。

「本因妙口決」を三位日順の著作とすると、先の日尊本の存在と合わせて、いよいよ「本因妙抄」が日興の時代に存在した相伝書であることの確実さが高まってくる。そこで次に「本因妙抄」の内容を概観することとしたい。

「本因妙抄」は、周知の通り、天台本覚思想文献である「三大章疏七面相承口決《さんだいしょうしょしちめんそうじょうくけつ》」を下敷きにしている。「三大章疏七面相承口決」は、『法華玄義』『法華文句』『摩訶止観』の三大章疏に関する口伝法門を述べたものである。その成立時期について田村芳朗氏は鎌倉中期（一二五〇年頃）から鎌倉末期（一三〇〇年頃）にかけてとするが（『日本思想大系9　天台本覚論』五三二頁）、花野充道氏は鎌倉初期頃とする（『天台本覚思想と日蓮教学』六〇八頁）。両氏の見解の相違は四重興廃が止観勝法華説よりも先行しているかどうかという点についての認識の違いから生じたものと見られるが、日蓮が比叡山遊学中に教えを受けたと伝えられる俊範《しゅんぱん》が著した「一帖抄《いちじょうしょう》」には既に四重興廃が説かれており、花野説の方が説得力があると思われる。

「三大章疏七面相承口決」の成立が鎌倉時代初期ということになると、「修禅寺決《しゅぜんじけつ》」は「三大章疏七面相承口決」よりも少し前の成立と考えられているので、日蓮が「修禅寺決」を用いて著述した可能性が出てくる。そうなると「修禅寺決」を大幅に引用している「十八円満抄」は、これまで強く偽撰説がいわれてきたが、むしろ偽撰説の根拠が薄弱となり、真撰の可能性が高くなる。

「三大章疏七面相承口決」が鎌倉初期に成立しているならば、修学時代から天台本覚思想を批判的に摂取してきた日蓮が同書を下敷きに用いて自身の奥底の思想を日興に教示した可能性は十分に考えられる。「十八円満抄」に「伝教大師の修禅寺相伝の日記にこれ在り。この法門は当世天台宗の奥義なり。秘すべし秘すべし」（一三六二頁）とあるように、日蓮は「修禅寺決」などの天台本覚思想文献を当時の日本天台宗が到達した最高水準の思想書と見なしていたと推定される。

「十八円満抄」を真撰とするならば、日蓮は「修禅寺決」の内容を最蓮房に詳しく示しながらそれを超える独自の思想を教示していたわけで、それと同様に日蓮が「三大章疏七面相承口決」を用いて日興に自己の教義を伝授したこともありえたであろう。

「三大章疏七重相承口決」は「修禅寺決」と同様、作者は伝教大師最澄《さいちょう》に仮託されているが、もとより実際に伝教がそこに示された思想を説いたわけではなく、文献学的にはいわば伝教の名を騙《かた》った偽書である。「三大章疏七面相承口決」に限らず、一般に天台本覚思想文献は伝教や良源《りょうげん》、恵心らに仮託して作成されているという意味では著者を偽った偽書だが、しかし、だからといって天台本覚思想文献が顧みるべき一片の価値もない無意味なものということはできない。やはり、そこには日本天台宗が独自に発展させてきた固有の思想が示されており、仏教はもちろん日本文化全体に重大な影響を及ぼした思想書群として真剣に検討されるべき意義を有していることはいうまでもない。

「三大章疏七面相承口決」は天台大師の三大章疏（法華玄義・法華文句・摩訶止観）の大意を七面七重の口決で示し、さらに三大章疏同異決で三大章疏相互の同異点を述べたものである。ただし「止観七面の決」の前に「十重顕観」として『摩訶止観』の意義を判断するため十の重義によって観法を明かした項目があるので、「三大章疏七重相承口決」は、①玄義七面の決、②文句七面の決、③十重顕観、④止観七面の決、⑤三大章疏同異決の五つの内容に分かれる。

ただし「本因妙抄」が「三大章疏七重相承口決」を下敷きにしているといっても、「本因妙抄」は「三大章疏七重相承口決」の構成を用いているだけで、その思想を肯定しているのではない。その点は「本因妙抄」の内容を具体的に検討すればすぐに了解できることである（実際に「三大章疏七重相承口決」は、阿弥陀仏信仰に傾斜するなど、法華経本来の思想から逸脱した面も少なくない）。そこで、次に「本因妙抄」の本文に触れていくこととする（本文のうち「三大章疏七重相承口決」にある箇所には傍線を引いた。また堀日亨が後世の追加分としている部分〈創価学会版『日蓮大聖人御書全集』で小活字で示している部分〉は本文から除いた。「三大章疏七面相承口決」は参考資料として巻末に掲示した）。

第二節　本文の読解

〈本文〉

法華本門宗血脈相承事　　本因妙の行者日蓮これを記す。

予が外用《げゆう》の師、伝教大師生歳四十二歳の御時、仏立寺《ぶつりゅうじ》（天台山仏隴寺《ぶつろうじ》）の大和尚に値い奉り義道を落居《らっこ》し、生死一大事の秘法を決したもうの日、大唐の貞元《ていげん》二十一年太歳乙《きのと》酉《とり》五月三日、三大章疏を伝え、各七面七重の口決をもって治定《じじょう》し給えり。（八七〇頁）

〈通解〉

法華本門宗血脈相承事　　本因妙の行者である日蓮がこれを記した。

私の外用の師である伝教大師が生まれて四十二歳の時、天台山の仏立寺（仏隴寺）の大和尚である行満《ぎょうまん》師に会い奉って仏法の道理を領解し、生死一大事の秘法を確かに得られた日は、大唐の貞元《ていげん》二十一日太歳乙酉《きのととり》五月三日である。その時、伝教大師は三大章疏の深義を伝えられ、それぞれ七面七重の口決によってそれを確定されたのである。

〈解説〉

「本因妙抄」とは通称であり、「法華本門宗血脈相承事」と伝日時写本に明記されているので、それが本来の題であったと見られる。「日蓮これを記す」とあるのはどのように解すべきか。本抄は口伝を記録したものというよりも、初めから文章化されていた可能性がある。その場合、本抄は日蓮自身が「三大章疏七面相承口決」を下敷きにして、その上で自身の内奥の思想を記し、内々に日興に授与した書と考えることができよう。「日蓮これを記す」とはまさにその事情を率直に述べたものといえるのではなかろうか。この点について堀日亨《ほりにちこう》も「亨《こう》推考するに宗祖健勝の日に既に成文なり、秘《ひそ》かに興尊へ授けられたるものと思う」（「両巻抄講述下」）と述べている。もちろん本抄の文体は一般の御書とは異なっている。それは、奥底の教義を内々に教示した相伝書であるから、むしろ当然のことであろう。

　冒頭のこの部分は「三大章疏七面相承口決」の「大唐貞元二十四年五月日、仏立寺において三大章疏の総意を伝う。各七重の総意をもって文々句々に通ぜしめ、一部の難義を開くべし」の文を受けたものである。

　ここではまず伝教大師を日蓮の外用《げゆう》の師と位置づけている。「外用」とは内証に対する語で、外に現れた働きをいう。日蓮は、佐渡流罪までは伝教の弟子（根本大師門人）の立場を表明していたが、それはあくまでの対外的な「外用」の意味であり、内証・本地の次元においては日蓮が伝教の弟子ではないことを示す趣旨といえよう。

　伝教大師が唐に渡って道邃《どうすい》・行満《ぎょうまん》の二師から三重七箇の口伝や三大章疏の口伝を受けたとの説は多くの天台本覚思想文献が記すところだが、もとよりそれは歴史的事実ではなく、院政期以降の天台僧が恣意的に作り上げた創作に過ぎない。ただ、日蓮・日興の時代は、これらの口伝法門の相承を伝教が道邃・行満より受けたとの説が社会一般に信じられていたので、本抄においてもそれに従っているだけのことである。

「三大章疏七面相承口決」の記述自体がもともと歴史的事実を無視した創作なのであるから、伝教が貞元二十四年ないしは二十一年に天台山に行っていないことを問題にしたところで何の意味もなく、それをもって「本因妙抄」を偽作とする根拠にはできない。ちなみに伝日時《にちじ》写本は「三大章疏七面相承口決」と同様に「貞元二十四年」になっているが、「貞元二十四年」では伝教の帰国後になってしまって明らかに史実と反するので、後人が「二十一年」と改めたのであろう。

玄義七面の決

第一　依名判義の一面

〈本文〉

所謂《いわゆる》玄義七面の決とは正釈五重列名に約して決したもう。

一に依名判義《えみょうはんぎ》の一面

名とは法の分位に於いて施設す。体とは宰主《さいしゅ》を義となす。宗とは所作の究竟なり。受持本因の所作に由って口唱本果の究竟を得。用とは証体本因本果の上の功能徳行なり。教とは誡を義となす。誡とは本のための迹なれば、迹は即ち有名無実《うみょうむじつ》・無得道なるを、実相の名題は本迹同じければ本迹一致と思惟すべきことを大いに誡《いまし》めんがために三種の教相を起て種熟脱の論不論を立つるものなり。

　経文解釈明白なり。かくの如く文々句々の名、妙正の深義、本迹勝劣の本意を顕し給うものなり。しかりといえども天台・伝教の御弘通は偏《ひと》えに理の上の法相、迹化付属、像法の理位、観行五品の教主なれば、迹を表となして衆を救い、本を隠して裏に用ゆるものなり。甚深甚深、秘すべし秘すべし。（八七〇頁）

〈通解〉

いわゆる『法華玄義』に関する七面の口決とは、正釈である五重玄の列名（名《みょう》・体《たい》・宗《しゅう》・用《ゆう》・教《きょう》）の視点から口決されたのである。

第一は、依名判義の一面である。

「名」（名称）はさまざまな教え（法）の相違（分位）に従って付けられるものである。「体」とは（「用」に対する言葉であるから）一切の働き（用）をもたらす根源（宰主）の意味となる。宗とは行為（所作）が極まったところをいう。南無妙法蓮華経を受持する本因の行為によって南無妙法蓮華経の口唱の本果という究極を得るのである。「用」（働き）とは証拠としての実体であり、本因本果の上に現れた功徳をいう。「教」は誡《いまし》めることを意味する。

その誡めとは、迹門は本門のための迹門であり、そのままでは有名無実《うみょうむじつ》、無得道の教えであるのに、実相の題名は本迹ともに同じであるから本迹一致と考えるべきであるとすることを大いに誡めるという意味である。その誡めのために根性の融不融《ゆうふゆう》、化導の始終不始終、師弟の遠近不遠近《おんごんふおんごん》という三種の教相を説き、種熟脱を論じているか否かという区別を立てるのである。

経文の解釈は明らかである。このように文々句々の名、妙法の深義、本迹勝劣という本意を顕されている。しかしながら、天台・伝教の御弘通はひとえに理の上に示された法の姿であり、天台・伝教は迹化の菩薩として付嘱を受けた立場として、像法時代の理の位である観行即《かんぎょうそく》の位に立ってそれを五品に立て分けた教主であるから、迹門を表にして衆生を救い、本門を隠して裏に用いたのである。このことは甚深の法門であるから秘さなければならない。

〈解説〉

ここからは『法華玄義』について、「依名判義の一面」「仏意・機情の一面」「四重浅深の一面」「八重浅深の一面」「還住当文《げんじゅうとうもん》の一面」「但入己心《たんにゅうこしん》の一面」「出離生死の一面」という「七面」の視点から論じた箇所である。しかし、七面の名称こそ「三大章疏七面相承口決」に従っているが、そこに説かれる内容は「三大章疏七面相承口決」とは全く異なっていることが重要である。

まず「依名判義の一面」だが、「依名判義」とは文字通り名（名称）を基準にして思想内容の意味（義）を判断することをいう。ここでは名体宗用教の五重玄に従って論じられている。名体宗用教の説明は「三大章疏七面相承口決」をそのまま引用しているが、ただ「本因妙抄」では宗のところで本因を「受持」、本果を「口唱」に当て、用について本因本果の功徳としているところに相違がある。ただし「本因妙抄」では受持と口唱の対象については明示していない。しかし「観心本尊抄《かんじんのほんぞんしょう》」の「釈尊の因行果徳の二法は妙法蓮華経の五字に具足す。我等この五字を受持すれば自《じ》然《ねん》に彼の因果の功徳を譲り与え給う」（二四六頁）の文に照らすならば、受持と口唱の対象は妙法五字即ち南無妙法蓮華経であることはいうまでもない。要するに、ここでは妙法の受持と口唱が一切の功徳の本因本果であるという日蓮仏法の教義が示されているといえよう。

また「教」の誡めの意味として、本迹一致に傾斜することを誡める意味であるとしている。これは、本迹が一致か勝劣かという見解の相違が日蓮・日興の時代に既に現れていることを反映したもので、天台宗が本迹一致の立場に立つのに対し、日蓮は本迹勝劣の立場に立つことを示す。日蓮の宗旨は天台宗の範疇に留まると理解して本迹一致を唱えた五老僧に対し、「本因妙抄」は明確にそれを退けて本迹勝劣を主張していることが分かる。

また天台宗が迹門を表、本門を裏にしていることについては「観心本尊抄」に「像法の中末に観音・薬王、南岳・天台等と示現し出現して迹門をもって面《おもて》となし本門をもって裏となして百界千如・一念三千その義を尽くせり。ただ理具を論じて事行《じぎょう》の南無妙法蓮華経の五字並びに本門の本尊未だ広くこれを行ぜず。所詮、円機有って円時無き故なり」（二五三頁）と述べられている。この文においても、理具を論じただけの南岳・天台と、南無妙法蓮華経および「本門の本尊」を弘通する日蓮の対比が明確に示されており、「本因妙抄」のスタンスが「観心本尊抄」の教示と合致していることが理解できる。

第二　仏意・機情の二意の一面

〈本文〉

二に仏意《ぶつい》・機情《きじょう》二意の一面

仏意は観行・相似を本となし、機情は理即・名字を本となす。何《いず》れも体用《たいゆう》を離れず。体用は法華の心智に依って一代五時の次第浅深を開拓す。

次に機情とは大通結縁の衆のために四味の調養を設け、法華に来入す。本迹二門乃至文々句々、この二意をもって分別すべきものなり。（八七〇頁）

〈通解〉

第二は、仏の意思（仏意）と衆生（機情）という二つの意の一面である。

仏の本意（仏意）は観行即と相似即を本とし、衆生（機情）は理即と名字即を本とする。そのどちらも体と用を離れたものではない。体と用は、法華経によって得られる智慧によって釈尊の一代五時に説かれた経典の順序や浅深を判断するのである。

次に機情の面で言えば、大通智勝仏《だいつうちしょうぶつ》に結縁した衆生のために四味（乳味・酪味・生蘇《しょうそ》味・熟蘇《じゅくそ》味）の教えによって衆生の機根を調え、法華経に入れたのである。本迹二門から法華経の文々句々について、この仏意と機情に二つの意をもって判断すべきである。

〈解説〉

「仏意・機情の一面」について「三大章疏七面相承口決」は多くの言葉を費やしているが、「本因妙抄」は「仏意・機情の一面」というタイトルを借りているのみで「三大章疏七面相承口決」の大部分を無視し、仏意と機情について独自の内容を展開している。

ここで観行即とは、天台大師が円教の修行の段階を六種に分けた六即の第三で、法を聞いて歓喜し、教えの通りに言行一致の修行をする位をいう。相似即は六即の第四で、六根清浄の功徳を得て、仏の悟りに相似した境地に達した位をいう。理即は、六即の第一で、理の上では仏性を具えているが、まだ正法を聞いていない迷いの位を指す。名字即は、六即の第二で、初めて正法を聞いて正法を信受した位をいう。

仏の立場からは修行者は観行即か相似即の位にあるのが本意だが、実際としては、それは不可能であり、理即か名字即であることしかできない。「仏意は観行・相似を本となし、機情は理即・名字を本となす」との文は「三大章疏七面相承口決」にはなく、「本因妙抄」独自のものだが、三位日順は「本因妙口決」で「天台宗は仏意を本となし、仏意は観行・相似を本となす。当宗は機情を本となし、機情は理即・名字を本となす」（『富士宗学要集』第二巻六九頁）として、天台宗を仏意、日蓮仏法を機情に当たるとしている。観念観法を修行法とする天台宗は修行者が観行即・相似即の位にあることを理想とするが、日蓮の仏教は修行者に高い機根を要求せず、妙法を信受することで十分とするからである。このように、仏意と機情についても天台宗と日蓮仏法の相違を示していると解することができる。

第三　四重浅深の一面

①名の四重

〈本文〉

三に四重浅深の一面

名の四重有り。一には名体無常の義。爾前の諸経諸宗なり。二には体実名仮。迹門、始覚無常なり。三には名体倶実。本門、本覚常住なり。四には名体不思議。これ観心直達の南無妙法蓮華経なり。湛然《たんねん》の云わく「雖脱在現《すいだつざいげん》・具騰《ぐとう》本種《ほんしゅ》」云々。（八七〇頁）

〈通解〉

第三は四重浅深の一面。

名の四重がある。一つは名と体が無常である場合である。これは爾前の諸経、諸宗である。二つは体が実で、名が仮である場合。法華経迹門は仏が始覚の無常の存在であるからこれに当たる。三つは名と体がともに実である場合。法華経本門は仏が本覚で常住の存在であるからこれに当たる。四つは名と体が不思議である場合。これは法華経本門を超えた観心であり、仏の悟りに直達する南無妙法蓮華経に当たる。妙楽大師湛然が「脱は現に在りといえども、つぶさに本種を騰《あ》ぐ（釈尊在世の衆生が法華経の如来寿量品を聞いて得脱したといっても、その得脱の本因は根源的な仏種がつぶさに挙げられる）」と述べている通りである。

〈解説〉

ここでは第三の「四重浅深の一面」のうち「名《みょう》の四重」を示す。「名体無常」「体実名仮《たいじつみょうけ》」「名体倶実《くじつ》」「名体不思議」の項目を「三大章疏七面相承口決」から用いているが、「本因妙抄」ではそれぞれを爾前経、法華経迹門、法華経本門、南無妙法蓮華経に配当し、実質的に四重興廃の法理を示していることが注目される。

名体無常とはあらゆるものの名称とその本体、すなわち一切の現象が無常であるということで、諸行無常を説いた爾前経がそれに当たる。法華経迹門は常住の法である一念三千（厳密には百界千如）を明かしたが、教主である仏が始成正覚の無常の存在なので、「体実名仮」とされる。本門は一念三千の法と久遠実成の仏が説かれるので「名体倶実」とされる。さらに南無妙法蓮華経は法も仏も理性の力では把握できないので「名体不思議」となる。

日蓮は四重興廃について正元《しょうげん》元（一二五九）年の「十法界事《じっぽうかいじ》」で「迹門の大教起これば爾前の大教亡《ぼう》じ、本門の大教起これば迹門・爾前亡じ、観心の大教起これば本迹・爾前ともに亡ず」（四二〇頁）と述べている。

四重興廃はもともと『法華玄義』に「今、大教若《も》し起こらば方便の教絶す。（中略）今、本地の教興《おこ》れば迹中の大教即ち絶す。（中略）今、観に入って縁寂なれば言語道断にして本教即ち絶す」（大正蔵三十三巻六九七頁）と説かれることに由来する。

すなわち、方便の教（爾前教）、迹中の大教（法華経迹門）、本地の教（法華経本門）、観心の大教という順序で、それまでの劣った教えがより勝れた教えによって開会《かいえ》されることを示したもので、次第により勝れた教法が説かれていくという仏教展開の過程を述べたものである。天台は法華経本門を超える観心の大教が存在するとしているが、その中身を示すことはなかった。天台が説かなかった法華経本門を超越する教法を南無妙法蓮華経として顕示したのが日蓮であった。

この四重興廃は、日本天台宗では日蓮が比叡山遊学中に教えを受けたと伝えられる俊範《しゅんぱん》の著「一帖抄」に見ることができる。日蓮在世中の鎌倉中期に四重興廃の教判はすでに天台宗の中で成立していたのであるから、日蓮が「十法界事」でそれを述べているのは自然であり、「本因妙抄」で四重興廃に触れていることも何ら不思議ではない。

妙楽が『法華文句記』に記した「雖脱在現《すいだつざいげん》・具騰本種《ぐとうほんしゅ》」の言葉は「本因妙抄」などの相伝書にしばしば出てくるが、「曾谷入道殿許《もと》御書」（真筆完存）にも引用されており（一〇二七頁）、日蓮が重視したものである。脱と種を対比したこの言葉はいわゆる「種脱相対」を示すものと解せられる。日蓮の身延での法華経講義を日向が筆録したとされる「御講聞書《おこうききがき》」には「妙楽大師云わく『脱は現に在りといえども具《つぶ》さに本種を騰《あ》ぐ』と云えり。本種と云うは南無妙法蓮華経これなり」（八三七頁）と、「本因妙抄」のこの箇所の文と同一趣旨の文が見られる。「観心本尊抄」には「在世の本門と末法の始めは一同に純円なり。ただし彼は脱、これは種なり。彼は一品二半、これはただ題目の五字なり」（二四九頁）とあり、法華経本門が脱で南無妙法蓮華経（題目の五字）こそが仏種であるとの教義は日蓮において一貫していることが分かる。

②体の四重

〈本文〉

次に体の四重とは、一に三諦隔歴《きゃくりゃく》の体。爾前権教なり。二に理性円融の体。迹門十四品なり。三に三千本有《ほんぬ》の体。本門十四品なり。四に自性不思議の体。我が内証の寿量品、事行の一念三千なり。（八七一頁）

〈通解〉

次に「体の四重」とは、一つは三諦隔歴であり、爾前権教がそれに当たる。二つは理性円融であり、法華経の迹門十四品がそれに当たる。三つは三千本有であり、本門十四品がそれである。四つは自性不思議であり、我が内証の寿量品である事行の一念三千がそれに当たる。

〈解説〉

「体の四重」について「三大章疏七面相承口決」は「三諦

隔歴」「理性円融」「三千本有」「自性不思議」の項目を挙げるだけで、その内容について何も説いていないが、「本因妙抄」ではそれらの項目を爾前権教、法華経迹門、法華経本門、内証の寿量品（事行の一念三千）に配して実質的に四重の興廃、五重の相対（内外相対・大小相対を除く）の教判を示すところに独自性がある。

「三諦隔歴《きゃくりゃく》」は「隔歴の三諦」ともいい、空仮中の三諦が別々に説かれることをいう。天台は『摩訶止観』等で、法華経に円融の三諦が説かれるのに対し、爾前経に説かれる三諦は隔歴の三諦であるとした。

「理性円融」とは理において円融であること。法華経迹門は理の一念三千を説いて万物が三諦を一体として具えていることを明かしたので「理性円融」となる。

「三千本有」とは一念三千の法門において三千諸法が本来から常住であること、すなわち万物が本来、無始無終の存在であることをいう。法華経本門では釈迦仏の久遠実成が明かされ、国土も常住であることが説かれるので「三千本有」に当たる。

「自性不思議」の「自性」とは万物がもっているそのもの自体の性分をいう。事行の一念三千である南無妙法蓮華経こそが万物を成り立たせている根源の法であり、それが不可思議なので、「自性不思議」に当たる。

ここで「内証の寿量品」とあることが注目される。この言葉は「観心本尊抄」に「所詮、迹化他方の大菩薩等に我が内証の寿量品をもって授与すべからず。末法の初めは謗法の国にして悪機なる故にこれを止めて地涌千界の大菩薩を召して寿量品の肝心たる妙法蓮華経の五字をもって閻浮の衆生に授与せしめ給う」（二五〇頁）とあるように、「内証の寿量品」とは文上の寿量品ではなく、地涌の菩薩に授与したところの「寿量品の肝心たる妙法蓮華経の五字」すなわち南無妙法蓮華経に他ならない。

また「事行《じぎょう》」の言葉も理である天台宗との相違を明確に示す重要な用語で、先に引いた「観心本尊抄」にも南岳・天台に触れて「ただ理具を論じて事行の南無妙法蓮華経の五字並びに本門の本尊未だ広く之を行ぜず」（二五三頁）とある。日興もまた「五重円記」で「事行の妙法蓮華経」（『日蓮宗宗学全書』第二巻九一頁）とする。要するに「事行の一念三千」とは南無妙法蓮華経と同義であり、「本因妙抄」のこの文は「観心本尊抄」の趣旨と合致していることが分かる。

③宗の四重

〈本文〉

次に宗の四重とは、一に因果異性の宗。方便権教なり。二に因果同性の宗。これ迹門なり。三に因果並常《びょうじょう》の宗。

即ち本門なり。四に因果一念の宗。文に云わく「芥爾《けに》も心有れば即ち三千を具す」と。これ即ち末法純円、結要付《けっちょうふ》属《ぞく》の妙法なり云々。（八七一頁）

〈通解〉

次に宗の四重とは、一つには因果異性の宗であり、法華経以前の方便権教がそれに当たる。二つには因果同性の宗であり、法華経迹門がそれに当たる。三つには因果並常の宗であり、法華経本門である。四つには因果一念の宗である。『摩訶止観』の文には「少しでも心があれば三千を具している」と説かれる。これは末法に弘通される純円の教であり、結要付嘱の法体である妙法をいう。

〈解説〉

ここでも「宗の四重」について「因果異性の宗」「因果同性の宗」「因果並常の宗」「因果一念の宗」の概念を用いながら、それぞれを方便権教、法華経迹門、法華経本門、末法純円の妙法の四つに配して四重の興廃、五重の相対の教判を提示している。そこに「三大章疏七面相承口決」を超えた「本因妙抄」の独自性がある。

因果異性とは因と果の本性が異なることをいう。「三大章疏七面相承口決」に「九界を因となし、仏界を果となす」とあるので、ここでの因とは九界、果とは仏界を意味する。因としての九界と果としての仏界が互いに断絶しているのが因果異性である。法華経以前の爾前権教では成仏するためには九界の煩悩を滅しなければならないと説かれ、九界と仏界が互いに相いれないものとされるので爾前の方便権教は因果異性の宗となる。それに対して法華経迹門では二乗や提婆、竜女の成仏が説かれることで十界互具の法理が明かされ、九界と仏界の断絶が乗り越えられたので因果同性の宗とされる。

また因果並常とは因（九界）と果（仏界）がともに常住であることをいう。法華経本門では釈迦仏の久遠実成が説かれ、十界全てが常住の存在であるとされたので、法華経本門が因果並常《びょうじょう》の宗となる。

因果一念とは因としての九界と果としての仏界が一念（一瞬の生命）にともに具わること（因果俱時《ぐじ》）をいう。法華経本門では九界と仏界がともに常住の存在であるとされたが、歴劫《りゃっこう》修行の結果として成仏することが基本となっており、九界の因と仏界の果の間に時間的隔たりがあった（提婆達多品で竜女の即身成仏が説かれるのは例外で、法華経の基本は歴劫修行の立場である）。それに対して南無妙法蓮華経は、妙法を受持した瞬間に仏の生命が顕現する因果俱時の法である。それ故に末法に弘通される妙法が因果一念の宗とされるのである。

南無妙法蓮華経が因果俱時の法であることについては

「当体義抄」に「至理は名無し。聖人、理を観じて万物に名を付くる時、因果倶時・不思議の一法これ有り。これを名づけて妙法蓮華となす。この妙法蓮華の一法に十界三千の諸法を具足して闕減《けつげん》無し。これを修行する者は仏因仏果、同時にこれを得るなり」（五一三頁）と説かれている。「本因妙抄」のこの文は「当体義抄」の趣旨と軌を一にしている。

また日蓮は、妙法が因果倶時の法であることについて譬喩を用いて次のように述べている。

「この経の題目は習い読むことなくして大なる善根にて候。悪人も女人も、畜生も地獄の衆生も、十界ともに即身成仏と説かれて候は、水の底なる石に火のあるが如く、百千万年くらき所にも燈《ともしび》を入れぬればあかくなる。世間のあだなるものすらなお加様に不思議あり。いかにいわんや仏法の妙なる御法《みのり》の御力をや。我等衆生、悪業・煩悩・生死果縛の身が、正・了・縁の三仏性の因によりて即《そく》法・報・応の三身と顕れんこと疑いなかるべし。『妙法経力即身成仏』と伝教大師も釈せられて候」（「妙法尼御前御返事」一四〇三頁）

④用の四重

〈本文〉

次に用の四重とは、一に神通幻化の用。今経已前に明かす所の仏菩薩、出仮利生の事。二に普賢（原文は普現）色身の用。即ち一身の中において十界を具する事なり。本迹一代五時に亘《わた》る。三に無作常住の用。証道八相有り。無作自在の事なり。四に一心の化用。或説己身《わくせつこしん》等なり。（八七一頁）

〈通解〉

次に用の四重とは、一つには神通幻化の働きである。法華経以前の経典に明かされる仏菩薩が仮の姿をとって出生し、衆生を利益《りやく》することがそれに当たる。二つには仏菩薩が様々な色身となって現れる働きである。すなわち一つの生命の中に十界が具わることをいう。これは法華経の迹門本門に限らず、釈迦仏一代、五時全体の諸経にわたっていえることである。三つには常住の仏である無作三身如来の働きとして諸仏が下天・入胎・出生・出家・降魔《ごうま》・成道・転法輪・入滅という八つの姿をとって現れることをいう。これは無作三身如来の自在の働きである。四つには仏の一つの生命に具わる衆生教化の働きである。寿量品に「或いは己身を説く」などとあるのがそれである。

〈解説〉

ここは、ほぼ「三大章疏七面相承口決」の内容を踏襲している。二つ目の「普賢色身の用」のところは「三大章疏七面相承口決」では「普現色身の用」となっている。意味の上では「三大章疏七面相承口決」の表記の方が正しい。発音が同じであることから生じた筆録上の誤りであろう。

⑤教の四重

〈本文〉

次に教の四重とは、一には但顕隔理《たんけんきゃくり》の教。権小なり。二には教即実理の教。迹門なり。三には自性会中《じしょうえちゅう》の教。応仏の本門なり。四には一心法界の教。寿量品の文の底の法門、自受用報身如来《じじゅゆうほうしんにょらい》の真実の本門、久遠一念の南無妙法蓮華経、雖脱在現具騰本種《すいだつざいげんぐとうほんしゅ》の勝劣これなり。（八七一頁）

〈通解〉

次に教の四重とは、一つは真実の真理を隔てて部分的な真理だけを顕した但顕隔理の教である。権大乗教や小乗教がそれに当たる。二つには教が真実を顕している（教即実理）教であり、法華経迹門がそれに当たる。三つは釈迦仏が自身の性分を己心に悟った自性会中の教である。衆生救済のために衆生の機根に応じて出現した仏（応仏《おうぶつ》）である久遠実成の釈迦仏が説いた法華経本門がそれに当たる。四つは、衆生の生命にあらゆる現象が具わっていることを説く（一心法界《いっしんほうかい》）教であり、寿量品の文底の法門である自受用報身如来の真実の本門がそれに当たる。その教とは一瞬の生命（一念）に具わる久遠の南無妙法蓮華経であり、妙楽大師が「脱は現に在りといえども具《つぶ》さに本種を騰《あ》ぐ」と種脱の勝劣を示したことがそれに当たる。

〈解説〉

「教の四重」について「但顕隔理の教」「教即実理の教」「自性会中の教」「自性会中の教」の概念を用いながら、爾前権教、法華経迹門、法華経本門、文底の南無妙法蓮華経と、浅い法から深い法へと推移していく（従浅至深）教判を示している。

小乗教や権大乗教が「但顕隔理の教」とされるのは、それらの教が部分的な真理を示すにとどまっていて全体的な真理とは隔たっているからである。法華経迹門が「教即実理の教」とされるのは、迹門では十如是や二乗成仏などが説かれることで一念三千の法門が明かされているからである。また法華経本門が「自性会中の教」とされるのは、寿量品で釈迦仏の久遠実成が説かれ、釈迦仏自身の本地が示されるからである。さらに南無妙法蓮華経が「一心法界の教」とされるのは、個々の生命に森羅万象が具わることを踏まえた上で、南無妙法蓮華経があらゆる生命、現象を成り立たしめている根源の法であるからである。

ここで「寿量品の文の底の法門」として「文底」の概念

を明確に示していることが重要である。文底の概念は「開目抄」に「一念三千の法門はただ法華経の本門寿量品の文の底にしずめたり。竜樹・天親知ってしかもいまだひろいいださず。ただ我が天台智者のみこれをいだけり」（一八九頁）と明示されている。文上と文底の区別は法華経寿量品と南無妙法蓮華経の相違を示すものであり、文上寿量品（脱）と文底の南無妙法蓮華経（種）の種脱相対に当たる。ここで妙楽の「雖脱在現具騰本種」の文を引いているのはその趣旨である。

また、ここで「自受用報身如来の真実の本門」として「自受用報身如来」の言葉があるのも注目される。自受用身とは過去の修行の結果獲得した悟りの境地を自ら享受し楽しむ仏のこと。他受用身の対語であり、四身（自性身・変化身・自受用身・他受用身）の一つである。自受用身と他受用身は法報応の三身のうちの報身に当たる。インド唯識《ゆいしき》学派の論書である「仏地経論《ぶっちきょうろん》」「成唯識論《じょうゆいしきろん》」などに説かれる。「自受用身」の用語は「三大章疏七面相承口決」などの天台本覚思想文献には多く見られ、日蓮も「真言天台勝劣事」「四条金吾殿御返事」（自受法楽御書）に用いている。

「真言天台勝劣事」には「法華経の自受用報身」（一三六頁）と説かれ、「四条金吾殿御返事」には「遊楽とは我等が色心依正ともに一念三千・自受用身の仏にあらずや」（一一四三頁）と述べられている（この二抄は、真筆はないが、偽撰とする根拠もないので、日蓮が自受用身の用語を用いたことはないと断定することはできない）。

ここで「自受用報身如来」の語は文上寿量品に説かれる釈迦仏ではなく、寿量品文底の南無妙法蓮華経を所持する根源仏の意味で用いられている。自受用報身についてこのような用例は日蓮の一般文献に見ることはできない。だからこそ、ここに一般文献では教示することができない奥底の法理を示す相伝の意義があるといえよう。

また、南無妙法蓮華経について「自受用報身如来の真実の本門」として、南無妙法蓮華経を人と離れた単なる理法とせず、根源仏と不可分のものとする「人法一箇《にんぽういっか》」の趣旨が提示されていることも重要である。

第四　八重浅深の一面

〈本文〉

第四に八重浅深の一面なり。

名の八重とは、一に名体永別の名。二に名体不離の名。三に従体流出の名。四に名体具足の名。五に本分常住の名。六に果海妙性の名。七に無相不思議の名。八に自性己々の名。乃至、教知るべし云々。文に任せて思惟すべきなり。（八七一頁）

〈通解〉

第四は八重浅深の一面である。まず名の八重とは、一つには名と体が永遠に別であるという名である。二つには名と体が不離であるという名である。三つは体から流出する名である。四つは名と体が具足している名である。五つは本来もともと具わる仏性が常住であるという名である。六つは仏の果徳が海のように広大無辺で不可思議な性分であるという名である。七つは姿形を離れた思議することのできない名である。八つは万物がそれぞれ具えている性分によって各自の名を持っていることである。これが五重玄（名・体・宗・用・教）のうちの名についての八重である。体から教まで、これに準じて知るべきである。以上の文に従って思惟すべきことである。

〈解説〉

『法華玄義』の七面口決のうち、第四の八重浅深の一面を挙げる。ここでは「三大章疏七面相承口決」を引用するにとどめ、その文に従って思索すべきであるとしている。

「名体永別」とは、名（現象の名称）と教えの本体が離れていることをいう。その教えが森羅万象を捉えきれず、乖《かい》離《り》しているので、蔵・通・別の三教がそれに当たる。「名体不離」とは名と体が離れずともに具わっていること。爾前の円教は円融の教えが説かれているので、爾前の円教が名体不離に当たる。「従体流出」とは諸法の名は根本の法体から生ずるという考え方をいう。法華経迹門では諸法実相の法理が説かれるが、諸法は実相の体から生ずるとする発想が残っているので、法華経迹門がそれに当たる。

「名体具足」とは名と体が全て相即して具わっていること。円教がそれに当たる。「本分常住」とは本来もともと具わる仏性が常住であるということ。寿量品で仏身と国土の常住を明かした法華経本門がそれに当たる。「果海妙性」とは仏の果徳が海のように広大無辺で、不可思議な性分であるということ。久遠実成の仏果を明かした法華経本門がそれに当たる。

「無相不思議」とは現象の姿（相）を超えた不可思議な悟りの境地をいう。「自性己々」とは万物がそれぞれ具えている性分によって各自の名をもっていることをいう。万物がそれぞれ固有の性分をもっているという多様性を直視した観点である。

第五　還住当文の一面

〈本文〉

第五に還住当文《げんじゅうとうもん》の一面。

四八の浅深をもって本迹勝劣を知るべし。（八七一頁）

〈通解〉

第五は還住当文の一面である。四重、八重の浅深をもって本迹の勝劣を知るべきである。

〈解説〉

「還住当文」は「当文に還り住す」と読み、四重浅深、八重浅深の義から『法華玄義』の文意を解釈することをいう。天台本覚思想が自らが形成してきた独自の法理をもって天台三大部の意味を捉え直そうとしたことが分かる。四重浅深、八重浅深をもって本迹の勝劣を知るべきであるとは、天台本覚思想による四重浅深や八重浅深の法義も一切経の勝劣を判定する教判的意義から理解することを意味している。「本因妙抄」が本迹一致の義を退け、本迹勝劣の立場に立っていることが理解される。

第六　但入己心の一面

〈本文〉

第六に但入己心《たんにゅうこしん》の一面。

始め大法東漸より第十の判教に至るまで文の生起を閣《さしお》き、一向に心理の勝劣に入れて正意を成ずべし。謂わく、大法とは即ち行者の己心の異名なり云々。釈の意は文義の広博を離れて首題の理を専《もっぱ》らにすと釈し給うなり。

（八七一頁）

〈通解〉

第六は但入己心の一面である。「三大章疏七面相承口決」には次のようにある。章安《しょうあん》の序文から第十の判教に至るまで、『法華玄義』は、「大法東漸」に始まる文の起こりなどを問題にせず、ひたすら生命の道理の勝劣という観点から正しい意味を捉えるべきである。いわば、大法とは仏法を行ずる者の自己の生命の異名なのである。以上の「三大章疏七面相承口決」の釈の意味は、『法華玄義』の文義の広い知識を離れてひたすら妙法蓮華経の首題が示す法理を理解すべきであると釈せられたのである（ここで「心」の言葉を「生命」と解釈した。ここでの「心」は身体と対比される精神や心理という意味ではなく、身体と精神の両者を含むものと解せられるからである。日蓮・日興の時代には現代的意味の「生命」の概念は存在しなかった）。

〈解説〉

「三大章疏七面相承口決」は、仏教全体が生命の在り方を解明した哲学であるという仏教観に立っていたことが分かる。「総勘文抄《そうかんもんしょう》」の「八万四千の法蔵は我が身一人の日記文書なり」（五六三頁）の文などに照らすならば、そのような仏教観は日蓮にもまた共通していたと見られる。

第七　出離生死の一面

〈本文〉

第七に出離生死《しゅつりしょうじ》の一面。

心は一代応仏の寿量品を迹となし、内証の寿量品を本となし、釈尊久遠名字即《みょうじそく》の身と位とに約して南無妙法蓮華経と唱え奉る。これを出離生死の一面と名づく。本迹・約身約位の釈、これを思うべきものなり。已上。玄文畢《お》わる。（八七一頁）

〈通解〉

第七は生死の苦しみを離れるという一面である。その趣旨は、釈尊一代の応仏《おうぶつ》による寿量品を迹、内証の寿量品を本とし、釈尊が久遠に成道した際、名字即であったところの仏身と修行の位の視点から仏法を判定して南無妙法蓮華経と唱え奉ること、これを生死の苦しみを離れる一面というのである。本迹という釈、また仏身と修行の位の視点から仏法を判定する釈について思索すべきである。以上で『法華玄義』の七面口決を終える。

〈解説〉

天台教学では文上寿量品に説かれる五百塵点劫成道の釈迦仏は報身とされるが、「本因妙抄」においてはその仏身を含めて釈尊一代の経々における仏は全て衆生の機根に応じて出現した応身仏（応仏）に過ぎず、真実の根源仏とは見なされない。文上寿量品において五百塵点劫に成道した釈迦仏は法華経の会座に至るまで教を説いたが、その教は結局衆生の機根に応じて説かれたものとされるからである。すなわち「一代応仏の寿量品」とは文上の寿量品を意味し、「内証の寿量品」とは文底の寿量品すなわち南無妙法蓮華経を意味している。前者を迹、後者を本とするとは、文上と文底の勝劣、種脱相対を指している。

要するに、釈迦仏法における仏は全て衆生の機根に応じた存在であり、時代状況の制約を受けた仏に過ぎず、時空間を超越した根源仏ではないというのが「本因妙抄」の趣旨である。この一代応仏説は日蓮の一般御書に見られない相伝の教義である。

文上寿量品において釈迦仏が菩薩道の修行の結果、五百塵点劫の久遠に成道したと説かれるが、文上ではその仏身と修行の位についてとくに名字即が問題とされることはない。それにも関わらずここで名字即と言われるのは、釈迦仏の成道も名字即の位において妙法を覚知して仏果を得たとの意と解せられる。釈迦仏法においては歴劫修行《りゃっこうしゅぎょう》によって階梯《かいてい》を上った結果として成道を遂げるとされるのだが、ここではそのような成仏観を退け、諸仏の成道が歴劫修行の結果として説かれていてもその成仏の内実は根源の仏種である南無妙法蓮華経によるとするのである。

　文上寿量品において五百塵点劫の時点で成仏する以前は釈迦も菩薩道を行じていたと説かれる。菩薩道を行じていたというのであれば、当然、行ずる法がなければならない。つまり釈迦仏もその法によって仏にさせてもらった仏に過ぎない。あくまでも法こそが釈迦も含めた諸仏を仏にさせた能生《のうしょう》の存在であるから、釈迦仏法においてはどこまでも法勝人劣《ほうしょうにんれつ》となる。一切諸仏の成仏は根源の法である南無妙法蓮華経によるとの成仏観は「脱は現に在りといえども、つぶさに本種を騰《あ》ぐ」とした妙楽の洞察と合致している。

　日蓮仏法においては「総勘文抄」に「一切の法は皆これ仏法なりと通達し解了する、これを名字即となす。名字即の位より即身成仏す。故に円頓《えんどん》の教には次位の次第無し」（五六六頁）とあるように、釈迦仏法のような階梯の次第を設けず、妙法を信受した名字即の位において即身成仏する（因果倶時）。「本因妙抄」のこの文は、名字即がそのまま究竟即（妙覚位）となるという日蓮仏法の成仏観を端的に示したものになっている。

文句七面の決

〈本文〉

文句の七面の決とは、一に依名の一面。その義、上のごとし。二に感応の一面。三時弘経に亘《わた》るべし。爾前迹門の正像二千年弘経の感応より本門末法弘通の感応は真実真実勝るなり。三に四教の一面。四に五時の一面。五に本迹の一面。六に体用の一面。七に入己心の一面。悉《ことごと》く皆その心、前に同じ。

　智威大師の伝には玄義・文句の両部には爾前・迹門に各《おのおの》三十重の浅深を以て口決し給えり。具《つぶ》さには伝教大師七面決の如し。（八七二頁）

〈通解〉

『法華文句』の七面口決とは、一つは名に依って義を判断する一面である。その意味は先の『法華玄義』七面口決の「依名判義の一面」で述べた通りである。二つは衆生（感）と仏（応）の生命が互いに通ずる一面である。この感応の原理は正法・像法・末法という三時の弘経全体についていえる。爾前経や法華経迹門による正法・像法二千年の弘経の感応よりも本門による末法の弘通の感応は真に勝っている。三つは蔵・通・別・円の四教の一面である。四つは華厳・

阿含・方等・般若・法華涅槃の五時の一面である。五つは本迹の一面である。六つは体と用の一面である。七つは自己の生命の視点から見る（入己心）一面である。全てその意味は前に述べた『法華玄義』の七面口決と同じである。

　智威《ちい》大師が伝えるところによれば、『法華玄義』『法華文句』の両書には爾前経と迹門についてそれぞれ三十重の浅深の口決がある。詳しくは伝教大師の「三大章疏七面相承口決」に説かれる通りである。

〈解説〉

『法華文句』の七面口決を取り上げたこの箇所では「依名」「感応」「四教」「五時」「本迹」「体用」「入己心」という「三大章疏七面相承口決」に挙げられた概念をそのまま用いている。それらの概念については「三大章疏七面相承口決」でもとくに論じられていない。それらの概念は天台仏教の一般用語であるからであろう。その中で「本因妙抄」では感応の一面に触れて、正像の弘教と末法の弘教の勝劣を指摘していることが注目される。

　正像と末法の勝劣については、一般御書においても日蓮はしばしば明言している。例えば「諫暁八幡抄」では次のように説かれる。

　「月は西より東に向かえり。月氏の仏法の東へ流るべき相なり。日は東より出ず。日本の仏法の月氏へかえるべき瑞相なり。月は光あきらかならず、在世はただ八年なり。日は光明、月に勝れり。五五百歳の長き闇を照らすべき瑞相なり。仏は法華経謗法の者を治《じ》し給わず。在世には無きゆえに。末法には一乗の強敵充満すべし。不軽菩薩の利益これなり」（五八八頁）

　西から東に伝播した正像の仏法を月に、東から西に向かう末法の仏法を太陽に譬え、衆生を救う時間の長さにおいても謗法の者を救済する力においても、末法の仏法が正像の仏法に勝ることを宣言している。正像に広まった釈迦仏法があくまでも時代と機根の制約を受けた教えであったのに対し、末法に弘通される南無妙法蓮華経は時代を超越した根源の法であるからである。

　「報恩抄」に「日蓮が慈悲曠大《こうだい》ならば南無妙法蓮華経は万年の外《ほか》、未来までもながるべし。日本国の一切衆生の盲目をひらける功徳あり。無間地獄の道をふさぎぬ。この功徳は伝教・天台にも超え、竜樹・迦葉にもすぐれたり。極楽百年の修行は穢土《えど》の一日の功徳に及ばず。正像二千年の弘通は末法の一時に劣るか」（三二九頁）といわれるのも、正像と末法における弘通の法体に明確な勝劣があるからである。

　なお智威《ちい》大師（？～六八〇）とは、章安大師の弟子で中国天台宗の第三祖となった人である。「三大章疏七面相承口決」によれば、玄義と文句にそれぞれ三十重の浅深があるとしたのは智威大師ではなく、中国天台宗第五祖の玄朗《げんろう》の秘伝であるとされるが、「本因妙抄」ではこの点は問題にされていない(書写の過程で脱落があった可能性もある)。

また、ここで「伝教大師七面決」とあるのは、日蓮・日興の時代はまだ近代的な文献批判が存在せず、「三大章疏七面相承口決」も伝教大師の撰述と社会一般に信じられていたからである。「修禅寺決《しゅぜんじけつ》」の鎌倉初期成立説が有力となっている今日において真撰の可能性が高いとみられる「十八円満抄」の「伝教大師の修禅寺相伝の日記にこれ在り。この法門は当世天台宗の奥義なり」（一三六二頁）の文によるならば、日蓮は「修禅寺決」についても伝教大師撰述を前提としており、「修禅寺決」などの天台本覚思想文献を当時の日本天台宗が到達した最高の理論書とみなしていた。そこで日蓮は「三大章疏七面相承口決」を下敷きにして、天台本覚思想をも超越する独自奥底の教義を日興に相伝したと考えることができる。

『摩訶止観』の十重顕観

第一　待教立観

〈本文〉

また摩訶止観一部には十重顕観を立ててこれを通じ給えり。

一は待教立観《たいきょうりゅうかん》。

爾前・本・迹の三教を破して不思議実理の妙法蓮華経の観を立つ。文に云わく「円頓者初縁実相」と云々。迹門を理具の一念三千と云う。脱益《だっちゃく》の法華は本迹共に迹なり。本門を事行の一念三千と云う。下種の法華は独一の本門なり。これを不思議実理の妙観と申すなり。（八七二頁）

〈通解〉

また『摩訶止観』一部については、伝教大師は十の法門を立てて観心の意味を明らかにされた。

その第一は待教立観である。爾前経・法華経本門・迹門の三つの教えを破して不思議実理の妙法蓮華経の観を立てることである。『摩訶止観』には「円頓とは初めより実相を縁す」とある。法華経迹門を理具の一念三千という。脱益の法華経は本門・迹門ともに迹である。それに対して真の本門を事行の一念三千という。下種の法華は独一の本門である。これを不思議実理の妙観というのである。

〈解説〉

「待教立観」は「三大章疏七面相承口決」には「破教立観」とあるが、意味は同一である。「待」とは「対する」の意味であり、「教」とは教相、「観」とは観心の意味である。

すなわち待教立観とは教相に対して観心を立てることをいう。「待教立観（破教立観）」の言葉を借りてはいるものの、ここでは「本因妙抄」独自の思想が示されている。

教相の言葉が観心の対語として使われる場合、天台宗では五時八教などの理論的側面が教相、一念三千の観法が観心となるが、ここでは天台宗の枠組みを超越した法門が示される。すなわち爾前経・法華経本迹が教相で、妙法蓮華経（南無妙法蓮華経）が観心とされる。

教相と観心の対比は、従来の観念である理論と実践という意味を超えて教法の勝劣を示す論理となっており、文上法華経と南無妙法蓮華経の勝劣をいう種脱相対が明確に示される。脱益の文上法華経の迹門・本門はともに迹門であるのに対して、事行の一念三千すなわち南無妙法蓮華経こそが下種の法華経であり、独一の本門となる。「独一本門」の概念を提示し、本門の用語について文上脱益本門と文底下種独一本門の二つがあることを強調にしていることが重要である。

なお、「観心」の語を法華経の迹門・本門を超越した教法の意味に用いることは天台本覚思想が形成してきた四重興廃に既に現れている。四重興廃を示した「十法界事」には「迹門の大教起これば爾前の大教亡じ、本門の大教起これば迹門・爾前亡じ、観心の大教起これば本迹・爾前共に亡ず」（四二〇頁）と説かれる。文上の法華経は究極の教えではなく、それを超越した教えがあるという思想は、日蓮在世当時、既に日本天台宗の中に存在していた。日蓮は、文底独一本門の南無妙法蓮華経こそがその究極の法であるとしたのである。

第二　廃教立観

〈本文〉

二に廃教立観《はいきょうりゅうかん》。

心は権教並びに迹執《しゃくしゅう》を捨て、本門首題の理を取って事《じ》行《ぎょう》に用いよとなり。（八七二頁）

〈通解〉

第二は廃教立観である。その意味は権教や迹門への執着を捨て、独一本門である妙法蓮華経の首題の真理を事行に用いよということである。

〈解説〉

「廃教立観」は「教を廃して観を立つ」と読む。ここでも教相と観心という用語は理論と実践という従来の意味ではなく、文上の法華経を教相、文底の南無妙法蓮華経を観心とする教判的意味で用いられている。文上法華経の迹門・本門をともに迹とする前段に従い、ここでも迹とは文上法華経の本門・迹門を指し、本門とは独一本門の南無妙法蓮華経を指すと解せられる。

第三　開教顕観

〈本文〉

三に開教顕観。

文に云わく「一切諸法・本是仏法・三諦の理を具するを名づけて仏法となす。いかんぞ教を除かん」云々。文意は観行理観の一念三千を開して名字事行の一念三千を顕す。大師の深意、釈尊の慈悲、上行所伝の秘曲これなり。(八七二頁)

〈通解〉

第三は開教顕観である。文には「一切の諸法はもともと仏法である。三諦の理を具えることを名づけて仏法とするのである。どうして教を排除することがあろうか」とある。この文の意は、一切諸法は三諦の理を具えていることを観ずる行を行う天台宗の理の一念三千を開いて、名字即の位で行う事行の一念三千を顕すことにある。伝教大師の深意、釈尊の慈悲、また上行菩薩に伝えられた秘伝の法門はこれである。

〈解説〉

天台宗は一切諸法が三諦の理を具えることを観ずる瞑想行を行うが、日蓮仏法はそれを否定すると同時に包摂して事の一念三千すなわち南無妙法蓮華経を顕示する。この南無妙法蓮華経こそが伝教大師の内心の真意であるとともに釈尊の慈悲の実体であるという。「法華取要抄」に「寿量品の一品二半は始めより終わりに至るまで正しく滅後衆生のためなり。滅後の中には末法今時の日蓮等がためなり」(三三四頁)とある通り、釈迦仏が教主となっている法華経は、寿量品の文底に南無妙法蓮華経を指し示し、南無妙法蓮華経の序分・流通分となることで末法の衆生救済に寄与しようとしたと解せられるからである。

また、この事行の一念三千が「上行所伝の秘曲」であるというのは、上行菩薩に付嘱された法体が文上の法華経ではなく、文底の南無妙法蓮華経であるからである。この点は「御講聞書《おこうききがき》」に「今末法に入って上行所伝の本法の南無妙法蓮華経を弘め奉る」(八三〇頁)、「上行菩薩取次《とりつぎ》の秘法は所謂《いわゆる》南無妙法蓮華経なり」(八四〇頁)とあるのと同趣旨である。民部日向《みんぶにこう》が筆録者と伝えられる「御講聞書」のこれらの文は、上行に付嘱された法体は南無妙法蓮華経であるとの思想が日興門流以外にも存在していたことを示すものとなっている。

第四　会教顕観

〈本文〉

四に会教顕観《えきょうけんかん》。

教相の法華を捨てて観心の法華を信ぜよと。（八七二頁）

〈通解〉

第四は会教顕観である。その意味は、教相の法華を捨てて観心の法華を信ぜよということである。


〈解説〉

会教顕観とは教相を解釈して意味が通るようにし（会《え》通《つう》）、観心を顕すことをいう。ここで法華にも教相の法華と観心の法華の二意があることが示される。教相の法華とは脱益《だっちゃく》の文上法華経であり、観心の法華とは下種益《げしゅやく》の南無妙法蓮華経をいう。

第五　住不思議顕観

〈本文〉

五に住不思議顕観。

文に云わく「理は造作《ぞうさ》に非ず、故に天真《てんしん》と曰う。証智円明なるが故に独朗《どくろう》と云う」云々。釈の意は口唱首題の理に造作無し。今日熟脱の本迹二門を迹となし、久遠名字の本門を本となす。信心強盛にして、ただ余念なく南無妙法蓮華経と唱え奉れば、凡身即仏身なり。これを天真独朗の即身成仏と名づく。（八七二頁）

〈通解〉

第五は住不思議顕観である。『止観輔行伝弘決《しかんぶぎょうでんぐけつ》』には「理は造るものではない。それ故に飾りのない自然の姿（天真）という。実証として得た智慧が円満で明瞭である故に師もなく一人で悟った（独朗）というのである」と説かれる。この釈の意味は、南無妙法蓮華経の首題を唱える理は天然のもので人が造るものではない。今日の熟益・脱益である本門迹門の二門をともに迹とし、久遠名字即の独一本門を本とするのである。信心強盛にしてただ余念なく南無妙法蓮華経と唱え奉るならば凡身即仏身となる。これを天真独朗の即身成仏と名づけるのである。


〈解説〉

住不思議顕観とは不思議の境地に住して観心を顕すことをいう。「天真独朗《てんしんどくろう》」とは、章安大師が『摩訶止観』の序で天台大師を讃嘆して述べた言葉で、天台大師が作為のない天性によって、師に教えられるのでなく、独りで真理を悟ったことをいう。そこから天真独朗の法門といえば、天台が立てた一念三千の法門を指す。

「本因妙抄」では、この天台流の天真独朗を日蓮仏法の立場から捉え直し、南無妙法蓮華経の唱題によって即身成仏することが天真独朗であるとしている。先に述べたように、日蓮仏法においては階梯《かいてい》を設ける因果異時の成仏を退け、南無妙法蓮華経を信受するところ直ちに仏の境地が現れるという因果俱時の即身成仏が示される。ここにおいても釈迦仏法を超越した日蓮仏法の成仏観が端的に示されている。

第六　住教顕観から第十住観用教まで

〈本文〉

第六に住教顕観。七に住教非観。八に覆教顕観。九に住教用観。十に住観用教。この五重は上の五重の如し。思惟すべし。（八七四頁）

〈通解〉

第六は住教顕観、第七は住教非観、第八は覆教顕観、第九は住教用観、第十は住観用教である。この五重の意味は先の五重と同様であるから、それによって思索すべきである。

〈解説〉

住教顕観とは教相に住して観心を顕すこと、すなわち理論に立脚して一念三千の瞑想行を行うことをいう。住教非観は「教に住して観にあらず」と読む。「三大章疏七面相承口決」には住非教非観顕観という。非教非観に住して観心を顕すこと、すなわち不思議の境地においては教相と観心は区別できないとの立場に立ちながらあえて観心を顕すことをいう。覆教顕観は「教を覆《おお》いて観を顕す」と読む。文字による教えを通して直ちに観心の悟りを得ることをいう。住教用観は「教に住して観を用う」と読む。教相を極めることで観心を用いることができるとの意。住観用教とは観心の立場から教えを用いることをいう。

止観七面の決

〈本文〉

摩訶止観七面口決とは、依名判義・附文元意《ふもんがんい》・寂照一相・教行証・六九二識・絶諸思慮・出離生死の一面、已上。

（伝教）一切諸法、従本已来、不生不滅、性相凝然《しょうそうぎょうねん》、釈迦閉口、身子絶言云々。これは迹門、天台止観の内証なり。本門、日蓮の止観は釈迦は口を開き、文殊《もんじゅ》は言語す。

迹門、不思議不可説、本門、不思議可説の証拠の釈これな

り。（八七五頁）

〈通解〉

摩訶止観七面口決とは、依名判義、附文元意、寂照一相、教行証、六九二識、絶諸思慮、出離生死の一面をいう。伝教大師は「三大章疏七面相承口決」で「一切諸法は本より以来、不生不滅であって、性も相もじっとして動かない。釈迦は閉口し、舎利弗（身子）は言を絶つ」と述べている。この言葉は迹門である天台宗の摩訶止観の内証である。それに対して本門である日蓮の止観においては釈迦は口を開き、文殊は言語を発する。迹門は不思議で不可説だが、本門は不思議であっても言語で説く。その証拠となる釈がこれである。

〈解説〉

「三大章疏七面口決」は摩訶止観七面口決について、依名判義、附文元意、寂照一相、教行証、六九二識、絶諸思慮、出離生死の七つを挙げているが、「本因妙抄」ではその内容に触れず名目のみを示すにとどめている。それらの概念は天台学の基本事項なので、改めて論ずる必要がないということであろう。

また、次に挙げている「一切諸法」以下の文は、森羅万象が本来、永遠常住の存在であるという不可思議な位相にあることを示したもので、これが天台宗の止観の悟りであるとしている。「本因妙抄」はこれを迹門であるとして退け、本門（独一本門）である日蓮仏法は不可思議なものであってもあえて言語に表明していく立場であるとしている。不可思議であるからといってそれを言語にしなければ、覚者が自己の内心に持っているだけにとどまり、それを人々に伝えることはできない。不可思議な存在をあえて言語に示すことによって初めてそれを人々に伝えることができる。

天台宗は森羅万象を成り立たせている不可思議の法を何ら示さなかったが、日蓮はその根源の法を南無妙法蓮華経として提示し、南無妙法蓮華経を行ずることによって万人成仏の道を開いたのである。この点は「当体義抄」に「至理は名無し。聖人、理を観じて万物に名を付くる時、因果倶時・不思議の一法これ有り。これを名づけて妙法蓮華となす。この妙法蓮華の一法に十界三千の諸法を具足して闕《けつ》減《げん》無し。これを修行する者は仏因仏果、同時にこれを得るなり」（五一三頁）と説かれることと合致している。

三大章疏同異決

〈本文〉

また三大部に於いて一同十異、四同六異これ有り。伝教、仏立寺《ぶつりゅうじ》よりこれを口決す。一同とは名同なり。十異と

は、名同義異、所依異、観心異、傍正異、用教異、対機異、顕本理異、修行異、相承異、元旨異。

四同とは、名同、義同、所依同、所顕同なり。六異とは、釈異、大綱網目異《たいこうもうもくい》、本末異、観心異、教内外観異、自行化他異これなり。

今、要をもってこれを言わば、迹・本・観心、同名異義なり。始終・本末ともに修行も覚道も時機も感応も皆勝劣なり。（八七五頁）

〈通解〉

また三大部において一同十異、四同六異がある。伝教大師は仏立寺でこの法門の口決を受けたのである。一同とは三大部において名が同じであることである。十異とは、三大部において名は同じでも意味が異なること（名同義異）、よりどころとなる法門が異なること（所依異）、観心の立て方が異なること（観心異）、傍と正の立て方が異なること（傍正異）、教えの用い方が異なること（用教異）、対応する衆生の機根が異なること（対機異）、顕本の理が異なること（顕本理異）、修行の内容が異なること（修行異）、受けた相承が異なること（相承異）、元意が異なること（元旨異）をいう。

『法華玄義』と『法華文句』における四同とは、名が同じであること（名同）、義が同じであること（義同）、法華経を所依にしていること（所依同）、顕す理が同じであること（所顕同）の四つである。

また六異とは、釈の対象が異なること（釈異）、大綱と綱目の違いがあること（大綱網目異）、本と末の相違があること（本末異）、観法の仕方が異なること（観心異）、教相の内に観心を含むか、含めずに観心を外に置くかという相違があること（教内外観異）、自行と化他の異なりがあること（自行化他異）の六つである。

今、要約していえば、迹門・本門・観心という名は同じだが、その意義は異なる。始終・本末ともに、修行にも悟りにも、時機にも感応にも、全て勝劣の相違があるのである。

〈解説〉

『法華玄義』『法華文句』『摩訶止観』の三大部において一同十異があり、さらに『法華玄義』『法華文句』の両書について四同六異があることを指摘する。一同十異、四同六異は天台本覚思想独自の法門で、「三大章疏七面相承口決」ではその内容について説明しているが、「本因妙抄」では名目を挙げるにとどめ、内容に触れていない。一同十異、四同六異の法門は天台宗における基本事項なので改めて論じなかったと考えられる。

ただ、迹門・本門・観心という言葉は同じであっても、その意味が異なることを指摘している。例えば迹門といっても法華経文上の迹門・本門をともに迹門とする場合もあり、観心の言葉も天台流の瞑想修行を指すこともあれば、文上法華経を超越した文底下種の南無妙法蓮華経を指す場合もある。このように日蓮仏法の用語は多義的であり、文字通りの一義的な理解では日蓮仏法を正しく把握することはできない。また、迹門・本門・観心において明確な勝劣があることを強調している。これは、本迹相対、種脱相対の区別を明確にしていくべきとの趣旨である。

なお、伝教大師が仏立寺においてこの法門の口決を受けたとされるが、もちろんそのような事実はなく、天台本覚思想が恣意的に作り上げた創作に過ぎない。

ちなみに一同十異と四同六異の内容は「三大章疏七面相承口決」などによれば、次のようなものである。

一同

三大部において相待・絶待、麤妙、権実、教相・観心、解行証、因果、迷悟などの名（概念）が同一であること。

十異

①名同義異

三大部において名は同じであっても意味（義）が異なること。例えば権実の概念をとっても、『法華玄義』『法華文句』は爾前経を権、法華経を実とするが、『摩訶止観』は教相の権実をともに権とし、観心を実とする。

②所依異

『法華玄義』『法華文句』と『摩訶止観』では拠り所とする法門が異なること。前者は法華経の教相を拠り所とするが、後者は法華経の観心を拠り所とする。

③観心異

『法華玄義』『法華文句』は経典の文や教理を対象にして観心の法を立てるが、『摩訶止観』は経典の文や理を対象とせず、一瞬の生命（一念の心）を対象に観心の法を立てる。

④傍正異

『法華玄義』『法華文句』は教相を正、観心を傍とするが、『摩訶止観』は観心を正、教相を傍とする。

⑤用教異

三大部で教の用い方に相違があること。『法華玄義』『法華文句』は仏果を得るために教を用いるが、『摩訶止観』は仏果を得た上で自行として教を用いる。

⑥対機異

『法華玄義』『法華文句』は法華経の三周の説法によって領解した声聞を本来の機根とするが、多様な機根の衆生を対象とする。『摩訶止観』は観念観法の修行によって直ちに悟りに達せられる機根の者を対象とする。

⑦顕本理異

三大部では顕本の語は同じでも指し示す理が異なること。『法華玄義』『法華文句』は不変真如と随縁真如を本理とするが、『摩訶止観』は不変真如・随縁真如の二つをともに不二とする大真如を本理とする。

⑧修行異

『法華玄義』『法華文句』は教理と修行が別に立てられるが、『摩訶止観』では全て修行が扱われる。

⑨相承異

天台大師の十徳（『法華私記縁起』による）のうち、『法華玄義』『法華文句』は五時の教判により法華経が諸経を開会する円融の教えであることを悟った「玄悟法華円意」の徳によるが、『摩訶止観』は自ら法華経の真意を悟った「自解仏乗《じげぶつじょう》」の徳による。

⑩元旨異

『法華玄義』『法華文句』の元意は相待妙《そうたいみょう》だが、『摩訶止観』の元意は絶待妙《ぜったいみょう》である。

四同

『法華玄義』『法華文句』の両書において同一である点を挙げる。

①名同

両書がともに四教、権実、本迹、五時などの名（概念）を用いること。

②義同

それらの概念が示す意味が同一であること。

③所依同

両書がともに文に顕れた法華経に依拠していること。

④所顕同

両書がともに随縁真如・不変真如を顕していること。

六異

『法華玄義』『法華文句』の相違点を挙げる。

①釈異

『法華玄義』は「妙法蓮華経」という経典の題名の意義を釈したものであり、『法華文句』は法華経の文々句々の意義を釈したものという相違がある。

②大綱網目異

『法華玄義』は法華経の大綱（根本的な事柄）を論じたのに対し、『法華文句』は法華経の網目（網の目、細かい枝葉の事柄）について述べたものという相違がある。

③本末異

『法華玄義』は妙法蓮華経を主題として論じているので本であるが、『法華文句』は仏が衆生の機根に応じて法を説いた経文の意味を論じ、仏の衆生済度の働きを釈したものであるから末になる。

④観心異

『法華文句』の観は事相の姿に託して観念すること（託事観《たくじかん》）であるのに対し、『法華玄義』の観は四諦・十二因縁などの法門を自身の心に入れてそれを観察すること（附法観《ふほうかん》）である。

⑤教内外観異

『法華玄義』は教の中に観心が含まれるが、『法華文句』は教の外に観心が置かれる。

⑥自行化他異

『法華玄義』は九界の衆生が十界を具えて妙であること（衆生法妙）を基本とするので自行であるが、『法華文句』は仏が衆生を救済する力に視点を当てているので化他となる。

二十四番勝劣

「この下、二十四番勝劣なり」（八七五頁）以降は「三大章疏七面相承口決」の文を離れて、天台宗と日蓮仏法の勝劣（これを「台当相対」と呼ぶ）を二十四項目にわたって挙げた「二十四番勝劣」が示されている。

①彼の本門は、我が迹門。

天台宗の本門は文上法華経の本門であるが、日蓮仏法から見れば、文底独一本門の南無妙法蓮華経が真実の本門であり、文上の迹門・本門はともに迹門となる。

②彼の勝は、この劣。

天台宗の最高の教えは文上法華経本門だが、日蓮仏法から見れば、それも末法においては衆生を救済する力を失った教えに過ぎない。「上野殿御返事」に「今末法に入りぬれば余経も法華経もせんなし。ただ南無妙法蓮華経なるべし」（一五四六頁）とあるように、文上法華経は南無妙法蓮華経の序分・流通分としての意味はあるが、それ自体をいかに行じても何の力も持っていないからである。

③彼の深義は、予が浅義。

天台宗の深義は『摩訶止観』に説かれた一念三千の法門だが、生命の在り方を理論的に捉えたものである。「観心本尊抄」に「像法の中末に観音・薬王、南岳・天台等と示現し出現して迹門をもって面《おもて》となし本門をもって裏となして百界千如・一念三千その義を尽くせり。ただ理具を論じて事行の南無妙法蓮華経の五字並びに本門の本尊未だ広くこれを行ぜず」（二五三頁）

とあるように、単に理具を論じただけなので、日蓮仏法の南無妙法蓮華経に対すればまだ浅い法門となる。

④彼の深理は、この浅理。

天台宗の深理である一念三千の法門は観念観法の修行の際の指標となるものだが、観念観法の行では得脱できない末法の衆生にとってはそれは一つの理論に過ぎず、成仏と直接結びつくものではない。それ故、日蓮仏法の立場から見れば浅理となる。

⑤彼が極位は、この浅位。

天台宗の極位は理即、観行即、相似即と次第に上っていって到達する究竟即だが、妙楽大師が「脱は現に在りといえども、つぶさに本種を騰《あ》ぐ」と述べている通り、その得脱も実際は根源の仏種によるものであるから、日蓮仏法の凡夫即極の見地から見れば浅位となる。

⑥彼の極果は、この初心。

天台宗の極果は理即から次第に上っていく極果だが、南無妙法蓮華経の修行を始めるまでに至っていない初心の位に過ぎない。

⑦彼の観心は、この教相。

天台宗の観心は一念三千の法門による観念観法の瞑想行だが、その一念三千は理の一念三千なので、根源の仏種である南無妙法蓮華経から見れば教相にとどまる。

⑧彼は台星の国に出生す。これは日天の国に出世す。

天台大師は三台星（中国の天文学で皇帝を象徴する紫微星《しびせい》を守ると考えられている三つの星のこと）の国（中国）に生まれたが、日蓮は日天の国（日本）に出生した。「台」とは星の意味。天台宗の名は中国の天台山で成立したことによるが、その宗の名前自体が星に由来していることを表している。

日本の国号は日が出る本の意であり、また日蓮の名前も日と結びついている。日の光が月や星の光に勝ることは日蓮仏法が天台仏法を超越していることを象徴している。

⑨彼は薬王、これは上行。

天台大師は迹化の菩薩である薬王菩薩の後身、日蓮は本化地涌の菩薩の上首上行菩薩の再誕である。天台大師が薬王菩薩の後身とされるのは、南岳大師のもとで修行していた時、法華経薬王品の文に接して開

郵便はがき

料金受取人払

諏訪支店承認

2

差出有効期間
平成31年11月
末日まで有効

392-8790

〔受取人〕

長野県諏訪市四賀229-1

鳥影社編集室

愛読者係　行

ご住所　〒□□□-□□□□	
(フリガナ) お名前	
お電話番号　(　　　)　　-	
ご職業・勤務先・学校名	
eメールアドレス	
お買い上げになった書店名	

鳥影社愛読者カード

このカードは出版の参考にさせていただきますので、皆様のご意見・ご感想をお聞かせください。

書名	

① 本書を何でお知りになりましたか？

i．書店で
ii．広告で（　　　　　　　　）
iii．書評で（　　　　　　　　）
iv．人にすすめられて
v．DMで
vi．その他（　　　　　　　　）

② 本書・著者へご意見・感想などお聞かせ下さい。

③ 最近読んで、よかったと思う本を教えてください。

④ 現在、どんな作家に興味をおもちですか？

⑤ 現在、ご購読されている新聞・雑誌名

⑥ 今後、どのような本をお読みになりたいですか？

◇購入申込書◇

書名　　　　　　　　　¥　　　　　（　　）部

書名　　　　　　　　　¥　　　　　（　　）部

書名　　　　　　　　　¥　　　　　（　　）部

鳥影社出版案内

2018

イラスト／奥村かよこ

choeisha

文藝・学術出版　鳥影社

〒160-0023 東京都新宿区西新宿 3-5-12 トーカン新宿 7F

TEL 03-5948-6470　FAX 03-5948-6471（東京営業所）

〒392-0012 長野県諏訪市四賀 229-1（本社・編集室）

TEL 0266-53-2903　FAX 0266-58-6771　郵便振替 00190-6-88230

ホームページ www.choeisha.com　メール order@choeisha.com

お求めはお近くの書店または弊社（03-5948-6470）へ

弊社への注文は１冊から送料無料にてお届けいたします

＊新刊・話題作

地蔵千年、花百年

柴田 翔（読売新聞・サンデー毎日で紹介）

芥川賞受賞『されど われらが日々――』から約半世紀。約30年ぶりの新作長編小説。戦後からの時空と永遠を描く。1800円

老兵は死なず マッカーサーの生涯

ジェフリー・ペレット／林 義勝他訳

かつて日本に君臨した唯一のアメリカ人、生まれから大統領選挑戦にいたる知られざる全貌の決定版・1200頁。5800円

新訳金瓶梅（全三巻予定）

田中智行訳（二〇一八年上巻発売予定）

三国志・水滸伝・西遊記と並び四大奇書の一つとされる金瓶梅。そのイメージを刷新する翻訳に挑んだ意欲作。詳細な訳註も。

スマホ汚染 新型複合汚染の真実

古庄弘枝

射線（スマホの電波）、神経を狂わすネオニコチノイド系農薬、遺伝子組み換え食品等から身を守るために。1600円

東西を繋ぐ白い道

森 和朗（元NHKチーフプロデューサー）

原始仏教からトランプ・カオスまで。宗教も政治も一筋の道に流れ込む壮大な歴史のドラマ。世界が直面する二河白道。2200円

低線量放射線の脅威

J・グールド、B・ゴールドマン／今井清一・今井良一訳

低線量放射線と心疾患、ガン、感染症による死亡率がどのようにかかわるのかを膨大なデータをもとに明らかにする。1900円

シングルトン

エリック・クライネンバーグ／白川貴子訳

一人で暮らす「シングルトン」が世界中で急上昇。このセンセーショナルな現実を検証する欧米有力誌で絶賛された衝撃の書。1800円

詩に映るゲーテの生涯（復刻版）

柴田 翔（二〇一八年発売予定）

ゲーテの人生をその詩から読み解いた幻の名著の復活。ゲーテ研究・翻訳の第一人者柴田翔によるゲーテ論の集大成的作品。

改訂版 **文明のサスティナビリティ** 野田正治

枯渇する化石燃料に頼らず、社会を動かすエネルギーを生み出すことの出来る社会を考える。1800円

自然と共同体に開かれた学び ――もうひとつの教育・もうひとつの社会―― 荻原 彰

高度成長期と比べ大きく変容した社会、自我。自然と共同体の繋りを取り戻す教育が重要と説く。1800円

インディアンにならなイカ!? 太田幸昌

先住民の島に住みついて、倒壊寸前のホテルで孤軍奮闘。自然と人間の仰天エピソード。1300円

愛知ふるさと素描 河村アキラ

『名古屋ふるさと素描』に、新たに40枚を追加。愛知県内各地に残されたニッポンの消えゆく庶民の原風景を描く。1800円

純文学宣言

季刊文科25～75（61より各1500円）

〈編集委員〉青木健、伊藤氏貴、勝又浩、佐藤洋二郎
富岡幸一郎、中沢けい、松本徹、津村節子

【文学の本質を次世代に伝え、かつ純文学の孤塁を守りつつ、文学の復権を目指す文芸誌】

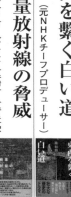

＊翻訳その他

アルザスワイン街道
—お気に入りの蔵をめぐる旅—
森本育子（2刷）

アルザスを知らないなんて！ フランスの魅力はなんといっても豊かな地方のバリエーションにつきる。 1800円

ヨーロピアンアンティーク大百科
英国・リージェント美術アカデミー 編／白須賀元樹 訳

英国オークションハウスの老舗サザビーズのエキスパートたちがアンティークのノウハウをすべて公開。 5715円

環境教育論
—現代社会と生活環境—
今井清一／今井良一

環境教育は消費者教育。日本の食品添加物1894種に対し英国は14種。原発輸出も事故負担は日本持ち。 2200円

心のエコロジー
交流分析・ストローク エコノミー法則の打破
クロード・スタイナー（物語）／小林雅美 著／奥村かよこ 絵

世界中で人気の心理童話に、心理カウンセラーが解説を加え、今の社会に欠けている豊かな人間関係のあり方を伝授。 1200円

中世ラテン語動物叙事詩 イセングリムス
—狼と狐の物語—
丑田弘忍 訳

封建制とキリスト教との桎梏のもとで中世ヨーロッパ人を活写、聖職者をはじめ支配階級を鋭く諷刺。本邦初訳。 2800円

ディドロ 自然と藝術
冨田和男

ディドロの思想を自然哲学的分野と美学的分野に分けて考察を進め、二つの分野の複合性を明らかにしてその融合をめざす。 3800円

ダークサイド・オブ・ザ・ムーン
マルティン・ズーター／相田かずき 訳

世界を熱狂させたピンク・フロイドの魂がここに甦る。ドイツ人気No.1俳優M・ブライトロイ主演映画原作小説。 1600円

フランス・イタリア紀行
トバイアス・スモレット／根岸 彰 訳

十八世紀欧州社会と当時のグランドツアーの実態を描き、米国旅行誌が史上最良の旅行書の一冊に選定。発刊から250年、待望の完訳。 2800円

ヨーゼフ・ロート小説集
平田達治
佐藤康彦 訳

第一巻 優等生、バルバラ、立身出世
　サヴォイホテル、曇った鏡 他
第二巻 ヨブ・ある平凡な男のロマン
　タラバス・この世の客
第三巻 殺人者の告白、偽りの分銅・計量検査官の物語、美の勝利
第四巻 皇帝廟、千二夜物語、レヴィアタン（珊瑚商人譚）
別 巻 ラデツキー行進曲（2600円）
四六判・上製／平均480頁 3700円

カフカ、ベンヤミン、ムージルから現代作家にいたるまで大きな影響をあたえる。

ローベルト・ヴァルザー作品集
新本史斉／若林恵／F・ヒンターエーダー＝エムデ 訳

1 タンナー兄弟姉妹
2 助手
3 長編小説と散文集
4 散文小品集Ⅰ
5 盗賊／散文小品集Ⅱ

四六判、上製／各巻2600円

＊歴史

千少庵茶室大図解
長尾 晃（美術研究・建築家）

利休・織部・遠州好みの真相とは？ 国宝茶室「待庵」は、本当に千利休作なのか？ 不遇の天才茶人の実像に迫る。 2200円

飛鳥の暗号
野田正治（建築家）

三輪山などの神山・宮殿・仏教寺院・古墳をむすぶ軸線の物理的事実により明らかになる飛鳥時代の実像。 1800円

桃山の美濃古陶 古田織部の美
西村克也／久野 治

古田織部の指導で誕生した美濃古陶の未発表の伝世作品の逸品約90点をカラーで紹介。桃山茶陶歴史年表、茶人列伝も収録。 3600円

剣客斎藤弥九郎伝
木村紀八郎（二刷）

幕末激動の世を最後の剣客が奔る。その知られざる生涯を描く、はじめての本格評伝！ 1900円

和歌と王朝 勅撰集のドラマを追う
松林尚志（全国各紙書評で紹介）

「新古今和歌集」「風雅和歌集」など、南北朝前後に成立した勅撰集の背後に隠された波瀾の歴史を読む。 1800円

秀吉の忠臣 **田中吉政とその時代**
田中建彦・充恵

優れた行政官として秀吉を支え続けた田中吉政の生涯を掘りおこす。カバー肖像は著者の田中家に伝わる。 1600円

西行 わが心の行方
松本 徹

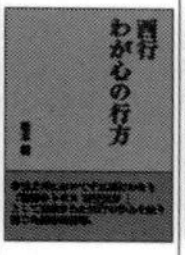

季刊文科で物語のトポス西行随歩として十五回にわたり連載された西行ゆかりの地を巡り論じた評論的随筆作品。 予価1600円

加治時次郎の生涯とその時代
大牟田太朗

明治大正期、セーフティーネットのない時代に、窮民済生に命をかけた医師の本格的人物伝！ 2800円

浦賀与力中島三郎助伝 木村紀八郎
幕末という岐路に先見と至誠をもって生き抜いた最後の武士の初の本格評伝。 2200円

軍艦奉行木村摂津守伝 木村紀八郎
若くして名利を求めず隠居、福沢諭吉が終生敬愛したというサムライの生涯。 2200円

南の悪魔フェリッペ二世 伊東 章
スペインの世紀といわれる百年が世界のすべてを変えた。黄金世紀の虚実1 1900円

不滅の帝王カルロス五世 伊東 章
世界のグローバル化に警鐘。平和を望んだ偉大な帝王が続けた戦争。黄金世紀の虚実2 1900円

フランク人の事蹟 第一回十字軍年代記
丑田弘忍訳 第一次十字軍に実際に参加した三人の年代記作家による異なる視点の記録。 2800円

大村益次郎伝 木村紀八郎
長州征討、戊辰戦争で長州軍を率いて幕府軍を撃破した天才軍略家の生涯を描く。 2200円

新版 日蓮の思想と生涯 須田晴夫
日蓮が生きた時代状況と、思想の展開を総合的に考察。日蓮仏法の案内書！ 3500円

古事記新解釈 南九州方言で読み解く神代
飯野武夫／飯野布志夫 編 『古事記』上巻は南九州の方言で読み解ける。 4800円

夏目漱石 『猫』から『明暗』まで

平岡敏夫（週刊読書人他で紹介）

漱石文学は時代とのたたかいの所産であるゆえに、作品には微かな〈哀傷〉が漂う。新たな漱石を描き出す論集。2800円

赤彦とアララギ
—中原静子と太田喜志子をめぐって

福田はるか（読売新聞書評）

悩み苦しみながら伴走した妻不二子、畏敬と思慕で生き通した中原静子、門に入らず自力で成長した太田喜志子。2800円

ドストエフスキーの作家像

木下豊房（東京新聞で紹介）

二葉亭四迷から小林秀雄・椎名麟三、武田泰淳、埴谷雄高などにいたる正統的な受容を跡づけ、この古典作家の文学の本質に迫る。3800円

ピエールとリュス

ロマン・ロラン／三木原浩史 訳

1918年パリ。ドイツ軍の空爆の下でめぐりあった二人。ロラン作品のなかでも、今なお、愛され続ける名作の新訳と解説。1600円

中上健次論（全三巻）

（第一巻 死者の声から、声なき死者へ）
（第二巻 父の名の否〈ノン〉、あるいは資本の到来）（第三巻 幻想の村から）

戦死者の声が支配する戦後民主主義を描く大江健三郎に対し声なき死者と格闘し自己の世界を確立していった初期作品を読む。各3200円

季刊文科セレクション

季刊文科編集部 編著

八人のベテラン同人雑誌作家たちによる至極の八作品を収録した作品集。巻末に勝又浩氏による解説を収録。1800円

釈尊の悟り—自己と世界の真実のすがた

吉野 博

最古の仏教聖典「スッタニパータ」の詩句、悟りを開いた日本・中国の禅師、インドの聖者の言葉を中心にすべての真相を明らかにする。1500円

呉越春秋 戦場の花影

藤生純一

中国古代の四大美人の一人たる西施。彼女を呉国の宮廷に送り込んだ越の范蠡。二人の愛と運命を描いた壮大なロマン。2800円

「へうげもの」で話題の
〝古田織部三部作〟

久野 治（NHK、BS11など歴史番組に出演）

新訂 古田織部の世界 2800円

千利休から古田織部へ 2200円

改訂 古田織部とその周辺 2800円

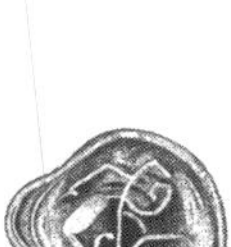

ドイツ詩を読む愉しみ 森泉朋子編訳

ゲーテからブレヒトまで 時代を経てなお輝き続ける珠玉の五〇編とエッセイ。1600円

ドイツ文化を担った女性たち

その活躍の軌跡 ゲルマニスティネンの会編
（光末紀子、奈倉洋子、宮本絢子）2800円

芸術に関する幻想 W・H・ヴァッケンローダー

毛利真実 訳 デューラーに対する敬虔、ラファエロ、ミケランジェロ、そして音楽。1500円

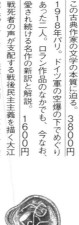

*ドイツ語圏関係他

ニーベルンゲンの歌
岡崎忠弘 訳 （週刊読書人で紹介）

『ファウスト』とともにドイツ文学の双璧をなす英雄叙事詩を綿密な翻訳により待望の完全新訳。詳細な訳注と解説付。 5800円

ペーター・フーヘルの世界 —その人生と作品
斉藤寿雄 （週刊読書人で紹介）

旧東ドイツの代表的詩人の困難に満ちたその生涯を紹介し、作品解釈をつけ、主要な詩の翻訳をまとめた画期的書。 2800円

エロスの系譜 —古代の神話から魔女信仰まで
A・ライプブラント＝ヴェトライ W・ライプブラント
鎌田道生 孟真理 訳

男と女、この二つの性の出会いと戦いの歴史。西洋の文化と精神における愛を多岐に亘る文献を駆使し文化史的に語る。 6500円

生きられた言葉 —ラインホルト・シュナイダーの生涯と作品—
下村喜八

シュヴァイツァーと共に20世紀の良心と称えられた、その生涯と思想をはじめて本格的に紹介する。 2500円

ヘルダーのビルドゥング思想
濱田 真

ドイツ語のビルドゥングは「教養」「教育」という訳語を超えた奥行きを持つ。これを手がかりに思想の核心に迫る。 3600円

ゲーテ『悲劇ファウスト』を読みなおす
新妻 篤

ゲーテが約六〇年をかけて完成。すべて原文に即して内部から理解しようと研究してきた著者が明かすファウスト論。 2800円

黄金の星（ツァラトゥストラ）はこう語った
ニーチェ／小山修一 訳

邦訳から百年、分かりやすい日本語で真にニーチェをつたえ、その詩魂が味わえる新訳。 上下各1800円

『ドイツ伝説集』のコスモロジー
植 朗子

ドイツ民俗学の基底であり民間伝承蒐集の先がけとなったグリム兄弟『ドイツ伝説集』の内面的実像を明らかにする。 1800円

ハンブルク演劇論 G・E・レッシング
南大路振一 訳
アリストテレス以降の欧州演劇の本質を探る代表作。 6800円

ギュンター・グラスの世界 依岡隆児
つねに実験的方法に挑み、政治と社会から関心を失わなかったノーベル賞作家を正面から論ずる。 2800円

グリムにおける魔女とユダヤ人 奈倉洋子
—メルヒェン・伝説・神話—
グリムのメルヒェン集と伝説集を中心にその変化の実態と意味を探る。 1500円

フリードリヒ・シラー美学＝倫理学用語辞典 序説
ヴェルンリ／馬上徳 訳 難解なシラーの基本的用語を網羅し体系化をはかり明快な解釈をほどこし全思想を概観。 2400円

新ロビンソン物語 カンペ／田尻三千夫 訳
18世紀後半、教育の世紀に生まれた「ロビンソン・クルーソー」を上回るベストセラー。 2400円

東方ユダヤ人の歴史 ハウマン／平田達治 荒島浩雅 訳
その実態と成立の歴史的背景をこれほど見事に解き明かしている本はこれまでになかった。 2600円

ポーランド旅行 デーブリーン／岸本雅之 訳
長年にわたる他国の支配を脱し、独立国家の夢を果したポーランドのありのままの姿を探る。 2400円

東ドイツ文学小史 W・エメリヒ／津村正樹 監訳
神話化から歴史へ。一つの国家の終焉はその文学の終りを意味しない。 6900円

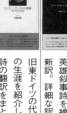

モリエール傑作戯曲選集１
柴田耕太郎訳
（女房学校、スカパンの悪だくみ、守銭奴、タルチュフ）

画期的新訳の完成。「読み物か台詞か。その一方だけでは駄目。文語の気品と口語の平易さのベストマッチ」岡田壮平氏　２８００円

イタリア映画史入門　１９５０〜２００３
J・P・ブルネッタ／川本英明訳（読売新聞書評）

映画の誕生からヴィスコンティ、フェリーニ等の巨匠、それ以降の動向まで世界映画史をふまえた決定版。５８００円

フェデリコ・フェリーニ
川本英明

イタリア文学者がフェリーニの生い立ち、青春時代、監督デビューまでの足跡、各作品の思想的背景など、巨匠のすべてを追う。１８００円

ある投票立会人の一日
イタロ・カルヴィーノ／柘植由紀美訳

奇想天外な物語を魔法のごとく生み出した作家の、二十世紀イタリア戦後社会を背景にした知られざる先駆的小説。１８００円

魂の詩人 パゾリーニ
ニコ・ナルディーニ／川本英明訳（朝日新聞書評）

常にセンセーショナルとゴシップを巻きおこした異端の天才の生涯と、詩人としての素顔に迫る決定版！　１９００円

ドイツ映画
ザビーネ・ハーケ／山本佳樹訳

ドイツ映画の黎明期からの歴史に、欧州映画やハリウッドとの関係、政治経済や社会文化からその位置づけを見る。３９００円

つげ義春を読め
清水 正（読売新聞書評で紹介）

つげマンガ完全読本！　五〇編の謎をコマごとに解き明かす鮮烈批評。読売新聞書評で紹介。４７００円

雪が降るまえに
A・タルコフスキー／坂庭淳史訳（二刷出来）

詩人アルセニーの言葉の延長線上に拡がっていた世界こそ、息子アンドレイの映像作品の原風景そのものだった。１９００円

宮崎駿の時代　１９４１〜２００８
久美 薫

宮崎アニメの物語構造と主題分析、マンガ史からアニメ技術史まで宮崎駿論一千枚。１６００円

ヴィスコンティ
若菜 薫

「郵便配達は二度ベルを鳴らす」から「イノセント」まで巨匠の映像美学に迫る。２２００円

ヴィスコンティⅡ
若菜 薫

高貴なる錯乱のイマージュ。「ベリッシマ」「白夜」「前金」「熊座の淡き星影」２２００円

アンゲロプロスの瞳
若菜 薫

『旅芸人の記録』の巨匠への壮麗なるオマージュ。（二刷出来）２８００円

ジャン・ルノワールの誘惑
若菜 薫

多彩多様な映像表現とその官能的で豊饒な映像世界を踏破する。２２００円

聖タルコフスキー
若菜 薫

「映像の詩人」アンドレイ・タルコフスキー。その全容に迫る。２０００円

銀座並木座　日本映画とともに歩んだ四十五歩
嵩元友子

ようこそ並木座へ、ちいさな映画館をめぐるとっておきの物語　１８００円

フィルムノワールの時代
新井達夫

人の心の闇を描いた娯楽映画の数々暗い情熱に衝き動かされる人間のドラマ。２２００円

＊実用・ビジネス

AutoCAD LT 標準教科書
2015／2016／2017
2018対応（オールカラー）
中森隆道

25年以上にわたる企業講習と職業訓練校での教育実績に基づく決定版。初心者から実務者まで対応の520頁。　3400円

AutoLISP with Dialog
（AutoCAD2013 対応版）
中森隆道

即効性を明快に証明したAutoCADプログラミングの決定版。本格的解説書。　3400円

開運虎の巻　街頭易者の独り言
天童春樹（人相学などテレビ出演多数・増刷出来）

三十余年のべ六万人の鑑定実績。問答無用！黙って座ればあなたの身内の運命と開運法をお話しします。　1500円

腹話術入門
花丘奈果（4刷）

大好評！発声方法、台本づくり、手軽な人形作りまで、一人で楽しく習得出来る。台本も満載。　1800円

南京玉すだれ入門
花丘奈果（2刷）

いつでも、どこでも、誰にでも、見て楽しく演じて楽しい元祖・大道芸。伝統芸の良さと現代的アレンジが可能。　1600円

新訂版**交流分析エゴグラムの読み方と行動処方**
植木清直／佐藤寛 編

精神分析の口語版として現在多くの企業の研修に使われている交流分析の読み方をやさしく解説。　1500円

現代アラビア語辞典
——アラビア語日本語
田中博一／スバイハット レイス 監修

本邦初1000頁を超える本格的かつ、実用的アラビア語日本語辞典。見出し語1万語以上で例文・熟語多数。　10000円

現代日本語アラビア語辞典
田中博一／スバイハット レイス 監修

見出し語約1万語、例文1万2千以上収録。日本人のみならず、アラビア人の使用にも配慮し、初級者から上級者まで対応のB5判。　8000円

リーダーの人間行動学　佐藤直暁
人間分析の方法を身につけ、相手の性格を素早く的確につかむ訓練法を紹介。　1500円

成果主義人事制度をつくる　松本順一
30日でつくれる人事制度だから、業績向上が実現できる。（第10刷出来）　1600円

管理職のための**『心理的ゲーム』入門**　佐藤寛
こじれる対人関係を防ぐ職場づくりの達人となるために。　1500円

ロバスト　渡部慶二
ロバストとは障害にぶつかって壊れない、変動に強い社会へ七つのポイント。　1500円

A型とB型—二つの世界　前川輝光
「A型の宗教」仏教と「B型の宗教」キリスト教を比較するなど刺激的1冊。　1500円

決定版　**真・報連相読本**　糸藤正士
五段階のレベル表による新次元のビジネス展開情報によるマネジメント。（3刷）　1500円

楽しく子育て44の急所　川上由美
これだけは伝えておきたいこと、感じたこと、考えたこと。基本的なコツ！　1200円

初心者のための蒸気タービン　山岡勝己
原理から応用、保守点検、今後へのヒントなどベテランにも役立つ。技術者必携。　2800円

悟したことによる。日蓮が上行菩薩の再誕であるとされるのは、法華経神力品において上行菩薩が釈迦仏から付嘱された南無妙法蓮華経を日蓮が末法に弘通したからである。上行菩薩が南無妙法蓮華経を末法に弘通するために出現したことについて、日蓮は「撰時抄」で「寿量品の南無妙法蓮華経の末法に流布せんずるゆえに、この菩薩を召し出だされたる」（二八四頁）と述べている。

⑩彼は解了《げりょう》の機を利す。これは愚悪の機を益《やく》す。

天台宗では一念三千の法理を領解できる機根の者だけが利益を得ることができる。それに対して日蓮仏法は仏法の法理を理解する能力がなくても、また悪事を働いた悪人であっても救済することができる。

天台宗の行う観念観法の瞑想行は一念三千の法理を理解するだけの高い能力が必要であった。しかし、日蓮仏法では曼荼羅本尊を信受して南無妙法蓮華経の唱題を自行化他にわたって行ずることで能力の有無に関わらず成仏得道できるとされる。この点について「観心本尊抄」では「釈尊の因行果徳の二法は妙法蓮華経の五字に具足す。我等この五字を受持すれば、自然にかの因果の功徳を譲り与え給う」（二四六頁）と述べられている。

⑪彼の弘通は台星所居《しょご》の高嶺なり。この弘経は日王能《のう》住《じゅう》の高峰なり。

天台大師の弘通は「台星所居の高嶺」である中国の天台山においてなされた。それに対して日蓮の弘教は「日王能住の高峰」である日本の富士山においてなされた。実際に日蓮の最終的な弘通は富士山に近い身延において行われた。

⑫彼は上機に教え、これは下機を訓ず。

天台宗は優れた機根（上機）の者だけを対象に教えたが、日蓮仏法は機根に関わらず、むしろ機根の低い者を救済する仏法である。この点は⑩と重なっている。

⑬彼は一部をもって本尊となし、これは七字を本尊となす。

天台宗は法華経一部二十八品をもって本尊としたが、日蓮仏法は南無妙法蓮華経の七字をもって本尊とする。天台大師は文上の法華経を基盤にして一念三千の法門を確立し、観念観法の修行を立てた。それに対して日蓮仏法は文上の法華経ではなく、文底独一本門である南無妙法蓮華経を本尊とする。

⑭彼は相対開会を表となし、これは絶対開会を表となす。

天台宗では相待妙、絶待妙を説くが、四教や五時などの教判によって法華経第一を強調するので相待妙が表となる。それに対して日蓮仏法は南無妙法蓮華経の一法から全てを開会《かいえ》し、南無妙法蓮華経に一切を包摂し用いていくので絶待妙が表となる。

⑮彼は熟脱、これは下種。

天台宗の極理である一念三千の法門は文上法華経の迹門本門から立てられたものだが、文上法華経の利益《りやく》は熟益・脱益である。それに対して日蓮仏法が弘通する南無妙法蓮華経は下種益の法である。

⑯彼は衆機のために円頓者初縁実相《えんどんしゃしょえんじっそう》と示し、これは万機のために南無妙法蓮華経と勧む。

天台大師は熟益・脱益の衆生の機根のために『摩訶止観』で「円頓とは初めより実相を縁す」と説いた。『摩訶止観』に示される円頓の教えは方便品の十如是の実相を基盤にしているとの意である。それに対して日蓮仏法はあらゆる機根の衆生のために仏種である南無妙法蓮華経を行ずることを教えたのである。

⑰彼は悪口・怨嫉、これは遠島流罪。

天台大師が受けた難は南三北七などの他宗の僧侶から悪口を言われ怨嫉されたことだが、日蓮は遠島へ流罪される難を受けた。難については伝教も天台と同様である。天台・伝教は時の皇帝や天皇の帰依を受けた高僧であったので、政治権力からの迫害が生ずることはありえなかった。それに対して日蓮は国家権力による二度の遠流、および斬首の場に臨む難を受けた。

⑱彼は一部を読誦すといえども二字を読まざることこれ在り。これは文々句々ことごとくこれを読む。

この文の「二字」について三位日順は「本因妙口決」で「蓮華」の二字であると釈している。蓮華は本因本果を表すからである。その解釈によるならば、天台大師は法華経一部を読誦したが、成仏の本因本果を明かさず「蓮華」の二字を読まないことがあったのに対し、日蓮は南無妙法蓮華経を説いて仏の本因本果を一切衆生に与えたので、法華経の文々句々全てを読誦したことになる、との意となろう。

⑲彼は正直の妙法の名を替えて一心三観と名づく。有りのままの大法にあらざれば帯権《たいごん》の法に似たり。これは信謗彼此《しんぼうひし》、決定成菩提《けつじょうじょうぼだい》、南無妙法蓮華経と唱えかく。

天台大師は妙法を説く付嘱を受けておらず、時も来ていないから妙法をそのまま説くことができなかったので、妙法の名を替えて一心三観と名づけた。一心三観はありのままの大法ではないので、権を帯《お》びた教えに似ている。それに対し、日蓮は信ずる者も誹謗する者も全て必ず成仏せしめる南無妙法蓮華経を顕してそれを唱える行を教え、また南無妙法蓮華経を曼荼羅本尊として顕したのである。

天台は自身の内証においては妙法を証得していたが、妙法を説く時でなかったために妙法を示すことはなかった。そのことについて「当体義抄」では「南岳大師は観音の化身、天台大師は薬王の化身なり等云々。もししからば霊山に於いて本門寿量の説を聞きし時はこれを証得すといえども、在生の時は妙法流布の時に非ず。故に妙法の名字を替えて止観と号し、一念三千・一心三観を修し給いしなり」（五一九頁）と述べられている。

⑳彼は諸宗の謬義をほぼ書き顕すといえども未《ただ》だ言説せず。これは身命を惜しまず他師の邪義を糺し、三類の強敵を招く。

天台大師は諸宗の誤った教義を著書においてほぼ書き表したが、対面の場あるいは公開の場で直接その誤りを糺すことはなかった。それに対し、日蓮は身命を惜しまずに他宗の僧侶の邪義を糾弾し、三類の強敵による法難を受けた。日蓮は天台とは比べものにならないほど厳しい折伏を行った。天台の弘通は相手を次第に正法に導いていく摂受であったのに対し、日蓮の弘通は相手の誤謬を打ち破っていく折伏を基本としたからである。天台宗と日蓮仏法の実践上の相違を指摘した文である。

㉑彼は安楽・普賢の説相に依り、これは勧持・不軽の行相を用ゆ。

天台大師は法華経の安楽行品、普賢品の説く摂受により、日蓮は勧持品、不軽品に説かれた折伏行を用いる。

安楽行品は、権力者に近づくことや仏法者を軽んじることを戒めるなど、なるべく迫害を招かないように配慮しながら仏法を弘通していくための心得を説いている。また普賢品は法華経の受持・読誦や書写行などを奨励している。これらの内容は伝統的に摂受を説いたものとされてきた。それに対し勧持品は法華経の行者が三類の強敵の迫害を受けること、不軽品は不軽菩薩が杖木瓦石《じょうもくがしゃく》の難を受けたことを説いている。法難を呼び起こしながら仏法を弘通していくあり方は折伏行を説くものと理解される。

天台が説いた修行は一念三千の法門に基づく瞑想行であり、他宗の誤謬を打ち破っていく折伏行ではなかった。天台は釈迦仏法の基本に沿って相手の機根に応じて法を説き、相手が正法を誹謗しないよう配慮しながら仏法を弘めた。それに対し、日蓮は相手の誤謬を積極的に破折し、相手が反発して迫害を加えてくることを恐れず、不軽菩薩と同様に、むしろ逆縁を用いて仏法を弘通する方式を用いたのである。

㉒彼は一部に勝劣を立て、これは一部を迹と伝う。

天台大師は法華経一部を迹門と本門に分けてそこに勝劣の相違を立て、本門が仏法の本意であるとしたが、日蓮は法華経一部を迹とし、南無妙法蓮華経をもって本とする。

㉓彼は応仏のいきをひかう。これは寿量品の文底を用ゆ。

天台大師は本門寿量品に説かれた久遠実成の釈尊を本仏とするが、その仏は衆生の機根に応じて現れた応仏なので、天台仏法そのものが応仏の範囲にとどまる。それに対し、日蓮は法華経文上に説かれた仏を本仏とせず、寿量品の文底に示された南無妙法蓮華経を用いる。

㉔彼は応仏昇進の自受用報身の一念三千・一心三観、これは久遠元初の自受用報身、無作本有の妙法を直ちに唱う。

天台大師は一念三千、一心三観の法門を説いたが、天台仏法の本仏は蔵教の仏が通教・別教・円教と次第に昇進して法華経寿量品に至って自受用報身となった仏で、衆生の機根に応じて現れた応仏に過ぎない。それに対し、日蓮仏法における仏は久遠元初の自受用身であり、無作本有の南無妙法蓮華経を直ちに唱えるのである。

釈迦仏法の仏を全て応仏とする「一代応仏」の思想は「本因妙抄」と「百六箇抄」にのみ見ることができるもので、日蓮の一般的御書にうかがうことはできない。だからこそ、日蓮は相伝をもって秘蔵奥底の教義を伝授したと考えられる。実際に寿量品の説相を見ても、釈迦仏は五百塵点劫の時点で初めて成道し、それ以後、寿量品の会座に至るまでの間、娑婆世界において説法教化してきたと説かれるが、その間の説法は全て衆生の機根に応じてなされてきたものであり、決して仏種となる根源の法を直接説くものではなかった。

この点については寿量品に「この中間に於いて我は燃灯仏《ねんとうぶつ》等を説き、またそれ涅槃に入ると言いき。かくの如きは皆方便をもって分別しき。諸の善男子よ。もし衆生有って我が所に来至せば、我は仏眼をもってその信等の諸根の利鈍を観じ、まさに度すべき所に随って、処々に自ら名字の不同、年紀の大小を説き、また現じてまさに涅槃に入るべしと言い、また種々の方便をもって微妙の法を説いて、能く衆生をして歓喜の心を発《おこ》さしめき」（法華経四八〇頁）と説かれる通りである。したがって、寿量品に説かれる久遠実成の釈迦仏も衆生の機根に応じて現れた応仏と位置づけられる。

日蓮は通常は「教主釈尊」として釈尊を宣揚し、ことさらに釈尊を貶《おとし》める態度をとることはないが、時には在家門下に与えた一般的御書においても「如我等《にょがとう》無異《むい》と申して釈尊程《ほど》の仏にやすやすと成り候なり」（「新池御書」一四四三頁）と記し、自身について「教主釈尊より大事なる行者」（「下山御消息」三六三頁）と述べるなど、あえて自身を釈迦仏を超越した存在と位置づける表現を見ることができる。「諸法実相抄」に「凡夫は体の三身にして本仏ぞかし。仏は用の三身にして迹仏なり。しかれば釈迦仏は我等衆生のためには主師親の三徳を備え給うと思いしに、さにては候わず。返って仏に三徳をかふらせ奉るは凡夫なり」（一三五八頁）として釈迦仏を迹仏としていることも南無妙法蓮華経を行ずる凡夫が釈迦仏を超越する存在であるという趣旨である。

また「仏は法華経謗法の者を治《じ》し給わず。在世には無きゆえに。末法には一乗の強敵充満すべし。不軽菩薩の利益これなり」（「諫暁八幡抄」五八九頁）として、正法誹謗の者を救済できない釈迦仏法に対して自身が弘通する末法の要法が強敵をも救済しうる大法であるとの、弘通する法の勝劣を明確に示す教示を随所に見ることができる。そこから、釈迦一代の全ての仏は応仏に過ぎないという「本因妙抄」「百六箇抄」の言明は日蓮の一般的な思想から逸脱したものでないことが分かる。

「久遠元初」という用語も「本因妙抄」「百六箇抄」のみに見られるものである。それは文上寿量品が説いた五百塵点劫をも超越する次元があることを指し示す概念である。しかしそれは、五百塵点劫をさらに遡る一時点を指す概念ではなく、「根源」「無始無終」の意である。一時点としたならば、それをさらに遡る時点が存在することになるから根源になり得ないからである。したがって「久遠元初の自受用身」とは根源の法である無作本有の南無妙法蓮華経を行ずる凡夫をいうのであり、いわば万人が等しく久遠元初自受用身となりうるのである。

「久遠元初」の言葉は一般の御書には見られないが、

「当体義抄」「総勘文抄」「三大秘法抄」には「五百塵点（劫）の当初《そのかみ》」ないしは「久遠実成の当初《そのかみ》」としてほぼ同様の意味を示していることをうかがうことができる。

「問う。劫初《こっしょ》より已来《このかた》、何人か当体の蓮華を証得せしや。答う、釈尊、五百塵点劫の当初《そのかみ》この妙法の当体蓮華を証得して世々番々に成道を唱え、能証・所証の本理を顕し給えり」（「当体義抄」五一三頁）

「釈迦如来、五百塵点劫の当初《そのかみ》、凡夫にて御坐《おわ》せし時、我が身は地水火風空なりと知ろしめして即座に悟りを開き給いき」（「総勘文抄」（五六八頁）

「寿量品に建立する所の本尊は五百塵点の当初《そのかみ》より以来、此土有縁深厚《しどうえんじんこう》本有無作三身の教主釈尊これなり」（「三大秘法抄」一〇二二頁）

「大覚世尊、久遠実成の当初《そのかみ》証得の一念三千なり。今、日蓮が時に感じてこの法門広宣流布するなり」（「三大秘法抄」一〇二三頁）

「久遠元初」の概念はこれら諸抄の延長線上に立てられたものであり、一般御書に示された体系と矛盾するものでないことが分かる。

〈本文〉

これ等の深意は迹化の衆、普賢・文殊・観音・薬王等の大菩薩にも付属せざる所の大事なれば、知らざる所の秘法なり。いわんや凡師においてをや。（八七六頁）

〈通解〉

これらの法門の深意は迹化の菩薩である普賢・文殊・観音・薬王等の大菩薩にも付嘱していない大事であるから、彼らが知ることのない秘法である。ましていわんや、凡師が知る道理もない。

〈解説〉

二十四番勝劣において示される天台宗と日蓮仏法との勝劣は、迹化の大菩薩も知ることのない秘蔵の法門であるとされる。天台宗を頂点とする釈迦仏法と日蓮仏法の勝劣はいわゆる種脱相対、すなわち文上と文底の相違であるが、この点は奥底の法門である故に日蓮は「観心本尊抄」や「開目抄」などごく限られた御書で示すにとどめ、広く教示することはなかった。その制約を超えて種脱相対の法門を詳細に示したのが「本因妙抄」「百六箇抄」「御義口伝」などの相伝書に他ならない。

結　語

〈本文〉

問うて云わく、寿量品文底の大事という秘法いかん。

答えて云わく、唯密《ゆいみつ》の正法なり。秘すべし秘すべし。一代応仏のいきをひかえたる方は理の上の法相なれば、一部共に理の一念三千、迹の上の本門寿量ぞと得意せしむる事を脱益《だっちゃく》の文の上と申すなり。文の底とは久遠実成の名字の妙法を余行にわたさず直達の正観、事行の一念三千の南無妙法蓮華経これなり。権実は理（今日本、迹理）なり。本迹は事（久遠本、迹事）なり。また権実は約智・約教（一代応仏本迹）、本迹は約身・約位（久遠本迹）。また云わく、「雖脱在現具騰本種《すいだつざいげんぐとうほんしゅ》」といえり。釈尊久遠名字即の位の御身の修行を末法今時、日蓮が名字即の身に移せり。理は造作に非ず、故に天真と曰い、証智円明の故に独朗《どくろう》と云うの行儀、本門立行の血脈これを注《しる》す。秘すべし秘すべし。

弘安五太歳壬午《みずのえうま》十月十一日　　日蓮　在御判

（八七七頁）

〈通解〉

問うていう。寿量品の文底の大事という秘法はどのようなものであろうか。

答えていう。ひたすら秘密にすべき正法である。秘さなければならない。秘さなければならない。釈尊一代の応仏の範疇に入る仏が説いた法門は理の上の法相であるから、法華経一部全体が理の一念三千であり、迹の上の本門寿量品であると了解することを脱益の文の上というのである。

文の底とは、久遠元初の釈尊が名字即の位において行じた妙法である。他の行を行わずに行じたその妙法とは、直ちに仏の悟りに到達する、事行の一念三千である南無妙法蓮華経である。

権教と実教はともに理であり（釈尊在世の今日を本とする。またその理は迹の理である）。法華経の本門・迹門は事《じ》である（五百塵点劫の久遠を本とする。その事は迹の事である）。権実の区別は仏の智慧と仏が説いた教による（その本迹も一代応仏の本迹である）。本迹の区別は仏身と修行の位による（五百塵点劫の久遠を本とする本迹である）。また、妙楽大師は「釈尊在世の衆生が法華経の如来寿量品を聞いて得脱したといっても、その得脱の本因は根源的な仏種によるのである」と述べている。

釈尊が久遠に名字即の位で自ら行じた修行を末法今時に日蓮の名字即の身に移したのである。妙楽大師が『止観輔《しかんぶ》行伝弘決《ぎょうでんぐけつ》』に「理は造るものではない。それ故に飾りのない自然の姿（天真《てんしん》）という。実証として得た智慧が円満で明瞭である故に師もなく一人で悟った（独朗《どくろう》）というのである」と述べている修行、すなわち独一本門において立てる修行の血脈をここに記した。秘さなければならない。秘さなければならない。

弘安五年太歳壬午《みずのえうま》十月十一日　　日蓮　在御判

〈解説〉

釈迦仏法の仏は小乗教（蔵教）の仏から法華経寿量品の仏まで全て衆生の機根に応じて出現した応仏であり、決して根源仏となりえないとの「一代応仏」の思想は、端的にいわゆる釈迦本仏論を退けるものである。「本因妙抄」が日蓮から日興に伝えられた相伝書である蓋然性は高く、少なくともその可能性を全面的に否定することはできない。「本因妙抄」によるならば、日蓮と日興がどれほど一般文献上で釈迦を宣揚していても、それは当時の機根を考慮したための方便であり、日蓮・日興の真意は釈迦本仏ではない。

本文に明らかな通り、真の根源の法とは法華経文底の事行の一念三千である南無妙法蓮華経であり、従って真の根源仏は南無妙法蓮華経を所持する南無妙法蓮華経如来ということになる。「本因妙抄」では日蓮本仏論までは明示されないが、南無妙法蓮華経を弘通したのは事実の上で日蓮以外にないのであるから、「本因妙抄」の立場はその延長線上において日蓮本仏論に帰着すると考えられる。このように考えるならば、「本因妙抄」は日蓮本仏論が日蓮・日興の段階から存在したことを示唆するものとなっている。「本因妙抄」が日蓮から日興への相伝書であることを文献学的に裏づけることはできない。しかし、三位日順の「本因妙口決」や日尊写本および伝日時写本の存在は、少なくとも同抄が日興門流の極めて早い段階の教義を示す思想書であることを示している。そこから、釈迦本仏論排除の姿勢は日興門流の初期から存在していたといえよう。「本因妙抄」が日興門流の最初期の思想を反映した教義書であることを直視するならば、日蓮本仏論は後世の日有や日寛の段階になって成立したとの見解は事実を反映したものとはいえないだろう。

なお、ここで権教・実教がともに理であるとされているが、それはここでは実教について法華経迹門を中心に捉えているからと解せられる（始成正覚の「今日」を本とするとはこのことを裏づけるものとなっている）。また迹門・本門を事であるとは、久遠五百塵点劫を本とするとされているので、本門を中心に迹門・本門全体を捉えているからであろう。その理と事がともに迹の理と事とされるのはそれが文上にとどまるものだからである。

「釈尊、久遠名字即の位の御身の修行を末法今時、日蓮が名字即の身に移せり」という「釈尊」とは応仏である五百塵点劫成道の釈迦仏ではない。名字即の位において南無妙法蓮華経を行ずる仏であるから、久遠元初自受用報身如来と解すべきであろう。久遠元初の仏が行じた妙法を日蓮が末法今時において名字即の位で行じているのであるとの意である。

また妙楽が「天真独朗」としたものの実体も独一本門の南無妙法蓮華経ということになる。

なお、「弘安五年太歳壬午十月十一日　日蓮　在御判」の末文によれば、逝去の二日前に日蓮は「本因妙抄」に署名と花押を記したことになる。池上兄弟の館に到着した直後の弘安五年九月十九日に日興に口述筆記させた「波木井殿御報」の時点ですでに花押を記すことができないほど衰弱が進んでいたことを考えるならば、十月十一日に署名と花押を記すことが可能だったか疑問は残るが、それが絶対にあり得ないと言い切ることもできない。重病の人でも一時的に病勢が好転することは稀ではないからである。

日亨が「両巻抄講述」で述べているように、「本因妙抄」は壮健だった時の日蓮が自ら作成し、内々の相伝として日興に授与したものである可能性は否定できない。その場合、日蓮は入滅の二日前に最終確認の意味で署名・花押を記したと考えられる。

これまで述べてきた通り、日興は日蓮仏法の理解について五老僧を「師敵対」の存在として厳しく破折し、自身こそが日蓮の真の教義を弘通する大導師であるとの強い確信を抱いていた。日興は何故にそれほど激しく他門流を批判する態度をとらざるを得なかったのか。それは、日興自身に五老僧とは異なる仏法理解が形成されていたからに他ならない。その日興の理解を形成した原因としては、やはり日蓮から日興への教示、相伝があったからと考えるのが自然であろう（仏法について自分にも他者にも極めて厳格だった日興が、何の根拠もなく自由奔放に教義を創作することはあり得ないであろう）。

また、日蓮自身が一般の著述には記さない奥底の思想を相伝をもって伝える態度を表明していることを考えるならば、日蓮が日興に対し、一般には公開しない教義を相伝として伝授した蓋然性は極めて高いと思われる（少なくとも日蓮から日興への相伝など一切なかったと断言することはできない）。「本因妙抄」の内容が「観心本尊抄」「開目抄」など一般的な重書とも矛盾しておらず、その延長上に捉えられることを考えるならば、「本因妙抄」はまさに日蓮から日興への相伝を記した書であると理解してよい。

文献学的に「本因妙抄」が日興への相伝書であることを裏づけることができなくても、先に述べた通り、同抄が日興門流最初期の教義を示す思想書であることは否定することはできない。その点を考えるならば、本抄を単純に「偽作」として排除することは公平な態度ではなく、むしろ偏頗かつ不適切な在り方というべきであろう。

第四章　百六箇抄

第一節　文献の考察

両巻相承として「本因妙抄」と並ぶ日興門流の相伝書に挙げられるのが「百六箇抄」である。堀日亨《ほりにちこう》によれば、要法寺日辰《ようぼうじにっしん》（一五〇八～一五七六）と保田妙本寺日我《にちが》（一五〇八～一五八六）の写本がある（『富士宗学要集』第一巻二五頁）。また大石寺第二十二世日俊《にっしゅん》が一六八五年に書写した写本が現存する。

さらに日辰は、「祖師伝」の日尊《にちぞん》の項で、正和《しょうわ》元（一三一二）年に日興が日尊に「百六箇抄」を授与したと述べている（『富士宗学要集』第五巻四二頁）。また、大石寺第十七世日精《にっせい》（一六〇〇～一六八三）は、「家中抄《けちゅうしょう》上」で、日蓮が弘安三年に「百六箇抄」を日興に授与したという（『富士宗学要集』第五巻一五四頁）。日精は、日興が正和元年に「本因妙抄」と「百六箇抄」を、日尊のほか、日目、日代《にちだい》、日順にも相伝したと記している（同書一七〇頁）。

「祖師伝」と「家中抄」の内容は正確さを欠くことも多いが、だからといって「祖師伝」「家中抄」の記述の全てが虚偽であるということはできない。「本因妙抄」の日尊写本の存在が推定されることに照らせば、「本因妙抄」と合わせて「百六箇抄」も日尊に授与された可能性も考えられ、「祖師伝」「家中抄」のこの記述が虚偽であると断定できるだけの明確な根拠もない以上、少なくとも日興から日尊へ「百六箇抄」の授与があったとする「祖師伝」と、日尊だけでなく日目、日代、日順にも授与されたとする「家中抄」の記述は相当な信憑性を持つと判断される。

なお北山本門寺には「百六箇抄」の原本があったと伝えられる。その原本は、北山本門寺と西山本門寺の紛争の際、武田勝頼《たけだかつより》の家臣によって強奪され、戻された時には「百六箇抄」の原本は紛失していたという。そのことは天正十一（一五八三）年二月の「本尊已下還住《げんじゅう》の目録」に「百六箇、旅泊辛労書、三大秘法書、本門宗要抄、本因妙抄は御本書紛失、写しのみ御座《おわ》し候」（『富士宗学要集』第九巻二一頁）と記されている。

この目録の信憑性をどのように考えるか問題となる。「本門宗要抄」は日蓮の著述ではないとされるが、日興門流に伝えられた伝承を記した書と解すれば、それが重須談所を前身とする北山本門寺にあっても不自然ではない。大田乗明に与えられた「三大秘法抄」は、上古は中山門流に存在して相伝として扱われたとされるが（山川智応『日蓮聖人研究』第一巻三八一頁)、中山門流の出身である日頂・日澄および日順の線が富士にもたらしたと考えられるので(松本佐一郎『富士門徒の沿革と教義』一二二頁)、同抄の写本(あるいは原本)が北山本門寺にあった可能性も大いにありうるだろう(江戸期には「三大秘法抄」の真筆が北山本門寺にあったとの説も出されていた)。

単に「疑わしい」というだけではただの主観に過ぎず、その文献を偽作とするには客観的な根拠を提示しなければならない。「本尊已下還住の目録」を否定する明確な根拠はないので、同目録は一応、「百六箇抄」の存在を裏づける資料として用いられよう。そうなると、「百六箇抄」の原本が北山本門寺に存在したとの伝承は、かなり確実性あるものとなってくると思われる。

また松本氏が指摘するように(前掲書一四一頁)、三位日順など日興と同時代の文献に「百六箇抄」と形式的にも内容的も極めて類似したものを見いだすことができる。例えば「日順雑集」の中の「開山より日順に伝わる法門」には次のような部分がある。

「一、本門十重顕本の事、上の四重は機情の顕本なり。次の住本顕本は自受用身の顕本なり。

口伝に云わく、迹門十妙は従因至果の廃立、眷属妙に於いて口伝これ有り。また口伝に云わく、本門十妙は従本垂迹十妙なり。一々に口伝これ有り。

六重本迹の下。

一、理事本迹(口伝に云わく、本覚の上の事理なり。本覚の上の真諦を理となす。本覚の上の俗諦を事となすなり)

二、理教本迹(口伝に云わく、上の理事共に本となす。これを理と名づく。今教を迹となすなり)

三、教行本迹(口伝に云わく、上の教を本となし、行を迹となすなり)

四、体用本迹(口伝に云わく、上の修行に依り法身の本を得るを本となす。法身により応用を起こすを迹となすなり)

五、権実本迹(口伝に云わく、法応二身ともに本となす。中間の非生現生、非滅現滅を迹となすなり)

六、已今《いこん》本迹(口伝に云わく、上の五重は三世常恒《じょうごう》本迹の習いなり。第六已今本迹は今日一番化導に付いて本迹を分別するなり)

相伝に云わく、今日《こんにち》顕るる処を本となし、前来の已説を迹となす。涌出・寿量の二品の外をば皆迹に順ずる故なり云々。これは秘事なり、これは秘事なり。秘すべし秘すべし」(『富士宗学要集』第二巻一〇三頁)

一方、「百六箇抄」で十妙と六重に触れた文を挙げれば、次のような文がある（冒頭の番号は便宜のためにつけた各項目の通し番号）。

45　脱益十妙の本迹　本果妙は本、九妙は迹なり。在世と天台とは機上の理なり。仏は本因妙を本となし、所化は本果妙を本と思えり。（八六〇頁）

46　脱益六重所説の本迹　已今を本となし、余は迹なり。本迹殊《こと》なりと雖も不思議一と云々。理具の本迹なれば一部倶に迹の上の本迹なり。（同頁）

101　下種十妙実体の本迹　日蓮は本因妙を本となし、余を迹となすなり。これ真実の本因本果の法門なり。（八六七頁）

102　下種六重具騰《ぐとう》の本迹　日蓮は脱の六重を迹となし、種の六重を本とするなり云々。（八六八頁）

「日順雑集」と「百六箇抄」を比べてみると、前者は種脱相対について徹底しておらず、概して本迹相対にとどまっているのに対し、後者は種脱相対を強調しているところに相違はあるが、何々の本迹という項目を立ててその下に口伝の内容を記すという形式については同一である。「百六箇抄」の表記の形式は極めて独特だが、何々の本迹という項目の下に口伝を記す形式は日順の時代に既にあったことが分かる。

また、「百六箇抄」の内容についても、後に詳しく見る通り、骨子となっている日蓮本仏論は日順や妙蓮寺日眼が既に明言しているものであり、日順や日眼の時代に「百六箇抄」が存在していても決して不自然ではない。現存している「百六箇抄」の最古の写本が現れるのは十六世紀であり、この点は「本因妙抄」よりも新しいが、だからといって十六世紀以前に「百六箇抄」がなかったと断定することもできない。

「百六箇抄」の口伝表記の形式が日順の時代に存在していたこと、「百六箇抄」と密接な関連がある「本因妙抄」が日興の時代に存在した可能性が高いこと、また「祖師伝」や「家中抄」、「本尊已下還住の目録」の内容等を総合的に考察するならば、「百六箇抄」が日蓮から日興への相伝を記述した相伝書として存在した蓋然性は高いと判断される。

日蓮から日興への相伝があった可能性は否定できず、たとえ相伝書であることの確実な証明はなくても本抄が日興門流の根本教義を示した思想書であることは間違いない。形式と内容について上古文献との共通性も検討せず、「百六箇抄」を一概に偽作と決めつけて全面的に排除する態度は、「本因妙抄」の場合と同じく、極めて不当なものといわなければならない。

第二節　本文の読解

次に「百六箇抄」の本文を考察する。その内容は、種脱相対を基本に、脱益《だっちゃく》の五十箇、下種益《げしゅやく》の五十六箇で構成され、大半の項目で脱益の本迹と下種益の本迹が対応する形になっている。そこで内容の理解のため、対応する項目を並べ合わせて掲げることとした。なお本文は、同じ堀日亨の編集だが、『日蓮大聖人御書全集』（一九五二年）よりも新しい『富士宗学要集』（一九五五年）を用いた（「本因妙抄」と同様、堀日亨が後世の追加分としたものは本文から削除した）。

〈本文〉

1　理の一念三千・一心三観本迹　三世諸仏の出世成道の脱益、寿量の義理の三千は釈迦諸仏の仏心と妙法蓮華経の理観の一心とに蘊在《おんざい》せる理なり。（八五四頁）

52　事の一念三千・一心三観の本迹　釈迦三世の諸仏・声聞・縁覚・人天の唱うる方は迹なり。南無妙法蓮華経は本なり。（八六二頁）

〈通解〉

1　理の一念三千・一心三観の本迹　三世諸仏が世に出て成道した脱益の法は寿量品に説かれた義理の一念三千であり、それは釈迦を含めた諸仏の生命と南無妙法蓮華経の理を観じていく自己の生命に共通して存在している理である。

52　事の一念三千・一心三観の本迹　釈迦仏法における三世の諸仏や声聞・縁覚・人天の衆生が行じた法は迹である。それに対して南無妙法蓮華経は本である。

〈解説〉

天台大師は文上の法華経をもとに一念三千の法門を打ち立てたが、それは種熟脱の視点からいえば下種そのものではなく、既に存在している仏種を調熟《ちょうじゅく》させてきた衆生を最後に得脱させるだけの脱益の法であり、生命の在り方を解明した理論に過ぎない。それ故に天台の立てた一念三千は理（義理）の一念三千とされる。それに対して南無妙法蓮華経は根本の仏種であり、事の一念三千と位置づけられる。南無妙法蓮華経には根本の理が含まれており、天台の一念三千はその理の面を示したものである。

天台の一念三千を理の一念三千、日蓮仏法の一念三千を事の一念三千とすることについては真筆が完存する「治病《じびょう》抄《しょう》」に次のように説かれる。
「一念三千の観法に二つあり。一には理、二には事なり。天台・伝教等の御時には理なり。今は事なり。観念すでに勝る。故に大難また色まさる。彼は迹門の一念三千、これは本門の一念三千なり」（九九八頁）
「事の一念三千」との用語は相伝書以外の一般御書にも見ることができる。
「寿量品の自我偈に云わく『一心に仏を見たてまつらんと欲して自ら身命を惜しまず』云々。日蓮が己心の仏界をこの文に依って顕すなり。その故は寿量品の事の一念三千の三大秘法を成就せること、この経文なり。秘すべし秘すべし」（「義浄房御書」八九二頁）
「地涌の菩薩の中の上首唱導・上行・無辺行等の菩薩より外は、末法の始めの五百年に出現して法体の妙法蓮華経の五字を弘め給うのみならず、宝塔の中の二仏並座《びょうざ》の儀式を作り顕すべき人なし、これすなわち本門寿量品の事の一念三千の法門なるが故なり」（「諸法実相抄」一三五八頁）
理と事の一念三千を天台宗と日蓮仏法の相違に当てはめる本抄の趣旨は上記の諸抄とも合致していることが分かる。
また52の文は、天台宗の一心三観の行は迹であるのに対して南無妙法蓮華経こそが本の一心三観であるとの意である。妙楽大師が『弘決《ぐけつ》』で「故に止観に正しく観法を明かすに至って、並びに三千をもって指南となす」と述べているように、天台宗で行う観法（瞑想行）は一念三千の理論を指標にして行うものである。それに対して日蓮仏法は、理論によるのではなく、南無妙法蓮華経の唱題という実際の行為によって事実の上に仏の境地を実現する。それ故に天台の一念三千は理の一念三千とされ、南無妙法蓮華経が事の一念三千となる。
「一念三千法門」に「一念三千の観念も一心三観の観法も妙法蓮華経の五字に納まれり。妙法蓮華経の五字はまた我等が一心に納まりて候いけり」（四一四頁）とあるように、天台宗の一念三千、一心三観の観法も全て南無妙法蓮華経に収まるのである。

〈本文〉

2　大通今日・法華本迹　久遠名字本因妙を本として、中間・今日、下種する故に久成を本となし、中間・今日の本迹をともに迹とする者なり。（八五四頁）

53　久遠元初直行《じきぎょう》の本迹　名字本因妙は本種なれば本門なり。本果妙は余行に渡る故に本の上の迹なり。久遠釈尊の口唱を今《いま》日蓮直ちに唱うるなり。
（八六二頁）

〈通解〉

2　**大通今日・法華本迹**　久遠五百塵点劫成道以前の名字即の位で行じた本因妙を本とする。その仏は中間・今日と法を説いてきたが、五百塵点劫以前に下種を受けた故に五百塵点劫成道を本とし、中間・今日の本迹をともに迹とする。

53　**久遠元初直行の本迹**　名字即の位で行じた本因妙の法が本種なので本門である。五百塵点劫で成道した本果妙の仏は本種以外の他の法を説く仏なので本の上の迹である。久遠元初に釈尊が唱えた妙法を、今、日蓮が直ちに唱えるのである。

〈解説〉

寿量品で釈迦仏は五百塵点劫の時点で仏果を成就したが（本果妙）、それ以前には成仏するための因として名字即の位において本種である南無妙法蓮華経を行じていた（本因妙）。それ故に本因妙である南無妙法蓮華経こそが真の本門（独一本門）であり、文上法華経の本門・迹門はともに迹門となる。

五百塵点劫成道の釈迦仏（本果妙の釈迦仏）は、成道から法華経が説かれた今日まで、南無妙法蓮華経以外の行（余行）を説いたので、成道を本とした場合、法華経の会座までの中間と今日の教えは全て迹となる。また本果妙も文上では本門だが、独一本門に比べれば迹となる。「本の上の迹」とはその意味である。

53の「久遠釈尊」とは文上寿量品の釈迦仏ではなく、久遠元初自受用報身と解せられる。久遠元初の自受用報身如来が行じた南無妙法蓮華経を、日蓮が今、そのまま直ちに唱えているのである。五百塵点劫成道の釈迦仏は南無妙法蓮華経の存在を寿量品の文底において暗示するにとどまるので「直ちに」とはならない。そこに釈迦仏法と日蓮仏法の相違がある。

〈本文〉

3　**応仏一代の本迹**　久遠下種・霊山得脱・妙法値遇《ちぐう》の衆生を利せんために無作三身、寂光浄土より三眼・三智をもって九界を知見し、迹を垂《た》れ、権を施す。後に説く妙経の故に今日の本迹ともに迹とこれを得る者なり。（八五四頁）

54　**久遠実成直体《じきたい》の本迹**　久遠名字の正法は本種子なり。名字童形《どうぎょう》の位、釈迦は迹なり。我本行菩薩道これなり。日蓮が修行は久遠を移せり。（八六二頁）

55　**久遠本果成道の本迹**　名字の妙法を持《たも》つ処は直躰《じきたい》の本門なり。直ちに唱え奉る我等は迹なり。（同頁）

〈通解〉

3　応仏一代の本迹　久遠元初に下種を受けて霊鷲山で得脱し、妙法に巡りあった衆生を利益《りやく》するために、無作三身が寂光の浄土から三眼（慧眼《えげん》・法眼《ほうげん》・仏眼《ぶつげん》）・三智（一切智《いっさいち》・道種智《どうしゅち》・一切種智《いっさいしゅち》）をもって九界を知見して迹の姿を現し、仮（権）の教えを説いたのである。後に南無妙法蓮華経が説かれるのであるから、今日の本迹はともに迹となるのである。

54　久遠実成直体の本迹　久遠元初に名字即の位で行じた正法こそが根本の種子である。名字即という低い位（童形）で修行した釈迦は迹である。寿量品に「我もと菩薩の道を行じて」と説かれるのはこのことである。日蓮の修行は久遠元初の妙法をそのまま行ずるのである。

55　久遠本果成道の本迹　名字即の妙法を持つところが直体の本門である。その妙法を直ちに唱え奉る我々は迹である。

〈解説〉

この三項目は、釈迦仏法の応仏と日蓮仏法の久遠元初自受用報身如来を対比している。法華経の会座の衆生は、既に下種を受けてその仏種を調熟してきた、もともと善根を有する（本已有善《ほんいうぜん》）衆生であった。その衆生を得脱させるために根源の仏（無作三身）が法華経において迹の姿を取って釈迦仏として現れたのである。それ故に文上法華経の本門と迹門はともに迹と位置づけられる。従って五百塵点劫成道の釈迦仏も衆生の機根に応じて出現した応仏であり、迹仏に過ぎない。この項目には「本因妙抄」で示された「一代応仏」の思想が明瞭に説かれる。そのことから、「百六箇抄」は「本因妙抄」を踏まえて成立したと考えることができる。

釈尊は五百塵点劫の時点で初めて成道したが、それ以前には菩薩道を行じていたと説かれる（「我本行菩薩道《がほんぎょうぼさつどう》」）。菩薩道を行じていたというならば、行ずる法がなければならない。その法こそが釈尊を成道せしめた根源の仏種である。その根源の妙法（仏種）こそが釈迦仏を含めて一切の仏を仏にさせた「能生《のうしょう》」の存在であり、諸仏は妙法によって成仏させてもらった「所生《しょしょう》」の存在に過ぎない。このように釈迦仏法においては、あくまでも法が根本であり、法勝人劣となる。

釈迦仏法においては、根源の妙法をそのまま説くことはできず、法華経寿量品においても釈尊が成道を遂げた因を「我本行菩薩道」という言葉で示すことによって、能生の妙法の存在を暗示したにとどまる。それに対して日蓮仏法は、根源の仏種である妙法を南無妙法蓮華経として明示し、万人に教示したのである。そこで、54の表題に「久遠実成直体」という「久遠実成」とは通常の五百塵点劫成道という意味ではない。五百塵点劫成道を可能にした根源の意であるから「久遠元初」を指していると解すべきである。

「日蓮が修行は久遠を移せり」の文と対応するのが「本因妙抄」の「釈尊、久遠名字即の位の御身の修行を末法今時、日蓮が名字即の身に移せり」（八七七頁）の文である。ここからも「百六箇抄」が「本因妙抄」を踏まえていることをうかがうことができる。

55の「直体《じきたい》の本門」の「直体」は54の「直体」と同義であり、根源の法である南無妙法蓮華経そのままとの意である。南無妙法蓮華経をそのまま受持するのであるから、それが「直体の本門」となる。それに対して妙法を受持した我々は、現実社会の中で活動しているので、南無妙法蓮華経を直接示すものではなく、本体である妙法を現実世界の次元に映し出した姿であるから「直体の本門」である南無妙法蓮華経に対すれば「迹」となる。

55の表題にいう「久遠本果成道」には二義があると考えられる。一つは一般的な五百塵点劫の成道の意味である。この場合は五百塵点劫の成道も迹となる。二つは、久遠元初において南無妙法蓮華経を所持し、既に仏果を成就している久遠元初の根源仏（自受用報身如来、南無妙法蓮華経如来、無作三身如来）の成道の意味である。その仏が所持する南無妙法蓮華経が直体の本門となる。その根源仏は特定の時点で仏になった存在ではない。無始無終の永遠の仏である。その仏は一切衆生の生命に内在する仏であり、その仏を現していくのが仏道修行の意義に他ならない。

いわば万民が本来、久遠元初自受用報身如来すなわち南無妙法蓮華経如来なのであり、その意味で生命としては日蓮と我々も平等である（もちろん南無妙法蓮華経を初めて弘めた日蓮は教主であり、師匠である。我々は弟子である。役割、立場の相違があることは当然であり、役割の相違がそのまま権威主義と結びつくものではない）。

〈本文〉

4　迹門為理円《いりえん》の一致の本迹　松柏《しょうはく》風波・万声《まんしょう》一如《いちにょ》・諸法実相の理上の観心は応仏の域を引かえたる故に本迹とは別かれども、唯《ただ》理の上の法相《ほっそう》なれば、本迹理観の妙法と顕す。迹化は付属無きが故にこれを弘めず。（八五四頁）

57　久成本門為事円《いじえん》の本迹　上行所伝の妙法は名字本有の妙法蓮華経なれば事理《じり》倶勝《ぐしょう》の本なり。日蓮並びに弟子檀那等は迹なり。（八六二頁）

〈通解〉

4 迹門為理円の一致の本迹　松柏や風波など森羅万象の音声を貫く諸法実相の理上の観心は応仏の域にある故に本門と迹門に分かれるけれども、結局理の上の法相なので、本迹ともに理を観ずる妙法となる。迹化の菩薩は付嘱がないので理上の法を超えた法を弘めることはない。

57 久成本門為事円の本迹　上行菩薩に付嘱された妙法は名字即の位で行ずる本有の南無妙法蓮華経なので、理と事ともに脱益の法よりも勝っている本である。それに対し、日蓮並びに弟子檀那等は迹である。

〈解説〉

4の表題にある「迹門」とは文上の迹門・本門とともに迹門とした場合の迹門である。文上の迹門・本門はともに理の円教であることにおいて一致しているとの意である。法華経文上の迹門・本門はともに応仏の域を出るものではなく、理の上の法に過ぎないとする。

57の表題にある「久成本門」とは久遠元初の独一本門の意である。文上法華経が理円であるのに対して、独一本門の南無妙法蓮華経は事円であるとの意である。

「日蓮並びに弟子檀那等は迹なり」は55の「直ちに唱え奉る我等は迹なり」と同趣旨である。ここで日蓮と弟子檀那が平等に位置づけられていることに注目したい。日蓮だけが特権的地位を占めるということではない。日蓮と門下は師匠と弟子の立場の相違はあるが、生命の在り方としてはどこまでも平等なのである。

また日蓮と門下を「迹」とすることは日蓮と門下を貶《おとし》める趣旨ではない。南無妙法蓮華経が本であるといっても、南無妙法蓮華経そのものが現実世界に現れるわけではない。南無妙法蓮華経を行ずる日蓮および門下の行動の中に南無妙法蓮華経の働きも現れるからである。

〈本文〉

5 心法即身成仏の本迹　中間・今日も迹門は心法の成仏なれば、華厳・阿含・方等・般若・法華の安楽行品に至るまで円理に同ずるが故に、迹は劣り、本は勝るる者なり。（八五五頁）

58 色法即身成仏の本迹　親の義なり、父の義なり。涌出品より已後、我等は色法の成仏なり。不渡余《ふとよ》行《ぎょう》の妙法は本、我等は迹なり。（八六二頁）

〈通解〉

5 心法即身成仏の本迹　中間および今日の迹門は心法の成仏であるから、華厳・阿含・方等・般若・

法華の安楽行品まで、その法は円理に同ずるものである。その故に迹門は劣り、本門は勝っているのである。

58 色法即身成仏の本迹　親の義であり、父の義である。涌出品以後、我々の成仏は色法の成仏である。余行を交えない妙法は本であり、我々は迹である。

〈解説〉

5でいう「中間」とは経典に説かれる五百塵点劫成道以降、今世における出世以前の釈迦仏による化導をいう。「今日」とは、五時教判を前提にして、華厳経から涅槃経までの釈迦仏一代の説法を指す。ここでは華厳経から法華経安楽行品までに説かれる成仏は円教の理に基づく心法による成仏であるから色法の成仏である本門よりも劣るとしている。華厳経から法華経迹門までの成仏は、天台による一念三千の観法に代表されるように、円教の理論をもとに、自身の心を見つめることによって成就されるものであった。

それに対して涌出品以後の本門の成仏が色法の成仏であるとは、寿量品で釈迦仏の本因・本果・本国土が明かされ、身体を有する釈迦仏の実像が示されたので、心法よりも色法に重点が置かれていると見ることができるからである。

また「親の義なり、父の義なり」とは、寿量品で釈迦仏の本地が明かされたことにより、釈迦仏が一切衆生の親であることが示されたからである。しかし、以上はあくまでも釈迦仏法の範疇の議論である。

日蓮仏法の視座から見れば、南無妙法蓮華経の題目を唱え、折伏を行ずる身体的行為が成仏の要諦であるから、日蓮仏法の成仏こそが色法の成仏となり、文上本門を含めた釈迦仏法の成仏は心法の成仏となる。また、五百塵点劫成道の釈迦仏も衆生の機根に応じて出現した応仏に過ぎず、実際にはどこにも存在しない観念上の仏、架空の仏であるから、真に主師親の三徳を具えた存在とはならない。「撰時抄」に「法華経をひろむる者は日本国の一切衆生の父母なり」（二六五頁）とあるように、南無妙法蓮華経を行じ弘通する人こそが、万人の苦悩を除く働きを有する故に、真の親の義、父の義に当たるといえよう。

〈本文〉

6 心法妙法蓮華経の本迹　山家《さんけ》云わく『一切諸法・従本已来・不生不滅・性相凝然《しょうそうぎょうねん》、釈迦、口を閉じて、身子、言を絶す』云々。方便品には理具の十界互具を説く。本門に至って顕本理上の法相なれば、久遠に対してこれを見るに実相は久遠垂迹の本門なる故に色法に非ざるなり。（八五五頁）

59 色法妙法蓮華経の本迹　男子と成って名字の大法を聞き、己々《ここ》・物々・事々・本迹を顕す者なり。

また今日の二十八品、品々の内の勝劣は、通号は本なり勝なり。別号は迹なり劣なり云々。(八六二頁)

〈通解〉

6　心法妙法蓮華経の本迹　伝教大師(山家)は「三大章疏七面相承口決」で「一切諸法は本より以来、不生不滅であって、性も相もじっとして動かない。釈迦は閉口し、舎利弗《しゃりほつ》(身子)は言を絶つ」と述べている。方便品には理具の十界互具を説く。本門に至って釈迦仏の本地を顕すが、理上の法相なので、久遠元初から見るならば、そこに説かれる実相は久遠元初から迹を垂れた本門であり、色法によって成仏する法ではない。

59　色法妙法蓮華経の本迹　南無妙法蓮華経を行ずる者は男子となって名字即の大法を聞き、森羅万象の個々の物や事象について本迹勝劣を判定するのである。また今日の法華経二十八品の品々の内の勝劣をいうならば、二十八品全体を貫く通号である南無妙法蓮華経は本であり、勝である。それに対して二十八品個々の別号は迹であり、劣である。

〈解説〉

6で引用されている「三大章疏七面相承口決」の文は摩訶止観七面口決について述べたもので、「本因妙抄」でも引用されている(八七五頁)。森羅万象が本来、永遠常住の存在であるという不可思議な位相にあることを示した文である。法華経文上の迹門・本門はその不可思議な法を理の上で捉え、心を観察することで領解しようとした。それ故に、5でも言われているように、釈迦仏法全体が心法中心の宗教と位置づけられる。

　それに対し、南無妙法蓮華経をそのまま行ずる日蓮仏法は、58に示されるように色法を基軸にした宗教である。この釈迦仏法＝心法、日蓮仏法＝色法の立て分けが、6と59においても繰り返し説かれている。

　59で「男子と成って」とあるのは56で「男は本、女は迹」とされていることを受けたものである。この男女の問題については56の解説で触れるが、いずれにしても単純な男女差別思想を述べたものではない。

　「己々・物々・事々・本迹を顕す者なり」とは、妙法を受持した人は現実世界のあらゆる現象の相違、勝劣を明確に判断できるという趣旨と解せられる。現実世界はあくまでも差異と勝劣の世界である。全てを混然一体とする一元論的思考や、正も邪もないから全て「何でもよい」とする相対主義に陥らず、現実の差異を直視することが日蓮仏法の在り方といえよう。

　また「通号は本なり勝なり。別号は迹なり劣なり」とは、二十八品全体を包摂するのが南無妙法蓮華経なので、南無妙法蓮華経が本となり、個々の二十八品は迹となるとの意である。二十八品の内容は南無妙法蓮華経の働きの表現と見ることができるからである。

〈本文〉

7　従因至果《じゅういんしか》・中間今日の本迹　像法の修行は天台・伝教弘通の本迹は中間・今日の迹門を因となし、本門修行を果とするなり。（八五五頁）

60　久遠従果向因《じゅうかこういん》の本迹　本果妙は釈迦仏、本因妙は上行菩薩。久遠の妙法は果、今日の寿量品は花なるが故に従果向因の本迹と云うなり。（八六三頁）

〈通解〉

7　従因至果《じゅういんしか》・中間今日の本迹　像法の修行は天台・伝教が弘通したが、その本迹は、中間と今日の迹門を因とし、本門の修行を果とするものである。

60　久遠従果向因《じゅうかこういん》の本迹　本果妙は釈迦仏であり、本因妙は上行菩薩である。久遠元初の妙法は果であり、今日の寿量品は果となる以前の花であるから従果向因の本迹というのである。

〈解説〉

像法時代の修行である天台・伝教による一念三千の観法は、法華経迹門を中心に、本門を補助に用いて立てられたものである。その修行は、悟っていない凡夫が修行を重ねて仏に到達するという構図になっているから、凡夫の因位からスタートして仏果を目指すという意味で従因至果である。従って、7の迹門・本門は文上の迹門・本門を指すと解せられる。

それに対して60の「久遠」とは、「久遠の妙法は果」とあるので文上の五百塵点劫ではなく、久遠元初と解せられる。日蓮仏法においては根源の仏果である南無妙法蓮華経を直ちに唱えることから修行を開始するのであるから従果向因となる。

「本果妙は釈迦仏、本因妙は上行菩薩」とは、久遠元初の南無妙法蓮華経が因果倶時《ぐじ》であることを、果を仏、因を菩薩に配することで示す趣旨と解せられる。「開目抄」に引用されている心地観経《しんちかんぎょう》の「過去の因を知らんと欲せばその現在の果を見よ。未来の果を知らんと欲せばその現在の因を見よ」の文が示すように、因果は別にあるものではなく、果の中に因があり、因の中に果がある。妙法について「本因妙抄」は「因果一念の宗」（八七一頁）とする。従って、ここでいう釈迦仏と上行菩薩は文上の釈迦仏と上行菩薩ではなく、根源の人法に具わる因果の表象と理解すべきであろう。

「久遠の妙法は果、今日の寿量品は花」とは南無妙法蓮華経は仏果そのものであるのに対し、文上寿量品は南無妙法蓮華経にまで到達していない前段階にあるとの意と解せられる。日蓮仏法の立場では根源の南無妙法蓮華経から見るので従果向因となるのである。

日蓮仏法は仏の悟りそのものである南無妙法蓮華経をそのまま行ずるのであるから従果向因だが、実際の修行に当たっては凡夫が悟りを完全に成就した最終到達者として振る舞うことはあり得ない。あくまでも未完成の姿のうちに仏果である妙法を行ずる菩薩仏の立場である（未完成の完成）。悟りを完成した本果の仏は観念上だけの架空の存在に過ぎず（迹仏）、現実の仏（本仏）は苦悩の中に妙法を行ずる凡夫以外にはない（凡夫本仏。ただし、この場合の本仏は教主ではなく、現実の仏の意味である）。


〈本文〉

8　本果の妙法蓮華経の本迹　今日の本果は従因至果なれば本の本果には劣るなり。寿量の脱益、在世一段の一品二半は舎利弗《しゃりほつ》等の声聞のための観心なり。我等がためには教相なり。情《こころ》は迹劣本勝なり。また滅後像法、相似・観行解了《げりょう》の行益も、もってかくのごとし。南岳・天台・伝教の修行のごとく末法に入って修行せば、帯権隔歴《たいごんきゃくりゃく》の行と成って我等がためには虚戯《こけ》の行と成るべきなり。日蓮は一向《いっこう》本、天台は一向迹、能く能くこれを問うべし。（八五五頁）

61　本因妙法蓮華経の本迹　全く余行に分かたざりし妙法は本、唱うる日蓮は迹なり。手本には不軽菩薩の二十四字これなり。また、その行儀これなり云々。（八六三頁）

〈通解〉

8　本果の妙法蓮華経の本迹　今日の本果は従因至《じゅういんし》果《か》であるから久遠元初の本の本果には劣る。寿量品の脱益、釈尊在世の一段の一品二半は舎利弗等の声聞のためには観心であるが、我々のためには教相である。その意は、迹は劣り本が勝るということである。また、釈尊滅後の像法における相似即・観行即の位の悟りの功徳もそれと同様である。南岳・天台・伝教が修行したように末法に入ってから行じたならば、三諦が別々である権教の性質を帯《お》びた修行となり、我々にとっては虚妄の修行となってしまう。日蓮はもっぱら本であり、天台はもっぱら迹である。よくよくこのことを問わなければならない。

61
本因の妙法蓮華経の本迹　全く他の行を交《まじ》えない妙法は本であり、妙法を唱える日蓮は迹である。その手本は不軽菩薩の二十四文字の言葉である。また、不軽菩薩の振る舞いがそれである。

〈解説〉

寿量品に説かれる五百塵点劫の成道（今日の本果）は、因である妙法を行じた結果として得られたものであるから従因至果であり、根源の仏果である妙法から派生した所生《しょしょう》のものであるから能生の妙法に比べれば劣る。文上の一品二半は釈迦仏法で得道できる衆生にとっては観心だが、末法の衆生を救済できるものではないので、末法に相応する日蓮仏法から見れば教相に過ぎない。これは「本因妙抄」における二十四番勝劣の「彼の観心は、この教相」（八七五頁）と対応する。南岳・天台・伝教が立てた一念三千の瞑想行は像法の衆生に適合したものなので、末法の衆生にとっては全く無意味な修行となる。「日蓮は一向《いっこう》本、天台は一向迹」として日蓮と天台の相違を強調する日興門流の立場を明示している。

日蓮が不軽菩薩を自身に重ね合わせていることは諸抄に示されている通りである。不軽の実践は逆縁の方式による折伏行であった。日蓮＝不軽とすることは、順縁・摂受の方式をとる釈迦仏法との対比を明確にする趣旨である。

〈本文〉

9
余行《よぎょう》に渡る法華経の本迹　一代八万の諸法は本因妙の下種を受けて説く所の教なるが故に、一部八巻乃至一代五時、次第梯隥《しだいていとう》は名字の妙法を下種して熟脱せし本迹なり。（八五六頁）

62
不渡余行《ふとよぎょう》法華経の本迹　義理、上に同じ。直達《じきたつ》の法華は本門、唱うる釈迦は迹なり。今、日蓮が修行は久遠名字の振る舞いに芥爾《けに》計りも違わざるなり。（八六三頁）

〈通解〉

9
余行に渡る法華経の本迹　釈尊一代にわたる八万諸法の教えは本因妙の下種を受けて説くところの教であるから、法華経の一部八巻から一代五時に及ぶ釈尊の全ての教えは階梯《かいてい》を次第に登っていくものであり、その本迹は名字即の妙法を下種して熟脱した本迹である。

62
不渡余行の法華経の本迹　この項目でいう意味は前項61の「他の行を交えない妙法は本であり、妙法を唱える日蓮は迹である」と同じである。仏の悟りに直ちに達する法華経（南無妙法蓮華経）は本であり、久遠元初において南無妙法蓮華経を唱える釈迦は迹である。今、日蓮の修行は久遠元初において名字即の位で南無妙法蓮華経を行じた釈迦の振る舞いと少しばかりの相違もないのである。

〈解説〉

釈迦仏法の教えは、文上の法華経を含めて久遠元初の下種を前提にしており、その下種を調熟《ちょうじゅく》して得脱させるものである。機根の視点からいえば、既に下種を受けている「本已有善《ほんいうぜん》」の衆生を対象にしたものである。

それに対して日蓮仏法は久遠元初の南無妙法蓮華経をそのまま行ずるもので、仏種を下して直ちに得脱まで至らしめる仏法である（直達正観《じきたつしょうかん》）。南無妙法蓮華経の法が本で、それを行ずる仏は迹となる。それは61の本文で「唱うる日蓮は迹なり」と述べられているのと同一の趣旨である（それ故に妙法を「唱うる釈迦」とは久遠元初自受用報身如来と解せられる）。あくまでも法が本で、行ずる人は迹だが、人を離れて法だけが存在するものではない。人を離れた法は単なる観念上の抽象概念に過ぎず、実体をもたない。現実には人法一体であり、あくまでも人に即して初めて法の働きも現れるのである。

〈本文〉

10　在世観心法華経の本迹　一品二半は在世一段の観心なり。天台の本門なり。日蓮がためには教相の迹門なり云々。（八五六頁）

65　下種得法《とくほう》観心の本迹　久遠下種の得法は本なり。今日・中間等の得法観心は迹なり。分別功徳品の名字・初随喜の文のごとし云々。（八六三頁）

〈通解〉

10　在世の観心法華経の本迹　一品二半は釈迦在世一代の中の観心であり、天台の本門である。しかし、日蓮のためには教相の迹門である。

65　下種の得法観心の本迹　久遠元初の下種の得法は本であり、今日や中間等の得法観心は迹である。分別功徳品で説かれた名字即、初随喜品の文の通りである。

〈解説〉

法華経文上の一品二半は釈迦仏法の最高峰の教えであり、釈迦在世の衆生はその教えに接して得脱することができたとされる。従って一品二半が釈迦仏法における観心の法であり、天台大師の本門となる。しかし、その文上本門の法も日蓮仏法の文底独一本門から見れば観心ではなく教相の法に過ぎない。「彼の観心は、この教相」（「本因妙抄」八七五頁）だからである。

日蓮仏法から見れば久遠元初の仏種である南無妙法蓮華経こそが本門であり、釈迦在世（今日）や五百塵点劫以降の中間に説かれる成仏（得法観心）の教えは全て迹となる。

法華経の分別功徳品は仏の寿命の長遠を聞いた人の功徳を現在の四信と滅後の五品に分けて説いたが、その中の四信の第一である一念信解と五品の第一である初随喜品について日蓮はともに仏法を初めて信受した位である名字即であると解釈している（「四信五品抄」三三九頁）。要するに分別功徳品において文上の法華経による成仏が説かれているが、それも迹に過ぎず、その得脱の実体は久遠元初の南無妙法蓮華経によるとの意と解せられる。

〈本文〉

11　脱益の妙法の教主の本迹　所説の正法は本門なり、能説の教主釈尊は迹門なり。法自《おの》ずから弘まらず、人、法を弘むる故に人法ともに尊し。（八五六頁）

63　下種の法華経教主の本迹　自受用身は本、上行日蓮は迹なり。我等が内証の寿量品とは脱益寿量の文底の本因妙のことなり。その教主は某《それがし》なり。（八六三頁）

〈通解〉

11　脱益の妙法の教主の本迹　説かれる正法は本門であり、説く教主釈尊は迹門である。法は自然に弘まらない。人が法を弘める故に、人も法もともに尊いものとなるのである。

63　下種の法華経の教主の本迹　自受用身は本であり、上行菩薩の再誕である日蓮は迹である。我らが内証の寿量品とは脱益である文上寿量品の文底の本因妙のことである。その教主は私日蓮である。

〈解説〉

11は脱益の教主を扱うものなので、一つの解釈として、ここの「所説の正法」とは一往は文上法華経の本門と解せられる。「能説の教主釈尊」とは文上本門の教主である釈尊となろう。法と人を本迹に立て分けた場合、法本人迹《ほうほんにんしゃく》となるので、文上本門に対する場合も釈尊は迹となる。また、もう一つの解釈として「所説の正法」を久遠元初の南無妙法蓮華経と解した場合には、文上の教主釈尊は妙法によって成仏させてもらった所生の存在であるから、当然、南無妙法蓮華経が本で釈尊は迹となる。

「法自ずから弘まらず、人、法を弘むる故に人法ともに尊し」の文は、法と人の基本的な関係を示す重要文証である。

法と人をあえて本迹に立て分ければ法本人迹となるが、法と人は、法あるいは人だけで存在するものではなく、必ず両者が相伴って存在する。人を離れて法だけが広まることはありえない。法を弘通するのは必ず具体的な人格の働きによるのであり、人は法を弘めるからこそ法と人の価値が現実の上に現れるのである。

63の表題にある「下種の法華経」とは根源の仏種である法体であるから、久遠元初の南無妙法蓮華経を指す。久遠元初の自受用身はその南無妙法蓮華経を所持する根源仏であるから本となり、法華経に説かれる上行菩薩および上行の再誕である日蓮は迹となる。

しかし、その根源の妙法も日蓮によって初めて現実に現れたのであるから、日蓮即《そく》久遠元初自受用身であり、日蓮こそが南無妙法蓮華経を弘通した教主となる。先に述べたように、本抄が日興から日尊・日目・日順らに相伝されたとの「家中抄」の記述を否定できる根拠はないので、この文から日蓮本仏論が日興の存命中既に日興門流の内奥の教義として形成されていたことが了解できる。

〈本文〉

12　脱益の今此三界《こんしさんがい》の教主本迹　天上天下唯我独尊《ゆいがどくそん》は迹身門、密表《みつぴょう》寿量品の今此三界は即ち本身門なり。

（八五六頁）

64　下種の今此三界の主の本迹　久遠元始の天上天下唯我独尊《ゆいがどくそん》は日蓮これなり。久遠は本、今日は迹なり。三世常住の日蓮は名字の利生《りしょう》なり。（八六三頁）

〈通解〉

12　脱益の今此三界の教主の本迹　「天上天下唯我独尊」と説いた釈尊は迹門の身である。密《ひそ》かに寿量品の義を表した譬喩品の「今此三界」の文は本門の身を明かしている。

64　下種の今此三界の主の本迹　久遠元初の「天上天下唯我独尊」は日蓮がこれである。久遠元初は本であり、釈尊在世の今日は迹である。三世常住の日蓮は名字即の位で行ずる南無妙法蓮華経の利生をもたらすのである。

〈解説〉

「天上天下、我独り尊し」との言葉は釈尊が誕生した時、七歩歩いて唱えたとされるもので、長阿含経《じょうあごんきょう》などの諸経に説かれる。釈迦仏が世界の中で至高の存在であることを主張した言葉だが、法華経寿量品以前の釈迦仏はまだその本地が明かされていないので、寿量品の本仏に対すれば迹仏となる。

法華経譬喩品の「今この三界は皆これ我が有なり」（法華経一九一頁）の文は釈迦仏の主徳を示したもので、文は迹門にあるが、釈尊が本仏であることを明かした寿量品の義を含むものとされるので密かに寿量品の意義を表している（密表《みつぴょう》寿量品）。それ故に「今此三界」の文が明かす仏は本門の仏身となる。

このように12の「脱益の今此三界の教主の本迹」は釈迦仏法の範疇において理解できるが、さらに立ち入って64において示される文底独一本門の立場から見れば密表寿量品の寿量品とは「内証の寿量品」と解することができ、その場合、釈迦仏法の仏は全て迹門の仏身であり、久遠元初自受用身こそが本門の仏身となる。

64は久遠元初の教主を述べたものである。「久遠元始の天上天下唯我独尊は日蓮これなり」の文は端的に久遠元初自受用身即日蓮の義を示すもので、前項63と同じく日蓮本仏論を明示している。

「三世常住の日蓮」とあるように、日蓮は久遠元初自受用身であるから永遠の仏である。しかし、この言明は日蓮のみを特権的・権威的地位に置くものではない。日蓮は南無妙法蓮華経を初めて弘通した先達なので教主であり、根本の師匠だが、「総勘文抄」に「一人を手本として一切衆生平等なることかくのごとし」（五六四頁）とある通り、生命は平等であり師弟不二であるから、その永遠の根源仏は日蓮を手本として万人の上に現れるのである。

「百六箇抄」は日蓮本仏論を説いているが、日蓮本仏論は「百六箇抄」に依るものではない（仮に「百六箇抄」がなくても日蓮本仏論は成立する）。日蓮本仏論は日蓮自身が真筆のある御書において示唆しており（この点については巻末の付論「宮田論文への疑問――日蓮本仏論についての一考察」を参照されたい）、日興も著述で明示することは抑制したが、供養の品を日蓮の御影《みえい》に給仕するという具体的な振る舞いによって示している。三位日順など日興の高弟は著述においても日蓮本仏論を明確に説いている。

〈本文〉

13　**脱益像法時剋《じこく》弘経の本迹**　天台の本迹はともに日蓮が迹門なり。時剋また天地の不同これ在り。
（八五六頁）

67　**末法時刻の弘通の本迹**　本因妙を本とし、今日寿量の脱益を迹とするなり。久遠の釈尊の修行と今《いま》日蓮の修行とは芥子《けし》計りも違わざる勝劣なり云々。
（八六四頁）

〈通解〉

13　**脱益の像法時剋弘経の本迹**　天台の本迹はともに日蓮の迹門である。天台と日蓮とでは時においても天地の不同がある。

67　**末法時刻の弘通の本迹**　久遠元初の本因妙を本とし、今日寿量品での脱益を迹とするのである。久遠元初の釈尊の修行と今の日蓮の修行とは芥子《けし》ほどの相違もない勝劣である。

〈解説〉

天台大師の弘教は文上法華経の迹門・本門によるもので（どちらかといえば迹門を中心とする）、その利益《りやく》は本已有《ほんいう》善《ぜん》の衆生を最後に得脱させる脱益である。その文上の迹門・本門は日蓮仏法の文底独一本門から見ればともに迹となる。また時代においても天台の時代は像法だが、日蓮の時代は釈迦仏法が救済力を失った末法であり、隔絶した相違がある。

13と67は天台と日蓮の仏法の相違を時代の視点から述べたものである。あらゆる仏の教説には正法・像法・末法という時代の区分があることは法華経を含めて多数の経典が説いており、仏教全体にわたる共通原則である。仏の教えもそれぞれの時代に対応したもので、時代の制約を免れないものはないという認識がそこに働いている。仏の教えも、教えが説かれた時代には有効性を持つが（正法時代）、時代の変化とともに次第に形骸化し（像法時代）、やがて救済力を完全に喪失したものとなる（末法）。仏教に限らず、人間の思想は全て歴史的制約のもとに限定されているからである。

釈尊滅後の時代を五百年ごとに区切って示したのが大《だい》集経《しゅうきょう》の五箇の五百歳説であった。釈尊滅後最初の千年である正法時代の前半五百年が解脱《げだつ》堅固、後半五百年が禅定堅固とされる。インドを中心に仏教が行われたこの時代は小乗教や権大乗教によって瞑想（禅定）し、解脱を得ることが困難なくできた時代と説かれる。次の像法時代は仏教が中国に渡来した時代だが、前半が読誦多聞《どくじゅたもん》堅固、後半が多造塔寺《たぞうとうじ》堅固とされることが示すように、経典の翻訳や講説、さらには寺院の建立によって人々の心を仏教に引き付けようとした時代だった。

天台大師の時代は像法の中の読誦多聞堅固であった。天台は五時八教等の教判によって一切経を体系づけただけでなく、法華経の教説を基盤にして一念三千の法門を確立し、その法理を観念観法の修行の指針としたのである。天台の時代はもはや直ちに悟りに到達できる時代ではなく、理論的な指針がなければ修行を成就できない状況になっていた。従ってその修行を行うには一念三千の法理を理解できるだけの知力と長期間にわたって瞑想に集中できる能力が必要であった。その修行は才能に恵まれた僧侶だけがなしうる極めて困難なものであり、在家の民衆が行えるものではなかった。

自身の時代が既に末法に入っていると判断した日蓮は、天台が示した像法時代の修行を用いず、自身が悟った根源の法を南無妙法蓮華経として提示し、万人にその法を行ずることを教えたのである。日蓮の仏法は従来の釈迦仏法を踏まえながらも、それを超越した全く新しい仏法であった。釈迦仏法はそれぞれの時代に対応したものであったため、時代の推移とともに力を喪失していったが、日蓮が弘通した南無妙法蓮華経は特定の時代に対応したものではなく、時間を超越した無始無終の法であるから、未来永遠にわたって人類を救済し続ける力を有する。このことについて日蓮は「報恩抄」で「日蓮が慈悲曠大《こうだい》ならば南無妙法蓮華経は万年の外《ほか》、未来までもながるべし」（三二九頁）と述べている。

なお、67の「久遠の釈尊」とは、日蓮即久遠元初自受用身の義に照らせば、61の「唱うる釈迦」と同様、久遠元初自受用身と解せられる。「久遠の釈尊の修行と今日蓮の修行とは芥子《けし》計りも違わざる勝劣なり」とは、久遠元初自受用身の行と日蓮の行が同一であること、すなわち久遠即末法の義を示す趣旨である。

〈本文〉

14　**脱益迹門修行の本迹**　正法一千年の修行の徳より像法一日の徳は勝《すぐ》れたるなるべし。（八五六頁）

68　**本門修行の本迹**　正像二千年の修行は迹門なり。末法の修行は本門なり。また中間・今日の仏の修行より日蓮の修行は勝るるものなり。（八六四頁）

〈通解〉

14　**脱益の迹門修行の本迹**　正法時代の一千年にわたる修行の功徳よりも像法時代の一日の功徳は勝《まさ》るのである。

68　**本門修行の本迹**　正像二千年の修行は迹門である。末法の修行は本門である。また、中間・今日の仏の修行より日蓮の修行は勝っているのである。

〈解説〉

14の表題は、釈迦仏法の修行全体を脱益、迹門とする趣旨である。釈迦仏法の修行の中でも正法時代よりも像法時代の修行の功徳が勝るとしているのは、行ぜられた法に浅深勝劣があるからである。すなわち、主にインドで仏教が行われた正法時代は、行われていたのは小乗仏教か権大乗仏教であった。それに対して像法時代は天台・伝教らが法華経の最勝性を強調し、文上の法華経をもとに一念三千の法門を弘めた。法華経は諸経よりも遥かに勝れた教である故に、それを行ずる功徳も諸経を超越したものとなる道理である。
68の表題にいう「本門」とは、正像の釈迦仏法を迹門とするのに対し、末法に弘通される日蓮仏法、即ち文底独一本門を指す。五百塵点劫以後、釈尊在世までの中間・今日の仏の教えは、本已有善の衆生を得脱させるだけの脱益の法に過ぎないので、南無妙法蓮華経を行ずる日蓮仏法の功徳よりも劣ることになる。

〈本文〉

15　脱益迹門自解仏乗《じげぶつじょう》修行の本迹　熟益は迹、脱益は本なり。これに就《つ》いてこれを思惟すべし。（八五六頁）

66　下種自解仏乗の本迹　名字の妙法を上行所伝と聞き得る方は自解仏乗《じげぶつじょう》の本なり。聞き得て後、受持する我等は迹なり。故に伝教より日蓮は勝るなり云々。（八六四頁）

〈通解〉

15　脱益迹門の自解仏乗の修行の本迹　熟益は迹であり、脱益は本である。これについて思索すべきである。

66　下種の自解仏乗の本迹　名字即において行ずる妙法が上行菩薩に伝えられた法であると聞く方は自解仏乗であり、本である。それを聞いて後、受持する我々は迹である。その故に伝教より日蓮は勝るのである。

〈解説〉

15の表題も釈迦仏法を脱益・迹門とする意である。「自《じ》解仏乗《げぶつじょう》」とは章安大師が師の天台大師の十徳を挙げた一つで、天台が師の教えによらず自身の力で悟りを得たことをいう。「熟益は迹、脱益は本なり」とは法華経迹門が熟益、本門が脱益に配されるからである。在世の衆生が得脱できたのは寿量品において釈迦仏の本因・本果・本国土が明かされたことによるのであり、それに対して迹門は得脱に至る以前の調熟の段階とされることを反映した文である。

66の表題は日蓮仏法を下種とする立場を示す。従ってこの「自解仏乗」とは天台のそれではなく、日蓮の自解仏乗を指すと解すべきである。「寂日房《じゃくにちぼう》御書」に「日蓮となのること、自解仏乗とも云いつべし」（九〇三頁）とあるのがそれである。「善無畏三蔵抄《ぜんむいさんぞうしょう》」に「日蓮は安房国《あわのくに》・東条郷・清澄山の住人なり。幼少の時より虚空蔵《こくうぞう》菩薩に願を立てて云わく『日本第一の智者となし給え』と云々。虚空蔵菩薩、眼前に高僧とならせ給いて明星の如くなる智慧の宝珠を授けさせ給いき。そのしるしにや、日本国の八宗並びに禅宗・念仏宗等の大綱ほぼ伺い侍りぬ」（八八八頁）とある通り、日蓮は誰かの師や法華経等の経典に学んで悟ったのではなく、自らの力で南無妙法蓮華経を悟ったからである。

　久遠元初自受用身は無始無終にわたって南無妙法蓮華経と一体の仏であるから、当然、自解仏乗であり、本となる。自受用身が名字即において行ずる南無妙法蓮華経は上行菩薩に結要付嘱された。そのことを信受して南無妙法蓮華経を信受する「我等」が迹となる。そこで「我等」とは日蓮とその門下を全て含む意である。日蓮は南無妙法蓮華経を直ちに行ずるのであるから、それができない伝教大師よりも勝るのは当然の道理である。南無妙法蓮華経を行ずる人が天台座主《ざす》などよりも遥かに勝れた立場にあることを日蓮は「撰時抄」で「彼の天台の座主よりも南無妙法蓮華経と唱うる癩人《らいにん》とはなるべし」（二六〇頁）と述べている。本抄66の内容は「撰時抄」の趣旨とも合致しているといえよう。

〈本文〉

16　脱の五大尊の本迹　他受用応仏《たじゅゆうおうぶつ》は本、普賢・文殊・弥勒《みろく》・薬王は迹なり。（八五六頁）

69　本門五大尊の本迹　久遠本果の自受用報身如来は本なり、上行等の四菩薩は迹なり。（八六四頁）

〈通解〉

16　脱の五大尊の本迹　他受用身である応仏は本であり、普賢・文殊・弥勒・薬王は迹である。

69　本門の五大尊の本迹　久遠元初の本果の自受用報身如来は本であり、上行等の四菩薩は迹である。

〈解説〉

　五大尊とは、一般には真言密教で説く不動明王等の五大明王を指すが、ここでは脱の五大尊として他受用応仏・普賢・文殊・弥勒・薬王を、本門の五大尊として久遠本果自受用身、および上行等の四菩薩を挙げている。

　16は釈迦仏法全体を脱益とする立場である。釈迦仏法の仏は法華経に説かれる釈迦仏を含めて全て衆生の願いに応じて出現した他受用身であり、応仏であるが、釈迦仏法においては衆生を救済する教主と位置づけられるので本となる。普賢・文殊・弥勒・薬王の諸菩薩は釈迦仏の化導を助ける従属的立場なので迹となる。

　69の表題の「本門」は、本文の「久遠本果の自受用報身如来」が久遠元初の自受用身を指すので、文上本門ではなく文底独一本門を意味すると解すべきである。つまり、16が釈迦仏法の五大尊を述べているのに対し、69は日蓮仏法の五大尊を扱っていると解せられる。久遠元初自受用身は無始無終にわたって仏身を成就している仏であるから本果であり、本となる。上行等の四菩薩は根源仏である久遠元初自受用身が所持する南無妙法蓮華経を弘通していく立場であるから迹と位置づけられる。

〈本文〉

17　脱の真俗二諦の本迹　天台大師弘通の本迹、前十四品は迹門に約し、後十四品は本門に約す云々。「是法住法位《ぜほうじゅうほうい》、世間相常住《せけんそうじょうじゅう》」文。（八五七頁）

70　日蓮本門弘通の本迹　本因妙は本なり。我本行《がほんぎょう》菩《ぼ》薩道《さつどう》は迹なり云々。（八六四頁）

〈通解〉

17　脱の真俗二諦の本迹　天台大師が弘通した本迹は、法華経前半の十四品が迹門であり、後半十四品が本門である。法華経方便品に「この法は常住不変であり、世間の姿も常住の法の表れである」と説かれている。

70　日蓮の本門弘通の本迹　本因妙は本である。法華経寿量品に「私は、本《もと》は菩薩道を行じていた」と説かれるのは迹である。

〈解説〉

天台大師は法華経の前半十四品を迹門、後半十四品を本門として区分し、この本迹の思想によって法華経全体を統一的に把握しようとした。もちろん天台の立てた仏教は脱益である釈迦仏法の範疇にとどまるものだが、その解釈は従来の法華学の訓詁注釈《くんこちゅうしゃく》的な在り方を克服して法華経の真意を初めて明らかにするものであった。日蓮はこの天台大師の業績を正当なものとして承認し、その上でさらに天台も示すことのなかった新たな地平を切り開いた。日蓮仏法と天台宗との相違を明確にしたのが「本因妙抄」と「百六箇抄」である。

「是法住法位、世間相常住」の文は「この法は法位に住して、世間の相は常住なり」（法華経一三八頁）と読む。「この法」とは諸仏が悟った法をいう。「法位に住する」とは本来の在り方にあること、すなわち永遠常住であるとの意と解せられる。「世間の相は常住なり」とは一切世間の森羅万象もこの法の現れであるから永遠常住であるとの意である。要するに「この法」とは真諦《しんたい》、「世間の相」とは俗諦《ぞくたい》を指し、真俗一体の義を示す文と解せられる。

70の表題にいう「本門」とは日蓮が弘通する本門であるから、文上本門ではなく、文底独一本門を指す。「本因妙は本」とは釈尊を成道せしめた本因の仏種である南無妙法蓮華経こそが本であるとの意である。

「我本行菩薩道《がほんぎょうぼさつどう》」の文は、五百塵点劫に成道した釈尊も成道以前は菩薩道を修行していたと述べることによって、釈尊を成仏せしめた能生の妙法が存在することを指し示した文である（「菩薩道を行じていた」というからには行ずる法がなければならない）。その妙法の存在は文上には顕示されず、暗示されるにとどめられている。そこで、文上と文底の次元を立て分ける必要が出てくる。日蓮は文上には示されなかった妙法を南無妙法蓮華経として顕示したので、その立場を文上の本門と区別して文底独一本門とするのである。「我本行菩薩道」は妙法を暗示するだけの文なので迹であり、南無妙法蓮華経そのものが本となる。

〈本文〉

18　**前十四品ことごとく流通分の本迹**　如来の内証は序品より滅後正像末のためなり。薬王菩薩は像法の主、天台これなり。密表《みっぴょう》の法師品に云わく「今《こん》此三界《しさんがい》」文。（八五七頁）

72　**後十四品皆流通の本迹**　本果妙の釈尊、本因妙の上行菩薩を召し出だすことは一向《いっこう》に滅後末法利益のためなり。しかるあいだ、日蓮修行の時は後十四品皆滅後の流通分なり。（八六四頁）

〈通解〉

18　**前十四品ことごとく流通分の本迹**　如来の内証においては、法華経は序品から全て釈尊滅後の正法・像法・末法のためである。薬王菩薩は像法時代の教主である天台大師である。譬喩品の文であるが、密《ひそ》かに法師品の意を表す文に「今この三界は」とある。

72　**後十四品皆流通の本迹**　本果妙の釈尊が本因妙の上行菩薩を召し出したことはひたすら釈尊滅後の末法を利益《りやく》するためである。その故に日蓮が修行する末法の時においては、法華経後半の十四品も、皆、釈尊滅後のための流通分となるのである。

〈解説〉

18の表題に法華経前半の十四品が全て流通分であるとされているのは、十四品が末法の南無妙法蓮華経の流通分となるとの意である。それは、本文に法華経は序品から全て釈尊滅後の正像末のためにあるとされていることにうかがうことができる。この点については「観心本尊抄《かんじんのほんぞんしょう》」に次のように述べられている。

「迹門十四品の正宗の八品は、一往これを見るに二乗をもって正となし、菩薩・凡夫をもって傍《ぼう》となす。再往これを勘《かんが》うれば、凡夫、正像末をもって正となす。正像末の三

時の中にも末法の始めをもって正が中の正となす」（二四九頁）

迹門十四品にも序・正・流通の区分があり、序品が序分、方便品から人記品《にんきほん》の八品が正宗分、法師品から安楽行品までまでの五品が流通分とされる。そのうち、正宗分の八品は二乗に成仏の記別を与えてそれまで不成仏とされてきた二乗を救済するところに眼目があり、菩薩や六道の凡夫の救済は傍とされる。このように迹門は釈尊在世の衆生、なかんずく二乗の救済を主眼としているように見えるが、日蓮はそれはまだ一往の見方であって、より深く思索してみると、迹門の説法は釈尊の在世ではなく、滅後の正像末の凡夫のため、なかんずく末法のために説かれたものであると捉えるべきであるとしている。

従来の小乗経・大乗経を止揚《しよう》して初めて一切衆生平等の成仏を説いた法華経は、経典が成立したと考えられる二世紀後半当時の人々にとっても仏道に目を開かせる強い救済力を持つ経典であったが、法華経自身が仏滅後を繰り返し強調していることが示すように、人々が釈尊を見仏《けんぶつ》することができなくなる仏滅後を意識して制作された経典だった。実際にも正法時代のインドに出現した竜樹や天親らは法華経の卓越性を強調している。

像法時代の天台は法華経の最勝性を五時八教の教判によって明示し、法華経の内容を一念三千の法門に整理して観念観法の瞑想行を確立した。その思想は日本の伝教大師に継承されて日本仏教の主潮となっていった。まさに法華経の真価は、経典成立当時よりもインドから中国・日本へと仏教が伝来していった仏滅後に現れたといえよう。18の本文で天台大師を像法時代の教主としているのは、法華経を基盤とした天台宗だけが像法時代の正法であったからである。

さらに譬喩品の「今この三界は」の文が法師品を密かに表しているとはどのような意味か。「今この三界は、皆これ我が有なり」（法華経一九一頁）の文は文上法華経の教主である釈迦仏の主徳を説いた文である。一方、法師品は仏滅後に法華経を弘通する法師の実践を説いた品である。「今此三界《こんしさんがい》」の文が法師品の意を表しているとは、法華経の教主である釈尊も実は未来に法華経を弘める法師の一人に他ならないとの意と解せられよう。

釈尊は既になすべきことをなし終わった過去の存在ではなく、未来のために法を弘め続けている法師である。つまり、法華経全体が、南無妙法蓮華経の流通分として、未来の人類を救済するために存在するとの趣旨である。法華経全体が「序品より滅後正像末のため」との意を「今此三界」の文に読み取ることができるというのである。

72の表題「後十四品皆流通の本迹」は、文上迹門だけでなく、文上本門すなわち後半十四品も文底独一本門である南無妙法蓮華経の流通分となるとの意である。文上本門は正像に広まった釈迦仏法の正宗分だが、「日蓮修行の時は後の十四品皆滅後の流通分なり」とあるように、末法においては日蓮が弘めた南無妙法蓮華経が正宗分となり、文上本門は南無妙法蓮華経を弘めるための補助的存在と位置づけられる。

「本果妙の釈尊、本因妙の上行菩薩を召し出だすことは一向に滅後末法利益のためなり」とあるように、五百塵点劫に仏に成った釈迦仏が涌出品において上行菩薩を上首とする地涌の大菩薩を呼び出すが、それは釈尊在世の衆生のためではない。上行菩薩に南無妙法蓮華経の弘通を付嘱することで末法における上行の出現を予言し、それによって上行による南無妙法蓮華経の弘通を助けるためであった。「法華取要抄」に「寿量品の一品二半は始めより終わりに至るまで正しく滅後衆生のためなり。滅後の中には末法今時《こんじ》の日蓮等がためなり」（三三四頁）と説かれる通りである。

〈本文〉

19　脱益理観一致の本迹　「本迹殊《こと》なりと雖《いえど》も不思議一」と云うは、今日乃至中間の本迹は本迹と分別すれども本因妙を下種として説く所の本迹なれば、迹の本は本に非ず云々。（八五七頁）

71　本化事行《じぎょう》一致の本迹　「本迹殊なりと雖も不思議一」云々。本因妙の外《ほか》に並びに迹とて別してこれ無し。故に一と釈するものなり。真実の勝劣の手本の義なり云々。（八六四頁）

〈通解〉

19　脱益の理観一致の本迹　「本迹は異なっているが、不思議は一つである」というのは、今日から中間の本迹は本迹の区別を立てているけれども本因妙を下種とする立場から説く本迹であるから、本といっても迹のうちの本であり、真実の本ではない。

71　本化の事行一致の本迹　「本迹は異なっているが、不思議は一つである」という。本因妙の他に並んで迹が別にあるものではない。それ故に「不思議は一つ」というのである。これが真実の勝劣の手本という意味である。

〈解説〉

19の表題の「理観」とは森羅万象を貫く不変の理を己心《こしん》において観ずることをいう。天台宗の立場である。本文に引用されている『法華玄義』の「本迹殊《こと》なりと雖《いえど》も不思議一なり」の文は、本来、本門と迹門の相違、勝劣を前提にした上で、迹門を本門に会入《えにゅう》した場合には迹門も本門もともに妙法の説明となるという道理を述べたものである。表題の「一致」とはその意を示したものと解せられる。

迹門は本門に開会《かいえ》された後も迹門・本門の相違は残るのであり、『法華玄義』のこの文は本迹の相違はないとするいわゆる本迹一致を述べたものではない。釈迦仏法は、久遠元初の下種を前提にして、本已有善《ほんいうぜん》の衆生を得脱させるだけの脱益の仏法であるから、その本門も迹の中の本門と位置づけられる。真実の本門は下種益の南無妙法蓮華経が現れる文底独一本門となる。

71の表題の「事行」とは理行すなわち理観に対する言葉である。真理を具体の形に現した本尊を対境として行ずることをいう。「本化」とある通り、上行菩薩の立場である。「事行一致」とは上行菩薩の事行が根源の仏種である南無妙法蓮華経と一致しているとの意と解せられる。

「本迹殊なりと雖も不思議一」の文が19と71の両文に引かれているが、71の本文が示すようにこの「不思議一」の「一」はともに本因妙下種の南無妙法蓮華経を指している。南無妙法蓮華経は一切の根源であるから、南無妙法蓮華経においては別に迹があるものではない。「真実の勝劣の手本の義なり」とは、南無妙法蓮華経が本にして勝であり、南無妙法蓮華経の現れである万物は迹にして劣であるとの意と解せられよう。

〈本文〉

20 **脱益戒体の本迹** 爾前・迹門、熟益《じゅくやく》の戒体を迹とし、脱益の戒体を本とするなり。迹門の戒は爾前・大小の戒に勝れ、本門の戒は爾前・迹門の戒に勝るるなり。（八五七頁）

73 **下種戒体の本迹** 爾前・迹門の戒体は権実雑乱、本門の戒体は純一無雑の大戒なり。（八六四頁）

〈通解〉

20 **脱益の戒体の本迹** 爾前・迹門の熟益の戒体を迹とし、本門の脱益の戒体を本とする。迹門の戒体は爾前の大乗・小乗の戒に勝れ、本門の戒は爾前・迹門の戒に勝れているのである。

73 **下種の戒体の本迹** 爾前・迹門の戒体は権実雑乱である。独一本門の戒体は純一無雑の大戒である。

〈解説〉

「戒体」とは「戒を受けた人の生命に収まって防非止悪《ぼうひしあく》の働きをするものをいう。戒の四別（戒法・戒体・戒行・戒相）の一つ」（『仏教哲学大辞典』第三版）と説明される。小乗・大乗で様々な説があるが、釈迦仏法では法体とは別に戒を受持することが修行者の生命の中に悪を抑制する働きをもたらす何らかの実体を形成すると考えられたようである。

20は脱益である釈迦仏法の戒体を扱う。釈迦仏法では、「観心本尊抄《かんじんのほんぞんしょう》」に「久種をもって下種となし、大通・前四味・迹門を熟となして、本門に至って等妙に登らしむ」（二四九頁）とあるように、既に下種を受けている衆生が爾前・迹門の教えによって仏種を調熟させ（熟益）、法華経本門に至って得脱する（脱益）という構図になっている。本門によって修行の目標を成就するので、法華経本門が釈迦仏法における最高の教えと位置づけられることになる。「迹門の戒は爾前・大小の戒に勝れ、本門の戒は爾前・迹門の戒に勝るるなり」とは一般の大小相対、権実相対、本迹相対に沿ったものである。

73は日蓮仏法の戒体を扱う。日蓮仏法においては釈迦仏法のように法体の他に戒体を立てず、南無妙法蓮華経を受持すること自体が戒である（受持即持戒《じゅじそくじかい》）。この点は「教行証御書」に「この法華経の本門の肝心・妙法蓮華経は三世の諸仏の万行万善の功徳を集めて五字となせり。この五字の内にあに万戒の功徳を納めざらんや。ただし、この具足の妙戒は一度持《たも》って後、行者破らんとすれど破れず。これを金剛宝器戒《こんごうほうきかい》とや申しけん、なんど立つべし」（一二八二頁）と述べられている。

また、文上法華経の迹門・本門はともに文底独一本門から見れば迹門となるので、ここでいう「爾前・迹門の戒体」とは釈迦仏法全体の戒体を指すと解せられる。それが権実雑乱であるとは、釈迦仏法においては竜樹・天親・天台・伝教などの正統の系譜だけでなく、法相《ほっそう》・三論・浄土・禅・真言など権教に執着する諸宗が乱立して混乱状態にあることを表したものといえよう。それに対して日蓮仏法の戒体は妙法受持の他にないので「純一無雑の大戒」となる。

〈本文〉

21　**脱の迹化七面の本迹**　像法には理観を本と用うるなり。故に天台は迹を本となし、本を迹と行ずるなり。（八五七頁）

74　**本化七面の本迹**　末法には事行を本とし、在世と像法とには理観を本とするなり。天台の本書は理の上の事《じ》なれば一向《いっこう》迹門の七決、我が家の本書は事の上の本なり。（八六四頁）

〈通解〉

21　**脱の迹化七面の本迹**　像法時代では理観を本として用いる。それ故に天台は迹門を本とし、本門を迹として行じたのである。

74　**本化の七面の本迹**　末法では事行を本とし、釈迦在世と像法では理観を本とする。天台宗の本書（「三大章疏七面相承口決」）は理の上の事であるから全て迹門の七決である。日蓮の家の本書(「本因妙抄」)は事の上の本である。

〈解説〉

21の表題にいう「七面」とは、伝教の名に託して作成された天台本覚思想文献である「三大章疏七面相承口決」を指すと解せられる。本文で「像法には理観を本と用うるなり」とあるのは、天台の一念三千による修行は理観すなわち森羅万象を貫く真理を自身の生命の内に観じていく実践だからである。「天台は迹を本となし、本を迹と行ずるなり」とは、一義として、天台は法華経方便品の十如実相の文を初めとする迹門の内容を中心に一念三千の法門を構築し、寿量品など本門を補助的位置にとどめたことを指すと解せられる。この点については「観心本尊抄《かんじんのほんぞんしょう》」では「像法の中末に観音・薬王、南岳・天台等と示現し出現して、迹門をもって面《おもて》となし本門をもって裏となして百界千如・一念三千その義を尽くせり」(二五三頁)と述べられている。

この解釈はここの本迹を文上の本門・迹門と解した場合だが、ここの本を文底独一本門、迹を文上の本迹と捉えた場合は、天台は迹である文上法華経を根拠に法門を構築し、文底独一本門である南無妙法蓮華経を示すことは抑制したとの意と解せられる。

74の表題の「七面」は、本化すなわち上行菩薩の七面決であるから、「三大章疏七面相承口決」を下敷きに日蓮の教義を示した「本因妙抄」を指すと解せられる。本文において「三大章疏七面相承口決」を「天台の本書」、「本因妙抄」を「我が家の本書」として両者の相違を示していることに対応している。

「末法には事行を本とし」とは、末法においては南無妙法蓮華経を具体の形に現した本尊を受持することを根本の行とするからである。釈迦仏法の修行は、天台宗を含めて、普遍の理を自己の内心に観ずることを基本とするので「在世と像法とには理観を本とする」と評される。

「天台の本書」である「三大章疏七面相承口決」は、天台三大部の七面口決を説くが、あくまでも一念三千の法理を基調にして成仏を目指す立場であるから「理の上の事」であり、文上法華経の域を出ないので「一向迹門の七決」となる。それに対して「我が家の本書」である「本因妙抄」は、南無妙法蓮華経をそのまま行ずる事行を説くので「事の上の本」となる。

74に明らかなように「百六箇抄」は「本因妙抄」を前提にしている。「本因妙抄」における日蓮の署名は逝去の二日前となっているが、同抄の実際の成立は「百六箇抄」以前と考えられる。

〈本文〉

22 脱の迹化本尊の本迹　一部を本尊と定むるに、前十四品は迹、後十四品は本と云々。これは一部八巻なり云々。（八五七頁）

76 本化本尊の本迹　七字は本なり、余の十界は迹なり。諸経諸宗中王の本尊、万物下種の種子無上《しゅしむじょう》の大曼荼羅なり。（八六五頁）

〈通解〉

22 脱の迹化本尊の本迹　法華経一部を本尊と定めた場合、前半十四品は迹、後半十四品は本である。これは法華経一部八巻を論じた場合である。

76 本化本尊の本迹　南無妙法蓮華経の七字は本であり、その他の十界は迹である。南無妙法蓮華経の本尊は、諸経・諸宗の中の王である本尊であり、万物の下種となる種子無上の大曼荼羅である。

〈解説〉

22は法華経一部を本尊とする天台宗の在り方に触れたものである。天台宗は本尊として釈迦如来や阿弥陀如来などの仏像を用いることが多いが、法華経を根本経典とするので法華経一部を本尊とする考え方もある。このことについて日蓮は、「本尊問答抄」等で天台の「法華三昧懺儀《ほっけざんまいせんぎ》」の「道場の中に於いて好《よ》き高座を敷き、法華経一部を安置し、また必ずしも形像《ぎょうぞう》・舎利《しゃり》並びに余の経典を安《お》くべからず。ただ法華経一部を置け」（三六五頁）の文を引いている。

76は日蓮仏法の本尊すなわち日蓮図顕の文字曼荼羅を論じたものである。「七字は本なり、余の十界は迹なり」とある通り、文字曼荼羅においては中央の南無妙法蓮華経こそが根本であり、そのほかの十界の諸尊は派生的なものとなる。実際に日蓮が佐渡流罪に向かう前日、相模国《さがみのくに》依智《えち》で初めて図顕した曼荼羅（「楊枝《ようじ》本尊」と称される）には左右に不動明王と愛染《あいぜん》明王が梵字で記されている他は「南無妙法蓮華経　日蓮（花押）」と記されているのみで、釈迦牟尼仏・多宝如来などの十界の諸尊は全て省かれている。

南無妙法蓮華経を根本とする日蓮の本尊義に照らすならば、日蓮仏法の本尊は文字曼荼羅のみであり、釈迦の仏像などを本尊とする余地は一切ない（仏像では南無妙法蓮華経の法を表すことはできない）。日興が終生、門流の寺院に釈迦仏像を立てることを許さず、最後まで曼荼羅本尊正意の姿勢を堅持し続けた事実は、日興が本抄等に示された日蓮の教示に忠実であったことを物語っている。

〈本文〉

23 脱益守護神の本迹　守護する所の法華は本、守番《しゅばん》し奉る処の神等は迹なり。本因妙の影を万水《ばんすい》に浮

かべたることは治定《じじょう》と云々。（八五七頁）

77　下種守護神の本迹　守護し奉る所の題目は本、護る所の神明《しんめい》は迹なり。「諸仏求世者《しょぶつぐせしゃ》・現無量神力《げんむりょうじんりき》」云々。（八六五頁）

〈通解〉

23　脱益の守護神の本迹　守護の対象となる法華経は本であり、守護する主体である善神などは迹である。諸神が本因妙である南無妙法蓮華経の影を万水に浮かべたものであることは決定しているのである。

77　下種の守護神の本迹　守護し奉る対象である題目は本であり、守護する諸神は迹である。「世を救う諸仏は無量の神力を現された」（法華経神力品）と説かれている。

〈解説〉

釈迦仏法においては、当然、正法である法華経を諸天善神が守護するという構図になっている。その上で日蓮仏法の立場から見れば、23と77の本文が示す通り、根源の法である南無妙法蓮華経が本であり、諸天善神は迹となる（23の「本因妙」は南無妙法蓮華経を指す）。

「諸仏求世者・現無量神力」は法華経神力品の文で、諸仏が無量の神力を現すことを説いたものだが、ここで引用されている趣旨は諸天善神の守護の働きも仏の神力に含める意と解せられる。諸神の働きを包摂する諸仏の無量の神力も、南無妙法蓮華経の迹であり、妙法の働きの一部であるからである。

〈本文〉

24　脱益山王《さんのう》の本迹　久遠・中間に受くる処の法華は本、それより守り来たる所は垂迹《すいじゃく》なり。下種は本因妙なり云々。（八五七頁）

78　下種山王神《さんのうしん》の本迹　久遠に受くる所の妙法は本、中間・今日・未来までも守り来たる所の山王明神は即ち迹なり。（八六五頁）

〈通解〉

24　脱益の山王の本迹　久遠五百塵点劫に成道してから中間まで受けてきた法華経は本であり、それ以来、法華経を守ってきた山王神は垂迹である。下種は本因妙の南無妙法蓮華経である。

78　下種の山王神の本迹　久遠元初に受けた南無妙法蓮華経は本であり、中間・今日・未来まで守ってきた山王明神は迹である。

〈解説〉

山王神とは元来、日枝山《ひえさん》の地主神であった大山咋神《おおやまくいのかみ》と大《おお》物主神《ものぬしのかみ》を比叡山延暦寺《えんりゃくじ》の守護神として伝教大師が祀ったもの。日本天台宗においては法華経守護の善神とされる。24は釈迦仏法、78は日蓮仏法における山王神の位置づけを示す。

24の「久遠・中間に受くる処の法華」とは五百塵点劫成道から釈迦仏が説いてきた脱益の法華経を指す。「下種は本因妙なり」とは釈迦仏法を扱う中に日蓮仏法の観点を織り込んだ文である。78は下種仏法を扱っているので、「久遠に受くる所の妙法」とは五百塵点劫ではなく、久遠元初の南無妙法蓮華経を指すと解せられる。南無妙法蓮華経は一切の根源であるから、諸天善神の一つである山王神は当然、迹と位置づけられる。

〈本文〉

25　脱迹十羅刹女《じゅうらせつにょ》の本迹　久遠・中間・今日の理事は本、中間・大通・今日、出世冥守《めいしゅ》する処は垂迹《すいじゃく》なり。下種は前のごとし云々。（八五八頁）

79　下種十羅刹女の本迹　この義理、上に同じ。ただ神明《しんめい》と十女を本迹に対する時、十羅刹女は本、神明は迹なり。（八六五頁）

〈通解〉

25　脱迹の十羅刹女の本迹　久遠五百塵点劫・中間・今日の理と事は本であり、中間から大通智勝仏、今日在世まで十羅刹女が世に出て法華経を守護することは垂迹である。下種については前項24「脱益山王の本迹」と同じである。

79　下種の十羅刹女の本迹　この義理については前項78「下種山王神の本迹」と同じである。ただし、神明と十羅刹女を本迹に対応させた場合、十羅刹女は本であり、神明は迹となる。

〈解説〉

25は釈迦仏法の立場を示すので、「久遠・中間・今日の理事」とは、五百塵点劫から中間・今日まで釈迦仏が法華経を説いて示してきた一切衆生成仏の法理と実証を指すと解せられる。釈迦仏法においては正法である法華経が本であり、それを守護する十羅刹女は迹となる。「下種は前のごとし」とは前項24で「下種は本因妙なり」と述べられていることを指す。

79で「この義理、上に同じ」とは前項78と同じという意味で、78に「久遠に受くる所の妙法は本」とあるように、久遠元初の南無妙法蓮華経を本とし、守護神である十羅刹女は山王神と同様、迹に当たるという趣旨である。また「十羅刹女は本、神明は迹なり」とあるのは、法華経陀羅尼品《だらにほん》に守護の善神として直接説かれている十羅刹女と一地方の土着神に過ぎない山王神の勝劣を明確に示す意味であろう。

〈本文〉

26 脱迹付属の本迹　脱益の迹化付属は中間・大通を本とし、今日初住の終わりを迹とするなり。受くる正法は本、持《たも》つ方は迹なり。（八五八頁）

80 本門付属の本迹　久遠名字の時、受くる所の妙法は本、上行等は迹なり。久遠元初の結要付属《けっちょうふぞく》は、日蓮、今日寿量の付属と同意なり云々。（八六五頁）

〈通解〉

26 脱迹付嘱の本迹　脱益の迹化の菩薩への付嘱は中間と大通智勝仏の時代を本とし、今日において初住位の終わりに至ったことを迹とするのである。受持する対象である正法が本であり、受持する修行者は迹となる。

80 本門付嘱の本迹　久遠元初の名字即の位の時に受持する妙法は本であり、上行等は迹である。久遠元初の結要付嘱は、日蓮が今日寿量品の付嘱を受けたのと同意である。

〈解説〉

法華経迹門によれば、法華経の会座《えざ》にいる釈迦仏の弟子たちは三千塵点劫の昔に出現した大通智勝仏《だいつうちしょうぶつ》の十六番目の王子であった釈迦仏から法華経を聞いたのが下種となり（下種）、その時から今日の法華経の会座に至るまでの中間にその仏種を調熟させ（熟益《じゅくやく》）、今日の法華経の説法を聞いて得脱した（脱益）という構図になっている。そこで、釈迦仏法における迹化の菩薩への付嘱においても、下種と調熟が得脱の前提になるので、三千塵点劫や中間の下種と調熟が本となり、今日の得脱が迹となる。「今日初住の終わり」とあるのは、五十二位の十住の初めである初住位は不退転の位なので、今日の法華経の会座において初住位に達すれば成仏が確定するからである。

80は日蓮仏法の立場によるので表題の「本門」は文上本門ではなく、文底独一本門である。「久遠名字の時、受くる所の妙法」とは久遠元初の南無妙法蓮華経を指す。妙法の存在が前提にあって妙法弘通の行動が成立するのであるから南無妙法蓮華経が本であり、それを弘める上行は迹となる。

ただし、南無妙法蓮華経は人格性を持たない単なる理法ではない。法の内に人格性を含んだ人法一箇《にんぽういっか》の存在であり、その人格性を別に表現すれば、「御義口伝」に「無作の三身とは末法の法華経の行者なり。無作の三身の宝号《ほうごう》を南無妙法蓮華経と云うなり」（七五二頁）とあるように、南無妙法蓮華経如来ないしは久遠元初自受用身如来、無作三身如来となる。
「久遠元初の結要付属」とは、久遠元初という根源の次元においても仏と法だけでなくそれを弘伝する働きが存在することを示していると解せられる。「久遠元初の結要付属は、日蓮、今日寿量の付属と同意なり」とあるのは、法華経神力品で釈迦仏が上行菩薩に結要付嘱した法体は久遠元初の南無妙法蓮華経であり、その妙法を日蓮が上行の再誕として弘通しているからである。その法体が寿量品の文底に示されているので「今日寿量の付属」とされていると解せられる。

〈本文〉

27 脱迹開会《かいえ》の本迹　大通の初めを開といい、今日初住の終わりを会《え》というなり。本は大通、迹は初住なり。「初顕《しょけん》を開と云い、終合《しゅうごう》を会と云う」云々。案位《あんい》も理上の案位なり。（八五八頁）

81 本門開会の本迹　久遠の本会《ほんえ》を本となす。今日寿量の脱を迹とするなり。（八六五頁）

〈通解〉

27 脱迹の開会の本迹　大通智勝仏の時代の初めを開会の開といい、今日初住位の終わりを会というのである。本は大通であり、迹は初住位である。妙楽大師は「初めて顕すことを開といい、終わりを合することを会という」と述べている。案位（理即の位にとどまっていること）も理上の案位である。

81 本門の開会の本迹　久遠元初における根本の開会を本とする。今日寿量品の得脱を迹とするのである。

〈解説〉

26の解説で述べたように、法華経迹門では大通智勝仏の十六番目の王子であった釈迦仏から法華経を聞いたことが下種となる。開会について開と会を立て分ければ、開会する側の法が開となり、開会される側の事象が会となるので、大通の下種が本で開、初住位に上って成仏することが迹で会となる。
「初顕を開と云い、終合を会と云う」の文は、81の後加分が示すように妙楽大師の文で、『玄義釈籤《げんぎしゃくせん》』の「迹門は施をもって始めとなし、開をもって終わりとなす。本門は垂《すい》をもって始めとなし、払を終わりとなす。各始めは開し、終わりは合するをもって、合し竟《お》わるを名づけて円満具足となす」（大正蔵三十三巻九二八頁）の文を要約して示したものと思われる。開会される事柄の意義を顕して（開）、妙法の内に帰入し位置づけること（合）が開会であるから、開会は開から始まり、合で終わることになる。妙楽のこの文は、そのような開会の理を示したものといえよう。

「案位も理上の案位なり」とは、理即の位にとどまっているのも理論上のことに過ぎず、法華経の中に入れば法華経に開会されて成仏することができるとの意と解せられる。

81の「本門」とは独一本門、「久遠」とは久遠元初の意であることはこれまでの経緯から当然であろう。南無妙法蓮華経こそが一切を開会する根本であり、文上寿量品の得脱も南無妙法蓮華経によってもたらされたものに過ぎないから迹と位置づけられるのである。

〈本文〉

28　脱益成仏の本迹　寿量品は本、応仏は迹なり。無作三身、寂光土に住して三眼・三智をもって九界を知見す云々。（八五八頁）

82　下種成仏の本迹　本因妙は本、自受用身は迹。成仏は難きにあらず。この経を持《たも》つこと難ければなり云々。（八六五頁）

〈通解〉

28　脱益の成仏の本迹　文上寿量品は本であり、衆生の機根に応じて出現した応仏は迹である。無作三身が寂光土に住して、三眼・三智をもって九界を知見するのである。

82　下種の成仏の本迹　本因妙の南無妙法蓮華経は本であり、自受用身は迹である。南無妙法蓮華経を受持すれば成仏は難しくはない。南無妙法蓮華経を受持することが難しいのである。

〈解説〉

28は釈迦仏法の成仏を扱う。法を根本とする法本仏迹の原則から、釈迦仏法においては寿量品が本であり、仏は衆生の機根に応じて現れた応仏なので迹となる。本文の「無作三身、寂光土に住して三眼・三智をもって九界を知見す」の文は3の「応仏一代の本迹」の本文と同一である。この「無作三身」は、与えて論ずれば文上寿量品の教主である釈迦仏とすることもできるが、その仏は色相荘厳の仏で応仏の域を出ず、厳密には「無作」ではない。やはり久遠元初の自受用報身と解すべきであろう。

82は日蓮仏法の成仏を扱うが、法本仏迹の原理から南無妙法蓮華経が本で自受用身は迹となる。この点は61の本文で「妙法は本、唱うる日蓮は迹なり」とあるのと同一である。南無妙法蓮華経は成仏の種子そのものなので、それを受持すれば妙法の力用により成仏の結果は自ずから現れるが、妙法の受持には内外のさまざまな障魔が生ずる。その故に南無妙法蓮華経を受持することが難事であるとされるのである。

〈本文〉

29 脱迹三種教相の本迹　二種は迹・無開会、一種は本有《ほんぬ》の開会なり。一種は開顕、二種は不開会、所従・眷属の教相なり云々。（八五八頁）

83 下種三種教相の本迹　二種は迹門、一種は本門なり。本門の教相は教相の主君なり。二種は二十八品、一種は題目なり。題目は観心の上の教相なり。（八六六頁）

〈通解〉

29 脱迹の三種教相の本迹　三種の教相のうち根性の融不融《ゆうふゆう》と化導の始終不始終の二種は迹であり、開会がない。師弟の遠近不遠近《おんごんふおんごん》の一種は本有《ほんぬ》の開会である。また師弟の遠近不遠近の一種は開顕だが、他の二種は不開会であり、従者や眷属の教相である。

83 下種の三種教相の本迹　二十八品に説かれた二種は迹門であり、一種は独一本門である。独一本門の教相は教相の主君である。二種は二十八品であり、一種は題目である。題目は観心の上の教相である。

〈解説〉

三種の教相とは、天台大師が法華経の教説が爾前経に比べて勝れていることを三点にわたって明らかにしたもので、①根性の融不融、②化導の始終不始終、③師弟の遠近不遠近の三つをいう。

爾前経では衆生の機根が声聞・縁覚・菩薩の三乗に分かれていて不融であるのに対し、法華経迹門が開三顕一を説いて三乗を一仏乗のもとに融合せしめたので爾前経よりも法華経迹門が勝ることを示したのが①根性の融不融である。

また、爾前経は仏の化導の初めと終わりが示されていないのに対し、法華経迹門の化城喩品《けじょうゆほん》では大通智勝仏《だいつうちしょうぶつ》の第十六王子の下種に始まる種熟脱の過程が明らかにされているので爾前経よりも法華経迹門が勝るとするのが②化導の始終不始終である。

さらに爾前経と法華経迹門では釈迦仏が今世で初めて成道した始成正覚の仏で、仏と衆生の関係も今世に限定されているのに対し、本門寿量品では釈迦仏が五百塵点劫以来の仏であることが明かされ、五百塵点劫（遠）から今日（近）までの仏と衆生の関係が示されるので、法華経本門が爾前・迹門に勝るとするのが③師弟の遠近不遠近である。①と②

は法華経迹門、③は本門に基づくものである。

29は釈迦仏法の三種の教相を扱う。①と②が迹門に基づくものであるから迹とされるのは当然だが、開会がないとされるのはなぜか。

迹門は開三顕一を説いて三乗を全て一仏乗のもとに統合したので一般的には開会があると理解されるが、本抄であえて無開会とするのは、やはり迹門を本門と対比した場合、本門では釈迦仏成道の本因を説くところの文底に根源の妙法の存在を暗示しているのに対し、迹門は妙法を指し示すことがないので迹門の開会はあくまでも法理の上にとどまり、妙法のもとに一切を包摂して位置づける開会の本義は現れていないと見るからであろう。

また「一種は開顕、二種は不開会、所従・眷属の教相なり」とされるのは、③が基盤とする本門には釈迦仏の本因・本果・本国土が明かされるのに対し、①②が基づく迹門にはそれがないからである。なお、ここでは開顕と不開顕を対比しているので、この箇所の「不開会」は「不開顕」の誤写の可能性が考えられよう。迹門の教相は本門の教相に比べると従者や眷属の教相であるとして本迹の勝劣を明確にしていることに留意したい。

83は日蓮仏法の三種の教相を扱う。ここでは二十八品に説かれた三種の教相を「二種」として括《くく》って全て迹門とし、南無妙法蓮華経の題目こそが「一種」であり、真の本門であるとする。南無妙法蓮華経は文上の法華経を成り立たせている根源なのでその教相こそが一切の教相の主君となる道理である。その故に「題目は観心の上の教相なり」の「観心」とは天台流の瞑想行ではなく、文底独一本門の法体である南無妙法蓮華経の観心と解さなければならない。

〈本文〉

30　脱の五味所従の本迹　天台・伝教の五味は横竪《おうじゅ》ともに所従なり。五味は本、修行の人は迹なり。在世もってかくのごとし云々。（八五八頁）

84　五味主の中の主の本迹　日蓮が五味は横竪ともに五味の修行なり。五味は即ち本門、修行は即ち迹門なり。（八六六頁）

〈通解〉

30　脱の五味所従の本迹　天台・伝教の五味は横縦ともに所従である。五味の教えは本であり、修行の人は迹である。釈尊在世についても天台・伝教の場合と同様である。

84　五味主の中の主の本迹　日蓮の五味は横縦ともに五味の修行である。五味は即ち本門であり、修行は即ち迹門である。

〈解説〉

五味とは、牛乳を精製する時に生ずる五段階の味（乳《にゅう》・酪《らく》・生蘇《しょうそ》・熟蘇《じゅくそ》・醍醐《だいご》）を法門の勝劣を示す譬えに用いたものをいう。諸説あるが、天台宗では五味を五時教判に結び付け、阿含部を乳味、方等部を酪味、般若部を生蘇味、華厳部を熟蘇味、法華・涅槃部を醍醐味とした。それ故に「天台・伝教の五味は横竪ともに所従なり」とは、釈迦仏法の一切経が法理の深さの面でも世界に与える影響の面でも根源の南無妙法蓮華経に比べた場合、主人ではなく従者の立場に当たるとの意である。

84の表題に「主の中の主」とあるのは、種脱相対して日蓮仏法の立場を示すものである。釈迦仏法の五味においては醍醐味である法華経が一切経における主となるが、日蓮仏法においてはそれも真の主ではなく、文底の南無妙法蓮華経こそが真の主となるとの趣旨である。「日蓮が五味」とは、当然、釈迦仏法の経典ではなく、「主の中の主」である南無妙法蓮華経である。法本人迹の原理に照らして南無妙法蓮華経こそが本門であり、その修行は迹門と位置づけられる。

〈本文〉

31　脱迹父子の本迹　応仏は本、迹仏は迹なり。「子、父の法を弘むるに世界の益《やく》あり」と云々。（八五八頁）

86　本種父子常住の本迹　義理、上に同じ。久遠の名字即の俗諦常住の父子は今日蓮が修行にことならず。世間相常住これなり。（八六六頁）

〈通解〉

31　脱迹の父子の本迹　応仏は本であり、迹仏は迹である。妙楽大師は「子である地涌の菩薩が、父である釈尊の法を弘める時に、世界に利益が現れる」と述べている。

86　本種の父子常住の本迹　義理は上（31）と同じである。久遠元初の名字即の南無妙法蓮華経は世俗において常住しており、その父子の関係は今日蓮が行じている修行に異なることはない。法華経方便品に「この法は法位に住して、世間の相は常住なり」と説かれるのはこのことである。

〈解説〉

釈迦仏法における全ての仏は衆生の機根に応じて出現した応仏であり（一代応仏）、また久遠元初の本仏の影現《ようげん》としての迹仏である。そのうち応仏が本で、迹仏が迹とされるのは、応仏の面は衆生に応じて出現したというその仏の本質を表しているのに対し、迹仏の面は本仏の影現であることが強調されているからであろう。

「父の法を弘むるに世界の益あり」は、地涌の菩薩出現の意義を論じた『法華文句記』の文である。涌出品では地涌の菩薩は釈尊が久遠の昔から化導してきた弟子であるとされ、釈尊の言葉として「これらはこれ我が子なり」（法華経四六六頁）と説かれるので、子が地涌の菩薩、父が釈迦仏に当たることは当然である。

妙楽のこの文は、涌出品の経意を受けたものであることはいうまでもない。しかし、涌出品には同時にこの父子関係を否定するような内容が説かれている。というのは、釈尊よりも地涌の菩薩の方が遥かに偉大な姿をとっているので、釈尊が父で地涌が子であるというのはあたかも二十五歳の青年が百歳の老人を指して我が子であると言っているようなもので、受け入れがたいというのである。

経文の表面的な意味では釈尊は父、地涌の菩薩が子となるけれども、法華経の元意においてはその関係は逆転し、地涌は釈尊をも超越した久遠の仏であり、むしろ地涌が父であり、釈尊が子であることが示されていると解される。そこで31は釈迦仏法の父子を扱っているが、むしろそれを超える内容を示唆するものになっている。

86で「義理、上に同じ」とあるのは、仏が父で、仏の法を弘める衆生が子に当たるという31に示される関係は久遠元初の次元においても同じであるという意味であろう。すなわち久遠元初自受用身が父で日蓮が子になるが（このことは62で「自受用身は本、上行日蓮は迹なり」とあるのと同義）、自受用身の振る舞いは日蓮が行じている修行と全く同一であるという趣旨である。

久遠元初自受用身は名字即で、行ずるのは南無妙法蓮華経であり、その位と行は日蓮もまた同じである。これを行《ぎょう》位全同《いぜんどう》というが、自受用身と行位全同であるのは日蓮だけではない。南無妙法蓮華経は時空間を超越した永遠常住の法である故に、南無妙法蓮華経を行ずるならば万人が名字即位において久遠元初自受用身と現れるのである。ここに引用されている方便品の文は、根源の妙法が永遠常住であることを説いたものと解することができる。


〈本文〉

32　脱迹師弟の本迹　義理ともに上に同じ。これ我が弟子まさに我が法を弘むべし、弘むべし云々。
（八五八頁）

85　本種師弟不変の本迹　久遠実成の自受用身は本、上行菩薩は迹なり。三世常恒《じょうごう》不変の約束なり。
（八六六頁）

〈通解〉

32　脱迹の師弟の本迹　義理ともに上（31）に同じである。『法華文句』には「我が弟子はまさに我が法を弘めるべきである」と説かれている。

85　本種の師弟不変の本迹　久遠元初自受用身は本であり、上行菩薩は迹である。このことは三世永遠にわたって変わることのない約束である。

〈解説〉

32本文の「義理ともに上に同じ」とは、前項31において仏が父、衆生が子と規定されたのと同様、師弟についても仏が師、衆生が弟子となる関係にあるとの意である。

「これ我が弟子まさに我が法を弘むべし」とは、地涌の菩薩出現の意味を述べた『法華文句』の文で、弟子である地涌の菩薩が師である釈尊の法を弘通すべきであるとするものだが、31で述べたように、地涌の菩薩と釈尊の関係は実は逆転していて、地涌の菩薩こそが妙法を所持する久遠の本仏であり、釈尊は妙法の影現《ようげん》である迹仏であることになる。「諸法実相抄」の「凡夫は体《たい》の三身にして本仏ぞかし、仏は用《ゆう》の三身にして迹仏なり。しかれば釈迦仏は我等衆生のためには主師親の三徳を備え給うと思いしに、さにては候わず。返って仏に三徳をこうらせ奉るは凡夫なり」（一三五八頁）の文は妙法を受持した凡夫（地涌の菩薩）と釈迦仏の逆転関係を述べた文と解せられる。

85は表題にあるように下種仏法の師弟を扱ったものであるから、本文の「久遠実成」とは文上の五百塵点劫成道ではなく、久遠元初を指すと解せられる。その上で「自受用身は本、上行菩薩は迹なり」とあるのは63で「自受用身は本、上行日蓮は迹なり」とあるのと同一である。自受用身と上行を師弟に配する場合、自受用身は師、上行は弟子となるが、師弟は一体不二であるから、上行の振る舞いに久遠元初自受用身の働きが現れているのであり、上行日蓮が即ち自受用身であることを了解すべきである。

〈本文〉

33　脱益感応の本迹　久遠の天月の影を中間・今日の脱益の水に移すなり。「衆生、久遠に仏の善巧《ぜんぎょう》を蒙《こうむ》る」とはこれなり。（八五八頁）

88　下種感応日月の本迹　下種の仏は天月、脱仏は池《ち》月《げつ》なり。（八六六頁）

〈通解〉

33　脱益の感応の本迹　久遠五百塵点劫の天月の影を中間・今日の脱益の水に映すのである。『法華文句』に「衆生は久遠の昔から仏の巧みな教化を受けてきたのである」と説かれるのはこのことである。

88　下種の感応日月の本迹　久遠元初の下種の仏は天月であり、脱益の仏は池月である。

〈解説〉

感応とは衆生が仏を感じ、仏が衆生の心に応ずることをいう。感とは衆生の信心の力であり、応とはそれに応じて現れる仏の力を指す。要するに感応とは「衆生の生命と仏の生命とが、互いに通じ融合することをいう」（『仏教哲学大辞典』第三版）。

33は釈迦仏法についての感応を扱う。それ故に「久遠の天月」とは五百塵点劫成道の釈尊を指すと解せられる。「久遠の天月の影を中間・今日の脱益の水に移す」とは、中間および今日までの衆生の得脱も、水に映った月の映像のように五百塵点劫成道の反映に過ぎないとの意である。

「衆生、久遠に仏の善巧を蒙る」とは、釈迦仏法においては衆生が五百塵点劫成道の仏の化導によって得脱するとの、衆生と仏の感応を示した文と解せられる。衆生は、自らに働く仏の力を感じて信受する時、その信力によって成仏への道を進むことができるのである。

88の表題は下種仏法の感応を日月に譬える。33の譬喩が天月と池月で、ともに月を譬喩としたことと相違する。それは日蓮仏法を太陽、釈迦仏法を月に譬える趣旨であろう。日蓮仏法と釈迦仏法を太陽と月に譬えることは「顕仏未来記」「諫暁八幡抄」などに見られる。例えば「顕仏未来記」には次のようにある。「月は西より出でて東を照らし、日は東より出でて西を照らす。仏法もまたもってかくのごとし。正像には西より東に向かい、末法には東より西に往く」（五〇八頁）。

その上で本文では「下種の仏は天月、脱仏は池月なり」として種脱の勝劣を明示する。いうまでもなく、下種の仏である久遠元初自受用身を本仏とし、脱益の仏である釈迦仏を迹仏とする趣旨である。

〈本文〉

34　脱益寂照《じゃくしょう》の本迹　理の上の寂照は妙覚乃至観行等の解了《げりょう》なり。理即の凡夫は無体有用《むたいうゆう》の本迹なり。

（八五九頁）

95　下種寂照・実事・体用無上《たいゆうむじょう》の本迹　生仏一如《しょうぶついちにょ》の事の上の本覚の寂照なり。人は迹、仏は本なり云々。

（八六七頁）

〈通解〉

34　脱益の寂照の本迹　理の上の寂照は妙覚から観行即等までの解了を指す。理即の凡夫は無体有用の本迹である。

95　下種の寂照・実事・体用無上の本迹　下種仏法の寂照は、衆生と仏が一体平等である事の上の本覚の寂照である。人は迹であり、仏は本となる。

〈解説〉

34と95では釈迦仏法と日蓮仏法の寂照を扱う。寂照とは、端的にいえば仏の悟りの境地のことで、寂とは森羅万象を貫く真理、照とは真理を悟った智慧によって捉えた現象の姿をいう。寂は不変真如の理、照は随縁真如の智に当たる。

釈迦仏法の寂照が「理の上の寂照」であるとされるのは「本因妙抄」に「一代応仏のいきをひかえたる方は理の上の法相なれば、一部共に理の一念三千、迹の上の本門寿量ぞと得意せしむる事を脱益の文の上と申すなり」（八七七頁）とあるように、事である日蓮仏法に対して釈迦仏法全体が理と規定されるからである。

「理即の凡夫は無体有用《むたいうゆう》」とは仏法を信受する以前の凡夫の体と用を示す。体用の体とは法の本体であり、法を悟った仏の立場である。用とは体に具わる働き、力用であり、仏の悟りから九界の世界に出ていく立場である。仏法を信受しない理即の凡夫は悟りの境地にはないので無体だが、仏法に縁すれば法の一部として働く可能性を持っているので有用となる。妙覚から観行即までの悟り（寂照）が本で、悟りを得ていない理即の凡夫は迹となる。

脱益仏法の寂照が理であるのに対し、95の表題は下種仏法の寂照が真実の事《じ》であり（実事）、体も用も無上のものであることを示す。「生仏一如」とは、衆生の生命と仏の生命が別々に存在しているのではなく、一つの生命が悟っているかいないかの違いがあるに過ぎず、一体平等であることをいう。日蓮仏法においては南無妙法蓮華経を行ずるならば事実の上に万人の生命の仏の力用が現れるので、その悟り（寂照）は「事」である。その上で仏と衆生を本迹に立て分ける場合は、衆生の成仏も仏の化導が前提となるので、仏が本であり、衆生（人）は迹と位置づけられることとなる。

〈本文〉

35　脱益随縁不変の本迹　在世と像法とこれ同じ。真如の義理なり。随縁も不変もともに理の一段の本迹なり。（八五九頁）

89　下種随縁不変の本迹　体用同時の真実・真如、一口の首題なり。本有《ほんぬ》の迹、本有の一念三千これなり。随縁不変一念寂照の本迹なり。（八六六頁）

〈通解〉

35　脱益の随縁不変の本迹　釈尊在世と像法は、随縁・不変については同じである。随縁も不変もともに真如の義理であり、理の一段の本迹である。

89　下種の随縁不変の本迹　下種仏法の随縁・不変は体と用が同時である真実の真如であり、一口の首題すなわち南無妙法蓮華経である。脱益の法は本有の迹であり、南無妙法蓮華経が本有の一念三千である。随縁真如の智も不変真如の理も一念の寂照（悟り）である南無妙法蓮華経に具わる本迹である。

〈解説〉

不変真如の理とは常住不変の真理をいい、随縁真如の智とは縁に随って現れる智慧をいう。真如は梵語タタター(tathata)の訳語で、実相と同義。真は真実、如はありのままで永遠常住であることを意味する。不変真如と随縁真如は真如（実相）の二つの側面を表したものである。

釈迦仏法では法華経迹門で十界互具、百界千如という普遍的真理が説かれることが不変真如の理であり、法華経本門で釈迦仏の本因・本果・本国土を明かして仏の真実の姿を示したことが随縁真如の智に当たる。35はこの釈迦仏法における不変・随縁は釈尊在世から像法まで同一であり、下種仏法から見ればともに理にとどまるものとしている。天台の観念観法が代表するように、釈迦仏法は所詮、世界を貫く真理を瞑想によって観じて悟りに到達しようとするもので、仏の悟りを直ちに行ずるものではないからである。

89は表題の通り、下種仏法の随縁・不変を扱ったものだが、下種仏法の随縁真如の智と不変真如の理はともに南無妙法蓮華経に具わるものとされる。釈迦仏法においては前述のように不変真如の理と随縁真如の智が区別して示されたが、下種仏法においては不変と随縁が一体不二のものとなる。

また「体用《たいゆう》同時」とは「倶体倶用《くたいくゆう》」と同義である。本体とその働き（用《ゆう》）が一体であることをいう。これを随縁・不変に当てはめれば体が不変真如の理、用が随縁真如の智となる。南無妙法蓮華経は倶体倶用であり、日蓮は「当体義抄」で「能居所居《のうごしょご》・身土・色心・倶体倶用・無作三身の本門寿量の当体蓮華の仏とは日蓮が弟子檀那等の中のことなり」（五一二頁）と南無妙法蓮華経を行ずる日蓮の弟子門下こそが倶体倶用の無作三身如来であると説いている。

〈本文〉

36　脱益九法妙《きゅうほうみょう》の本迹　三法妙に各《おのおの》三法妙を具すれば九法妙なり。法中の心法妙より起こる所の生仏二妙なり。本迹知るべし。（八五九頁）

90 下種九法妙の本迹　久遠下種の妙法は本、已来《いらい》の九法は迹なり。（八六六頁）

〈通解〉

36 脱益の九法妙の本迹　三法妙にそれぞれ三法妙を具するならば九法妙となる。法中の心法妙より起こるところの衆生法妙・仏法妙の二妙である。三法妙についての本迹は知るべきである。

90 下種の九法妙の本迹　久遠元初下種の妙法は本であり、久遠元初から生ずる九法妙は迹である。

〈解説〉

三法妙とは心法妙・仏法妙・衆生法妙のことで、心・仏・衆生についての法が妙であることをいう。衆生法は九界、仏法は仏界、心法は衆生と仏の両者にわたる生命を指すと解せられる（心といってもいわゆる心理や感情・意思などではなく、身体を含む生命と捉えるべきである）。要するに三法妙とは、衆生と仏を含む全ての生命がおのおの十界を具足して妙であることをいう。

法華経において十界互具、一念三千の法理が説かれることによって三法妙が成立し、衆生と仏の平等・一体が明かされたことになる。なお、「法中の心法妙より起こる所の生仏二妙なり」とは心法妙が衆生法妙と仏法妙の前提になることを示すもので、心法妙が本、衆生法妙と仏法妙は迹となる。

90は、上記の三法妙を踏まえて、久遠元初の南無妙法蓮華経が一切衆生の成仏の根本であることを確認した文である。法華経において十界互具・一念三千の法が説かれただけでは一切衆生の成仏の理論的可能性が開かれただけで理にとどまっており、成仏の実体があるわけではない。実際に衆生の生命の上に仏の境涯を現していく力が南無妙法蓮華経であるから南無妙法蓮華経が本となり、九法妙が迹とされる。

〈本文〉

37 脱益八相八苦習合《しゅうごう》の本迹　八相は本、八苦は迹。同体の権実これなり。（八五九頁）

92 下種八相八苦習合実勝《じっしょう》の本迹　脱の八相は迹、種の八相は本。脱の八苦は迹、種の八苦は本なり。煩悩即菩提・生死即涅槃、常在此不滅《じょうざいしふめつ》と云えり。（八六六頁）

〈通解〉

37 脱益の八相八苦習合の本迹　八相は本であり、八苦は迹である。同体の権実とはこのことである。

92　下種の八相八苦習合実勝の本迹　脱の八相は迹であり、種の八相は本である。脱の八苦は迹であり、種の八苦は本である。煩悩即菩提・生死即涅槃であり、寿量品の自我偈《じがげ》には「常にここに在って滅せず」と説かれている。

〈解説〉

八相とは釈尊が一生の間に示した八つの姿をいう。

①下天（兜率天《とそつてん》からこの世に降りてきたこと）、
②託胎《たくたい》（母の胎内に入ったこと）、
③出胎（母の胎内から出て誕生したこと）、
④出家（王子の身分を捨てて沙門になったこと）、
⑤降魔《ごうま》（ブダガヤの菩提樹の下で瞑想していた時、魔の妨害を打ち破ったこと）、
⑥成道（菩提樹の下で大悟したこと）、
⑦転法輪《てんぽうりん》（成道後、法を説いて衆生を教化したこと）、
⑧入涅槃（八十歳で入滅したこと）

を指す。

八苦とは、

①生苦（生まれる苦しみ、あるいは生きること自体の苦しみ）、
②老苦（老衰によって受ける苦しみ）、
③病苦（病による苦しみ）、
④死苦（死ぬ時の苦しみ）、
⑤愛別離苦《あいべつりく》（愛する者と別れる苦しみ）、
⑥怨憎会苦《おんぞうえく》（怨み憎む者と会う苦しみ）、
⑦求不得苦《ぐふとっく》（求めても得ることができない苦しみ）、
⑧五盛陰苦《ごじょうおんく》（心身を形成する五つの要素である色・受・想・行・識の五陰に執着することから受ける心身の苦しみ）

の八つをいう。

37と92の表題にある「習合」とは相異なる教理を調和させることをいう。八相は仏の姿であり、八苦は衆生が直面する問題である。仏だけ、あるいは衆生だけでは仏教にはならない。衆生の苦悩に応じて仏が働きかける衆生と仏の感応、いいかえれば衆生の八苦と仏の八相の習合に仏教が成立する。その上で仏の教化がなければ衆生の救済もないので、八相が本となり、仏の働きが生ずる機縁となる衆生の八苦は迹となる。しかし、二而不二《ににふに》の法理に照らして、本迹・権実の区別はあっても衆生と仏は平等同体である。「同体の権実」とはその意を示したものと解せられる。

　八相と八苦の習合を前提とした上で、92の表題にある「実勝《じっしょう》」とは下種仏法の八相・八苦が脱益仏法の八相・八苦に勝ることを示す。下種の八相が脱の八相に勝るとは、下種仏法の教主である久遠元初自受用身即日蓮の救済力が脱益の教主である釈迦仏の救済力に勝っていることをい

う。また、種の八苦が脱の八苦に勝るとは、下種仏法の救済力が脱益仏法の救済力よりも衆生のより深い苦悩にまで届いていることを示すものと思われる。

　煩悩即菩提、生死即涅槃としているのは、衆生の苦悩がいかに深く大きいものであっても、妙法の力が一切を幸福と悟りの方向に転換していくことを示すものと解せられる。また「常在此不滅」とは釈迦仏の常住を説いた自我偈の文であるが、ここでは南無妙法蓮華経の力が永遠不滅のものであることを述べた文と解することができる。

〈本文〉

38　脱益灌頂《かんじょう》等の本迹　灌頂とは至極なり。後世、仏・菩薩の灌頂は法華経なり。迹門の灌頂は方便読誦、欲令衆生開仏知見《よくりょうしゅじょうかいぶっちけん》なり。本門の灌頂は寿量品読誦、然我実成仏已来《ねんがじつじょうぶついらい》なり。（八五九頁）

93　下種最後直授摩頂《じきじゅまちょう》の本迹　久遠一念元初の妙法を受け頂くことは最極無上の灌頂なり。法は本、人は迹なり。（八六七頁）

〈通解〉

38　脱益の灌頂等の本迹　灌頂とは最上ということである。後世の仏・菩薩の灌頂は法華経によるものである。迹門の灌頂は方便品の読誦であり、その根拠は「衆生をして仏知見を開かしめんと欲す」の文である。本門の灌頂は寿量品の読誦であり、その根拠は「しかるに我実に成仏してより已来《このかた》」の文である。

93　下種の最後直授摩頂の本迹　久遠元初の一念の妙法を受持して頂くことは最高無上の灌頂である。法は本であり、人は迹である。

〈解説〉

灌頂とは頭に水を注いで一定の地位に進ませる儀式をいう。古代インドでは国王や皇太子の位に就く際の儀式として行われた。それが大乗仏教に持ち込まれ、菩薩が修行の最高位に達して仏の地位を継ぐ資格を得るに至ったことを示す儀式となった。華厳宗・天台宗、真言宗等で行われ、種々の種類があるが、最高の灌頂は修行を終了した者に仏法の奥義を伝授する伝法灌頂とされる。

　38は釈迦仏法の灌頂を扱う。灌頂は仏という最高の境涯に至ることを示すものであるから、ここでは釈迦仏法の灌頂は法華経によることが確認されている。法華経で十界互具・一念三千の法理が説かれたことによって、初めて一切衆生の成仏が可能となったからである。迹門・本門の灌頂として方便品・寿量品の読誦を挙げ、両品の元意を代表する要文が引用されているのは、迹門・本門で説かれる成仏はそれぞれ方便品と寿量品が肝要となっているからである。
93の表題に「最後」とあるのは「最終的な」あるいは「究極の」という意味であろう。下種仏法で示される南無妙法蓮華経こそが究極の法であるからである。「摩頂《まちょう》」とは、仏が法を付嘱するために弟子の頭の頂をなでることをいい、灌頂とは若干意味が異なるが、本文に「最極無上の灌頂」とあるので、ここでは灌頂と同義と捉えられる。「直授」とは文字通り、仏から直接授けられるとの意である。南無妙法蓮華経を受持することは久遠元初の自受用身如来から直接妙法を受け取ることであるから「直授」となる。

南無妙法蓮華経が成仏の根本なので、その成仏は「最極無上の灌頂」となる。南無妙法蓮華経を師として、人はその大法を行ずる存在なので、法が本で人が迹と位置づけられる。

〈本文〉

39　脱益説所《せっしょ》戒壇本迹　霊山《りょうぜん》は本、天台山は迹。久遠と末法とは事行の戒。事戒・理戒。今日と像法とは理の戒体なり。（八五九頁）

94　下種弘通戒壇実勝の本迹　三箇の秘法建立の勝地は富士山本門寺本堂なり。（八六七頁）

〈通解〉

39　脱益の説所戒壇の本迹　霊鷲山《りょうじゅせん》は本であり、天台山は迹である。久遠五百塵点劫と末法は事行の戒である。事戒と理戒に分ければ、前者は理戒、後者は事戒である。また釈迦仏在世の今日と像法は理の戒体である。

94　下種の弘通戒壇の実勝の本迹　三箇の秘法を建立する勝地は富士山の本門寺本堂である。

〈解説〉

39は表題の通り、脱益仏法の説所と戒壇の本迹を示す。「霊山は本、天台山は迹」は説かれた場所の視点から法華経と天台仏法の優劣を示している。天台大師の教説は法華経を基盤にして成立したものであるから、法華経の会座である霊鷲山が本で、天台山は迹となる。また、この言明は、日蓮在世当時、日本天台宗の中で出てきた止観勝法華説を否定する立場に立っていることを示している。

「久遠と末法とは事行の戒」の「久遠」については二義あると解せられる。

第一はこの久遠を五百塵点劫とする理解である。五百塵点劫における釈迦仏の成道を明かした寿量品は、釈迦仏という具体的な仏の上に一念三千が示されるので、理にとどまる迹門の理に比べれば事となり、その戒法も末法弘通の下種仏法と同様に事行の戒となる。

第二はこの久遠を久遠元初とする理解である。末法は久遠元初の妙法をそのまま直ちに行ずる立場なので「久末《くまつ》一同」であり、その戒法はともに事行の戒となる。以上を事戒と理戒に分ければ、久遠元初と末法の戒法が事戒となり、それに比べれば五百塵点劫成道の文上法華経の戒は理戒とされる。末法の事戒に対比する場合、釈尊今日と像法弘伝の天台仏法の戒法はともに理戒と位置づけられる。

94は表題が示す通り下種仏法における戒壇を扱う。日蓮仏法においては「教行証御書」に「この法華経の本門の肝心・妙法蓮華経は三世の諸仏の万行万善の功徳を集めて五字となせり。この五字の内にあに万戒の功徳を納めざらんや。ただし、この具足の妙戒は一度持って後、行者破らんとすれど破れず。これを金剛宝器戒《こんごうほうきかい》とや申しけん、なんど立つべし。三世の諸仏はこの戒を持って法身・報身・応身なんどいずれも無始無終の仏に成らせ給う」（一二八二頁）とあるように、南無妙法蓮華経の曼荼羅本尊を受持して題目を唱えることがそのまま戒となり（受持即持戒）、釈迦仏法に説かれる戒律は必要ない。戒壇も、釈迦仏法のように授戒の儀式を行う特別な場所を設定する必要はなく、本尊を受持して唱題に励む場所はどのような場所であっても戒壇となるのである。

その上で「三大秘法抄」には広宣流布実現の時には勝地を選んで戒壇を建立すべきことが次のように説かれている。「戒壇とは、王法、仏法に冥じ、仏法、王法に合して、王臣一同に本門の三秘密の法を持《たも》ちて、有徳王・覚徳比丘のその乃往《むかし》を末法濁悪の未来に移さん時、勅宣並びに御教《みぎょう》書《しょ》を申し下して、霊山浄土に似たらん最勝の地を尋ねて戒壇を建立すべきものか。時を待つべきのみ。事の戒法と申すはこれなり。三国並びに一閻浮提の人、懺悔滅罪の戒法のみならず、大梵天王・帝釈等も来下して踏み給うべき戒壇なり」（一〇二二頁）。

一般的には三大秘法は本尊を受持して自行化他の唱題に励む所に成就するのであるから、94の本文に「三箇の秘法建立の勝地は富士山本門寺本堂なり」とあるのは、一般的意味の戒壇ではなく、「三大秘法抄」に示された広宣流布実現の時に建立する戒壇を指すと解せられる。要するに「百六箇抄」は「三大秘法抄」を前提にして富士戒壇論の立場に立っていると理解される。

富士山を日蓮仏法弘通の勝地とする見解は「富士一跡門徒存知の事」および「五人所破抄」においても次のように示されている。

「本門寺を建つべき在所のこと。（中略）日興云わく、およそ勝地を撰んで伽藍《がらん》を建立するは仏法の通例なり。しかれば駿河国富士山はこれ日本第一の名山なり。最もこの砌《みぎり》に於いて本門寺を建立すべき由、奏聞し畢わんぬ。

よって広宣流布の時至り、国主この法門を用いらるるの時は必ず富士山に立てらるべきなり」（「富士一跡門徒存知の事」一六〇七頁）

「日本と云うは惣名《そうみょう》なり。また本朝を扶桑国《ふそうこく》と云う。富士は郡の号、即ち大日蓮華山と称す。ここに知んぬ、先師、自然の名号と妙法蓮華の経題と山州共に相応す。弘通この地に在り。遠く異朝の天台山を訪えば台星《たいせい》の所居《しょご》なり。大師、かの深洞を卜《ぼく》して迹門を建立す。近く我が国の大日山を尋ぬれば日天の能住なり。聖人、この高峰を撰んで本門を弘めんと欲す。閻浮第一の富山なればなり」（「五人所破抄」一六一三頁）

とくに「富士一跡門徒存知の事」では広宣流布の時には富士山に本門寺を建立すべきことが説かれており、「百六箇抄」とほぼ軌を一にしている。「富士一跡門徒存知の事」が日興の思想を表明した書であることは確実であるから、「百六箇抄」が日興の思想と一致していることが了解できよう。

なお、本門寺の本門とはもちろん法華経文上の本門ではなく、文底独一本門の意味である。「富士一跡門徒存知の事」や「百六箇抄」に明らかなように、広宣流布実現の時には富士山に本門寺を建立すべきであるとする思想が日興門流に存在していた。実際に北山（重須《おもす》）本門寺、西山本門寺、讃岐《さぬき》本門寺など、日興門流に本門寺を称する多数の寺院が存在することはこの思想の存在を裏づけるものといえよう。

「富士一跡門徒存知の事」「五人所破抄」の成立は日興の身延離山後であるから、日興が拠点とした富士を最勝の地と規定したのは自然だが、「百六箇抄」を日蓮から日興への相伝書とした場合、日蓮は存命中から富士を仏法弘通の中心地として想定していたことになる。日蓮が生前、「地頭の不法ならん時は我も住むまじき由」（「美作房《みまさかぼう》御返事」編年体御書一七二九頁）を遺言していた事実に照らすならば、日蓮は地頭波木井実長《はきいさねなが》の信心を信用していなかったので身延の地にこだわっていなかったと見られる。

日蓮が常陸の湯に向けて身延を出発する前、日興に与えたとされる「身延相承書」には「日蓮一期の弘法、白蓮阿闍梨日興にこれを付嘱す。本門弘通の大導師たるべきなり。国主この法を立てらるれば、富士山に本門寺の戒壇を建立せらるべきなり」（一六〇〇頁）と明確な富士戒壇論が示されている。もっとも同書の真筆は現存せず、真偽が議論されてきたが、同書が真撰である可能性もありうる（ただし日興が日蓮の正統後継者であることについては同書の存在を必要としない）。

「富士一跡門徒存知の事」で本門寺について「広宣流布の時至り、国主この法門を用いらるるの時は必ず富士山に立てらるべきなり」と述べていることは重要である。広宣流布実現の時の戒壇をどこに建てるべきかという重大問題について日興が何の根拠もなく独断で決めたとは考え難い。やはり、ここまで明確な言明がなされる背景には、この問題に対して日蓮による教示があったと見るのが自然であろう。同抄には「王城の事」として、「右、王城に於いてはことに勝地を撰ぶべきなり。なかんずく仏法は王法と本源体一なり。居処随って相離るべからざるか。よって南都七大寺・北京《ほくきょう》比叡山、先蹤《せんしょう》これ同じ。後代改まらず。しかれば駿河国・富士山は広博の地なり。一には扶桑国《ふそうこく》なり、二には四神相応の勝地なり。もっとも本門寺と王城と一所なるべき由、かつは往古の佳例なり、かつは日蓮大聖人の本願の所なり」（一六〇七頁）とあることもその根拠の一つとなろう。

結論として、富士戒壇論は日蓮自身の中に存し、山深い身延よりも、むしろ信心純真な門下が多く居住し、四方に交通の開けた富士方面を弘教の中心地として想定していた可能性は高いと思われる。「百六箇抄」の「三箇の秘法建立の勝地は富士山本門寺本堂なり」の文は日蓮が抱いていた富士戒壇思想の端的な表明と受け止めることができよう。

〈本文〉

40　脱益三世・三仏利の本迹　世々番々の教主は本、所化の衆生は迹なり。世々已来常に我が化を受け、番々に出世し、師と倶《とも》に生ず。（八五九頁）

96　下種三世・三仏実益《じつやく》の本迹　日蓮は下種の利益、三世・九世・種熟脱・本有一念の利益《りやく》なり。天台云わく「若《も》しは破、若しは立、皆これ法華の意」の修行の利益なり。（八六七頁）

〈通解〉

40　脱益の三世・三仏利の本迹　五百塵点劫の成道以来、世々番々に出現した教主は本であり、化導されてきた衆生は迹である。衆生は世々にわたって常に釈迦仏の化導を受け、番々にわたって世に出て師匠とともに生ずるのである。

96　下種の三世・三仏実益の本迹　日蓮の利益は下種の利益であり、三世・九世にわたって種熟脱を包摂する本有一念の利益である。天台大師が「もしくは破する場合も、もしくは立てる場合もあるが、全て法華の意によるのである」と説いているように、下種仏法においても破する場合も立てる場合もあるが、全て根源の妙法を修行する利益なのである。

〈解説〉

40は表題の通り、脱益仏法の三世にわたる利益を扱う。

ここで「三仏」とは釈迦・多宝・十方分身の諸仏と解せられる。釈迦仏法において根本の教主は法華経寿量品で明かされた五百塵点劫成道の釈迦仏であり、それ以来、この世に出現してきた釈迦仏によって衆生が化導されてきたと説かれる。従って釈迦仏と衆生の関係は今世だけのものではなく、過去世・現世・未来世の三世にわたるものとなる。法華経化城喩品《けじょうゆほん》第七に「在在《もろもろ》の諸仏の土に常に師と倶《とも》に生ず」（法華経三一七頁）と説かれるのは釈迦仏と衆生の三世にわたる宿縁を述べたものである。従って、釈迦仏法によって成仏する衆生は、どこまでも釈迦仏を教主とし、師とする立場にあることになる。

しかし、脱益の釈迦仏法によって救済されない末法の衆生は釈迦仏ではなく、下種仏法の教主を師としなければならない。この下種仏法の利益を論じたのが96である。従って、96の表題の「三仏」とは脱益仏法の三仏とは異なり、報身・応身・法身の三身如来と解すべきであろう。また「実益」とあるのは真実無上の利益の意と解せられる。

本文で「日蓮は下種の利益」とは、日蓮が南無妙法蓮華経を初めて人々に弘めた下種仏法の教主として衆生に与える利益を指しており、まさに日蓮本仏義を示すものとなっている。

「九世」とは過去世・現世・未来世の三世のそれぞれが過去・現在・未来を具していることをいう。例えば過去が過去・現在・未来を含むことは、過去の存在が現在や未来に影響を及ぼすことから理解できよう。過去の事物は、それが人間の営みであれ自然の産物であれ、現在や未来の存在に影響を与える力を持つ。また、現在の存在は過去によって規定されて形成されたものであるとともに未来の存在を規定する。未来の存在は過去および現在の存在によって規定される。

時間の流れは不可逆である故に未来が現在や過去を規定することはないが、過去・現在・未来はそれぞれバラバラのものではなく、一体のものとして推移していく。ここでは下種仏法が示す南無妙法蓮華経が無始無終の法体として、いわば時間を超越した利益の働きを有することを述べていると解せられる。

その利益は、下種に始まって今世のうちに得脱に至らしめるので種熟脱の全てを包含したものである。また、下種仏法は成仏の因果を一瞬の生命に具える「因果一念の宗」（「本因妙抄」八七一頁）なので、ここでも「本有一念の利益」とされる。

「若しは破、若しは立、皆これ法華の意」は『法華玄義』の文で、法華経は爾前経を破折したり、立てる場合もあるが、どのような場合も一切を生かしていく法華経の経意に基づいている、との趣旨である。この文をここで引用しているのは、日蓮仏法にもそれ以前の仏教を破折したり、擁護して用いる場合があるが、それらは全て以前の仏教を妙法の内に包摂して用いていくとの意と解せられる。

〈本文〉

41　脱益証明・多宝仏塔の本迹　妙法蓮華経皆是真実《かいぜしんじつ》は本、多宝仏は迹。迹門八品乃至本門これを指すなり云々。（八五九頁）

97　下種証明・多宝仏塔の本迹　久遠実成・無始無終・本法の妙法蓮華経皆是真実は本なり。久遠の本師は妙法なり。本有実成釈迦・多宝は迹なり。（八六七頁）

〈通解〉

41　脱益の証明・多宝仏塔の本迹　妙法蓮華経皆是真実は本であり、多宝仏は迹である。迹門八品から本門はこのことを指しているのである。

97　下種の証明・多宝仏塔の本迹　久遠実成・無始無終・本法の妙法蓮華経皆是真実は本である。久遠の本師は妙法である。本有実成《ほんぬじつじょう》の釈迦・多宝は迹である。

〈解説〉

41本文の「妙法蓮華経皆是真実」は、法華経見宝塔品第十一で多宝如来が法華経の真実を証明した際の言葉を要約して示したものである。「妙法蓮華経皆是真実は本、多宝仏は迹」とされるのは、真実が証明された法華経があくまでも弘教の本体で、証明役の多宝如来は法華経を引き立てるために登場した脇役に過ぎないからである。「迹門八品乃至本門これを指すなり」とは、迹門・本門に説かれた法体が主体で、証明役の多宝如来は傍であることは迹門・本門ともに共通しているとの意であろう。

97の表題は多宝如来の証明は脱益仏法だけでなく下種仏法の証明にもなっていることを示す意である。多宝如来の証明は、直接的には文上法華経が真実であることを証明したものである。しかし、法華経寿量品の文底には久遠実成の釈迦仏を成仏させた根源の法体である妙法の存在が暗示されているのであるから、文上法華経の証明は実質的に文底に暗示されている妙法の真実をも証明するものとなっている。

法華経には釈迦仏の在世のためと滅後末法のための二重の意義がある。法華経は釈迦仏法の最高峰の経典として正像の衆生を救済しただけでなく、根源の妙法の存在を暗示し、その妙法弘通の主体者である地涌の菩薩の出現を予言することによって、末法の衆生の救済にも寄与しようとした。その意味で多宝如来の証明も末法救済に寄与する意義があるといえよう。

そこで97本文の「久遠実成・無始無終・本法の妙法蓮華経」とは文上の法華経ではなく、文底に暗示された南無妙法蓮華経を意味する。「無始無終」の言葉は有始である五百塵点劫を超越していることを示しているので、ここの「久遠実成」は五百塵点劫成道ではなく「久遠元初」を指すと解さなければならない。

久遠元初の南無妙法蓮華経こそが諸仏の師であり、諸仏を仏ならしめた能生の法体であるから、脱益の釈迦・多宝は当然、妙法が本であるのに対して迹と位置づけられる。「久遠の本師は妙法なり。本有実成釈迦・多宝は迹なり」とはその趣旨を示したものである。

〈本文〉

42　脱益序・正・流通、現文の本迹　経文・釈義のごとく、理の上の正宗・流通・序文なれども、本は勝れ、迹は劣るなり。しかるに迹は本無今有《ほんむこんぬ》なれば、久遠の迹を脱として今日の本を説くなり云々。(八五九頁)

98　下種序・正・流通、文底の本迹　応仏と天台とは正宗一品二半を本門と定め、現文の勝劣。報仏と日蓮とは流通を本と定む。文底の勝劣なり。(八六七頁)

〈通解〉

42　脱益の序・正・流通、現文の本迹　経文とその解釈の通り、理の上の正宗分・流通分・序分であるけれども、本は勝り、迹は劣るのである。しかし、迹門では今日の垂迹《すいじゃく》だけを示して本地を現していないので（本無今有《ほんむこんぬ》）、本門では久遠元初から見れば迹である五百塵点劫成道を示して衆生を得脱させるために今日の本門を説いたのである。

98　下種の序・正・流通、文底の本迹　応仏である釈迦仏と天台大師は正宗分である一品二半を本門と定める。それは文に現れた勝劣である。それに対して久遠元初自受用報身如来と日蓮は流通を本と定める。これは文底の次元から見た勝劣である。

〈解説〉

42と98は脱益仏法と下種仏法の序分・正宗分・流通分を扱う。脱益仏法である文上法華経には迹門と本門のそれぞれに序分・正宗分・流通分の三分科があるとされる。迹門では序品が序分であり、方便品から人記品までが正宗分、法師品から安楽行品までが流通分となる。本門では涌出品の前半が序分であり、涌出品の後半から分別功徳品の前半までの一品二半が正宗分、分別功徳品の後半から普賢品までが流通分となる。この区分は、「現文」とあるように経文の上に現れているものであり、天台大師が『法華文句』で示したものである。

法華経迹門では二乗や悪人・女人の成仏を説いて一切衆生が成仏できることが示されるが、仏と衆生の久遠の本地が説かれないので、実際には理論上だけのことで、成仏の実体がない。そこで本門では寿量品において釈迦仏の五百塵点劫における成道を明かし、その文底に釈迦仏を成道させた妙法の存在を暗示することによって衆生を得脱させたのである。その五百塵点劫の成道も久遠元初の妙法に対比した時は迹となるので「久遠の迹」とされると解せられる。

98本文の「応仏」とは「本因妙抄」の一代応仏思想を受けたもので、釈迦仏法の全ての仏が衆生の機根に応じて出現した仏であることを指す。文上法華経の本仏である釈迦仏も当然、応仏の域に入る。法華経と天台は文上法華経の一品二半を正宗分としたので、それが本門となり、その他の教えは全て迹と位置づけられる。その勝劣は経典の文に現れているので「現文の勝劣」とされる。

また98本文の「報仏」とは、ここでは既に文底の立場から論じられているので、久遠元初の自受用報身と解される。ここで「報仏と日蓮」と述べられているのは久遠元初自受用身と日蓮が一体不二であることを示す趣旨である。また「流通を本と定む」とは、自受用報身即日蓮が示す南無妙法蓮華経こそが末法万年にわたって一切衆生を救済する流通の法体であるからである。妙法の功徳を万人に及ぼし、人々の幸福を確立することが下種仏法の根本目的であることを示す文といえよう。

さらに「文底の勝劣なり」とは、文底の視点から見た場合、釈迦仏・天台が弘通した脱益仏法が劣り、自受用報身即日蓮が弘める下種仏法が勝ることを示すものである。

〈本文〉

43　脱益摂受・折伏の本迹　天台は摂受を本とし、折伏を迹とす。その故は像法は在世の熟益冥利の故なり。福智具足の故と云えり。（八六〇頁）

99　下種摂折二門の本迹　日蓮は折伏を本とし、摂受を迹と定む。「法華折伏破権門理《ほっけしゃくぶくはごんもんり》」とはこれなり。（八六七頁）

〈通解〉

43　脱益の摂受・折伏の本迹　天台は摂受を本とし、折伏を迹とする。その理由は、像法時代は釈尊在世からの下種を受けた機根が熟する利益が善業の報いとして現れる時であるからである。天台仏法によって利益を得る衆生には福運と智慧がともに具わっているからである。

99　下種の摂折二門の本迹　日蓮は折伏を本とし、摂受を迹と定める。『法華玄義』に「法華は折伏にして権門の理を破す」と説かれるのはこのことである。

〈解説〉

43と99は摂受・折伏という弘教の方式において脱益仏法と下種仏法の相違を明示する。天台に代表される脱益仏法は相手を否定せず次第に正法に導いていく摂受を基本とするのに対し、日蓮が弘通する下種仏法は相手の誤りを打ち破って正法に帰依させる折伏を基本とする。

脱益の釈迦仏法が摂受を基本とする理由は、釈迦仏法は既に下種を受けて善根を持っている（これを本已有善《ほんいうぜん》という）衆生を救済の対象としているからである。法華経においては、五百塵点劫に成道した釈迦仏から下種を受けてその善根を熟させてきた衆生が寿量品に至って得脱したとされる。この点について日蓮は「観心本尊抄《かんじんのほんぞんしょう》」で「久種をもって下種となし、大通・前四味・迹門を熟となして、本門に至って等妙に登らしむ」(二四九頁)と述べている。従って、釈迦仏法においては衆生が正法を誹謗して自身の善根を破壊することがないよう配慮することが必要になる。そこで相手の機根に応じて法を説く摂受の方式をとることになる。

像法時代の天台仏法によって得脱できた衆生も、過去に受けた下種が調熟していた衆生であり、極めて優れた能力を有する一握りの人々に限られていた。「福智具足」とあるように、福運と智慧を兼備した衆生でなければ天台仏法によって得脱することはできなかった。

それに対して、下種仏法が折伏を基本とするのは、救済の対象とする衆生が善根をもっていることを前提としないからである。むしろ末法の衆生は釈迦仏法による下種を受けず、何ら善根を有していない（これを本未有善《ほんみうぜん》という）衆生である。従って、衆生の善根を破壊することを配慮する必要はなく、相手が信じようと誹謗しようと、相手の誤りを破折して正法に帰服させる折伏を基本とすることになる。たとえ相手が正法を誹謗した場合でも、むしろその逆縁をもって衆生を救済していく方式をとるのである。

天台大師は『法華文句』で本已有善と本未有善の相違を指摘し、「本《も》と已に善有り。釈迦は小をもってこれを将護《しょうご》す。本と未だ善有らざれば、不軽は大をもって強いてこれを毒す」（大正蔵三十四巻一四一頁）と述べている。

日蓮は「曾谷入道殿許《もと》御書」で天台のこの文を引いて次のようにいう。

「正像二千余年にはなお下種の者有り。例せば在世四十余年のごとし。根機を知らずんば左右《そう》無く実経を与うべからず。今は既に末法に入って在世の結縁の者は漸々に衰微して権実の二機皆悉く尽きぬ。彼の不軽菩薩、末世に出現して毒鼓《どっく》を撃たしむるの時なり」（一〇二七頁）。

日蓮は、末法に入ったならば本已有善の者は存在しないので、不軽菩薩と同じく逆縁による折伏行を行じなければならないとする。

末法の修行として摂受を退け、折伏を選択することは、日蓮が諸抄において繰り返し強調したことであった。例えば「如説修行抄」では次のように述べられている。

「およそ仏法を修行せん者は摂折二門を知るべきなり。一切の経論、この二つを出でざるなり（中略）正像二千年は小乗・権大乗の流布の時なり。末法の始めの五百年には純円・一実の法華経のみ広宣流布の時なり。この時は闘諍堅固・白法隠没の時と定めて権実雑乱の砌《みぎり》なり。敵《かたき》有る時は刀杖弓箭《とうじょうきゅうせん》を持つべし。敵無き時は弓箭兵杖何にかせん。今の時は権教即実教の敵と成るなり。一乗流布の時は権教有って敵と成りて、まぎらわしくば、実教よりこれを責むべし。これを摂折二門の中には法華経の折伏と申すなり。天台云わく『法華折伏破権門理』と。まことに故あるかな。しかるに摂受たる四安楽の修行を今の時行ずるならば、冬、種子を下して、春、菓を求むる者にあらずや。鶏《にわとり》の暁に鳴くは用《よう》なり、宵《よい》に鳴くは物怪《もっけ》なり。権実雑乱の時、法華経の御敵を責めずして山林に閉じ篭もり摂受を修行せんは、あに法華経修行の時を失う物怪にあらずや」（五〇三頁）

ここでの摂受・折伏をめぐる脱益仏法と下種仏法の対比は、「本因妙抄」において天台宗と日蓮仏法の相違点を挙げたいわゆる「二十四番勝劣」の第二十番と第二十一番と同趣旨である。すなわち「二十四番勝劣」では、「彼は諸宗の謬義をほぼ書き顕すといえども未だ言説せず。これは身命を惜しまず他師の邪義を糺《ただ》し、三類の強敵を招く」（八七五頁）、「彼は安楽・普賢の説相に依り、これは勧持・不軽の行相を用ゆ」（同頁）と述べられている。このように、「百六箇抄」のこの部分の趣旨は「曾谷入道殿許御書」「如説修行抄」などの諸抄における教示および「本因妙抄」と合致している。

第一章で述べた通り、摂受・折伏の問題は日興と五老僧の間の大きな対立点であった。日興が明確に摂受を退けて折伏行を強調した背景には、他の問題と同様、日蓮による明確な教示があったと見るべきであろう。その教示を示すものが「本因妙抄」「百六箇抄」であった可能性は高いと考える。

〈本文〉

44　脱益二妙の本迹　相待妙《そうたいみょう》は迹、絶待妙《ぜったいみょう》は本。「妙法の外に更《さら》に一句の余経無し」云々。「独一法界《どくいつほうかい》の故に絶待と名づくる」の釈、これを思うべし。

（八六〇頁）

100 下種二妙実行《じつぎょう》の本迹　日蓮は脱の二妙を迹となし、種の二妙を本と定む。しかるに相待は迹、絶待は本、云々。（八六七頁）

〈通解〉

44 脱益の二妙の本迹　相待妙は迹であり、絶待妙は本である。「妙法の他に一句の余経もない」、また「独一の法界である故に絶待妙と名づける」という釈を思索すべきである。

100 下種の二妙実行の本迹　日蓮は脱益の二妙を迹とし、下種益の二妙を本と定める。しかし、相待妙は迹であり、絶待妙は本である。

〈解説〉

相待妙・絶待妙の二妙は天台大師が『法華玄義』で妙法蓮華経の経題を論じた中で「妙」の字に関して立てた法理である。相待妙とは、法華経と法華経以外の諸経を比較相対して、諸経を麤《そ》（粗雑であること）として退け、法華経が妙として勝れているとすることをいう。絶待妙は相待妙に対する言葉で、麤と妙の比較相対を超越して、妙の中に麤を包摂し、用いていくことをいう。相待妙によって麤と妙の区別がなされた上で妙による麤の包摂が成立するので、絶待妙だけで成り立つものではなく、絶待妙は相待妙を前提としている。天台は、この相待妙・絶待妙は法華経のみが示すもので、法華経以外の諸経には存在しないとしている。

絶待妙は相待妙からさらに進んだ法理なので、脱益仏法の上でも相待妙が迹、絶待妙が本となる。「妙法の外に更に一句の余経無し」、「独一法界の故に絶待と名づくる」は天台の『摩訶止観』などの文を要約して述べたものであろう。全宇宙（法界）のあらゆる存在を妙法に包摂する働きは法華経以外の余経に見ることができないことを示した趣旨と解せられる。

相対妙・絶待妙の二妙は文上法華経の脱益仏法にも存在するが、日蓮はその二妙は下種仏法の二妙に対すれば迹であり、下種の二妙こそが本であるとする。脱益仏法においては一切諸法を包摂する妙法は文上においてまだ顕示されておらず、下種仏法において初めて南無妙法蓮華経として明示されるからである。なお100の表題にある「実行《じつぎょう》」とは真実の行の意で、下種仏法によってこそ相待妙・絶待妙の働きを現実の上に現すことができるとの意を示すものと解せられる。

〈本文〉

45　脱益十妙の本迹　本果妙は本、九妙は迹なり。在世と天台とは機上の理なり。仏は本因妙を本となし、所化は本果妙を本と思えり。（八六〇頁）

101　下種十妙実体の本迹　日蓮は本因妙を本となし、余を迹となすなり。これ真実の本因本果の法門なり。（八六七頁）

〈通解〉

45　脱益の十妙の本迹　本果妙は本であり、他の九妙は迹である。釈尊在世と天台は機根の上の理による化導である。仏は本因妙を本とし、所化は本果妙を本と思うのである。

101　下種の十妙実体の本迹　日蓮は本因妙を本とし、余の九妙を迹とする。これが真実の本因本果の法門である。

〈解説〉

天台大師は『法華玄義』で迹門の十妙と本門の十妙を示したが、脱益という意味からすれば衆生を得脱させるのは本門なので、ここの十妙とは本門の十妙（本因妙・本果妙・本国土妙・本感応妙・本神通妙・本説法妙・本眷属妙・本涅槃妙・本寿命妙・本利益妙）を指すと解せられる。

本門寿量品は釈迦仏が五百塵点劫の昔に成道の本果を遂げたことを明らかにし、この色相荘厳の本果の仏を本仏とした。本果妙以外の九妙は、本仏の因行や国土、衆生への感応や神通力など、全て本仏の境涯が妙であることを示したものである。「本果妙は本、九妙は迹なり」とは色相荘厳の本果の仏を中心とする文上寿量品の内容を踏まえたものである。

「在世と天台とは機上の理なり」とは、釈迦や天台が相手にした正像の衆生はもともと下種を受けている（本已有善）熟脱の機根の衆生なので、その機根を前提にして化導したことをいう。しかし、その化導は成仏の根源である妙法を事実の上に顕示するものではなかったので「理」とされる。この点は「本因妙抄」に「一代応仏のいきをひかえたる方は理の上の法相なれば」（八七七頁）とあるのと軌を一にする。

五百塵点劫成道の本果の仏が成仏した本因は「我本行菩薩道」と説かれるように、五百塵点劫以前に菩薩として修行したことであった。菩薩として行じた妙法こそが釈迦仏を成仏せしめた能生の仏種であり、この本因妙の仏種を根本にすることが仏の本意であったが、寿量品に接した大衆は自身の機根に適合した色相荘厳の仏を根本の依処として得道していった。「仏は本因妙を本となし、所化は本果妙を本と思えり」とはその趣旨を示した文と解せられる。もちろんその得脱も、妙楽大師が「脱は現に在りと雖《いえど》も具《つぶ》さに本種を騰《あ》ぐ」と述べている通り、色相荘厳の仏を通して本種である妙法を覚知したことによることはいうまでもない。

脱益仏法が本果妙の仏を通して衆生を化導したのに対し、下種仏法は成仏の本因である久遠元初の南無妙法蓮華経を直ちに行ずるので本因妙が本となる。

下種仏法が本因を中心とすることについて「御講聞書《おこうききがき》」では「日蓮が弟子檀那の肝要は本果より本因を宗とするなり。本因なくしては本果有るべからず。よって本因とは慧の因にして名字即の位なり。本果は果にして究竟即の位なり。究竟即とは九識本覚の異名なり。九識本法の都とは法華の行者の住所なり」（八〇八頁）と述べられている。

「御講聞書」は「御義口伝」と同様、身延における日蓮の法華経講義を筆録した記録と伝えられる。同書は日向《にこう》が筆録者とされていることが示すように、日興門流の外で編纂されたものと考えられるが、その「御講聞書」が「百六箇抄」と同じく本因を中心とする本因妙思想を明確に表明していることは日蓮自身のうちに本因妙思想が存在していたことを強く推定せしめるものになっている（本因妙思想は決して日興門流のみが恣意的に主張しているものではない。「御講聞書」を「御義口伝」とともに、単なる偽書として全面的に排除する態度は決して適切な在り方ではない）。

なお、101の表題にいう「実体」とは、南無妙法蓮華経を人法一箇の境地において所持する南無妙法蓮華経如来（久遠元初自受用報身如来）即《そく》日蓮が下種仏法の十妙を具える実体であることを指す。

脱益仏法の教主である五百塵点劫成道の本果妙の仏は、三十二相を具える色相荘厳の仏と説かれることが示す通り、決して現実に存在するものではなく、いわば架空の、観念上の存在に過ぎない。日蓮が「諸法実相抄」に「凡夫は体の三身にして本仏ぞかし。仏は用《ゆう》の三身にして迹仏なり」（一三五八頁）と述べているように、寿量品に説かれる久遠実成の仏を含めて仏典に説かれる諸仏は仏という生命の働き（用）を示すために説かれた象徴であり、実体のない迹仏である。

それに対して下種仏法が示す南無妙法蓮華経如来は、現実に出現した日蓮その人であり、また南無妙法蓮華経を行ずる一切の凡夫であるから、決して架空の存在ではなく、実体そのものである。妙法を実践する凡夫以外に本仏（現実の仏）は存在しないのである。

〈本文〉

46 脱益六重所説の本迹　已今《いこん》を本となし、余は迹なり。「本迹殊《こと》なりと雖《いえど》も不思議一」と云々。理具の本迹なれば一部倶《とも》に迹の上の本迹なり。（八六〇頁）

102 下種六重具騰《ぐとう》の本迹　日蓮は脱の六重を迹となし、種の六重を本とするなり云々。（八六八頁）

〈通解〉

46 脱益の六重所説の本迹　六重本迹の中で已今本迹を本とし、その他を迹とする。天台は「本迹は異なっているが、不思議の妙法のもとでは一体である」と述べている。脱益仏法の本迹は理の本迹であるから、法華経一部の本迹は全て迹の上の本迹となる。

102 下種の六重具騰《ぐとう》の本迹　日蓮は脱益《だっちゃく》の六重を迹とし、下種の六重を本とするのである。

〈解説〉

天台大師は『法華玄義』で妙の一字の意義を解釈する上で迹門の十妙と本門の十妙があるとし、この十妙について理事・理教・教行・体用・実権《じつごん》・今已《こんい》の六重の本迹を論じた。

理事本迹の理とは真理を指し、事とは一切の現象をいう。天台仏法では理を根本にするので、理が本となり、事が迹となる。理教本迹の理は真理を指し、教は仏が理に基づいて説く教えを指す。この場合も理が根本となるので、理が本で、教が迹となる。教行本迹の教とは仏が衆生に対して説く教えであり、行とは教に基づいて起こす修行である。この場合も教が行の前提になるので、教が本で、行が迹となる。

体用本迹の体は法の本体、用は法の働きをいい、体がなければその働きが生ずることもないので、体が本、用が迹となる。実権本迹の実は真実、権《ごん》は仮の意味であるから実が本で、権が迹となる。今已《こんい》本迹の已とは過去の意味で、法華経本門以前の教えを指し、今は法華経本門の教えをいう。本門以前の爾前・迹門の教えは仏の本地が明かされないので、已が迹となり、仏の本地を明かした今（本門）が本となる。

已今本迹は法華経本門と爾前・迹門の相違を示しているが、他の五つはその相違を示していない。脱益仏法は法華経本門を根本とするので「已今を本となし、余は迹なり」とされるのである。

「本迹殊《こと》なりと雖も不思議一なり」とは僧肇《そうじょう》の『注維摩経《ちゅうゆいまきょう》』序にある文だが、天台は『法華玄義』『法華文句』などでしばしば引用している。この文は、本迹の勝劣を前提にした上で本門によって迹門を開会《かいえ》した後は迹門も本門の一部として位置づけられることを述べたもので、いわゆる本迹一致を説いたものではない。この文がここで引かれているのは、理事・理教・教行・体用・実権・今已の区別はあるが、その上でいずれも不二であることを示す（二而《にに》不二《ふに》）趣旨である。

102は六重本迹が脱益仏法だけでなく下種仏法にも存在することを示し、その上で脱益の六重本迹を迹、下種の六重本迹を本と位置づける。理事・理教・教行・体用・実権の区別が下種仏法にも存することは容易に理解できるが、已今本迹については、下種仏法から見た場合でも法華経本門には久遠元初の下種が文底に暗示されており、それがない爾前・迹門に対すれば明らかに勝るので、今（本門）が本で已（爾前・迹門）が迹となるからであろう。

なお102の表題の「具騰《ぐとう》」とは日蓮が重視した妙楽大師の「雖脱在現《すいだつざいげん》・具騰本種《ぐとうほんしゅ》」の文の要約であり、種脱相対を明確に示す趣旨である。

〈本文〉

47　脱益六即所判の本迹　妙覚は本、余は迹なり。（八六〇頁）

103　下種六即実勝の本迹　日蓮は脱の六即を迹となし、種の三世一即の六即、案位《あんい》の理即は開会の妙覚、開会の理即は本覚の極果を本とするなり。（八六八頁）

〈通解〉

47　脱益の六即所判の本迹　妙覚は本であり、その他は迹である。

103　下種の六即実勝の本迹　日蓮は脱の六即を迹とする。下種仏法においては三世にわたる六即の中の一即、すなわちその位にとどまっている理即の凡夫も開会されれば妙覚となる。下種仏法は妙法によって開会された理即の凡夫が本覚の極果となることを本とするのである。

〈解説〉

六即とは法華経を行ずる菩薩の位を天台大師が『摩訶止観』で示したもので、理即・名字即・観行即・相似即・分真即・究竟即の六つをいう。また五十二位は瓔珞経《ようらくきょう》などに説かれる大乗菩薩の修行の位で、十信・十住・十行・十回向・十地・等覚・妙覚をいう。

両者の関係は、まず理即・名字即・観行即までは十信位以前とされ、相似即がようやく十信位に相当する。分真即は十住・十行・十回向・十地・等覚に当たり、究竟即が妙覚に相当する。

脱益仏法においては最高の悟りである妙覚位に到達することが根本目標とされ、その他の位は全てそこに至るまでの途中の段階であるから「妙覚は本、余は迹」とされる。要するに釈迦仏法は一つずつ階梯《かいてい》を上っていく修行を前提にしている。

しかし、根源の仏種である南無妙法蓮華経を行じて一生のうちに成仏することを説く日蓮仏法は「総勘文抄」に「十法界の依報・正報は法身の仏・一体三身の徳なりと知って、一切の法は皆これ仏法なりと通達し解了する。これを名字即となす。名字即の位より即身成仏す。故に円頓《えんとん》の教には次位の次第無し」（五六六頁）と説かれるように、妙法を信受する名字即から直ちに得道できるので修行における階梯が存在しない。

　六即や五十二位の概念は脱益仏法においてのみ意味を持つもので、下種仏法からすれば不必要な概念であるから「脱の六即は迹」とすることになる。103の本文の「案位《あんい》」とは、その位にとどまっているという意味である。正法を知らず、信じない理即の衆生であっても理の上では万人に仏性が具わっているので、正法を聞いて信受すれば名字即となり、正法によって開会されることでそのまま妙覚の境地に至ることができる。たとえ正法を知らない衆生であっても、誰人に対しても成仏する道を開いたのが日蓮仏法の他に例を見ない特質である。

　この「凡夫即極」の法理は、「能居所居・身土・色心・倶体倶用《くたいくゆう》・無作三身の本門寿量の当体蓮華の仏とは日蓮が弟子檀那等の中のことなり」（「当体義抄」五一二頁）、「今、日蓮等の類い南無妙法蓮華経と唱え奉る時、必ず無作三身の仏に成るを喜とは云うなり」（「御義口伝」七六一頁）、「法華経の行者は如説修行せば必ず一生の中に一人も残らず成仏すべし」（「一念三千法門」四一六頁）など、多くの御書に見ることができる。

〈本文〉

48　脱益十不二門《じっぷにもん》の本迹　理の上の不変の不二にして、事行の不二門にはあらざるなり。（八六〇頁）

105　下種十不二門の本迹　日蓮が十不二門は事《じ》上極々《じょうごくごく》の事理一体、用《ゆう》の不二門なり。（八六八頁）

〈通解〉

48　脱益の十不二門の本迹　脱益仏法の十不二門は理の上の不変真如の不二門であり、事行の不二門ではない。

105　下種の十不二門の本迹　日蓮が説く十不二門は事の上の極々の事理一体の用の不二門である。

〈解説〉

十不二門とは、天台大師が『法華玄義』で示した迹門・本門の十妙について妙楽大師が『法華玄義釈籤』で十の不二門をもって解釈したものである。すなわち、①色心不二門、②内外不二門、③修性《しゅうしょう》不二門、④因果不二門、⑤染浄不二門、⑥依正不二門、⑦自他不二門、⑧三業不二門、

⑨権実不二門、⑩受潤《じゅにん》不二門をいう。

①**色心不二門**

色とは生命の物質的・外形的側面、心とは生命の精神的・内面的側面を指す。両者は、観念上は分けて考えられるが、実際には別個に存在するものではなく、一体不二であることをいう。

②**内外不二門**

生命の外にある世界も生命の内の世界も互いに融合して一体不二であることをいう。個々の生命は宇宙の一部であると同時に、個々の生命の中に全宇宙を孕《はら》んでいる。

③**修性不二門**

諸法に具わる本性（仏性）と修行によって得られるものが同一であることをいう。本性があるからこそ修行を起こすことができるのであり、また修行によって本来具わっている本性を顕現できる。

④**因果不二門**

因位にある衆生も果位にある仏も具わっている仏性は同一であり、生命としては平等不二であることをいう。両者の相違は仏性を顕しているか、まだ顕していないかの違いに過ぎない。

⑤**染浄不二門**

染とは生命が無明（迷い）に覆われていること、浄とは法性（悟り）の境地が顕れていることをいう。染は九界、浄は仏界に当たる。染と浄が別々に存在するのではなく、もともと一体不二である。

⑥**依正不二門**

依とは依報すなわち宿業の報いの結果（果報）として得た、生命活動の依りどころとしての国土・環境をいい、正とは正報すなわち宿業の果報としての生命主体をいう。いかなる生命もそれ自体だけで存在することはできず、必ずその生命が住する環境世界が存することは自明の理である。それぞれの生命主体にはそれに相応する環境がある。例えば衆生が菩薩であれば、その国土は菩薩界の国土（実報土《じっぽうど》）である。衆生の境涯が地獄・餓鬼・畜生であれば、その住する国土も地獄・餓鬼・畜生の国土である。このように生命主体と環境は一体不二であることを依正不二という。

⑦**自他不二門**

自他不二門の自とは仏、他とは九界の衆生をいい、仏と衆生が別個の相反するものではなく、一体不二であることをいう。生仏《しょうぶつ》不二と同義であり、九界即仏界、仏界即九界の別の表現ともいえる。

また自他を広く解すれば、自己と他者となる。自己と他者は無関係の隔絶した存在ではなく、相互に影響を与え合う関係にあることを指すとも解することができる。

⑧**三業不二門**

三業とは身口意の三業である。この場合はとくに仏の身口意の行為による化導を意味する。身口意の三業は色法・心法にわたるものだが、色心は不二なので、身口意の三業はそれぞれ別個のものではなく一体不二のものとなる。その意味では三業が一体であるのは仏に限ったものではなく、一切衆生についていえるものとなる。

⑨権実不二門

権とは真実に導くための方便、実とは真実を意味する。仏は衆生の機根に応じて権教と実教を説くが、絶待妙の立場から見れば全ての権教は衆生を成仏に導くために説かれた教えとして実教に包摂されるのであり、方便即真実である。その場合、権実は一体不二と見ることができる。

⑩受潤《じゅにん》不二門

法華経薬草喩品に説かれる三草二木の譬えを前提にしたものである。ここで「受」とは教えを受ける衆生、「潤」とは教えによって衆生を潤す仏を意味する。衆生と仏が本来、一体不二であることを示したものである。

三草二木の譬えとは、雲が大中小の草と大小の樹木に等しく同一の雨を降らすが、それぞれの草木は各々の性質に応じてその雨を受け止めて成長し、花を咲かせ、実を実らせるのと同じように、仏は全ての衆生を平等に成仏させるという同一の意図をもって教えを説くが、衆生はそれぞれの機根に応じて仏の教えを受け止め、各々の結果を得る。しかし、衆生が仏性を具えることは同一であるから、多様な教えがあるけれども権実の利益《りやく》に区別はなく、結局は一切衆生が等しく成仏していく。

妙楽大師はこのように十不二門の法理を示したが、脱益仏法の十不二門は法華経が示した一念三千の法理を整理したものなので、理の上のものに過ぎず、不変真如の理にとどまる。それに対して日蓮仏法は実際に衆生を成仏せしめる法を南無妙法蓮華経として明示し、しかもその妙法を具体の曼荼羅本尊に現したので、その十不二門は事の上のものとなる。

「極々」とは極の中の極の意味である。また「事理一体、用《ゆう》の不二門なり」とは、南無妙法蓮華経が事と理の両面を具えるとともに、一切衆生を成仏せしめる働き（用）を現ずるものであることを示すものと解せられる。

〈本文〉

49　**脱益十界互具の本迹**　理具の十界互具にして事行の互具にはあらざるなり。九界の理を仏界の理に押し入るる方ならでは脱せざるなり。（八六〇頁）

106　**下種十界互具の本迹**　唱え奉る妙法仏界は本、唱うる我等九界は迹なり。妙覚より理即の凡夫までなり。実の十界互具の勝劣とはこれなり。（八六八頁）

〈通解〉

49　脱益の十界互具の本迹　脱益仏法の十界互具は理具の十界互具であり、事行の十界互具ではない。九界の理を仏界の理の中に押し入れるやり方でなければ得脱できないのである。

106　下種の十界互具の本迹　唱え奉る妙法仏界は本であり、唱える我ら九界は迹である。妙覚から理即の凡夫まで全ての衆生が成仏するのである。真実の十界互具の勝劣とはこのことである。

〈解説〉

脱益の釈迦仏法を理、下種の日蓮仏法を事として種脱相対を強調する思想は「本因妙抄」「百六箇抄」に一貫したものである。ここでもそれが確認されている。下種仏法では仏の当体が南無妙法蓮華経の本尊として事実の上に現されるのに対し、脱益仏法では仏の当体が具体的に示されないのでその十界互具はいわば理論上のものにとどまり、九界に仏界が具わることを観念的に無理やり主張したものになる。そのような無理を冒《おか》さなければ成仏の道を示すことができなかった。「九界の理を仏界の理に押し入るる方ならでは脱せざるなり」とはそのような事情を述べたものといえよう。

106の本文において「唱え奉る妙法仏界」とされているのは南無妙法蓮華経が人法一箇の当体であることを示す趣旨と解せられる。「御義口伝」に「無作の三身とは末法の法華経の行者なり。無作の三身の宝号を南無妙法蓮華経と云うなり」（七五二頁）とあるように、南無妙法蓮華経は法であるとともに法と一体の仏（無作三身如来・南無妙法蓮華経如来）の名称でもある。

唱える対象である人法一箇の当体が本であり、唱える主体である九界の衆生が迹となる。しかし、仏も九界の衆生も一体不二であるから、下種仏法のもとでは妙法をいまだ聞いていない理即の凡夫を含めて万人が成仏できる道が開かれている。「妙覚より理即の凡夫までなり」とは、その十界平等の成仏の原理を示す趣旨である。「実の十界互具の勝劣とはこれなり」とは、このような脱益仏法の十界互具と下種仏法の十界互具の勝劣が明確であることを述べた文である。

〈本文〉

50　脱益十二因縁・四諦《したい》の本迹　経に云わく「無明乃至老死」云々。苦《く》・集《じゅう》・滅《めつ》は迹なり、道諦《どうたい》は本なり。（八六一頁）

104　下種十二因縁の本迹　日蓮は応仏《おうぶつ》所説の十二因縁を迹となし、久遠報仏《ほうぶつ》所説の十二因縁を本と定む

るなり。(八六八頁)

〈通解〉

50 脱益の十二因縁・四諦の本迹　経には「無明(中略)老死」とある。苦諦《くたい》・集諦《じったい》・滅諦《めったい》は迹であり、道諦は本である。

104 下種の十二因縁の本迹　日蓮は応仏が説いた十二因縁を迹とし、久遠元初自受用報身如来が説いた十二因縁を本と定めるのである。

〈解説〉

十二因縁と四諦は小乗仏教の基本教理である。十二因縁は全ての苦が起こる過程を説明したもの。生命の真理に対する無知・迷いである無明が苦の根本であるから無明を滅すれば一切の苦を離れることができるとする。

四諦の諦とは真理の意で、四諦とは苦諦・集諦・滅諦・道諦の四つをいう。苦諦とは世界は全て苦であるということ、集諦とは苦を集め起こす原因は煩悩であるということ、滅諦とは煩悩を滅することが悟りであるということ、道諦とは煩悩を滅し悟りに向かうには八正道を行わなければならないということを指す。

しかし、実際には人間が煩悩や無明を滅することができるものではなく、大乗仏教からは四諦は不完全な教理とされた。大乗仏教においては煩悩や無明を滅する必要はなく、むしろ煩悩を悟り(菩提、法性)に転じていくことが説かれた(煩悩即菩提、無明即法性)。

大乗仏教の立場に立てば、煩悩を滅することで苦から離れられるとする教えは誤りとなるが、八正道の行は愛欲と苦行の両極端を離れた中道の実践であるから、むしろ外道に対して仏教の基本的在り方を示すものとなる。「苦・集・滅は迹なり、道諦は本なり」とは四諦の中の勝劣を示したものと解せられる。

104の本文「応仏所説の十二因縁」とは釈迦仏法に説かれる十二因縁を指す。小乗仏教の基本法理としての十二因縁は既に大乗仏教の段階で乗り越えられたものであり、日蓮仏法においてそのままで用いられることはない。日蓮仏法では「当体義抄」に「正直に方便を捨て、ただ法華経を信じ南無妙法蓮華経と唱うる人は、煩悩・業・苦の三道、法身《ほっしん》・般若《はんにゃ》・解脱《げだつ》の三徳と転じて、三観・三諦即《そく》一心に顕れ、その人の所住の処は常寂光土なり」(五一二頁)と説かれる通り、無明を滅するのではなく、無明を悟りへと転じていく道を示していく。その転換の力こそ久遠元初自受用報身と一体の南無妙法蓮華経であるから「久遠報仏所説の十二因縁」とされると解せられる。

〈本文〉

51　脱益三土の本迹　報土は本、同居《どうこ》・方便は迹なり。（八六一頁）

87　四土具足の本迹　三土は迹、常寂光土《じょうじゃっこうど》は本なり。四土即《そく》常寂光、寂光即四土の浄土はただ本門弘経の道場なり。（八六六頁）

〈通解〉

51　脱益の三土の本迹　実報土《じっぽうど》は本であり、同居土と方便土は迹である。

87　四土具足の本迹　三土（同居土・方便土・実報土）は迹であり、常寂光土は本である。四土即常寂光、寂光即四土の浄土とは文底独一本門を弘める道場をいうのである。

〈解説〉

51は『日蓮大聖人御書全集』では独立の項目ではなく、50の「脱益十二因縁・四諦の本迹」の末尾に入れられているが、87に対応しているのは明らかなので、『富士宗学要集』のように独立の項目とした方が適切である。

実報土とは天台大師が説いた四土（凡聖同居土《ぼんしょうどうこど》・方便《ほうべん》有余土《うよど》・実報無障礙土《じっぽうむしょうげど》・常寂光土）の一つで、別教の初地、円教の初住以上の菩薩が住する国土とされる。同居土は六道の凡夫と聖人（声聞・縁覚・菩薩・仏）が同居する国土のこと。方便土は声聞・縁覚の二乗が住む国土をいう。実報土・同居土・方便土の三土の中では当然、菩薩が住する実報土が同居土や方便土よりも勝るので、実報土が本となり、同居土と方便土は迹と位置づけられる。

51では四土のうち常寂光土が除かれているが、下種仏法から見れば釈迦仏法の仏は全て衆生の機根に応じて現れた応仏であり迹仏なので、厳密には真の仏とはいえないからである。それに対して87で「四土具足」とされるのは下種仏法において初めて真の仏身が現れる故である。

釈迦仏法においては仏菩薩の住する寂光土・実報土が浄土とされ、凡夫の住む娑婆世界（同居土）は穢土《えど》とされて国土にも差別が設けられるが、下種仏法においては「四土即《そく》常寂光、寂光即四土」とあるように国土の差別が取り払われて全ての国土が寂光土に転じられるものとなる。一切の国土を仏国土へと転換していく要諦は南無妙法蓮華経の実践と弘通以外にはない。「ただ本門弘経の道場なり」とはその趣旨を示したものである。それ故にこの「本門」とは文上本門ではなく、文底独一本門と解せられる。

〈本文〉

56　久遠自受用報身の本迹　男は本、女は迹。知り難き勝劣なり。（八六二頁）

〈通解〉

56　久遠の自受用報身の本迹　男は本であり、女は迹である。これは知り難い勝劣である。

〈解説〉

これまでの項目は脱益仏法と下種仏法を対比する形で述べられてきたが、ここからは単独で述べられているものを取り上げる。それらの項目はいずれも後半の下種仏法を説明した部分に置かれているので、下種仏法の立場から解すべきものと考えられる。

56は表題の通り久遠の自受用報身に本迹の区別があることを示している。すなわち久遠の自受用報身に二義があることが含意《がんい》されている。その一つは寿量品文上に示される久遠五百塵点劫成道の自受用身であり、一つは久遠元初の自受用身である。前者は自受用身とはいっても色相荘厳の仏身であり、衆生の機根に応じて出現した応仏の域を出ない「応仏昇進の自受用報身」(「本因妙抄」八七七頁)である。

それに対して久遠元初の自受用身は根源の仏種である南無妙法蓮華経を人法一箇の境涯において所持する仏身であり、色相荘厳の姿を取らない凡夫身の仏である。久遠元初自受用身は南無妙法蓮華経をそのまま説く下種仏法の教主であるが、五百塵点劫成道の仏は既に下種を受けている(本已有善《ほんいうぜん》)衆生の仏種を調熟して得脱せしめる脱益仏法の教主である。そこで、56は脱益仏法と下種仏法の教主の勝劣・本迹を示すものであり、久遠元初の自受用身を本、五百塵点劫成道の自受用身を迹とする趣旨と解せられる。

「男は本、女は迹」の文は多くの意味が含まれていると考えられるが、第一義的には形式から見ても、表題の「久遠自受用報身の本迹」についての評釈と見るべきであろう。すなわち「久遠自受用報身」に本迹の二義があることを受けて、その二義を男女に配当したとするのが自然な解釈と思われる。

久遠元初の自受用身は全ての仏を成仏させる能生の法体である南無妙法蓮華経を一切衆生に下種する教主であるが、五百塵点劫の自受用身は南無妙法蓮華経によって成仏させてもらった所生の存在である。またそれは、すでに下種を受けている衆生を調熟・得脱させる仏である。

男女の働きについては多くの角度からの考察が必要だが、一般的に男性が能動、女性が受動と見ることができる(有性生殖を行う高等生物においては精子を発するのが男性であり、発せられた精子を受け止めて受精卵を育てるのが女性である)。その観点から考えれば下種を行う能動の主体である久遠元初自受用身を男性、下種を受けてそれを調熟《ちょうじゅく》し衆生を得脱させる役割を担う五百塵点劫自受用身を女性に配するのは自然であろう。

すなわち、「男は本、女は迹」の文は二種の自受用身について久遠元初自受用身を本、五百塵点劫成道の自受用身を迹とする勝劣関係を明示するところにその趣旨があると解せられる。二種の自受用身の勝劣について男女という性的観点から論ずるのは例外的なので「知り難き勝劣」とされたのであろう。

従って、この文について、表面的な表現にとらわれて、男女差別の表明などと非難するのは極めて浅薄で的外れの論評と言うべきである。

〈本文〉

75　下種三種法華の本迹　二種は迹なり、一種は本なり。迹門は隠密《おんみつ》法華、本門は根本法華、迹本文底の南無妙法蓮華経は顕説《けんぜつ》法華なり。（八六五頁）

〈通解〉

75　下種の三種法華の本迹　二種の法華（隠密法華・根本法華）は迹であり、一種の法華（顕説法華）は本である。文上迹門は隠密法華、文上本門は根本法華であり、文上迹門と本門の根底となる文底の南無妙法蓮華経は顕説法華である。

〈解説〉

①隠密法華、②根本法華、③顕説法華の三種の法華は伝教大師が『守護国界章《しゅごこっかいしょう》』で説いた法理である。

①隠密法華とは、一仏乗を隠して三乗の教えを説いた爾前経を指す。爾前経が三乗を説いたのは一仏乗を説くための方便であり、その真意は法華にあると見なせるので隠密法華という。

②根本法華とは実際に一仏乗を悟った仏の内証のこと。

③顕説法華とは一仏乗の教えを説いた法華経二十八品をいう。要するに釈迦一代の全ての教説は法華経を説くところに真意があったと見るのが三種法華の趣旨である。

以上は釈迦仏法における三種の法華であるが、下種仏法においては文上迹門が隠密法華、文上本門が根本法華、文底の南無妙法蓮華経が顕説法華とされる。下種仏法においては真実の一仏乗は久遠元初の自受用身以外にないのであるから、文上迹門はそれを隠して説いた隠密法華に当たり、文上本門は仏の悟りに基づく教説だが、真の仏身を示せていないので根本法華にとどまる。それに対して文底の南無妙法蓮華経は根本真実の仏身そのものを示しているので顕説法華となる。

仏の内証の悟りであっても、それが外に向かって説かれなければ衆生を救済する力にはなりえない。日蓮は自身が悟った根源の仏種である南無妙法蓮華経を題目・本尊・戒壇の三大秘法に体系化して顕説した。そこに日蓮仏法がそれまでの釈迦仏法を遥かに超越した宗教である所以《ゆえん》があるといえよう。

〈本文〉

91　下種人天の本迹　久遠下種の妙法は本なり。已来《いらい》の人天は迹なり。（八六六頁）

〈通解〉

91　下種の人天の本迹　久遠元初下種の妙法は本である。久遠以来存在している人天は迹である。

〈解説〉

　ここで十界の中で特に人界と天界を取り上げているのは、実際に仏法を受持し仏道修行に励むのは人界と天界の衆生だからであろう。もちろん十界互具の法理に照らせば人間として生まれただけで人界の境涯で在りうるものではなく、人間であってもその境涯が地獄・餓鬼・畜生・修羅の四悪趣であることも珍しくない。しかし、苦に覆われて外界に働きかける力を喪失した地獄界、欲望に駆られながらそれを満たせずに苦しむ餓鬼界、善悪の観念を持たず自己保存本能だけで生きている畜生界、慢心と嫉妬と虚飾に凝り固まった修羅界の境涯では仏道修行に踏み出すことはできない。やはり、善悪の観念をもって自己を律し、自己を高めようとする向上心を持つ人界の境涯に至って、初めて仏菩薩を目指す仏道修行を行うことができるのである。権力欲を含む種々の欲望を満たして喜ぶ天界の境涯は、人界の境地をいわば前提にしているので、「人天」として人界と並んで扱われる。

　およそ全ての宗教が目指すのは現実の人間に幸福と安穏をもたらすこと以外にない。宗教があくまでも人間の社会の中で誕生し、存在するものである以上、人間を初めから相手にしない宗教などというものはあり得ない。日蓮が創始した下種仏法においても、どこまでも人間の幸福の実現を第一義の目的としたことは当然である。この項目において人天のみを取り上げているのは日蓮仏法の人間主義の側面を表していると解せられる。

　その人間の幸福は、各自の恣意的な我見や価値判断で実現できるものではなく、あくまでも正法を拠り所にしなければならない。釈尊が臨終を前にした最後の説法で説いた「法灯明」「自灯明」の教えは、正しい法に依って自己の確立を目指していく仏教の「法根本」の在り方を示すものである。あくまでも法を根本とする仏教の基本は日蓮仏法においても貫かれているので、依拠すべき「久遠下種の妙法」すなわち南無妙法蓮華経が本となり、その妙法を信じ行ずる人間が迹と位置づけられるのである。

〈本文〉

107 下種境智倶実《きょうちぐじつ》の本迹　脱の境智は迹、種の境智は本なり。名字即の境智は境智ともに本、観行即の境智は境智ともに迹なり云々。(八六八頁)

〈通解〉

107 下種の境智倶実の本迹　脱の境智は迹であり、種の境智は本である。名字即の境智は境智ともに本であり、観行即の境智は境智ともに迹である。

〈解説〉

境とは認識の対象となる客観的な世界や真理をいい、智とは認識する主体的・能動的な智慧をいう。成仏は真理と智慧が一体となる境地(境智冥合)である。この境智の二法について、天台大師は『法華玄義』で迹門の十妙を明かすところで論じている。天台は、宇宙を貫く真理(境)に対し、観念観法の瞑想行によって観行即(仏の教えの通り言行一致の正しい修行を行う位のこと)の智慧を開発することでそれを体得することを目指した。「観行即の境智」とは、この天台による修行をいう。それは脱益仏法の範疇にあるもので高度な能力を必要とする極めて困難な修行であったから、「観行即の境智」は「境智ともに迹」とされるのである。

これに対して下種仏法においては仏種である南無妙法蓮華経を曼荼羅本尊に顕してそれを境とし、その本尊を信受して行ずる衆生の信心を智とする。「以信代慧《いしんだいえ》」の法理によって信がそのまま智となるからである。妙法を信受する位が名字即であるから「名字即の境智」とは下種仏法における行をいう。すなわち日蓮仏法においては、能力の有無にかかわらず、南無妙法蓮華経を図顕した本尊を信受して自行化他の行に励むことによって境智冥合し、即身成仏の現証を得ることが可能となる。

客観的真理と主体の一致の問題について、釈迦仏法では結局、真理が具体的に示されないので、境智冥合といっても観念的で、ほとんど実現不可能であったのに対し、日蓮仏法はそれを南無妙法蓮華経として顕示し、曼荼羅本尊の形に具現化したところに大きな相違がある。万人の上に仏の絶対的幸福境涯を実現するという仏教の理想は日蓮仏法の成立によって初めて実現したのである。

なお、脱の項目と種の項目それぞれの末尾に次の結語がある。

「以上、脱の上の本迹勝劣口決《くけつ》おわんぬ」(八六一頁)

「已上、種の本迹勝劣おわんぬ。右この血脈は本迹勝劣その数一百六箇これを注す。数量について表事有り。これを覚知すべし。釈迦諸仏出世の本懐、真実真実、唯為一大事《ゆいいいちだいじ》の秘密なり。しかるあいだ万年救護のためにこれを記し留む」（八六九頁）

脱の結語に「口決」とあるのは「百六箇抄」が限られた門弟のみに与えられた相伝書であることを示す。また種の結語は種の項目だけでなく「百六箇抄」全体の結論でもある。「本迹勝劣その数一百六箇」とあるので、本抄の項目数はもともと百六だったと推定される（『富士宗学要集』第一巻によれば項目数は百七となるが、54と55は一つの項目と見ることもできるので、その場合、項目数は百六となる）。

「本因妙抄」「百六箇抄」は釈迦仏法と日蓮仏法の対比（種脱相対）を明確に示すことで日蓮仏法の骨格を明らかにした。その内容は「観心本尊抄」「開目抄」「法華取要抄」「本尊問答抄」「当体義抄」などの重書と相反・矛盾するものではない。むしろそれらの重書の真意は「本因妙抄」「百六箇抄」を通して初めて明晰に理解できるといっても過言ではない。日興が五老僧を「師敵対」との言葉を用いてまで厳しく批判したことはこれまで述べた通りだが、日興がそれだけの確信をもって自説を主張できたのは日蓮から内奥の教示を受けてきた故と考えられる。その相伝を示す文書が「本因妙抄」「百六箇抄」であっても決して不自然ではない。

日興門流では「本因妙抄」「百六箇抄」は日蓮が日興に与えた相伝書であると主張する。他門流は、党派的立場から日興門流の主張を否定してきたが、実際のところは両抄が日興に与えられた相伝書である可能性を全面的に否定できるだけの客観的かつ具体的な根拠は何一つ存在しない。

仮に「本因妙抄」「百六箇抄」を偽書と主張するのであれば、それでは誰が両書を偽造したのかということが問題となる。

「本因妙抄」日尊本の存在および三位日順の「本因妙口決」の存在だけでなく、「百六箇抄」を日興が日尊に授与したとする「祖師伝」、また日興が日尊だけでなく日目・日代・日順にも授与したとする「家中抄」の記述に照らせば「本因妙抄」「百六箇抄」が日興の時代に存在したことはほぼ確実である（少なくとも「祖師伝」「家中抄」の記述を否定できるだけの確実な証拠はない）。

そこで「本因妙抄」「百六箇抄」を偽書とした場合、両書は日興の在世中に存在しているのだから、両書を偽造したのは日興本人であるということになるだろう。しかし日興は、日蓮の教義を守るためには地頭波木井実長の外護も拒否して身延を離山したほど仏法の原則には厳格であった人物である。その日興が日蓮の教示もないのに日蓮の教義をほしいままに捏造することはおよそ考えられない事態であろう。そのような事情を考察すれば、「本因妙抄」「百六箇抄」は決して日蓮と無関係な偽書ではなく、日蓮から日興に伝えられた相伝書と考えるのが至当であると考える。

第五章　御本尊七箇相承

第一章で述べたように、曼荼羅本尊を顕すに際し、他門流は中央の首題の下に書き顕した当人の名を記すのが一般的であるのに対し、日興門流においては首題の下には日蓮の名を記す。このように日興門流の本尊図顕の形式が他門流のそれとは大きく異なっているのは、本尊を書き顕わす在り方について、日蓮から日興に対して具体的な教示があった故と考えるのが自然であろう。「御本尊七箇相承」は、曼荼羅本尊を顕す在り方について日蓮から日興に与えられた相伝を記した書とされる。日興自身がその相伝を筆記したか、あるいは高弟に語った内容を門下が記録したものと推定される。

なお『富士宗学要集』の編者である堀日亨《ほりにちこう》は保田妙本寺の日山《にちざん》（妙本寺第十四世日我《にちが》の弟子）の写本によって本文を作成したとしているので、「御本尊七箇相承」は保田妙本寺系など日興門流の中である程度広く知られていたことが推測できる。いずれにしても日興門流の思想を知る上で不可欠の文献なので、具体的に本文に即して考察していきたい。本文は『富士宗学要集』第一巻三一頁以下によった。

〈本文〉

一、十界互具の事義いかん。示して云わく、釈迦・多宝は仏界なり。経に云わく「しかるに我実に成仏してより已来《このかた》乃至あるいは己身《こしん》を説き」云々。上行等の四菩薩は菩薩界なり。経に云わく「一を上行と名づけ」等云々。「地涌千界乃至真浄大法《しんじょうだいほう》」等云々。舎利弗は声聞界なり。「華光《けこう》如来」云々。縁覚界は「その縁覚を求むる者乃至具足の道を聞かんと欲す」云々。縁覚界所具の十界なり云々。大梵天王は天界なり。経に云わく「我等もまたかくの如く必ずまさに作仏することを得べし」云々。転輪聖王《てんりんじょうおう》は人界等なり。経に云わく「衆生をして仏の知見を聞かしめんと欲す」云々。「もし人、仏のための故に皆すでに仏道を成ず」云々。婆稚阿修羅王《ばちあしゅらおう》は修羅界所具の仏界なり云々。竜女・竜王等は畜生界なり。経に云わく「竜女乃至等正覚を成ず」云々。十羅刹女《じゅうらせつにょ》は餓鬼界なり。経に云わく「一名《いちみょう》藍婆《らんば》」云々。提婆達多乃至天王如来は地獄界なり。已上、これは一代の大綱《たいこう》、応仏《おうぶつ》の上の沙汰なり（これに於いて十界に摂するに二義あり。常の如し）。

〈通解〉

一、曼荼羅本尊の十界互具の意義はどのようなものか。御本尊の相貌を示して、師（日蓮）は次のように言われた。

「釈迦と多宝は仏界を示している。法華経寿量品には『しかし私（釈迦如来）は実に成仏して以来〈中略〉あるいは己身を説いて』云々とある。上行等の四菩薩は菩薩界を表す。法華経涌出品には『その一人を上行と名づける』等とある。舎利弗は声聞界を表す。法華経には舎利弗に成仏の授記を与えて『華光如来』と説かれている。縁覚界については方便品に『縁覚を求める者には〈中略〉具足の道を聞きたてまつろうと欲した』とある。大梵天王は天界を表す。法華経譬喩品には『私たちも必ず成仏することができるだろう』との大梵天王らの言葉が示されている。転輪聖王等は人界を表す。法華経方便品には『諸仏は仏の知見を衆生に聞かせたいと欲しているのである』、『もしも人が〈中略〉皆すでに仏道を成じているのである』と説かれている。婆稚《ばち》阿修羅王《あしゅらおう》は修羅界所具の仏界を表している。竜女・竜王等は畜生界を表している。法華経提婆達多品には『竜女は〈中略〉等正覚を成就した』と説かれている。十羅刹女《じゅうらせつにょ》は餓鬼界を表している。法華経陀羅尼品《だらにほん》には『十羅刹女の一人を藍婆《らんば》と名づける』とある。提婆達多が天王如来となったのは地獄界を表す。以上は、釈尊一代の大綱であり、応仏の範囲での議論である（これについて十界を収めるのに二つの意味がある。それは常に述べてきた通りである）」と。

〈解説〉

「御本尊七箇相承」の冒頭では曼荼羅本尊に仏界から地獄界までの十界が収められていることが確認されている。その内容は「観心本尊抄」第六章の十界互具を論じた部分（御書全集二四〇頁）にほぼ準拠している。「南無妙法蓮華経日蓮」を中心にして周囲に釈迦・多宝から提婆達多までの十界の衆生を配したその相貌《そうみょう》は、「日女御前御返事」に「これらの仏菩薩・大聖等、総じて序品列坐の二界八番の雑衆等、一人ももれずこの御本尊の中に住し給い、妙法五字の光明にてらされて本有《ほんぬ》の尊形《そんぎょう》となる。これを本尊とは申すなり」（一二四三頁）とあるように、十界の生命が南無妙法蓮華経に照らされて仏界所具の十界となっていることを示している。曼荼羅本尊の相貌それ自体が、十界全てが「本有の尊形」として仏界の働きの一部となっていること、すなわち十界互具の法理を表しているのである。

ここで注目されるのは「これは一代の大綱、応仏の上の沙汰なり」とあることで、「本因妙抄」「百六箇抄」に説かれた一代応仏説が明確に示されている。ここから「御本尊七箇相承」が「本因妙抄」「百六箇抄」を踏まえていることがうかがえる。

〈本文〉

二、真実の十界互具はいかん。師、曰わく「唱えられ給う処の七字は仏界なり。唱え奉る我等衆生は九界なり。これすなわち四教の因果を打ち破って真の十界の因果を説き顕す」云々。この時の我等は無作三身にして寂光土に住する実仏なり。出世の応仏は垂迹施権《すいじゃくせごん》の権仏《ごんぶつ》なり。秘すべし秘すべし。

〈通解〉

二、真実の十界互具はどうであろうか。師（日蓮）は言われた。「唱えられるところの南無妙法蓮華経の七字は仏界である。唱え奉る我ら衆生は九界である。これが四教の因果を打ち破って真の十界の因果を説き顕すことなのである」と。南無妙法蓮華経を唱える時の我々は無作三身であって、寂光土に住する真実の仏である。世に出られた応仏は垂迹の権《ごん》を施した権仏である。秘すべきことである。秘すべきことである。

〈解説〉

前項では曼荼羅本尊の相貌に十界互具が示されていることが確認されたが、ここでは本尊と衆生の関係において十界互具が成り立つことが示される。唱えられる南無妙法蓮華経が仏界で、唱える衆生が九界とされるが、曼荼羅本尊において十界の諸尊は全て中央の南無妙法蓮華経に摂せられるので、唱えられる南無妙法蓮華経とは曼荼羅本尊そのものを指すと解せられる。曼荼羅本尊を信受して南無妙法蓮華経の唱題に励む時、九界即仏界の故に衆生が九界の凡身のままで仏界の働きを行うこととなり、仏の当体として現れるのである。

「御本尊七箇相承」ではその衆生こそが無作三身であり、寂光土に住する実仏であって、釈迦仏法における応仏は権仏に過ぎないとしている。ここに示されるのは明確な凡夫本仏論であり、「諸法実相抄」の「凡夫は体《たい》の三身にして本仏ぞかし、仏は用《ゆう》の三身にして迹仏なり」（一三五八頁）の文と軌を一にしている。もちろん、この「本仏」とは教主の意味ではなく、現実に存在している仏（実仏）の意である。

妙法を信受する凡夫を無作三身とすることについて「当体義抄」には「能居所居《のうごしょご》・身土・色心・倶体倶用《くたいくゆう》・無作三身の本門寿量の当体蓮華の仏とは日蓮が弟子檀那等の中のことなり」（五一二頁）と説かれる。また「御義口伝」には「今、日蓮等の類い、南無妙法蓮華経と唱え奉る時必ず無作三身の仏に成るを喜とはいうなり」（七六一頁）、「今、日蓮等の類い、南無妙法蓮華経と唱え奉る者は無作三身の本主なり」（七八四頁）と述べられている。

また「日女御前御返事」には「日蓮が弟子檀那等、正直捨方便・不受余経一偈《ふじゅよきょういちげ》と無二に信ずる故によってこの御本尊の宝塔の中へ入るべきなり」（一二四四頁）として、妙法を信受する凡夫は曼荼羅本尊にしたためられている十界の衆生の一人として曼荼羅本尊が示す凡仏一体の世界に入ることができるとされる。ここに妙法を行ずる衆生と本尊という現実世界での相互関係が曼荼羅本尊の相貌の上に関連づけられていることが了解できる。

　ここでの「四教の因果を打ち破って真の十界の因果を説き顕す」の文は、「開目抄」の「本門にいたりて始成正覚をやぶれば四教の果をやぶる。四教の果をやぶれば四教の因やぶれぬ。爾前・迹門の十界の因果を打ちやぶって本門の十界の因果をとき顕す。これすなわち本因本果の法門なり。九界も無始の仏界に具し、仏界も無始の九界に備りて真の十界互具・百界千如・一念三千なるべし」（一九七頁）の文を受けたものである。

　「開目抄」のこの文は、一往は文上本門について述べたものだが、「御本尊七箇相承」ではさらに進んで真の十界互具とは曼荼羅本尊と衆生の間に成り立つものであることを示している。

　いかに優れた本尊があっても、その本尊を信受する衆生との感応道交《かんのうどうこう》がなければ、本尊の力用《りきゆう》は現れない。九界の衆生を実仏とするところに曼荼羅本尊の意義があることを示す文と解せられる。

〈本文〉

　三、点を長く引き給うこと、いかん。師の曰わく「一閻《いちえん》浮提《ぶだい》の内に妙法を流布せんとの慈悲深き流通《るつう》精進の心なり。水の流れ絶えざるは日蓮の慈悲広大の義なり」。

〈通解〉

　三、点を長く引かれることの意味はどうであろうか。師（日蓮）は次のように言われた。「全世界の内に妙法を流布しようとの慈悲深い流通、精進の心を表すのである。法水の流れが絶えないのは日蓮の慈悲が広大であることを意味しているのである」と。

〈解説〉

　長く引く点とは、中央に記されている「南無妙法蓮華経日蓮」の文字のうち「法」と「日」以外の文字の線が左右に長く延ばされていることを指す。左右にしたためられている十界の諸尊が南無妙法蓮華経の光明に照らされて本《ほん》有《ぬ》の尊形《そんぎょう》になっていることを表しているので、一般的には光明点《こうみょうてん》と呼ばれる。

　ここでは曼荼羅本尊に見られる光明点の筆法が、世界広宣流布を願う日蓮の慈悲の精神の表れであることが述べられている。「水の流れ絶えざるは日蓮の慈悲広大の義なり」の文は「報恩抄」の「日蓮が慈悲曠大《こうだい》ならば、南無妙法蓮華経は万年の外《ほか》、未来までもながるべし」(三二九頁)の文意を受けたものであろう。ここに示されているように、曼荼羅本尊には日蓮の思想と精神が凝縮して込められている。

「経王殿御返事」の「日蓮がたましい(魂)をすみにそめながしてかきて候ぞ、信じさせ給え。仏の御意《みこころ》は法華経なり。日蓮がたましいは南無妙法蓮華経にすぎたるはなし」(一一二四頁)の文は曼荼羅本尊と日蓮の生命が一体不二であることを示した文であるが、この「御本尊七箇相承」の文も日蓮即《そく》曼荼羅本尊、曼荼羅本尊即日蓮という人法一箇の義を示したものと解せられよう。

〈本文〉

四、点を王に必ず打ち給う心、いかん。師の曰わく「法華は諸経中王の故に。大王の故に。小王の時はこの点無し。大王経の眷属の故に。また守護なるあいだ、点を打ち加え給うなり」

〈通解〉

四、点を王に必ず打たれる意味はどのようなものであろうか。師(日蓮)は次のように言われた。「法華経は諸経の中の王であるからである。大王であるからである。小王の時はこの点はない。大王経の眷属であるからである。また、守護の善神である故に点を打ち加えるのである」と。

〈解説〉

曼荼羅本尊の四隅にしたためられている持国天王《じこくてんおう》等の四天王、また十界の諸尊として記される大日天王、大月天王、大梵天王、第六天魔王などの王の文字に点が付けられている意味を述べたものである。これらの諸天が諸経中の大王である法華経守護の善神である故に王の文字に点を打つとされている。

ここで諸天が法華経を守護する存在であることが強調されているのは、「日女御前御返事」に「これ全く日蓮が自作にあらず。多宝塔中の大牟尼世尊《だいむにせそん》、分身の諸仏、すりかたぎたる本尊なり」(一二四三頁)とあるように、日蓮が顕した曼荼羅本尊は日蓮の勝手な独創ではなく、法華経の説相に裏づけられたものであることを確認する趣旨と解せられる。

〈本文〉

五、梵字は不動・愛染《あいぜん》に限ること、何の意有りて遊ばさるるや。師の曰わく「西天より梵字を三蔵等将来《しょうらい》して和漢の二字と成す。目前なるものなり。我が仏法もまたかくの如し。遠沾《おんでん》の翻訳、仮字を梵漢に通ずべき先兆なり」。

〈通解〉

五、梵字でしたためられるのは不動明王・愛染明王に限ることはどのような意図があってなされたのであろうか。師（日蓮）は次のように言われた。「インドや中央アジアなどの西天から梵字を経律論の三蔵に通達した法師らがもたらして中国・日本の文字とした。それは目の前にある明らかな事実である。我が仏法もまた、それと同じである。不動と愛染を梵字で記すのは、遠い未来まで流布する仏法を翻訳して、日本の仮字をインドや中国に弘通していく先兆とする意味である」と。

〈解説〉

曼荼羅本尊に不動明王・愛染明王が梵字で記されているのは、日蓮仏法が世界に流布していくことを示す意味であるとする。日蓮は曼荼羅本尊それ自体に世界的な普遍性を付与したのである。西から東へと伝播した釈迦仏法に対比して日蓮仏法が日本から西へと流布していく仏法西還について、日蓮は「顕仏未来記」「諫暁八幡抄」などで繰り返し説いているが、そこに述べられている日蓮仏法の世界性が曼荼羅本尊に示されていることが分かる。

また、日蓮仏法の文献を外国語に翻訳することについて、日興は「五人所破抄」で「西天の仏法東漸《とうぜん》の時、既に梵音を飜じて倭漢に伝うるがごとく、本朝の聖語も広宣の日はまた仮字を訳して梵震《ぼんしん》に通ずべし。遠沾《おんでん》の飜訳は諍論に及ばず、雅意《がい》の改変は独り悲哀を懐くものなり」（一六一三頁）と述べている。仏法西還に際して文献の翻訳が構想されていたことがうかがえる。また「遠沾の飜訳」の言葉が「御本尊七箇相承」と「五人所破抄」で一致していることも注目される。

〈本文〉

六、序・正・流通の中にはいずれぞや。師の曰わく「流通分の大曼荼羅なり。流通とは末法なり。久遠本果の名字の妙法蓮華経の法水、末代の我等が耳に流入すべしという三仏（釈迦・多宝・分身）の御約束なり。在世は正宗が面《おもて》と成り、滅後は流通が面と成るなり、経文解釈分明なり」

〈通解〉

六、曼荼羅本尊は序分・正宗分・流通分の中ではどれに当たるのであろうか。師(日蓮)は次のように言われた。「流通分の大曼荼羅である。流通とは末法に弘通するという意味である。久遠五百塵点劫に成道した本果の仏が成仏の本因として名字即の位で修行した南無妙法蓮華経の法水を、末代の我等の耳に流入すべきであるという三仏（釈迦仏・多宝仏・分身の諸仏）の御約束である。釈尊の在世は正宗分が表となり、滅後は流通分が表となるのである。そのことは経文の解釈において分明である」と。

〈解説〉

序分・正宗分・流通分の三分科経についていう場合、通常、序分は正宗分に導く導入部分、正宗分はその経の中心部分、流通分は正宗分を弘める役割を担う部分を指すので、正宗分が主で序分と流通分は従となるのであるが、ここでは曼荼羅本尊についてあえて「流通分の大曼荼羅」と述べられている。それは、「流通とは末法なり」とあるように、曼荼羅本尊は末法の衆生を妙法の功徳に浴せしめようとの心で図顕されたものだからであろう。

その心情について日蓮は「諫暁八幡抄」で「今、日蓮は去《い》ぬる建長五年〈癸丑《みずのとうし》〉四月二十八日より今年弘安三年〈太歳庚辰《かのえたつ》〉十二月にいたるまで二十八年が間また他事なし。ただ妙法蓮華経の七字五字を日本国の一切衆生の口に入れんとはげむ計りなり」（五八五頁）と述べている。日蓮が目指したのは、曼荼羅本尊を通して末法万年の衆生に妙法の功徳を及ぼし、各人の幸福を実現することであった。日蓮が創始したのは、宗教を自己目的にするのではなく、どこまでも人間の幸福を目的とする「人間のための宗教」であったといえよう。

妙法を末法の衆生の耳に入れるのが三仏の約束であったというのは、法華経が経典制作時の衆生のためだけでなく、経典そのものが救済力を喪失した末法の衆生の救済まで視野に入れて制作された経典であるからである。法華経の持つその面は、法華経が滅後に妙法を弘通する地涌の菩薩を登場させ、その上首である上行菩薩に滅後弘通の使命を付嘱していること、また寿量品の文底に諸仏成道の本因である南無妙法蓮華経を暗示していることなどにうかがうことができる。日蓮は法華経が末法のために説かれた経典であることを指摘して、例えば「法華取要抄」で「寿量品の一品二半は始めより終わりに至るまで正しく滅後衆生のためなり。滅後の中には末法今時の日蓮等のためなり」（三三四頁）と述べている。

法華経は正法・像法時代においては衆生を得道させる力を有したが、日蓮が「上野殿御返事」に「今末法に入りぬれば余経も法華経もせんなし。ただ南無妙法蓮華経なるべし」（一五四六頁）と述べているように、末法に至るとその力を失い、文上の法華経をいかに読誦し書写しても何の功徳も生ずることはない。しかし、法華経それ自体は救済力を喪失しても、末法に広まる南無妙法蓮華経の弘通者である地涌の菩薩の出現を予言し、その弘通を助ける役割を果たすことになった。末法において、法華経は南無妙法蓮華経の流通分として働くことでその真価を表すのである。

それは経典の解釈から導き出されることである。「在世は正宗が面《おもて》と成り、滅後は流通が面と成るなり、経文解釈分明なり」とはその趣旨を述べたものと解せられる。

〈本文〉

七、日蓮と御判を置き給うこと、いかん（三世印判日蓮体具）。師の曰わく「首題も、釈迦・多宝も、上行・無辺行等も、普賢・文殊等も、舎利弗・迦葉等も、梵釈・四天・日月等も、鬼子母神・十羅刹女等も、天照・八幡等もことごとく日蓮なりと申す心なり」。これに付いて受持法華本門の四部の衆をことごとく聖人の化身と思うべきか。

師の曰わく「法界《ほうかい》の五大は一身の五大なり。一箇の五大は法界の五大なり。法界即日蓮、日蓮即法界なり。当位《とうい》即妙《そくみょう》・不改・無作本仏の即身成仏の当体蓮華、因果同時の妙法蓮華経の色心直達の観、心法妙の振る舞いなり。また本尊書写のこと予が顕し奉るがごとくなるべし。もし日蓮御判と書かずんば、天神地神もよも用い給わざらん。上行・無辺行と持国と、浄行・安立行と毘沙門との間には若悩乱《にゃくのうらん》者頭破七分《しゃずはしちぶん》・有供養者福過十号《うくようしゃふくかじゅうごう》とこれを書くべし。経中の明文等、心に任すべきか」。

〈通解〉

七、日蓮と御判（花押）を書かれることはどのような意味があるのであろうか（三世の印判は日蓮の体に具わっている）。師（日蓮）は次のように言われた。「首題も、釈迦・多宝も、上行・無辺行等も、普賢・文殊等も、舎利弗・迦葉等も、梵釈・四天・日月等も、鬼子母神・十羅刹女等も、天照大神や八幡神等も、全て日蓮であるという意味である」と。これに関連して言えば、法華文底独一本門を受持する僧侶・僧尼・男女の在家信徒にことごとく聖人の化身と思うべきであろう。

また師は次のように言われた。「法界《ほうかい》の地水火風空の五大は一身の五大である。一箇の五大は法界の五大である。法界即日蓮、日蓮即法界である。凡夫の位のままで妙覚の仏となり（当位即妙）、凡夫の身を改めずに無作三身の本仏となる即身成仏の当体蓮華の妙法は因果同時の妙法蓮華経である。それを行ずることは色心ともに妙覚に直達する実践であり、生命そのものが妙であること（心法妙）を示す振る舞いである。また、本尊書写のことは私（日蓮）が顕し奉るようにすべきである。もし日蓮御判と書かなければ、天神地神もよもや用い給うことはないであろう。上行・無辺行と持国天の間と、浄行・安立行と毘沙門《びしゃもん》との間には『若悩乱者頭破七分』『有供養者福過十号』と書くべきである。その他の経中の明文等などは書写する者の心に任せるべきであろう」と。

〈解説〉

曼荼羅本尊を図顕する際、日蓮は自身の署名とともに必ず花押を記した。一般に花押とは署名者本人であることを証明するもので、判あるいは判形ともいう。曼荼羅本尊を図顕したのは間違いなく日蓮本人であることを明確にしたのが日蓮の花押である。花押は本人以外に記すことはできないので、日興門流で本尊を書写する場合は花押に代えて「在御判」と記す。

ここでは南無妙法蓮華経の首題をはじめ、本尊に記されている諸尊が全て日蓮と一体であること、すなわち曼荼羅本尊と日蓮が一体不二であることが確認されている。本尊に示されている十界は日蓮という仏に具わる十界、すなわち「仏界即十界」の存在となっている。この趣旨は「経王殿御返事」の「日蓮がたましい（魂）をすみにそめながしてかきて候ぞ、信じさせ給え」の文と軌を一にしている。

ここに示されている曼荼羅本尊と日蓮の一体性を含めて、「人法一箇」には多重の意義があると考えられる。

①南無妙法蓮華経における人法一箇

南無妙法蓮華経は宇宙の万物を成り立たしめている根源の法であるとともに、人格性を帯びており、法を所持する人格（仏）の名称でもある。その仏の名称は、南無妙法蓮華経如来（無作三身如来）となる。南無妙法蓮華経そのものが人法一箇の当体である。このことは「御義口伝」に「南無妙法蓮華経如来寿量品」として、「今、日蓮等の類いの意は、総じては如来とは一切衆生なり。別しては日蓮の弟子檀那なり。されば無作の三身とは末法の法華経の行者なり。無作の三身の宝号を南無妙法蓮華経と云うなり」（七五二頁）と述べられている。

②日蓮における人法一箇

末法の本仏（教主）である日蓮自身が南無妙法蓮華経と一体の存在である。日蓮が人、南無妙法蓮華経が法であるから、日蓮において人法一箇が成立している。

③曼荼羅本尊における人法一箇

曼荼羅本尊そのものが人法一箇の当体である。曼荼羅の中央に「南無妙法蓮華経　日蓮（花押）」と大書されている本尊の相貌自体が、曼荼羅本尊が人法一箇の存在であることを示している。この点について大石寺第五十九世堀日《にち》亨《こう》は『日蓮正宗綱要』で「御曼荼羅の中心の南無妙法蓮華経は法で、日蓮判は人であるから、これが人法一体である」と述べている。

④曼荼羅本尊と日蓮の一体性としての人法一箇

「経王殿御返事」「御本尊七箇相承」で述べられているのが曼荼羅本尊と日蓮が一体不二であるという意味での人法一箇である。曼荼羅本尊を図顕した人格主体である日蓮を人本尊、根源の法である南無妙法蓮華経を表した曼荼羅本尊を法本尊とするので、人本尊と法本尊が一体不二であることが人法一箇となる。

「これに付いて受持法華本門の四部の衆をことごとく聖人の化身と思うべきか」の部分は、日蓮の相伝を受けて日興が述べたものと推察される。日蓮仏法を受持する四衆を扱うのであるから、ここで言う「法華本門」とは文上本門ではなく、文底独一本門と解すべきである。曼荼羅本尊を受持する衆生は僧俗・男女の差別なく全て本尊の宝塔の中に入り、仏界の働きの一部をなすのであるから、各人を日蓮と平等一体の実仏として尊重すべきであるとの趣旨である。

後半の「法界の五大は一身の五大なり。一箇の五大は法界の五大なり」は地水火風空の五大が宇宙（法界）と各自が共通していることを示す文で、いわゆる宇宙即我の哲理を示すものである。それは万物に当てはまる普遍的な道理であるが、それを前提とした上で、「法界即日蓮、日蓮即法界なり」と、別しては日蓮の境涯が宇宙法界と一体である旨が述べられている。なぜそのようなことが言えるかと言えば、日蓮こそが宇宙根源の法である南無妙法蓮華経を覚知し、その妙法を人類に教化した存在であるからである。それを示すのが「当位即妙《とういそくみょう》・不改・無作本仏の即身成仏の当体蓮華、因果同時の妙法蓮華経の色心直達の観、心法妙の振る舞いなり」の文である。

「当位即妙」は『法華玄義釈籤』の文で「当位即ち妙なり」と読む。十界の衆生がそのままの位（当位）で妙覚の仏になりうるとの意である。もちろん、それは天台本覚思想が主張するような、修行も必要とせずに凡夫がそのままで仏であるという意味ではない。「不改本位《ふかいほんい》」「即身成仏」と同義である。

「無作本仏」とは日蓮が無作三身如来の教主であるという日蓮本仏義の言明に他ならない。また「因果同時の妙法蓮華経の色心直達の観」の「因果同時」とは因果がともに一つの生命に同時に具わるとの意なので、「本因妙抄」に言う「因果一念」（八七一頁）と同義である。「色心直達の観」とは色心ともに直ちに仏の境地に達する（直達正観《じきたつしょうかん》）との意である。「心法妙の振る舞い」とは日蓮の生命（心）の働きが妙であることを言う。

実際に国家権力による生命に及ぶ過酷な迫害を克服して南無妙法蓮華経を弘通し、未来永遠にわたる大仏法を確立した日蓮の生涯は、それ自体が他に類を見ない偉観といってよい。単に言葉だけでなく、日蓮が現実の上に将来は世界的に発展していく宗教の基盤を築いたところに日蓮を末法の教主とする所以《ゆえん》があるといえよう。

ここで「本尊書写のこと」とあるように、日興門流では曼荼羅本尊を書き顕すことを「書写」と称し、日蓮が曼荼羅を「図顕」した振る舞いと同列に置かなかった。他門流では日蓮と同様、首題の下に当該曼荼羅を書いた当人の名前を記すことが一般であった（例えば日朗の場合、曼荼羅の中央に「南無妙法蓮華経　日朗〈花押〉」と記した）。曼茶羅を書く自身の行為を日蓮の振る舞いと同列に置いたのである。そこに、日興門流と他門流との大きな相違を見ることができる。

そこで日興門流の本尊書写は、「予が顕し奉るがごとくなるべし」とある通り、日蓮が確立した曼荼羅本尊図顕の様式に従う形でなされた。ただし実際に書写された曼荼羅本尊の相貌にはかなりの幅があり、特定の本尊の相貌をその通りに写したのではない。本尊書写の在り方の基本原則については「御本尊七箇相承」を初めとする各種の相伝が日蓮から日興にあったと推定される。その原則の中でももっとも根本的なものと見られるのが、「もし日蓮御判と書かずんば、天神地神もよも用い給わざらん」とあるように、首題の南無妙法蓮華経の下に「日蓮　在御判」と記すことであった。日興門流で書写された本尊でこの原則から外れるものは皆無と言ってよい（稀《まれ》には「日蓮聖人　在御判」と記したものもあるが、聖人の称号を付したとしても原則から逸脱するものではない）。そこに日蓮を南無妙法蓮華経と一体不二の教主本仏とする日興門流の信仰が表れているといえよう。

また日蓮図顕の曼荼羅本尊には向かって右側に持国天王と上行・無辺行、左側に毘沙門天王と浄行・安立行がしたためられるが、本尊を書写する場合、天王と菩薩の間に「若悩乱者頭破七分」「有供養者福過十号」の讃文を記すよう教示されている。日蓮自身が図顕した曼荼羅には讃文がないものや別の讃文が記されているものも多いが、門下が本尊を書写する場合は讃文とその位置を確定したのである。実際、日興門流の書写本尊ではこの原則がほぼ順守されている。曼荼羅本尊を信受する功徳と誹謗する罰を明確に宣言する趣旨と解せられる。さらに「経中の明文等、心に任すべきか」として、以上の原則の上にその他の経文を記すことは書写する者の自由であるとして、一定の裁量の余地を与えていることが注目される。

「御本尊七箇相承」として伝えられているので、この相伝は以上の七箇条が原型であったと思われる。これ以降の内容は、他の相伝が合体された可能性が考えられる。

〈本文〉

一、仏滅度後と書くべしと云うこと、いかん。師の曰わく「仏滅度後二千二百三十余年の間、一閻浮提の内、未曾《みぞう》有の大曼荼羅なりと遊ばさるるまま書写し奉るこそ御本尊書写にてはあらめ。これを略し奉ること、大僻見《だいびゃっけん》、不相伝の至極なり」。

〈通解〉

一、曼荼羅本尊に「仏滅度後（以下略）」と書くべきであるとされることについてはどうであろうか。師（日蓮）は次のように言われた。「仏滅度後二千二百三十余年の間、一閻浮提の内、未曾有の大曼荼羅なりと私日蓮が書いた通りに書写することこそが御本尊書写であろう。この言葉を略することは大僻見、不相伝の極みである」と。

〈解説〉

日蓮は曼荼羅本尊を図顕した際、多くの場合「仏滅後（あるいは仏滅度後）二千二百二十（あるいは三十）余年之間一閻浮提之内未曾有大曼荼羅也」との讃文を記した（ただし、この讃文のない曼荼羅も少なくない）。「御本尊七箇相承」では門下が曼荼羅本尊を書写する場合、「仏滅度後二千二百三十余年之間一閻浮提之内未曾有大曼荼羅也」と記すよう統一的な基準を規定している。日興門流の曼荼羅本尊は基本的にはこの定型の讃文が記されている（稀にはこの讃文が略されていたり、定型以外の文が記されている例もある。後の大石寺貫首の曼荼羅では「仏滅度後」が「仏滅後」となっていることが多い）。

　このような事実から、「御本尊七箇相承」では讃文の基本的な定型を指示しているが、「これを略し奉ること、大僻見、不相伝の至極なり」とあるものの、その教示はいささかの逸脱も絶対に許容しないという硬直的なものではなく、書写する者の一定の裁量幅を認める趣旨のものであることが分かる。

　日蓮が顕した曼荼羅本尊が仏教史上未曾有のものであることはいくつかの御書に述べられている。例えば「諸法実相抄」では「地涌の菩薩の中の上首唱導・上行・無辺行等の菩薩より外は、末法の始めの五百年に出現して法体の妙法蓮華経の五字を弘め給うのみならず、宝塔の中の二仏並座の儀式を作り顕すべき人なし」（一三五八頁）と述べられている。また「日女御前御返事」には「この御本尊は在世五十年の中には八年、八年の間にも涌出品より属累品まで八品に顕れ給うなり。さて滅後には正法・像法・末法の中には正像二千年にはいまだ本門の本尊と申す名だにもなし。いかにいわんや顕れ給わんをや。また顕すべき人なし。（中略）しかるに仏滅後二千年過ぎて末法の始めの五百年に出現せさせ給うべき由、経文赫々《かっかく》たり、明々たり。天台・妙楽等の解釈分明なり」（一二四三頁）とある。

　日蓮が顕した曼荼羅本尊は、竜樹・天親・天台・伝教らの正像の論師・人師はもちろん、釈尊さえも顕すことのなかった古今未曾有の本尊である。そこに日蓮が釈尊をも超越した根源仏（久遠元初自受用身如来）である所以《ゆえん》がある（曼荼羅の中央に「南無妙法蓮華経　日蓮」と大書され、釈迦はその脇士の位置にしたためられているという曼荼羅の相貌がそのことを示している）。

日蓮が自ら創始した文字曼荼羅を仏教史上未曾有の本尊であるとして曼荼羅自体の相貌の上で強調していることは多くの意味があると考えられる。それまで仏教の本尊として礼拝されてきたのは、絵に描かれたり、木石に刻まれた仏像であったが、日蓮の曼荼羅本尊は従来の仏像本尊を排除する意味があったと考えられる。文字曼荼羅はいわば仏教史上における本尊の革命であった。日蓮が文字曼荼羅を古今未曾有のものであることを曼荼羅上に明記したのは曼荼羅本尊の革命的意義を強調する趣旨であったと考えることができよう。

大集経《だいしゅうきょう》に正法時代が「解脱堅固」「禅定堅固」とされていることが示すように、釈尊在世ないしは釈尊滅後まもない時代は礼拝の対象である本尊がなくても瞑想（禅定）の修行によって解脱することが可能な時代であった。入滅を前にした釈尊が「法灯明」「自灯明」の遺誡を残した通り、仏教徒は釈尊が残した教え（法）を根本として自らの生命を見つめ、悟りを得ていったのである。

「ブッダ」とは本来「目覚めた人（覚者）」の意味で、釈尊もブッダの一人であり、いわば誰でもがブッダとなりえた。ところが小乗仏教の成立に伴って仏の神格化が進み、仏は釈迦一仏に限られ、仏教徒が到達できるのは声聞の位までとされるに至った。それでも、釈尊を仏像にして礼拝することは長く行われなかった。例えば阿育王《あいくおう》（アショーカ王）の時代に釈尊の生涯（仏伝）を石の彫刻で表現することが行われたが、そこでも釈尊の具体的な姿は示されず、法輪や仏足跡《ぶっそくせき》などを釈尊の象徴とするに留められている。

周知のように、ガンダーラなどで仏像が作成されるようになったのは紀元前後からである。それは、神々を像にして礼拝するギリシャ文明の影響を受けてのことであり、仏の神格化の帰結であった。第一章で述べたように、仏像を本尊として礼拝する構図は、礼拝の対象となる仏と礼拝する衆生を分断するものとなった。

日蓮による曼荼羅本尊は仏を超絶的な存在として神格化する仏像本尊の限界を打ち破る画期的なものであった。曼荼羅本尊は仏教における本尊概念を超越するものであったために日蓮・日興の門下でもその意義を理解できず、往々にして仏像に執着する態度が見られたのである。

〈本文〉

一、日蓮在御判と嫡々代々《ちゃくちゃくだいだい》と書くべしとの給うこと、いかん。師の曰わく「深秘なり。代々の聖人ことごとく日蓮なりと申す意なり」

〈通解〉

一、「日蓮在御判」と嫡々代々書くべきであると言われたことはどう考えるべきか。師（日蓮）は次のように言われた。「深秘である。代々の貫首は全て日蓮と同じ心に立つべきであるという意味である」と。

〈解説〉

ここでは首題の下に「日蓮　在御判」と記すことを確認している。先に述べたように「南無妙法蓮華経　日蓮　在御判」とすることは日興門流による本尊書写の最大の特徴であり、ここに日蓮を南無妙法蓮華経と一体不二の根源仏とする日興門流の根本思想が示されている。その日蓮本仏の教義は一般には開示されない奥義である故に「深秘なり」とされるのである。

「嫡々代々と書くべし」とあるが、曼荼羅に「嫡々代々」と記すことはないので、ここは「嫡々代々の貫首が書くべきである」との意と解せられる。日興門流において本尊の書写は高僧であれば誰にでも許されていたというのではなく、門流の中心である大石寺の貫首（法主）に限られるようになっていたと見られる（貫首以外の者が本尊を書写した例は、日興の弟子の日華《にっけ》や日仙《にっせん》、日代《にちだい》など極めて少ない）。

書写の権能を持つ存在を限定したのは、本尊の雑乱を防ぐ意味であろう。日興の弟子である日尊《にちぞん》は「富士門跡は付弟一人之を書写し奉る可きの由、日興上人御遺誡なり」（『日蓮宗宗学全書』第二巻四一八頁）と述べて日尊自身は本尊書写を行わなかった。日尊のこの言葉によるならば、日興の時、既に本尊書写を大石寺の貫首に限定する遺誡があったと推定される（日仙や日代が本尊を書写したのは大石寺に対抗する意味があったと思われる）。従って、他門流の者が書いた文字曼荼羅は「本尊」と認められない。

「代々の聖人ことごとく日蓮なりと申す意なり」とは、大石寺の貫首が日蓮に等しいという法主信仰を述べたものではない。代々の貫首は日蓮と同じ精神に立って本尊書写に臨むべきであるとの戒めと解すべきであろう。

〈本文〉

一、明星直見の本尊のこと、いかん。師の曰わく「末代の凡夫・幼稚のために何物をもって本尊とすべきと虚空蔵《こくうぞう》に御祈請《ごきしょう》ありし時、古僧示して言わく、汝等《なんだち》が身をもって本尊となすべし、明星の池を見給えとの玉えば、即ち彼の池を見るに、不思議なり、日蓮が影、今の大曼荼羅なり」云々。このことを横川《よかわ》の俊範法印《しゅんぱんほういん》に御物語りありしを、法印讃歎して言わく、「善哉《よいかな》々々、釈迦古僧に値い奉って塔中に直授せるなり。貴し貴し」と讃められたり。日興は浪の上にゆられて見え給いつる処の本尊の御形なりしをば能く能く似せ奉るなり。よって本尊書写のこと、一向《いっこう》日興これを書写し奉るべきこと、勿論なるのみ。

御判形の貌、一閻浮提のなりにて御座《おわ》すなり。梵字は天竺、真は漢土、艸《そう》は日本、三国相応の表事なり。

〈通解〉

一、明星直見の本尊ということについてはどうであろうか。師（日蓮）は次のように言われた。「末法の幼稚な凡夫のために何をもって本尊とすべきかと虚空蔵菩薩に祈請していた時、古僧が現れて『汝の身をもって本尊とすべきである。明星の池を見給え』と言われたので、すぐにその池を見ると、不思議なことに日蓮の姿が今の大曼荼羅として現れていた」と。

このことを師が横川の俊範法印に語られた時、俊範法印は讃歎して「素晴らしいことだ。釈迦である古僧に値い奉って塔中において直接授かったのである。貴いことである」と讃められたという。日興は池の波の上にゆられて見えたという本尊の御姿であったのを能く能く似せて書写し奉っているのである。そこで本尊書写について言えば、日興がひたすら本尊を書写し奉るのは当然のことである。

御本尊の御相貌は御本尊が全世界にわたる姿を表しておられるのである。梵字はインド、漢字は漢土、仮名は日本を示しており、全体として三国が相応していることを表しているのである。

〈解説〉

日蓮が清澄寺《せいちょうじ》の明星池の湖面に自身の姿を映した時、そこに曼荼羅本尊の姿を見たという日興門流に伝わる伝承を述べた箇所である。この伝承については大石寺第二十六世日寛《にちかん》も「取要抄文段」で次のように述べている。

「問う。蓮祖大聖人、我が身は法華経の題目なりと知ろしめし、久遠元初の自受用身と顕れたまう文理はいかん。答う。吾が祖は諸宗遊学の間に普《あまね》く一代聖教の淵底を究め、滅後弘教の次第を検す。すべて八宗の奥義を尽くして、末法流布の深秘を暁《あき》らむ。御年三十二歳、建長五年癸《みずのと》丑《うし》の春のころ、再び故郷に帰り、末法の本尊を祈りたまうに、四月二十八日の暁天に、古僧示して云わく『汝が身をもって本尊となすべし』と。即ち明星池を見たまえば、不思議なり、蓮祖の影即ち今の大曼荼羅なり。この時、正しく我が身は法華経の題目なりと知り、朝日に向かって始めて南無妙法蓮華経と唱え、しかる後、無量の巨難《こなん》を忍び、三大秘法を弘む」（『日寛上人文段集』六〇一頁）

ここでは日蓮が曼荼羅本尊の姿を見たのは立宗宣言の当日の朝とされていて時期において相違はあるが、日蓮の姿がそのまま曼荼羅本尊の相貌であったというこの伝承の骨格は変わっていない。伝承であるから細部についての相違はあるが、この伝承は日蓮が曼荼羅本尊と一体不二であるという信仰が日興門流に存在していたことを物語っている。

〈本文〉

一、日蓮の蓮の字に点を一つ打ち給うことは天目《てんもく》が点が一つ過ぎ候なりと申しつるあいだ、また一点を打ち給いて後のたまいけるは「予が法門に墨子《ふすべ》を一つ申し出だすべきものなり。さてこそ天目とはつけたれ」と云々。

〈通解〉

一、師が「日蓮」の「蓮」の字に点を一つ打たれたことについて、弟子の天目が「点が一つ多すぎます」と言ったところ、師はさらにもう一つ点を打たれた後に言われた。「私の法門にほくろを一つ付けるようなものだ。だからこそこの者に天目という名を付けるのである」と。

〈解説〉

天目（一二五七〜一三三七）は日蓮在世中の弟子。日蓮滅後は方便品読誦を否定して六老僧全員に敵対した。「五人所破抄」（一六一六頁）では正安二年（一三〇〇年）頃、天目が日興と問答していったんは日興に承服したが、まもなく再び自説に執着して方便品読誦を非難するようになったと述べられている。

「御本尊七箇相承」では、日蓮の本尊図顕の在り方を天目が我見から批判した際、日蓮はその批判を気にもとめなかったという挿話が記されている。日蓮が図顕した曼荼羅本尊は仏教史上誰人も顕さなかった未曾有の本尊であり、下種仏法の創始者としての日蓮の、余人にはうかがうことのできない境地から図顕されたものであった。その日蓮の本尊図顕に対して、天目が自分の判断を基準とする慢心から非難がましい言辞を吐いたことは、その無遠慮で小賢《こざか》しい態度の故に多くの人の記憶に刻まれたと思われる。それ故にその天目の言動が「御本尊七箇相承」にも記されることとなったのではなかろうか。師の日蓮をも批判した天目の思い上がった態度は「佐渡御書」にいう「日蓮を教訓して我賢しと思わん僻人《びゃくにん》」（九六〇頁）の姿であった。

しかし、このような日蓮在世中の具体的な話題が記されていることは「御本尊七箇相承」の信憑性を裏づける要素の一つとなろう。仮に日蓮滅後二百年以上も経過した時期に作成されたものならば、天目だけの個別の話題を取り上げるのは不自然と思われるからである。

また、日興門流の書写本尊の相貌が「御本尊七箇相承」に記された通りになっていないことをもって「御本尊七箇相承」を後世の偽作とする意見がある。しかし、それは的外れの見解である。日興門流における本尊書写の相伝には多くのものがあって「御本尊七箇相承」に限定されたものではない。また、「七箇相承」それ自体が一切の例外を許さない硬直的な規定ではなく、一定の裁量の余地を残す性格のものである。従って「七箇相承」の規定に外れた書写本尊が存在することをもって「七箇相承」を偽書とすることは明らかな誤りである。むしろ、日興門流の書写本尊は基本的には「七箇相承」の内容に合致しており、その事実を直視すれば、「御本尊七箇相承」は日蓮から日興への相伝を記録した文書として扱うことが至当であろう。

第六章　日興の思想と行動

第一節　日興の著述

日蓮の滅後、五老僧と厳しく対決した日興の思想と行動は、実質的に日興自身の著作と見なし得る「富士一跡門徒《ふじいっせきもんと》存知《ぞんち》の事」と「五人所破抄」に明示されている。それについては第一章で詳しく触れたので、ここではそれ以外の内容について述べることとする。

日興の思想について注目されるのは、日興自身にいわゆる本因妙思想が見られることである。本因妙思想とは、法華経寿量品で説かれる五百塵点劫における釈尊の成道を本果妙とし、それ以前に釈尊が成道した根本の因を本因妙とする思想のことである。天台大師は『法華玄義』で「我もと菩薩の道を行ずる時は中間にあらず。これを過ぎて已前の修行とはこれを名づけて本となす。即ちこれ本因妙なり」(大正蔵三十三巻七六五頁)として、釈尊が成道する以前に菩薩道を行じたこと(「我本行菩薩道《がほんぎょうぼさつどう》」)が本因妙に当たるとしている。

日興の著述の中で本因妙思想が見られるのは日興が逝去三年前の元徳《げんとく》二(一三三〇)年に著した「五重円記」である。同書は、題名の通り、爾前・迹門・本門・観心・元意の五重にわたる円教について述べた体系的な教義書である。ここでいう「観心」とは、同書に「観心の円とは、本門の上に観心を立つること恵檀《えだん》両流の異義なり。しかりといえども既に四重興廃の時、本の大教の上に観心の円を立つるなり」(『日蓮宗宗学全書』第二巻八九頁、原文は漢文)とあるように、恵心流《えしんりゅう》・檀那流《だんなりゅう》に代表される天台本覚思想の立場を指す。

天台本覚思想について、日興は「当家はこれを破す。仏はその元意をば悟らざるや。本門の時は上行菩薩にその元意を付せざるや。本迹未分・権実未分ならば、教外別伝《きょうげべつでん》不立文字《ふりゅうもんじ》、禅天魔の法なりと破するものなり」(同書九一頁)と天台本覚思想を厳しく破折する。

日蓮は修学時代から天台本覚思想を深く吸収しながらもそれを否定する立場を明確にしたが、日興もまた日蓮と同様に天台本覚思想を鋭く批判している。その上で日興は「かくのごとく破して当流は観心の上に元意を立つ。そは上行所伝の妙法、本門自行の要法これなり。釈に云わく、この妙法蓮華経は本地甚深の奥蔵なり。本地とは元意と同じことなり。三世如来の師とし給うところ、一仏不出現、元意の大法にあらずや。これをもって元意とは本因妙所修の法体なり」(同書同頁)として、上行菩薩に付嘱された妙法(南無妙法蓮華経)こそが五百塵点劫成道の釈尊が出現する以前に存在した(一仏不出現)三世諸仏の師であり、五百塵点劫成道の釈尊が成仏の本因として修行した法体であるとする。

このように日興は、釈尊を含めた三世一切の諸仏を成仏せしめた本因の法体が南無妙法蓮華経であることを強調し、「本門の元意の円とは事行《じぎょう》の妙法蓮華経これなり」、「今《いま》当家の円宗は事行の妙法蓮華経宗なり」(同書同頁)と結論している。この「事行の妙法蓮華経」という表現は「観心本尊抄《かんじんのほんぞんしょう》」の「事行の南無妙法蓮華経の五字」(二五三頁)、あるいは「本因妙抄」の「事行の一念三千」(八七一頁)、「事行の一念三千の南無妙法蓮華経」(八七七頁)の表現と合致している。

釈尊成道の本因は仏種としての妙法を行じたことであるという本因妙思想こそ「本因妙抄」の中核である。その本因妙思想が明確に日興に存すること、また「五重円記」と「本因妙抄」の用語が合致していることは、日興が「本因妙抄」を相伝として日蓮から与えられていたことを推測させるものになっている。

また、久遠元初の南無妙法蓮華経と対する場合は文上本門も迹となるという主張は「本因妙抄」「百六箇抄」に頻出するが、その思想も「五重円記」に明確に示されている。すなわち「五重円記」において本門の円を論じた部分の末尾には次のようにある。

「下種に約する時、処々得入《しょしょとくにゅう》の菩薩も迹門の二乗作仏も、久遠の下種に還帰《げんき》すれば本門得道の人なり。円の実体とは久遠下種の妙法なり。この時は今日本門の円も脱の方は迹に摂属せらるるなり」(『日蓮宗宗学全書』第二巻八九頁)。

「五重円記」の真筆は現存しないが、嘉伝日悦《かでんにちえつ》による写本のほかに大石寺にも古写本があり(『日興上人全集』目次)、『日蓮宗宗学全書』第二巻九二頁によれば日悦は元禄《げんろく》十四(一七〇一)年当時、日興の真筆が光長寺(静岡県沼津市)に保存されていることを明記している。この日悦の記述を虚偽とする根拠もないので「五重円記」が日興の著述であることは確実と見られる。

なお、日興の他の著述にも「本因妙抄」「百六箇抄」、さらに「御義口伝」と類似の用語を見ることができる。例えば日興の「引導秘訣《いんどうひけつ》」には「自受用身」の用語が出てくるが(『日蓮宗宗学全書』第二巻六六頁)、「自受用身」は「本因妙抄」「百六箇抄」「御義口伝」に頻出する用語であり、日興の思想がこれらの相伝書と深く響き合っていることがうかがえる。

日蓮本仏論は「百六箇抄」には明示されるが、日興の著述に明確に示されることはない。それは日蓮本仏論が日興門流のみが有する秘奥の教義であるため、対外的に公にすることは抑制しなければならない状況があったためと考えられる。しかし、日興の著述の中には日蓮本仏論がうかがえる文もないわけではない。

例えば「引導秘訣」には「導師、霊地に臨む心持」として「大曼荼羅に向かい奉りて蓮祖を偏《ひと》えに頼み奉り、我らが導師と思うべからず。高祖大聖人の御導師を頼み奉るとおがみ、心に強く仏身を念ずべきなり」（前掲書六五頁、原文は漢文）と述べられている。すなわち葬儀の導師の心得として、曼荼羅を本尊とするということと、自らが導師をするという気持ちではなく日蓮に導師を依頼するとの心を持つべきであるとする。ここに曼荼羅本尊を正意とする立場と、釈迦仏ではなく日蓮を救済の主体とする信仰をうかがうことができよう。「引導秘訣」の日興の真筆は現存しないが、大石寺第十七世日精の写本があり（『日興上人全集』目次）、偽書とする根拠もないので真書として扱われるべきであろう。

なお日興の著述において、一見すると日興が釈迦本仏義に立っていたと受け止められるようなものがある。その例に挙げられるのが「三時弘経次第」である。同抄では初めに「仏法流布の次第」を次のように示す。

「一　正法千年　　流布　小乗　権大乗
一　像法千年　　流布　法華迹門
一　末法万年　　流布　法華本門」

（『日興上人全集』二八六頁）

次に伝教大師と日蓮の立場の違いを表にして図示する。その図の要点を示せば、次のようになっている。

比叡山（迹門寺・像法）　始成釈迦仏
　付属弟子――薬王菩薩　　伝教大師
　垂迹神　――天照太神・八幡大菩薩　　桓武天皇
　　　　　　　　　　　　迹化垂迹師檀
富士山（本門寺・末法）　久成釈迦仏
　付属弟子――上行菩薩　　日蓮聖人
　垂迹神　――天照太神・八幡大菩薩　　当御代
　　　　　　　　　　　　本化垂迹師檀

そのポイントは伝教と日蓮の相違を文上迹門・本門の違いとして示すところにある。天台の一念三千は法華経の本門よりも迹門を中心にして立てられた（迹面本裏）。一方、日蓮が弘通した下種の法体である南無妙法蓮華経は本門寿量品の文底に暗示されている。その意味では伝教を迹門、日蓮を本門を配することには十分な理由がある。しかし、南無妙法蓮華経は法華経の文上にはどこにも明示されず、指し示されているのは文底の次元である。また、文上法華経はあくまでも既に下種を受けている衆生を得脱させるだけの脱益の法であるのに対し、南無妙法蓮華経は仏種そのものである。このような文上・文底、また脱益と下種益の相違は「観心本尊抄」の「彼は脱、これは種なり。彼は一品二半、これはただ題目の五字なり」（二四九頁）などの文を挙げるまでもなく諸抄において明確に説かれている。「三時弘経次第」はあえて種脱相対の次元に踏み込まず、伝教と日蓮の相違を文上法華経の次元において示したものといえる。日蓮を上行菩薩再誕の立場にとどめているのであるから、その場合の教主が久遠実成の釈尊となるのは当然のことである。日興があえて文上法華経の次元にとどまる「三時弘経次第」を作成した意味をうかがうためには本書作成の目的を知る必要がある。

「三時弘経次第」は伝教大師と桓武天皇、日蓮聖人と当代の天皇を並べ、それぞれの関係を「迹化垂迹師檀」「本化垂迹師檀」と規定していることが大きな特徴である。すなわち、伝教に帰依した桓武天皇と同様に、当代の天皇も日蓮に帰依して師檀関係を結ぶべきであるとの主張が本書の基調になっており、本書はいわば朝廷（天皇）に向けて作成された文書であることが分かる。

『歴代法主全書』では「三時弘経次第」の成立を嘉暦《かりゃく》二（一三二七）年頃としているが、同年八月、日興は申状を執筆して自身の代わりに三位日順《さんみにちじゅん》を上洛させ、天奏しており、「三時弘経次第」はその天奏の折に申状と合わせて朝廷に提出された文書と考えることができる。

後に大石寺第三世日目が元弘三（一三三三）年に天奏のために作成した申状の中には提出する文書の一つとして「立正安国論」、日興申状と合わせて「三時弘経次第」が挙げられている（『歴代法主全書』第一巻二一一頁）。また、大石寺第五世日行《にちぎょう》が康永《こうえい》元（一三四二）年に天奏した際の申状にも「三時弘経次第」が提出文書の一つとされている（同二九七頁）。日興から重須《おもす》談所を譲られた日代《にちだい》（一二九七〜一三九四、西山本門寺開基）が暦応《りゃくおう》三（一三四〇）年に天奏を行った際の申状にも「三時弘経図」が挙げられているが、そこには「先師書釈要句」として、それが先師日興によるものであることが明記されている（『日蓮宗宗学全書』第二巻二三〇頁）。

すなわち「三時弘経次第」は天奏のために作成された文書であるから、当然のことながら朝廷に対する対外的な配慮が最優先されており、そのような文書の中で秘奥の教義である日蓮本仏義を主張することはありうべくもない。「三時弘経次第」が一般社会の常識である文上法華経の範囲で記されている理由もそのような事情から理解することができよう。「三時弘経次第」は天奏用に作成された特殊な文書であるから、その内容をもって日興が釈迦本仏義に立っていた根拠とすることはできない。むしろそのような主張は、文書の目的・性格を考慮せず表面的な言辞に囚われた態度と言うべきであろう。

また、「三時弘教次第」について大石寺第九世日有《にちう》は「三時弘経ノ面ヲ遊ハシテ御聞セ有ケル」（「連陽房雑雑聞書《れんようぼうざつざつききがき》」『歴代法主全書』第一巻三八三頁）と述べている。つまり「三時弘経次第」は対外的な文書であると同時に、正像末の弘教の次第を「御聞セ」するための文書でもあった。種脱相対、日蓮本仏義などの奥底の教義をまだ理解できていない者を対象に、文上本門の範疇の中で三時の弘教の基本を教示しているのであるから、その場合は教主が久遠実成の釈迦仏になるのは当然である（なお「三時弘経次第」は日蓮から日興に伝えられたものとも伝承されている〈『富士宗学要集』第一巻目次〉。この伝承が事実としたならば、日興は申状に添付する文書として日蓮から伝授されたものを天奏に当たって改めて自ら作成したことになる）。

「三時弘経次第」で教主を釈迦にしてあるのは、日蓮が多くの御書で「教主釈尊」として釈迦仏を宣揚したのと同じ意味である。日蓮は、例えば「ひとり三徳をかねて恩ふかき仏は釈迦一仏にかぎりたてまつる」（「南条兵衛七郎殿御書」一四九四頁）等と門下に対して釈迦仏を宣揚し続けた。しかし、それは当時の人々が浄土教や真言密教の影響を受けて阿弥陀如来や大日如来に傾斜している中で、人々の心を釈迦仏と法華経に引き戻そうとする弘教上の配慮、ないしは対外戦略上の言辞と見なければならない（先の文がある御書を与えられた南条兵衛七郎〈南条時光の父〉は日蓮に帰依する以前は長年の念仏信者であり、日蓮に帰依して日が浅い南条兵衛七郎に対して阿弥陀信仰の執着を断ち切る化導が必要であった）。

実際には日蓮は、法華経についても「今末法に入りぬれば余経も法華経もせんなし。ただ南無妙法蓮華経なるべし」（「上野殿御返事」一五四六頁）として末法においては救済力が喪失していることを宣言し、「今末法に入りぬ。人毎《ごと》に重病有り。阿弥陀・大日・釈迦等の軽薬にては治し難し」（「妙密上人御消息」一二三八頁）と釈迦仏法によって末法の衆生を救済することはできないと明言している。仮に日蓮が釈迦本仏の立場に立っていたならば、このような文がありうる道理はない。

第二節　日興の行動

著述においては日蓮本仏論を説くことを抑制した日興だが、行動の次元では日蓮本仏論を明瞭に見て取ることができる。その第一は、終生にわたって曼荼羅本尊の中央に「南無妙法蓮華経　日蓮　在御判」と記し続けた本尊書写の形式である。この書写形式が日興が日蓮から相伝されたものであることは「御本尊七箇相承」に示されている。日興は自身のみならず、日興門流全体にわたってこの本尊書写形式を徹底した。他門流においては中央の南無妙法蓮華経の下に本尊を顕した当人の名を記すのが一般的であるのに対し、日興門流では本尊を書写した当人の名は「奉書写之」に続いて記す形になっており、日興門流と他門流との本尊形式は大きく異なっている。

本尊という信仰の根本について日興が曼荼羅本尊の中央に「南無妙法蓮華経　日蓮　在御判」と書き続けた事実は重要な意義を持つ。そのことは日蓮が南無妙法蓮華経と一体の仏（教主）であるとの信仰を示している。その信仰こそが日興門流の根本教義であった故に、日興は門下に対してそれ以外の形による本尊書写を許さなかったのである。

日興が日蓮本仏の立場にあったことは、日興が自身に寄せられた供養を常に日蓮の御影《みえい》に供えていた振る舞いにも示されている。そのことは日興が記した消息に明らかである。その一端として次のようなものが挙げられる。

「聖人御影の御宝前に申し上げまいらせ候い了んぬ」（「西御坊御返事」『日興上人全集』一五五頁）

「法華聖人の御宝前に申し上げまいらせ候い了んぬ」（「了性御房御返事」同一七三頁）

「せり・御す（酒）の御はつお、仏にまいらせて候」（「曾祢殿《そねどの》御返事」同一九六頁）

「御手作の芋一桶弁《おけ》はしかみ一まろ、仏の御見参に申し入れまいらせ候いぬ」（「曾祢殿御返事」同一九八頁）

「盆料の米二、根芋一升、仏聖人の御座候」（「与由比氏書」同三六〇頁）

「仏にまいらせて候」「仏の御見参」「仏聖人」等の文が示す通り、日興が日蓮を「仏」と認識していたことは明らかである。その一方で、日興が釈迦仏に供養を供えたという事績は一つとして見ることができない。このような日興の振る舞いから、日興が明確に釈迦本仏義を斥《しりぞ》け、日蓮本仏の立場に立っていたということができる。

日蓮が図顕した曼荼羅本尊においても常に中心にしたためられるのは「南無妙法蓮華経　日蓮（花押）」であり、釈迦・多宝はその左右に配置される従たる存在に過ぎない（釈迦・多宝が省略されている日蓮真筆の曼荼羅も複数認められる。釈迦が中央にある曼荼羅は絶無である）。

このような曼荼羅本尊の相貌に照らしても日蓮の宗教の根本教義は日蓮本仏論にあり、日蓮本仏論を否定したならば日蓮の宗教にはならない。日蓮の教義において釈迦本仏義などが成立する余地はなく、日蓮に長年にわたって常随給仕し日蓮の内奥の思想を体得していた日興が日蓮本仏論を堅持していたことは先に述べた日興の振る舞いが示す通りである。

第七章　日興の直弟子の思想

第一節　三位日順

日興には多数の直弟子がいるが、その中でも多くの著述を残し、上古の日興門流の思想を示す人物が三位日順《さんみにちじゅん》（一二九四〜一三五六）である。日順は甲斐国《かいのくに》（山梨県）下山の出身で（俗姓は不明）、八歳の時、寂仙房日澄《にっちょう》（五老僧の一人である日頂《にっちょう》の弟）を師として得度した。それ以前の正安二（一三〇〇）年に日澄は日興に帰服していたので、日順も日興の門下となり、日興・日澄両師の薫陶を受けることとなった。成人後、比叡山延暦寺に留学して天台学を学んだ。

重須《おもす》談所の初代学頭となった日澄は日興の命を受けて五老僧を破折する「富士一跡門徒存知の事」の執筆に着手したが、延慶《えんきょう》三（一三一〇）年に完成を待たずに死去したので、その後を受けて日順が第二代学頭に任ぜられた（一三一七年）。嘉暦《かりゃく》三（一三二八）年には日興の命により五老僧の謗法を指摘して日興門流の正統性を主張した「五人所破抄」を執筆、日興の印可を受けた。

翌年、病のため片眼の視力を失い、甲斐国下山《しもやま》大沢の草庵に隠棲したが、その地で「日順阿闍梨血脈」「誓文」「本門心底抄」「摧邪立正抄」などの多くの書を著し、日興門流の教義の宣揚に努めた。正平《しょうへい》十（一三五五）年から再び重須談所に戻って「開目抄」「観心本尊抄」の講義を行い、翌年、六十二歳で死去した。

日順が述べるところは多岐にわたるが、中でも特筆されるのは日興門流の根本思想である日蓮本仏義を明確に表明していることである。例えば一三一八年成立の「表白《ひょうはく》」では次のように述べている。

「我が朝は本仏の所住なるべき故に本朝と申し、月氏《がっし》・震旦《しんたん》に勝れたり。よって日本と名づく。富士山をばあるいは大日山とも号し、また蓮華山とも呼ぶ。これひとえに大日本国の中央の大日山に日蓮聖人、大本門寺建立すべき故に先き立って大日山と号するか。はたまた妙法蓮華経を此処《ここ》に初めて一閻浮提に流布す可き故に蓮華山と名づくるか。初め西より東に至るは、なほ月の生ずるが如し。今また東より西に伝う、日の昇るが如しと云うも実《まこと》なるかな」（『富士宗学要集』第二巻一一頁）

ここで日順は日蓮を「本仏」と明確に位置づけ、さらには仏法の東漸と西還に言及して釈迦仏法から日蓮仏法への転換を強調している。また、この文は「五人所破抄」の次の文に対応している。

「日本と云うは惣名なり。また本朝を扶桑国《ふそうこく》と云う。富士は郡の号すなわち大日蓮華山と称す。ここに知んぬ、先師自然の名号と妙法蓮華の経題と山州共に相応す。弘通この地に在り。遠く異朝の天台山を訪《おとな》えば台星《たいせい》の所居なり。大師、彼の深洞を卜《ぼく》して迹門を建立す。近く我が国の大日山を尋ぬれば日天の能住なり。聖人、この高峰を撰んで本門を弘めんと欲す」（一六一三頁）

一三四二年成立の「誓文」には次のような文がある。

「妄情自由の見を起こして悪と知って改めず、もしくは正直無差の訓《おしえ》を聞き、善と知って同ぜざる者は、仏滅後二千二百三十余年の間、一閻浮提の内未曾有の大漫荼羅所在の釈迦・多宝・十方三世諸仏、上行・無辺行等、普賢・文殊等の諸薩埵《さった》、身子・目連等の諸聖、梵帝・日月・四天・竜王等、刹女・番神等、天照・八幡等、正像の四依、竜樹・天親・天台・伝教等、別して本尊総体の日蓮聖人の御罰《おんばち》を蒙《こうむ》り、現世には一身の安堵《あんど》を失い、かえって諸人の嘲《あざけ》りを招き、未来には無間に堕ち、まさに大苦悩を受けんとす」（『富士宗学要集』第二巻二八頁）

ここで「日蓮聖人」が「本尊総体」であるとしていることが注目される。この文は日蓮が曼荼羅本尊と一体不二の本仏であるという人法一箇の法理を述べているものと解せられる。

また「日順雑集」には次のように述べられている。

「天竺《てんじく》の仏は迹仏なり。今日本国に顕れたまうべき釈迦は本仏なり。彼の本仏の顕したまう所なれば、日本を中国と云うなり」（同一一三頁）。

「天竺の仏」とは釈尊であり、「今日本国に顕れたまうべき釈迦」とは日蓮を指すことは明らかであるから、この文は釈迦を迹仏とするとともに日蓮を本仏とする日蓮本仏義の明文といえよう。

さらに「本因妙口決」では「久遠元初自受用報身とは本行菩薩道の本因妙の日蓮大聖人を久遠元初の自受用身と取り定め申すべきなり」（同八三頁）と日蓮本仏義が明確に述べられている。「久遠元初」の用語は日蓮の一般文献には見られず、「本因妙抄」「百六箇抄」にのみ示される特別な用語である。この「久遠元初」の言葉が「本因妙口決」に見られることは日順に「本因妙抄」「百六箇抄」が授与されていたことをうかがわせるものとなっている。

釈迦を迹仏とし、日蓮を本仏とする教義は日興門流の奥底の教義であり、日蓮宗各派を含めて一般仏教界においてはほとんど驚天動地の思想であったために日興は著述で説くことはなかった（ただし、曼荼羅本尊書写の在り方や供養の給仕という具体的な行動において日蓮本仏義を明瞭にうかがうことができる）。それは、日興が日興門流を統括する立場にあったための自重であったと思われる。しかし、重須談所の学頭であった日順は、あえて積極的に日蓮本仏の奥義を著述において繰り返し説き続けた。従って、日興門流において日蓮本仏義が生まれたのは大石寺第九世日有《にちう》以降であるとの説は、三位日順の著述を確認するだけでも明らかな誤謬であることが分かる。

ただし、三位日順にも日蓮・日興の教義から逸脱している面がないわけではない。例えば一三四九年成立の「本門文底抄」で「仏像を安置することは本尊の図の如し」（『富士宗学要集』第二巻三四頁）と述べているが、これについて堀日亨は「仏像安置」と云々。順師未だ興師の真意を演《えん》暢《ちょう》せず。後人、この文に滞《とどこお》ることなかれ」（同頁頭注）と注記している。曼荼羅本尊が仏像の配置図であるなどという見解は日興の教義には存在しないので、後世の者は日順のこの文に惑わされてはならないと戒めているのである。

第二節　その他の直弟子

日興の直弟子で日蓮本仏義を著述や振る舞いで示した者は三位日順だけではない。例えば日興が定めた六人の本弟子（本六）の一人で讃岐本門寺を開いた日仙《にっせん》（一二六二〜一三五七）も、日興に倣《なら》って供養の品を日蓮の御影《みえい》に供えたことが消息からうかがうことができる。すなわち日仙の消息には「御用途二百文畏《かしこ》み給び候いて、御きょう（経）聖人の見参に申し上げまいらせ候て、きょう（経）よみまいらせ候いおわんぬ。この御状を仏前にまいらせおきて候えば、しょう人（聖人）しろしめすべく候」（正本、大石寺蔵。『日蓮宗宗学全書』第二巻二一九頁）と述べられている。

大石寺第四世日道《にちどう》（一二八三〜一三四一、新六の一人）も同様に日蓮を「しやうにん」「ほとけ」と称して供養の品を日蓮の御影に給仕している。「おさとよりの御返事」（正本、大石寺蔵）には「しやうにん（聖人）の御けうやう（孝養）のために、しろぬの（白布）いつ（五）つおくり給はりて、ほとけのけんさんに申あけまいらせ候ぬ」（『歴代法主全書』第一巻二九二頁）と述べている。

さらに阿仏房の曾孫で、日興の弟子となり、日興から北陸道七箇国の別当に任ぜられた日満《にちまん》（一三〇八〜一三六〇）の著述にも明確な日蓮本仏論を見ることができる。

すなわち日満は「日満抄」で日蓮を「法主聖人」と呼び、その上で「祖師日蓮聖人は、かたじけなくも上行菩薩の後身、末法利益《りやく》の導師なり」（『日蓮宗宗学全書』第二巻四〇〇頁）と述べている。「法主聖人」とは仏を意味する呼称であり、「末法利益の導師」とは末法の一切衆生を得道せしめる教主の意であるから、日満も日順や日仙、日道らと同じく日蓮本仏の立場に立っていたことが分かる。『日蓮宗学全書』および『富士年表』によれば、「日満抄」については日興の高弟である民部《みんぶ》阿闍梨日盛《にちじょう》(一二八六〜?)が一三五九年に書写した写本が大石寺にあり、日満の著述であることに疑問の余地はない。

また南条時光の子息である富士妙蓮寺第五代日眼《にちげん》(乙次丸《おとつぎまる》、?〜一三八四年)は一三八〇年に著した「五人所破抄見聞」で「威音王仏と釈迦牟尼とは迹仏なり。不軽と日蓮とは本仏なり。威音王仏と釈迦仏とは三十二相八十種好の無常の仏陀、不軽と上行とは唯名字初信の常住の本仏なり」(『富士宗学要集』第四巻一頁)と明確に日蓮本仏義を表明している(「五人所破抄見聞」を妙蓮寺日眼の作ではないとする説もあるが、その根拠は十分でない)。妙蓮寺日眼と日興の没年はほぼ五十年の間隔があるが、日眼の少年期に日興が存命していたと考えれば日眼を日興の直弟子に含めることも可能であろう。

このような日興の直弟子の言辞や振る舞いを直視すれば、日蓮本仏論は日興を含めて日興門流が当初から堅持していた根本教義であることが理解できよう。

第八章　日尊門流の思想

日興門流の思想について考える上では日興の弟子日尊《にちぞん》に始まる要法寺《ようぼうじ》系（日尊門流。現在の日蓮本宗）について見ておかなければならない。

大夫阿闍梨《たいふあじゃり》日尊（一二六五～一三四五）は陸前国《りくぜんのくに》（宮城県）登米《とめ》郡玉野に生まれた（俗姓は不明）。初めは天台宗の寺院で修学したが、弘安六（一二八三）年、大石寺第三世日目《にちもく》に依って得度し、翌年、日目に伴われて身延に登り、日興の弟子となった。日興の身延離山に随順し、大石寺や重須《おもす》談所で日興・日目の薫陶を受けたが、ともすると日興・日目の教示から逸脱して我見に走る傾向があったと見られ、日尊が神社参詣容認の発言をしたことが日目の不興を買ったことがあった（日目の日代《にちだい》宛て書簡による。堀日亨『富士日興上人詳伝』三七三頁）。

伝承によれば、日興が重須談所で説法していた折、日尊は梨の葉が落ちるのを眺めていたことから破門された。それに発奮した日尊は各地の弘教に努めて三十六箇寺を開き、十二年後に日興の許しを得たという。しかし、日亨が指摘するように（前掲書五一四頁）、この話はあくまでも伝説で、根拠となる史料はなく、事実とは認めがたい。しかし、このような伝説が生まれる背景には、日尊が法義に厳格であった日興からたびたび叱責を受けていた可能性が考えられよう。日尊は日興が定めた本弟子である本六・新六の中に入っていない。この事実は、日興の日尊に対する評価が厳しいものであったことをうかがわせる。

元弘《げんこう》三（一三三三）年、日目が大石寺を第四世日道に譲って天奏のために京都へ向かった際、日尊は日郷《にちごう》とともに日目に随伴した。日目が同年十一月、途上の美濃国《みののくに》（岐阜県）垂井《たるい》で逝去したので、日尊は日郷とともに日目の遺骨を奉じて上洛した。日郷は日目の遺骨を奉持して大石寺に戻ったが、日尊は京都にとどまって後醍醐《ごだいご》天皇に天奏を果たし、建武《けんむ》元（一三三四）年、京都の六角油小路《あぶらこうじ》に朝廷から寺地を寄進され、延元《えんげん》四（一三三九）年、その地に上行院を開いた（上行院は後に日尊の弟子日大《にちだい》が創建した住本寺と合併して一五五〇年に要法寺となった）。

日尊を派祖とする日尊門流（要法寺系）の思想は日興・日目を基軸とする富士門流（大石寺系）の思想とはかなり異質である。その相違の第一は本尊に対する見解で、日尊は文字曼荼羅を本尊として認めるものの（「日印譲状」『日蓮宗宗学全書』第二巻二九三頁）、曼荼羅を本尊とするのは広宣流布以前までで、広宣流布の時には久遠実成の釈迦の仏像を建立すべきであるとする。

日尊の弟子日大（一二九四〜一三六九）は「日尊上人の仰せ」として次のように述べている。

「一、久成釈迦造立有無の事　日興上人の仰せに云わく、末法は濁乱なり。三類の強敵これあり。しかれば木像等の色相荘厳の仏は崇敬はばかりあり。香華灯明の供養も叶うべからず。広宣流布の時分まで大曼荼羅を安置し奉るべし」（「日尊上人仰云」同四一九頁）。

要するに、日尊は釈迦本仏の立場に立つ仏像造立論者であった。

実際に日尊は興国《こうこく》二（一三四一）年に上行院に釈迦の立像を立て、弟子の日大も正平《しょうへい》十七（一三六二）年に一尊四士の仏像を造立している。日尊は民部日向《みんぶにこう》が身延山に造立した釈迦仏像も容認して身延への参詣も認めている（同四一九頁、四二〇頁）。このような日尊の態度は、日向による釈迦像造立を謗法と断じて身延を離山した日興の精神に違背するものであった。日亨《にちこう》が後年、日尊について「城《じょう》者破城《しゃはじょう》の反逆であるといわざるをえぬ」（『富士日興上人詳伝』五二六頁）と厳しく弾呵《だんか》している所以《ゆえん》であろう。

日尊がこれほど日興の教示から逸脱していった背景には、日目に入門する前に学んだ天台宗の影響が残っていたためと見られる。日尊の弟子日大は正平十八（一三六三）年に天台宗の学僧である円実坊直兼《えんじつぼうなおかね》と談義しているが、そこでの日大の主張はほとんど天台本覚思想に同化しており、天台宗と日蓮仏法の相違が明確になっていない。その談義の記録である「日大直兼台当《たいとう》問答記」の末尾には次のようにある。

「日大答えて云わく、大聖人、俊範《しゅんぱん》より天台の法門は御相承なり云々。日大は当宗御弘通の四代なり。大聖人、天台御相承の本坊にて日大、直兼に値《あ》って天台宗と法門同不同云々、交合云々」（『日蓮宗宗学全書』第二巻四二七頁）。

この日大の姿勢は日蓮の仏法を天台宗の延長と捉えた五老僧の立場に類似するものといえよう。

また、日尊が富士から離れて京都で活動したことも逸脱の一要因になったと思われる。後醍醐天皇による「建武《けんむ》の中興」によって権力の中心地が鎌倉から京都に移動した時期に日尊の京都での活動も開始されたが、日尊による後醍醐に対する天奏は日蓮が「立正安国論」で行ったような厳しい諫暁ではなく、むしろ朝廷に迎合するものであった（朝廷に対する厳しい諫暁、折伏があったならば、朝廷から寺地の寄進を受けることはあり得ないだろう）。

日尊が延元《えんげん》三（一三三八）年に執筆した「申状」では「経に曰わく、仏法王臣に付して弘むべし。更に僧衆の力に及ぶところにあらず」（『日蓮宗宗学全書』第二巻二九〇頁）として、権力の保護を受けることによって仏法の弘通も可能になるという見解を表明している。そこには日蓮に見られたような、厳しく権力と対峙《たいじ》する姿勢は一切見ることはできない。日尊にとっての天奏はひたすら権力に擦り寄って、その保護を受けることで勢力を拡大していくことに他ならなかった。その点においても日尊とその門流が五老僧と類似していることを指摘することができる。

建武の中興以後、日蓮宗各派は日朗の弟子日像《にちぞう》を皮切りに、競って京都進出を図ったが、それはいずれも朝廷や室町幕府に接近し、その力を借りて自派の勢力拡大を目指すものであった。日尊門流の実態も、日興門流としての独自性を失い、他門流に同じたものであったといえよう。

しかし、日尊門流の教義は後に富士門流（大石寺系）に大きな影を投げかけることになった。安土桃山時代から江戸時代初期までの約百年間、大石寺第十五世日昌《にっしょう》から第二十三世日啓《にっけい》までの大石寺の法主が要法寺出身者で占められたことにより、造仏などの日尊門流の教義が富士門流に流入したからである。この影響を排除するための営みが、後に第二十六世日寛を中心に富士門流でなされていくこととなる。

第九章　第九世日有と左京日教

第一節　第九世日有

1　日蓮本仏論

元弘《げんこう》三（一三三三）年に日目《にちもく》が逝去した後、第四世日道《にちどう》が大石寺を継承したが、日目の弟子日郷《にちごう》が大石寺の東坊（蓮蔵坊）の帰属を巡って日道と対立し、第六世日時《にちじ》の時代まで約七十年にわたって深刻な抗争を繰り広げたことなどもあって、富士門流の宗勢は長らく停滞を余儀なくされた。その後、疲弊した大石寺を再興したのが応永《おうえい》二十六（一四一九）年に第九世の貫首となった日有《にちう》（一四〇二～一四八二）である。

「家中抄」に「釈の日有、俗姓は南条。日影《にちえい》の弟子なり。幼少にして出家し、師の教訓を受け法華を習学し、また御書を聴聞す」（『富士宗学要集』第五巻二五六頁）と述べられているように、日有は南条家の出身で、幼少時から大石寺第八世日影の弟子として仏法を修学してきた。

日有は堂塔を整備しただけでなく、東北地方や北陸など各地に布教し、さらに富士門流に伝承されてきた教義を門下に口述した。その言葉をまとめたものが「化儀抄《けぎしょう》」をはじめとする各種の聞書《ききがき》である。日有の思想は多岐にわたるが、第一に挙げられるのは日蓮を末法の教主と位置づける日蓮本仏義である。

日有が日蓮本仏義を述べた文は数多い。例えば「化儀抄」三十三条では「当宗の本尊のこと、日蓮聖人に限り奉るべし」（『富士宗学要集』第一巻六五頁）と日蓮のみが人本尊に当たることを明言し、「日拾聞書《にちじゅうききがき》」では「高祖大聖は我らがために三徳有縁の主師親、唯我一人の御尊位なりと云えり」（同第二巻一五九頁）とする。同時に日有は「化儀抄」で「当宗には断惑証理の在世正宗の機に対する所の釈迦をば本尊には安置せざるなり」（同第一巻七八頁）として釈迦本仏義を明確に退ける。

さらには「蓮陽房聞書《ききがき》」で文字曼荼羅の相貌に触れて「上行等の四菩薩の脇士《きょうじ》に釈迦・多宝成りたまう」（同第二巻一四〇頁）、「上行菩薩等の四菩薩の体は中間の五字なり」（同頁）と述べ、上行菩薩が曼荼羅本尊の中央にしたためられた南無妙法蓮華経の当体であり、釈迦・多宝は南無妙法蓮華経（＝上行菩薩）の脇士《きょうじ》に過ぎないとしている。

日蓮本仏論は日蓮・日興の当初から存在した日蓮仏法の根本教義であるが、奥底の法門であるため日興は日常の行動の中で示唆するにとどめ、著作において明言することは抑制してきた。しかし、三位日順ら日興の直弟子たちが著作の中で日蓮本仏論を明示していることは第七章で確認した通りである。

日有は大石寺貫首として初めて日蓮本仏論を公にした人物といえる（ただし、日有に日蓮本仏論はあるが、御影《みえい》本尊義はない。人本尊としての日蓮と日蓮御影は明確に区別しなければならない）。奥底の教義を公開した理由について日有は「下野阿闍梨聞書《しもつけあじゃりききがき》」で次のように述べている。

「当門流に古《いにしえ》は碩徳《せきとく》も多く御座《おわ》し、賢人達も多く有りしかば、化儀・法体ともに自ら得立てたまいし間、加様法門をばこれを秘するなり。今は化儀・法体共に無くなる間、秘すべきとて云わずんば仏法皆破るべきなり。去る間、かくの如く顕前に申すなり」（『富士宗学要集』第二巻一五五頁）。

すなわち、富士門流においてかつては教義を自得した碩学・賢人が多くいたので奥底の法門を公開する必要もなかったが、今日では公開しなければ法門が喪失し、仏法破壊の事態となる恐れがあるので秘要の法門も開示するに至ったという。三位日順らの著述が示すように、日蓮本仏義は日蓮仏法の源流から存在していた根本教義だが、日有の時代になると貫首自ら公開して門下に対して強く教示しなければならない状況になっていたことが分かる。

日有は「聞書拾遺《ききがきしゅうい》」に「我が申すこと私《わたくし》にあらず。上代のことを違《たが》わせ申さず候」（『歴代法主全書』第一巻四二六頁）と述べているように、富士門流に継承されてきた教義や化儀をできる限り忠実に後世に伝えようとする姿勢を貫いてきた。実際に各種の聞書に示されている日有の主張は基本的に富士門流で従来維持されてきた教義や化儀を整理したものであり、それまでの伝統教義を覆すような内容は見ることができない。日有の日蓮本仏論も日興の直弟子らが従来述べてきた主張を貫首の立場から確認したものであり、決して日有が恣意的《しいてき》に創作したものではない（日蓮本仏論が日有の創作であるとする説は明らかな誤りである）。

日有は日蓮本仏論を強調したが、しかしその論は日蓮のみを上位において他の存在を下位に置く権威的・差別的思想を述べたものではない。日有は「聞書拾遺」で「ただ今の師匠、在家にてもあれ、出家にてもあれ、尼・入道にてもあれ、信心無二にしてこの妙法蓮華を能く進むる人すなわち主師親なり」（同頁）と述べ、僧俗を問わず強い信心に立って妙法を弘通する人は等しく主師親の三徳を具える存在であるとの平等思想を明示している。日蓮と門下では師匠と弟子という立場の相違はあるが、その上で師弟は平等不二であるとしたのである。

2　曼荼羅本尊正意

日有は日蓮本仏義を明確にするとともに、「化儀抄」で「ただ十界所図の日蓮聖人の遊ばされたる所の所図の本尊を用うべきなり。これ即ち法華経なり」（『富士宗学要集』第一巻七〇頁）と述べて曼荼羅本尊正意の立場を確認している。さらに日有は「下野阿闍梨聞書《しもつけあじゃりききがき》」でも「高祖聖人の御本意己証《こしょう》とはただ紙上に顕し御座《おわ》し候ところの御本尊、これ当《とう》機益物《きやくもつ》の御本意にて候え」（同第二巻一五六頁）とも述べている。曼荼羅本尊が日蓮の本意であるとする主張は、当然、釈迦仏像の造立を退けるもので、日興が堅持した立場を日有が忠実に踏襲していることが分かる。

　また日有は本尊書写の在り方についても言及し、「蓮陽房聞書《ききがき》」で「御本尊の讃に妙楽大師の御釈を上代より遊ばしたるなり。それとは若悩乱者・頭破七分・有供養者・福過十号・讃者積福安明・謗者開罪無間の釈なり」（同第二巻一四一頁）として本尊の讃文に「若悩乱者頭破七分・有供養者福過十号」の文を記すことは富士門流上古からの伝統であることを明らかにしている。この言葉は「御本尊七箇相承」の「上行・無辺行と持国と、浄行・安立行と毘沙門との間には『若悩乱者頭破七分』『有供養者福過十号』とこれを書くべし」（『富士宗学要集』第一巻三二頁）の文と同趣旨で、「御本尊七箇相承」が富士門流に伝わる相伝であることを裏づけるものとなっている。

3　人法一箇

先に引いた「蓮陽房聞書」の「上行菩薩等の四菩薩の体は中間の五字なり」の文は、上行菩薩等の四菩薩の体が南無妙法蓮華経であることを示したもので、四菩薩の代表が上行菩薩であり上行の再誕が日蓮であるから、日蓮と南無妙法蓮華経が一体不二であるとの人法一箇《にんぽういっか》の法理を述べたものといえる。また日有は「有師物語聴聞抄佳跡上《うしものがたりちょうもんしょうけいせき》」で「当宗の御堂《みどう》は如何様《いかよう》に造りたりとも皆御影堂《みえいどう》なり。十界所図の御本尊を掛け奉り候えども高祖日蓮聖人の御判御《お》座《わ》せば、ただ御影堂なり」（『富士宗学要集』第一巻一九三頁）と述べている。この文は、どのような堂であれ曼荼羅本尊を安置する堂には日蓮聖人がおられるのだから全て御影堂の意義があるとするもので、曼荼羅本尊と日蓮が一体不二であるとの人法一箇の趣旨を述べたものと解することができる。

　さらに日有は人法一箇の原理を日蓮だけに限定せず、妙法を受持した日蓮門下一般にまで広げて捉えている。すなわち日有は「蓮陽房聞書《ききがき》」で「日蓮が弟子檀那は妙法蓮華経なり」（『富士宗学要集』第二巻一四二頁）、「高祖曰わく、能持の人の外《ほか》に所持の法を置かずと云えり。（中略）末世の法華経とは能持の人なり」（同頁）と述べ、日蓮の弟子檀那こそが妙法蓮華経であり、能持の人と妙法は一体不二であるとしている。

仏法といっても人を離れてそれ自体で抽象的に存在するものではなく、法を受持する人があって初めて法もその働きを現実に現すことができるとの人と法の根源的関係が示されている。人と法の不可分性を強調した日有の姿勢は「法自《おの》ずから弘まらず、人、法を弘むる故に人法ともに尊し」（八五六頁）との「百六箇抄」の思想に共通するものといえよう。人法一箇の原理を広義の意味で捉えた日有は師の日蓮と弟子の門下を隔絶・対立したものとせず、生命の次元においては平等・一体であるとする師弟不二の精神を強調したのである。

4　本因妙思想

日有の思想の特徴の一つはいわゆる本因妙思想を明確にしていることである。この点については「化儀抄」の「釈迦の因行を本尊とするなり」（同第一巻七八頁）の文、さらに「下野阿闍梨聞書《しもつけあじゃりききがき》」の「当宗は本因妙の処に宗旨を建立するなり」（同第二巻一五三頁）の文などに見ることができる。釈迦の因行を本尊とするとは、釈迦が成仏するための因として行じた妙法（南無妙法蓮華経）を本尊とするとの意であり、それは同時に五百塵点劫において成仏の本果を成就した釈迦を本尊としないとの釈迦本仏義排除の言明である。

日有は本因妙思想の立場から本果の釈迦を本仏とする天台宗を退け、日蓮仏法と天台宗との相違（いわゆる台当異目《たいとういもく》）を強調していく。その観点は、智慧によって成道を目指していく天台宗に対し、日蓮仏法は信による成道を目指す愚者・迷者のための仏教であるというところにある。すなわち日有は「有師物語聴聞抄佳跡上」で「当宗の即身成仏と申すは愚者・迷者の上にて信をもって即身成仏とは申し候。されば師弟ともに三毒強盛の凡夫にて南無妙法蓮華経と余事余念もなく信じ唱え申す処が即身成仏にて候。（中略）智慧に成し候えば天台宗なり。されば迹門・理なり。日蓮聖人の御出世の本意を破るなり」（同第一巻一八八頁）と述べている。

実際に天台宗で行う観念観法の瞑想行は、妙楽大師が「止観に至って正しく観法を明かす。並びに三千をもって指南となす」（一三八頁）と述べているように一念三千の法理を修行の指針としていくもので、一念三千の法理を理解する知力と困難な瞑想を持続していける優れた資質が要求される極めて困難な修行であった。それに対して日蓮は天台流の瞑想行を用いず、成仏の本因となる南無妙法蓮華経を直接行ずる新たな仏教を創始した。その仏法は高い能力(機根)を持たない末法の衆生に適応したものであり、日蓮が「四信五品抄」で「慧また堪《た》えざれば信をもって慧に代え、信の一字を詮となす」(一三三九頁)と述べているように、智慧ではなく信を実践の要とする仏法であった。日有が富士門流の立場について三毒強盛の愚者・迷者のための信による仏法と規定していることは日蓮の教示に合致したものとなっている。

文上の法華経寿量品は釈迦仏の五百塵点劫における成道という本果は説くが、成道の本因については「我本行菩薩道(我もと菩薩の道を行じて)」(法華経四八二頁)として菩薩道を行じていたとするにとどまる。菩薩行をしていたとするならば行じた法があるはずであるが、その法が何かということは明かさない。釈迦仏を成道させた根源の妙法が文上には説かれず、文底に存するとされる所以《ゆえん》である。その文上と文底の相違を日蓮が看破して「開目抄」に「一念三千の法門はただ法華経の本門寿量品の文の底にしずめたり」(一八九頁)と述べたことはよく知られている。日有もまたこの文上・文底の相違を明確にして文上の法華経が脱、文底の南無妙法蓮華経が種であるとの種脱相対を強調し、真実の本門とは本因妙の下種であり、文上法華経は本迹ともに迹門であると説いている。その見解は例えば「化儀抄」の次の文に見ることができる。

「法華経の本迹も皆迹仏の説教なる故に本迹ともに迹なり。今日の寿量品と云うも迹中の寿量なり。(中略)さて本門は如何《いかん》と云うに、久遠の遠本本因妙の所なり。それとは下種の本なり」(『富士宗学要集』第一巻七七頁)

「脱の方は本門正宗一品二半なり。それとは涌出品の半品、寿量の一品、分別功徳品の半品、合して一品二半なり。これは迹中本門の正宗なり。これとは在世の機の所用なり。滅後の為には種の方の題目の五字なり。観《かん》心本尊抄《じんのほんぞんしょう》に彼は一品二半、これはただ題目の五字ありと遊《あそば》すこれなり」(同頁)

本因妙思想と種脱相対を明確にして文上法華経は本迹ともに迹であり、下種の南無妙法蓮華経こそが真実の本門であるとすることは「本因妙抄」「百六箇抄」が強調したところであった。例えば「本因妙抄」では「脱益の法華は本迹ともに迹なり。本門を事行の一念三千と云う。下種の法華は独一の本門なり」(八七二頁)と述べ、「百六箇抄」では「今日の本迹共に迹と之を得る者なり」(八五四頁)、「日蓮は本因妙を本となし、余を迹となすなり」(八六七頁)と述べられている。

このように見てくると、日有は「本因抄」「百六箇抄」をそのまま引用することは両書が相伝書であるために抑制しているが、思想の実質の面では「本因妙抄」「百六箇抄」の内容を忠実に継承していることが分かる。日有の思想を検討するとき、「本因妙抄」「百六箇抄」が決して途中で恣意的に偽造されたものではなく、むしろ日蓮・日興に始まる日蓮仏法の根本教義を示したものであることがうかがえるのである。

5 本末制度

日有は日蓮本仏論、曼荼羅本尊正意など富士門流に伝わる教義を門下に明示したが、その上で当時の教団の状況を踏まえ、大石寺を本山とする本末制度を化儀の上で確認している。例えば日有は「化儀抄」の第一条で「貴賤道俗の差別なく信心の人は妙法蓮華経なる故に何《いず》れも同等なり。しかれども竹に上下の節の有るがごとく、その位をば乱せず僧俗の礼儀有るべきか」(『富士宗学要集』第一巻六一頁)として法の上では僧俗は平等であるとしながらも、礼儀の上では僧俗の区別を堅持すべきと説く。その上で「亡者、俗人なんどならば、その霊供《りょうぐ》をば少し下《ひく》く備うべし」(同七二頁)、「俗の亡者は位い出家に劣なるが故なり」(同頁)として、在家に対して出家が高位にあるとする。また「蓮陽房聞書」では塔婆の題目は末寺住職が書くべきであるとの見地から、「亡者の師匠、書写する時こそ師弟相対して事行の妙法蓮華経の即身成仏なれ」(同第二巻一四三頁)と、在家信者は末寺住職(住持)と師弟関係にあると述べている。

さらに日有は、末寺住職も化儀の上では本山の貫首(法主)の許認可が必要であるとして「化儀抄」で次のように述べている。

「諸国の末寺より登山せずんば袈裟《けさ》をかけ、また有職《ゆうそく》を名乗り、日文字などを名乗るべからず。本寺の上人の免許に依ってこれ有るべし。坊号またかくの如し」(同第一巻六九頁)。

袈裟、阿闍梨《あじゃり》号(有職)、日号の名乗りなど、全て本山の貫首の許可を要するというのである。「化儀抄」では、本山から末寺に僧侶が赴く際にも貫首の書状を所持しない場合は末寺住職はその者を受け入れてはならないとしている(六二条、同頁)。

また「化儀抄」では次のように、本山の貫首は宗内の僧俗の師匠に当たるとする。

「手続《てつぎ》の師匠の所は三世の諸仏、高祖已来《いらい》代々上人のもぬけられたる故に師匠の所をよくよく取り定めて信を取るべし」(同第一巻六一頁)

「御本尊授与の時、真俗弟子等の示し書きこれ有り。師匠有れば師の方は仏界の方、弟子の方は九界なる故に。師弟相向《あいむ》かう所、中央の妙法なる故に。しかしながら即身成仏なる故に他宗のごとくならず。これすなわち事行の妙法、事の即身成仏等云々」(同七七頁)

要するに日有は、貫首――末寺住職――在家信徒という宗内の全員にわたって師弟の関係を認め、師弟相対して両者の心が一致しているところに成仏が可能になるとした。日有は師弟の原理をもって本山の貫首から在家信徒までの全教団を貫く原理としたのである。

もちろん、日蓮を主師親の三徳を具える末法の教主本仏とする信仰に立つ以上、根本の師匠は日蓮以外には存在しない。その故に日有のいう師弟相対、師弟不二とは日蓮の心に合致してこそ成仏が成立するということに他ならないが、その上で、貫首と末寺住職、末寺住職と在家信徒の間にも師弟関係が成り立つとした。日有は、いわば教団の運営の原理として師弟の原理を用いたということができよう。

もっともその師弟関係は一方的な支配・被支配という隷属的《れいぞくてき》なものではなかった。例えば「化儀抄」九十条では、末寺住職を師匠にもっている僧侶については本山でも勝手に命令・指示できるものでなく、末寺住職に届けた上で行わなければならないと規定しているように、本山と末寺がそれぞれの役割を担いながら相互依存的関係にあるものと捉えられている。

師弟の原理をもって教団の運営原理にすることは日有が初めではなく、既に日興の教示に見ることができる。日興は元亨《げんこう》三（一三二三）年、佐渡国の法華講衆に対して「このほうもん（法門）は、しでし（師弟子）をただ（糺）してほとけ（仏）になり候。しでし（師弟子）だにもちが（違）い候えば、おなじほくえ（法華）をたもちまいらせ候えども、むけんじごく（無間地獄）にお（堕）ち候」（『日蓮宗宗学全書』第二巻一七九頁）と述べ、師弟関係が不透明な僧侶を用いてはならないと戒めている。

日興においては日蓮・日興という師弟にこそ日蓮仏法の正統教義が存在するのであり、その正統教義を伝承していくのは日興の弟子以外にはありえなかった。それ故に日興は、自身の弟子ではない存在が教団を指導する事態を容認しなかったのである。

日有が師弟の原理をもって教団運営の基本原理としたのは、師弟の関係によってのみ教義の継承がなされるとした日興の精神を忠実に反映したものであった。日有が「化儀抄」で「手続《てつぎ》の師匠の所は三世の諸仏、高祖已来《いらい》代々上人のもぬけられたる故に」と述べているのは、権威的に貫首が絶対であると主張したものではなく、代々の貫首は日蓮の弟子として日蓮の教義と精神を忠実に継承していくべきであるとの意と解することができよう。

日有が末寺住職を在家信徒の師と位置づけたのは、当時は仏教の専門知識が僧侶に独占されていて、実質的に信仰の指導や教団運営を僧侶主導で行わざるを得ない状況があったためであろう。しかし、制度の在り方は時代状況に応じて変化していくものである。日蓮の時代ですら、佐渡の阿仏房・千日尼夫妻のように、地方では在家が信徒集団の中心となっていた例が見られる。知識が社会の各層に浸透して僧侶による知識独占状態が解消された江戸時代になると、一八三〇年頃に行われた砂村《すなむら》問答の永瀬清十郎《ながせせいじゅうろう》のように、僧侶よりもむしろ在家信徒が布教の先頭に立つような状況が広く見られるようになった。

創価学会は昭和五（一九三〇）年に牧口常三郎と戸田城聖によって創立され（当時は創価教育学会）、やがて日蓮正宗の在家信徒団体となったが、牧口は末寺住職の指導に服することを拒否し、学会独自で会員を指導し会を運営する方針を打ち出した。日蓮正宗もその方針を承認した上で創価教育学会の活動が活発に展開されていった事実は、日有が示した末寺住職を在家信徒の師匠とするという原則をもはや信徒に強制することができない状況になっていたことを物語っている。

仏教における出家・在家の区別は小国の王子だった釈尊が悟りを求めて出家し沙門《しゃもん》となったことにさかのぼる。当時のインド社会においては、バラモン教か反バラモン教かを問わず、真理を摑《つか》もうとする者は出家して沙門にならなければならないということが支配的な社会通念だったからである。早島鏡正《はやしまきょうせい》博士が「出家道と在家道とを二つに分けたことは、全くブッダがその中に生活した当時の時代思潮に順じたからに外ならない」（『初期仏教と社会生活』四七一頁）と述べた所以《ゆえん》である。

この点については堀日亨も「僧俗と両様に区別することは、古今を通しての世界悉檀《しつだん》にしばらく準ずるものであって、あるいはかならずしも適確の区分でもなかろう」（『富士日興上人詳伝』七〇三頁）と述べている。

僧俗の区別はその時代の社会通念の反映に過ぎず、仏教の本質でも何でもない。過去を引きずって、僧俗の区別が現代日本でもなお続いているが、教育が普遍化した上に知識・情報が世界中に拡散している今日、出家することに何の意義もない。とくに葬儀の儀典や墓地管理サービスを提供することで生計を立て、一種の葬祭業者と化している日本の伝統教団の僧侶などはほとんど意味を持たない存在となっている。僧俗の区別は現代ではもはや不要かつ不適切であり、長期的に見れば社会的にもいずれ解消されていくことになろう。

「日拾聞書《にちじゅうききがき》」に「十界事《こと》広しといえども日蓮・日興の師弟をもって結帰するなり」（『富士宗学要集』第一巻一六〇頁）と述べているように、日蓮・日興の師弟に日蓮仏法の正統教義が存するとの立場に立つ日有は、日興が開いた富士門流の本山である大石寺にこそ日蓮仏法の正統が継承されているとの確信を抱いていた。そのことは「有師物語聴聞抄佳跡上」の「大石寺は天下の御祈禱所たるべし」（同第一巻二三八頁）の言葉にもうかがうことができる。日興門流は、日有の当時、すでに大石寺を本山とする富士門流のほか、北山本門寺（重須）、保田妙本寺、小泉久遠寺、西山本門寺、住本寺（後の要法寺）などに分裂していた。その中で日有は、大石寺を本山とする本末関係を師弟の原理をもって明確にすることによって富士門流を維持し、その正統性を主張しようとしたのである。

第二節　左京日教

左京阿闍梨日教《さきょうあじゃりにっきょう》（一四二八〜？）は出雲《いずも》（島根県）の出身。日尊《にちぞん》門流の住本寺の高僧だったが、日尊門流の教義に異を唱えるようになり、文明十三（一四八一）年頃、大石寺第九世日有《にちう》に帰伏して富士門流の僧となった。日有に帰伏する前は本是院日叶《ほんぜいんにっきょう》と称した。天台宗をはじめとする一般仏教や儒教にも明るく、「穆作抄《むかさしょう》」（一四八二年）、「四信五品抄見聞」（一四八七年）、「五段荒量《こうりょう》」（一四八八年）、「類聚《るいじゅ》翰集私《かんしゅうし》」（同）、「六人立義破立抄私記《ろくにんりゅうぎはりゅうしょうしき》」（一四八九年）などの多くの著述を残した。

日有が文明十四（一四八二）年に死去すると、大石寺は十二世日鎮《にっちん》が十三歳で貫首（法主）となった。左京日教は日鎮の教育係となって富士門流の教義を教えた。この点について大石寺第五十九世日亨《にちこう》は「左京日教が日鎮上人の御意見番ですね。（中略）法義のできる人ですから、まあ、日有上人が亡くなられても後は左京日教が日鎮上人に学問を仕込んだ」（「堀上人に富士門流史を聞く〈一〉」）（「大白蓮華」第六六号）と述べている。

左京日教の思想は基本的には師事した日有の思想を継承したものだが、部分的には富士門流の教義から逸脱した主張も見られる。

日教の思想の第一の特徴は、日有と同じく日蓮本仏論を明確に打ち出していることである。この点については次のような言葉に明瞭に表れている。

「当流には日蓮聖人をもって本門の教主と仰ぐところなり」（「百五十箇条」『富士宗学要集』第二巻一七六頁）

「末代下種の導師・日蓮は天上天下の一切衆生の主君なり、父母なり、師匠なり。（中略）三世常恒《じょうごう》に日蓮は今此三界《こんしさんがい》の主なり」（「穆作抄《むかさしょう》」同二五四頁）

「正像末の中に末法の本尊は日蓮聖人にて御座《おわ》すなり」（「類聚翰集私」同三〇九頁）

日教が日蓮本仏論を唱える背景には釈迦仏法を脱益、日蓮仏法を下種益の仏法として対比する種脱相対の認識と、釈迦を成道させた本因の妙法を行ずべきであるとする本因妙思想がある。この点を示すのが次の文である。

「釈尊説法華経なお迹の修行なり。（種子無上大漫荼羅なり）上行菩薩所弘の法華、本の修行なり。脱益の教主

も久遠の本果の仏なり。下種の導師は久遠本因の釈尊なり」(『百五十箇条』同一九八頁)
「本因妙の理は勝れ、今日《こんにち》本果妙の理は劣るなり」(『百五十箇条』同二二〇頁)

ここで「久遠本因の釈尊」といってもそれは本果の仏である五百塵点劫成道の釈迦ではなく、本因の妙法を弘通する上行菩薩すなわち日蓮を指すと解せられる。

「本因妙の理は勝れ、今日本果妙の理は劣るなり」の文は『百六箇抄』後加分(八六八頁)の引用である。ここだけでなく日教の著述には後加分を含めた「本因妙抄」『百六箇抄』の引用が多数見られる。その事実は、日教の思想の背景として「本因妙抄」『百六箇抄』の存在があったことをうかがわせるものとなっている。その一例として日教は天台宗と日蓮仏法の相違(台当相対)を強調して「彼の深《じん》位《い》は、この浅位」(『穆作抄』同二六一頁)と述べているが、この文は「本因妙抄」の文の引用である。

先に検討したように、「本因妙抄」『百六箇抄』は既に日興の時代には存在していたと推定されるが、富士門流において両書は相伝書として秘伝視されてきたため、日有までの歴代貫首も「本因妙抄」『百六箇抄』の文を決して引用することはなかった(思想としては両書の内容を踏まえているが)。しかし、左京日教は日尊門流から富士門流に転入してきた比較的に自由な立場であったためか、「本因妙抄」『百六箇抄』を秘伝とする富士門流の制約に囚われず、両書を積極的に公開する態度に出ている(日教は「本因妙抄」『百六箇抄』のほか、「産湯相承事」「二箇相承」も引用している)。

大石寺第十七世日精《にっせい》の『家中抄《けちゅうしょう》』によれば、『百六箇抄』は日興から日目、日尊、日代、日順に与えられており、当然、日尊門流にも伝えられてきたと考えられる。「本因妙抄」の日尊本もあったとされるので、日教は日尊門流の住本寺の僧であったため、富士門流に帰伏する以前の段階で両書を見ていたと推定される(堀日亨も『隠れたる左京日教師』四九頁でその趣旨を述べている)。

富士門流の歴史において「本因妙抄」『百六箇抄』を初めて引用したのが左京日教であったことから、両書が日尊門流において作成されたものと見る見解がある(例えば宮田幸一氏は「日有の教学思想の諸問題」で「京都の日尊門流で作成された文献を、その系統に属する日教が大石寺に持ち込んだと推測される」と述べている)。しかし、その見解には同意しがたい。第八章で検討したように日尊門流は釈迦本仏の立場に立って釈迦仏像を本尊とすることを基本としており、種脱相対、日蓮本仏論を強調する「本因妙抄」『百六箇抄』を日尊門流が作成する理由、動機を見いだすことは困難だからである。

このように日教の思想は基本的には日有の思想に準拠したものとなっているが、一方では、それまでの富士門流の教義を逸脱した恣意的な主張が見られる。その第一は、大石寺の貫首（法主）を絶対視する主張である。

その主張は、例えば次のような文に見ることができる。

「日蓮聖人御入滅有るとき補処《ふしょ》を定む。その次その次に仏法相属して当代の法主の所に本尊の体有るべきなり。この法主に値《あ》い奉るは聖人の生まれ代わりて出世したまう故に。（中略）当代の聖人の信心無二の所こそ生身の御本尊なれ」（「類聚翰集私」『富士宗学要集』第二巻三〇九頁）

「持経者はまた当代の法主に値い奉る時、本仏に値うなり」（同三一九頁）

「血脈乱れざる付弟《ふてい》代々上人は日蓮聖人のごとき御本尊なり」（「六人立義破立抄私記」『富士宗学要集』第四巻二九頁）

日教は、代々の貫首（法主）は日蓮の生まれ代わりとして出現した存在である故に、法主は日蓮と同様の本尊であるとしている。この日教の主張は法主を絶対視して信仰の対象と見る「法主信仰」の言明に他ならない。日教の師である日有は、法主が教団内の僧俗の師匠であるとの師弟論を主張したが、法主を絶対視することはなかった。それに対して日教は、日有の言明を超えて、代々の法主を本尊と同一視する法主信仰の教義を作り上げたのである。

このような、法主を絶対視する主張は富士門流の歴史上、それまで日教以外、誰も言い出した者はなかった。むしろ日興門流を創始した日興は、仏法に違背する貫首（法主）が現れる恐れがあることを指摘し、そのような法主に追従することを厳しく戒めている。それは「日興遺誡《ゆいかい》置文」の次の文に明らかである。

「時の貫首たりといえども仏法に相違して己義《こぎ》を構えば、これを用うべからざること」（一六一八頁）

「先師の如く予が化儀も聖僧たるべし。ただし時の貫首あるいは習学の仁《じん》に於いては設《たと》い一旦《いったん》の婬犯《ようはん》有りといえども衆徒に差し置くべきこと」（一六一九頁）

日興は後の法主の中には仏法に違背して我見を主張する者が現れる事態もありうるとし、その場合には仏法違背の法主を用いてはならないと遺誡した。また、法主でも男女問題を起こす者が現れた場合には、教団から追放するという厳刑に処するのでなく、一般衆徒の地位に差し戻して再出発の機会を与えるべきであると述べている。

このような日興の教示が日教の主張するような法主絶対論、法主信仰とは正反対のものであることは明らかである（後に富士門流の教義を体系化した日寛も歴代法主を尊重すべきとはしているが、法主を本尊や日蓮と同等とみなす法主絶対論は説いていない）。日教は従来の富士門流の教義を大きく逸脱して、法主の絶対的権威を主張するに至った。

日教がこのような重大な逸脱を大胆に行った理由は、日教が補佐した十二世日鎮《にっちん》がわずか十三歳で法主に就任した「稚児《ちご》貫首」であったからであろう（一五九六年に要法寺出身の十五世日昌《にっしょう》が法主になるまで、約百年にわたって稚児貫首時代が続いた）。十三歳という年齢は正式に得度する以前の稚児の段階であり、その年齢では仏法の高度な教義、理論を体得できているはずもなく、また東北から九州にまで及ぶ全国規模の教団を運営する力量を持ち合わせているわけもない。当然、日有の教示を「化儀抄」として筆録した南条日住《なんじょうにちじゅう》や左京日教をはじめとする教団執行部の大人が少年貫首に代わって教団の一切を取り仕切っていたのである。

実力のない法主を中心に据えて教団を運営していくためには教団の求心力を強め、法主の権威を教義的に高める必要が生じたのであろう。たとえ法主が少年であっても、教団の中心者である法主の命令、指示には異を唱えず無条件で従うことが教団人としての正しい在り方であるという論理を構築するために、日教は、法主は日蓮の生まれ代わりであり、本尊そのものであるという法主信仰の教義を作り出したと考えられる。

日教が富士門流の教義に違背して法主絶対論を創作した背景には、それまで堅く秘されてきた「本因妙抄」「百六箇抄」の文を公開した態度と同様、自己の判断を基準にして従来の伝統を簡単に無視していく自己中心的な体質があったと思われる。日教の多くの著述の中には客観的論拠もなく自由奔放に自説を展開した主張も少なくない。堀日亨はそのような日教の態度について、「附会《ふかい》の説、採るべからず。先師を引いて愚妄《ぐもう》に陥るものなり」（『富士宗学要集』第二巻二三一頁頭注）と厳しく批判している。

しかし、日教が恣意的に創作した法主絶対論は、その後、富士門流の歴史の中で法主の権威を主張するための論理として繰り返し利用されていった。近年、日蓮正宗が創価学会を破門した際にも（一九九一年）、創価学会が法主の教示に従わないのは許されないという法主絶対論に基づく論理によって、学会側の弁明を一切聴くこともなく、一方的な処分が行われた。その意味で日教が残した影響は今日なお大きなものがあるといえよう。

第十章　保田妙本寺系の思想

日興には多くの門下がいたので、その門流は幾つかに分かれた。具体的には、日興が日目《にちもく》に譲った大石寺を中心とする富士門流（現在の日蓮正宗）、日興の弟子日尊《にちぞん》（一二六五～一三四五）に始まる日尊門流（要法寺《ようぼうじ》系。現在の日蓮本宗）、日目の弟子日郷《にちごう》（一二九三～一三五三）が開いた保田妙本寺（単立）、日興の弟子日代《にちだい》（一二九七～一三九四）が開いた西山本門寺（単立）などである（重須《おもす》談所に始まる北山本門寺と日郷が開いた小泉久遠寺は長く日興門流に属していたが、昭和十六〈一九四一〉年以降、日興門流と袂《たもと》を分かち、日蓮宗身延派に属している）。

日興門流の中で教義的にも社会的にも中心と見られるのは富士門流だが、教義面では保田妙本寺の系統には日興門流の思想を考察する上で見るべきものがある。

第一節　日郷

保田妙本寺を開いた宰相《さいしょう》阿闍梨《あじゃり》日郷《にちごう》は越後国《えちごのくに》（新潟県）蒲原郡の出身で、得度の後、日目の弟子となり、重須談所と大石寺で日興・日目両師の薫陶を受けた。日目の信頼を受け、元弘三（一三三三）年、日目が天奏のため京都に向かった際、日尊とともに随伴したが、途上で日目が逝去したので、その遺骨を持って大石寺に帰山している。日目の生前、大石寺を譲られていた日道《にちどう》（一二八三～一三四一）は日郷の労をねぎらい、日興が一三二四年に日目に授与した曼荼羅本尊を日郷に与えている。

日郷は日目の指示で日蓮の出身地である房州方面の弘教に着手し、日目逝去後の建武二（一三三五）年に安房国《あわのくに》（千葉県）吉浜に保田妙本寺を開いた（当初は法華堂と称した）。

日郷は自身が住していた大石寺の東坊（蓮蔵坊）の帰属を巡って日道と対立するようになり、大衆から追放されて房州に退去するに至った。日郷は南条家の宗家だった南条時綱《ときつな》（南条時光の五男）を味方につけて時綱から東坊一帯の土地の寄進を受け、日郷の一党が東坊地を支配する事態になったが、守護である今川氏まで巻き込む約七十年にわたる抗争の結果、東坊地は大石寺に戻ることで決着した（北山本門寺は日郷側についた。堀日亨『富士日興上人詳伝』八三四頁以下による）。そのため日郷門下は大石寺から退去し、保田妙本寺と小泉久遠寺を拠点に活動することとなった。

日郷門下はそれ以降、教団的には大石寺と別れたが、思想的には日興門流の教義を基本的に継承していた面がある。後年、保田妙本寺は創価学会の発展を契機にして昭和三十二（一九五七）年に大石寺を総本山とする日蓮正宗に帰一したが、そのようなことが可能になったのも妙本寺系と大石寺系の間に同じ日興門流としての教義的共通性があったためである（ただし、日蓮正宗が創価学会を破門した第二次宗門事件に当たって、平成七〈一九九五〉年、保田妙本寺は日蓮正宗から離脱し、単立法人となっている）。

第二節　日要

日郷は教義面での著述は残さなかったが、その門流からは注目すべき著述家が輩出した。第一に挙げられるのは保田妙本寺第十一世日要《にちよう》（一四三六〜一五一四）である。多くの著作のうち「六人立義草案」には日要の思想がよく表れている。

その特徴として、日蓮本仏論を明確に述べていることが挙げられる。「六人立義草案」には「本化上行の再誕、久遠名字の本地の本尊日蓮聖人」（『富士宗学要集』第四巻七〇頁）との言葉がある。さらに日要は「未曾有の大曼荼羅は末法の本尊なり。その本尊とは聖人の御事なり。南無妙法蓮華経日蓮判と主《ぬし》づけたまうて釈迦・多宝・四菩薩・梵天・帝釈等は皆本尊より出でたまう所開なり。さて判形《はんぎょう》するが大事なれ」（同七一頁）として曼荼羅本尊正意と人法一箇を明示し、「南無妙法蓮華経　日蓮（花押）」が本尊の中心主体で、釈迦・多宝などはそこから派生した存在であるとしている。

また、文上・文底の区別を強調していることも日要の特徴である。すなわち「妙法蓮華経とは法華経の文にもあらず、実相の義にもあらず、文義をはなれたるなり。さて一部の意と云う意と云うは文の底の妙法蓮華経のことなり」（同七三頁）として文上（文義）と文底（意）を峻別し、妙法蓮華経（南無妙法蓮華経）が法華経文底の法体であることを明確にしている。

日要は日蓮仏法が法華経文上本門を超越した法門であることを強調する。その立場は「迹門は本門より廃せられ候ことは元意、本門は観心より廃せらるる。これはいかなるぞと云うに、この本門とは一品二半の本門なり。さて観心とは久遠元初妙法蓮華経の信心なり」（同七六頁）等の文に示されている。

さらに「六人立義草案」で「百六箇抄」が引用されていることも特筆される事柄である。同書には「御定判には久遠元初の天上天下唯我独尊《ゆいがどくそん》は日蓮なり。ただし久遠は本、今日は迹なり。日蓮は三世常恒に名字利生の本尊なり」（同六七頁）として「百六箇抄」の文（八六三頁）が引かれている。第四章で述べたように「百六箇抄」は日蓮から日興に与えられ、さらに日興から日目、日尊、日順らに授与された相伝書と見られるが、日要の時代には保田妙本寺にまでその内容が広く知られるようになっていたことが分かる。

「六人立義草案」では「御本尊七箇相承」で述べられている天目の逸話が次のようにほとんどそのまま紹介されている。

「私に云わく、天目と名付け候ことは聖人の本尊を遊ばす時、点を一つ打ち御座《おわ》すを天目はてんが一つすぎたる由申されければ、重ねて而点を打ちそえたまいて、聖人の仰せに我が仏法に後代に於いてふすべと云って譬えば白面にあざのくろきように仏法にふすべを云うべき者なりと仰せられて天目と付けたまうなり」(『富士宗学要集』第四巻七四頁)

この事実は、相伝書である「御本尊七箇相承」が日要の時代には既に保田妙本寺系にも広く知られていたことを物語っている。

日要の時代、保田妙本寺は教団的には大石寺と分離していたが、日要は思想的には大石寺日有の影響を受けていたと見られる。そのことは日要の「富士門流草案口決」の中に日有の「化儀抄」一一八条と同じ文があることから推定できる。日有よりも三十四歳若い日要が日有と直接接触したとの記録はないが、保田妙本寺の教義は日有に代表される富士門流の思想から強い影響を受けていたのである。この事情について堀日亨は「有師化儀抄註解」で次のように述べている。

「日要が直ちに有師に請益《しょうえき》せしこと未だ文書に徴《しるし》無しといえども、房州門家(保田妙本寺を指す——引用者)の僧が有師に謁して法益を受けたることの文書は少なからず。しかして有師の宗見は房州家に歓迎せられたること明々なり」(『富士宗学要集』第一巻八三頁)。

第三節　日我

保田妙本寺の思想を代表する存在が日要の弟子日我《にちが》(一五〇八～一五八六、保田妙本寺第十四世)である。日我の特徴は第一に、師匠の日要以上に日蓮本仏論および妙法と日蓮の一体不二(人法一箇)を強調したことである。日我が日蓮本仏論を明示した文は数多いが、その一端を挙げるならば、次のような文がある。

「釈尊とは自受用報身、名字本仏のことなり。これ則ち高祖の御事なり」(「中状見聞」『富士宗学要集』第四巻八三頁)

「釈尊は脱益の教主、日蓮は下種の法主」(同八七頁)

「日蓮聖人は末法弘通、三大秘法の中に本尊なり云云。人法一個の習い、これを思うべし」(同九二頁)

「観心本尊は日蓮なり、日蓮は観心本尊なり。故によそにある本尊を教えたまうにあらず、書き送りたまうにあらず、高祖末世の本尊と事相に顕したまうことを観心本尊とも事行の南無妙法蓮華経とも事の一念三千とも云うなり。この事の一念三千、末法の御本尊は日蓮聖人にて御座《おわ》す証拠のために経釈を引証あるなり」（「観心本尊抄抜書」『富士宗学要集』第四巻一四〇頁）

「本尊とは南無妙法蓮華経日蓮なり。この題目と高祖を三世十方の諸仏の本地、本因妙の本仏と信じ、本仏と解《さと》ることが大事なり」（同一七九頁）

「上行菩薩御再誕日蓮聖人、本師本尊にておわします」（同一八二頁）

人法一箇を述べた文としては、次のような文がある。

「観心本尊は一躰の御名なり。三大秘法とも妙法蓮華経とも日蓮とも、あるいは南無妙法蓮華経日蓮判ともこれを思うべし」（同一三九頁）

「題目は如是なり。如是とは妙法蓮華経なり。世間とは日蓮なり。三種世間も即ち妙法蓮華経、妙法蓮華経即ち日蓮なり。己心の三千これを思うべし。かくのごとく一法界に十法界を具すと云う時、本因妙の本仏の己心の一界に在世脱仏を始めとして十界衆具する時、左右に釈迦・多宝・上行その外《ほか》十界の聖衆を遊ばしたり。この内証開《ひら》けて見れば、題目は日蓮、日蓮は題目、一躰の本因妙の法主なり」（同一七七頁）

日蓮を末法の本仏とする日我は、次のように、釈迦は脱益の仏（脱仏）で過去の仏であり、本仏日蓮の脇士《きょうじ》であるとする。

「在世は本門〇並びに一品二半の観心、像法は迹門諸法実相の止観、末法は本因妙の南無妙法蓮華経までなり。ここをもって中央に南無妙法蓮華経日蓮判と主《ぬ》し付けたまえり。脱仏の釈迦・多宝、別躰の地涌等は脇士なり」（同一三九頁）

「在世脱益の釈迦は下種の本尊にあらず。いかでか彼の一品二半に執せんや。去年の暦《こよみ》、六日の菖蒲《しょうぶ》なり」（同一六九頁）

「在世の寿量品も久遠一仏の釈迦なお脱なれば、末法の時機に叶わずして上行菩薩に付属したまえり。いかにいわんや他土迹仏の多宝をや」（同一七六頁）

さらに日我は曼荼羅本尊の相貌にも言及し、「本尊に入って分座を沙汰する時、塔中の釈迦・多宝も題目・日蓮の妙境・妙智より果後の方便に出づる時の脱形なり。さてこそ中央に題目、左右に釈迦・多宝と云云」（「中状見聞」同八六頁）と述べている。

文上寿量品の釈迦仏も脱仏であるとする日我は、「久遠五百塵点より今日一代応仏《いちだいおうぶつ》の化儀は皆迹門なり」（「観心本尊抄抜書」同一七一頁）として、釈迦仏法に説かれる仏は衆生の機根に応じて出現した応仏に過ぎないとする「一代応仏」の立場を明確にしている。一代応仏説は「本因妙抄」「百六箇抄」で説かれたもので、日我が「本因妙抄」「百六箇抄」の思想を継承していることが分かる。実際に日我は「観心本尊抄抜書」で次のように「本因妙抄」「百六箇抄」に言及し、引用している。

「ある御抄に彼の観心は予が教相」（同一七九頁）、「興上御相承一百六ケの本迹、当家七面拝見申し」（同一三八頁）

ここで「ある御抄」とは「本因妙抄」を指し、「興上御相承一百六ケの本迹」とは「百六箇抄」に当たる。「本因妙抄」「百六箇抄」が日興門流の根本教義を示した書として保田妙本寺系を含む日興門流に広く知られていたといえよう。

なお日我が「百六箇抄」と同様の口伝表記の形式を取る「六重本迹」（三位日順が「日順雑集」で引用している）についても言及している（「観心本尊抄抜書」『富士宗学要集』第四巻一三八頁）ことも注目に値しよう。

日我は日興門流の基本教義に従って釈迦仏法と日蓮仏法の区別すなわち種脱相対を強調する。例えば「申状見聞」には、「脱の法華経、在世の本門は末法の出離《しゅつり》の大要にあらず。本尊は自解仏乗《じげぶつじょう》の高祖、法華は要法の題目なり。ほうろく千につち一つの御法門なり。種脱相対これを思うべし」（『富士宗学要集』第四巻一二三頁）とある。

また「観心本尊抄抜書」では、「脱の家」「種の家」という用語を用いて、「末法に於いて寿量品も肝要にあらずということ疑いなし。本迹勝劣はこれなり。迹は寿量品、本は肝要と遊ばすところの南無妙法蓮華経なり。ここにおいて脱迹種本《だつしやくしゆほん》と当流には相伝するなり。脱の家の本因本果、種の家の本因本果、この重の習いなり。釈尊上行と執するは脱の本門のことなり」（同一七五頁）と述べている。このように日我の思想は「種脱相対」を基本とする日興門流の特徴をよく示していると評することができる。

第十一章　稚児貫首と要法寺出身貫首

第一節　稚児貫首

大石寺は第九世日有《にちう》以後、いわゆる稚児貫首《ちごかんず》と要法寺出身貫首の時代に入る。稚児貫首の時代は、第十二世日鎮《にっちん》が登座した文明十四（一四八二）年から第十四世日主《にっしゅ》が要法寺出身の第十五世日昌《にっしょう》に法を付した慶長《けいちょう》元（一五九六）年までの百十四年間である。歴史的には、応仁《おうにん》の乱の後、足利幕府の第八代将軍足利義政《あしかがよしまさ》が銀閣寺の造営を開始した年から、豊臣秀吉が再度の朝鮮出兵を決定した年までの期間となる（もっとも第九世日有が登座したのも満十七歳であったから、日有を稚児貫首に含めることもできる）。

その間の貫首（法主）が登座した満年齢は、十二世日鎮が十三歳、十三世日院《にちいん》が九歳、十四世日主が十八歳だった。日鎮の出自は下野《しもつけ》（栃木県）の出身という以外は不明だが、日院は土佐《とさ》（高知県）青木の城主伊予守《いよのかみ》の曾孫であり、日主は上野《こうずけ》（群馬県）舘林《たてばやし》の城主河内守《かわちのかみ》の子息である（日精の「家中抄下」『富士宗学要集』第五巻二五八頁による）。いずれも当時の有力者の家系であったことはいうまでもない。この時期、連続して少年を貫首に置いた理由は、少年の背後にある有力者の力を大石寺経営のために用いたことにあると考えられる。

日鎮から日主までの稚児貫首が登座したのは少年期であったが、周囲の教育の効果があったためか、富士門流の伝統教義を堅持していたと見られる。

例えば、十三世日院は永禄《えいろく》元（一五五八）年、要法寺日辰《にっしん》による要法寺と富士各山との通用の企てを拒否し、日辰の釈迦仏像造立、法華経一部読誦の主張を厳しく批判している。すなわち同年、日辰に宛てた書簡（「要法寺日辰御報」）では「造仏読誦の執情不審なり」（『富士宗学要集』第九巻六五五頁）と断じ、「本因妙日蓮大聖人を久遠元初の自受用身と取り定め申すべきなり。照り光りの仏は迹門能説の教主なれば迹機の熟脱二法計り説き給うなり」（同頁）と日蓮本仏論を明確に述べている。「照り光りの仏」とは自らの光源を持たず他の光の反射によって照る仏のことで、成仏の根源の法を所持しない釈迦仏を意味するから、日院のこの言葉は日辰がいう釈迦本仏義に対する破折となっている。

また日院は種脱相対を強調し、日蓮の言葉として「仏は熟脱の主、某《それがし》は下種の法主なり。彼の一品二半は舎利弗等がためには観心となり、我等凡夫のためには教相となる」(同頁)と述べている。これは「本因妙抄」後加分(八七四頁)

の引用である。このことは日院が「本因妙抄」「百六箇抄」の内容を自身のものにしていたことを裏づけるものといえよう。第九章で述べたように、日尊門流から富士門流に転入した左京日教は「本因妙抄」「百六箇抄」の文を公開して引用したが、日院は法主として富士門流の規範を遵守し、相伝書の文をあからさまに引くことを抑制したのである。

第二節　要法寺出身貫首

要法寺《ようぼうじ》出身者が大石寺貫首となった時代は、第十五世日昌《にっしょう》が登座した慶長元（一五九六）年から第二十三世日啓《にっけい》が第二十四世日永《にちえい》に法を付した元禄《げんろく》五（一六九二）年までの九代、九十六年間である。

要法寺は、京都にあった日尊《にちぞん》門流の上行院《じょうぎょういん》と住本寺《じゅうほんじ》が天文《てんぶん》法華の乱で焼失したこと（一五三六年）を受けて、住本寺の僧侶日辰《にっしん》（要法寺第十九世）が天文十九（一五五〇）年に両寺を合併して建立した寺院である（現在は日蓮本宗本山）。第八章で見たように、日尊は日興の門下でありながら、日興の教義から逸脱して釈迦本仏義に立ち、釈迦仏像の造立を行った。日尊の弟子たちも、日大《にちだい》が京都で一尊四士の仏像を造立するなど（『日蓮宗宗学全書』第二巻四三一頁）、日尊の影響を受けて造仏を行っていく。住本寺で得度した日辰も日尊門流の流れを受けて造仏と法華経一部読誦を主張した。

日尊が朝廷権力に接近して寺地の寄進を受けたことは既に述べたが、日辰もまた天文二十三（一五五四）年に法印の僧位を得るなど朝廷に接近していった（日辰の後も要法寺二十世日賙《にっしゅう》、二十一世日性《にっしょう》、二十三世日堯《にちぎょう》、二十四世日陽《にちよう》など歴代住職が朝廷から法印や大僧都などの僧位を受けている）。当時、京都を支配していた戦国大名の三好長《みよしなが》慶《よし》が天文二十（一五五一）年に要法寺に軍勢が乱入してはならないとの禁制を発するなど（『富士宗学要集』第八巻一〇五頁）、要法寺は朝廷や大名の保護を受けて繁栄していたと見られる。この時代の要法寺の隆盛ぶりは、慶長年間（一五九六～一六一五）に要法寺から「天台四教儀集註」「論語集解」「沙石集《しゃせきしゅう》」など多数の和漢の書籍が鉛活字版で発刊されていたことからもうかがうことができる（これらの書籍は世間に広く流布して「要法寺版」と呼ばれた）。

要法寺の繁栄を背景にして日辰は富士の各山を再三訪問し、要法寺と富士各山の糾合、通用を企てた。要法寺の影響力を富士各山まで及ぼそうとしたのであろう。北山本門寺（重須《おもす》）、西山本門寺、小泉久遠寺の各山は日辰に同調したが、先に述べた通り、大石寺の法主日院《にちいん》は日辰の造仏・読誦論を厳しく批判し、日辰の申し出を拒絶した（一五五八年）。この点について堀日亨は「辰師、富士各山糾合に大志あり。再三足を嶽麓に運び、西山および北山の渇仰を受く。小泉またこれに雷同す。ただし蓮山に往きしもその結果文献に見えず。石山には最後の時に使いをもって通用を謀る成らず」（同第九巻六三頁）と述べている。

日院の拒絶によって大石寺と要法寺は一時義絶状態となったが、その後も両寺の交通は続き、約三十年後、日院の次の法主である日主《にっしゅ》と、日辰の次の要法寺住職である日《にっ》賙《しゅう》の時代になって、大石寺と要法寺の通用がなされることとなった（天正《てんしょう》十五〈一五八七〉年）。両寺は盟約の証として、大石寺からは日目書写の曼荼羅本尊を要法寺に贈り、要法寺からは日興書写の本尊を大石寺に贈っている。その盟約の結果、文禄《ぶんろく》三（一五九四）年、要法寺から日昌《にっしょう》が大石寺に登り、二年後に日昌は日主から相承を受けて大石寺第十五世法主に就任した。

十五世日昌、十六世日就《にちじゅ》、十八世日盈《にちえい》は要法寺の出身であっても富士門流の教義を尊重して要法寺流の教義を主張することはなかったが、日盈の死後、大石寺の法主に再住した十七世日精《にっせい》は末寺に釈迦仏像を安置し、法華経の一部読誦を主張するなど、かつて日尊や日辰が主張した要法寺流の教義を行うに至った。しかし、この日精による逸脱も一時的なものに終わり、日精の没後、二十二世日俊《にっしゅん》、二十三世日啓《にっけい》によって末寺の仏像は撤廃され、富士門流の伝統教義が回復された。この点について日亨《にちこう》は「要山より晋《すす》める山主は、始め日昌・日就・日盈の時は著しく京風を発揮せざりしが、ただし、その人柄に依らんも日精に至りては江戸に地盤を居えて末寺を増設し、教勢を拡張するに乗じて、遂に造仏・読誦を始め全く当時の要山流たらしめたり。ただし本山にはその弊《へい》を及ぼさざりしは衷心の真情か、周囲の制裁か。それも四十年成らずして同じき出身の日俊・日啓の頃には次第に造仏を撤廃し、富士の古風を発揚《はつよう》せる」（同九巻六九頁）と述べている。

日精の事例は、法主であっても仏法の基本を逸脱する場合がありうることを端的に示している。日興が遺誡置文で警告した通り、法主が「仏法に相違して己義を構え」る事態が生じたのである。しかし、日蓮・日興以来の正統教義を保持してきた富士門流は、自らの浄化作用により、日俊らの後継法主の努力で日精がもたらした異常事態を解消させたといえよう。

なお『富士年表』によれば、日俊は貞享《じょうきょう》二（一六八五）年に「本因妙抄」「百六箇抄」について諸本を照合して校正、書写しており、日興門流の相伝を重視する態度を鮮明にしていることが特筆される。

第十二章　第二十六世日寛の思想

第一節　日寛の経歴

日蓮・日興に始まる富士門流の教義を体系化し、日蓮仏法の基盤を確立したのが大石寺第二十六世堅樹院日寛《けんじゅいんにちかん》（一六六五～一七二六）である。

大石寺第四十八世日量《にちりょう》が著した「日寛上人伝」（『富士宗学要集』第五巻）等によれば、日寛は寛文《かんぶん》五（一六六五）年、譜代大名で老中でもあった酒井雅楽頭忠清《さかいうたのかみただきよ》の家臣伊藤浄円の子として上野国《こうずけのくに》（群馬県）前橋で誕生した。九歳の時に実母が死去した後は養母の下で成長し、十五歳の頃、江戸に出て旗本の館に勤めた。

天和《てんわ》三（一六八三）年、十九歳の時、江戸の常在寺で十七世日精の説法を聴いて感銘を受け、出家を決意。主人の許しが得られなかったので、自ら髻《もとどり》を切って常在寺に行き、二十四世日永《にちえい》を師として得度した。日永のもとで修行に励み、元禄二（一六八九）年、二十五歳の時に細草檀林《ほそくさだんりん》（一六四二年に富士門流と日隆門流〈八品派〉が合同で設立した学問所。上総国《かずさのくに》細草村〈千葉県大網白里市〉にあった。発足時、経済的には大石寺の大檀那である敬台院《きょうだいいん》の援助を受けた。当初の能化は八品派から出たが、大石寺第二十二世日俊《にっしゅん》が細草檀林第八代能化になってから多くの富士門流の僧が能化に就任することになった。明治初年に廃檀）に入って修学に努めた。

徳川幕府は仏教各宗派に共通する寺院法度を制定して各宗派を統制し、本末制、檀家制などの諸制度を設けて日本仏教全体を自らの支配体制に組み入れた。幕府はまた秩序維持のため他宗派との宗論や自宗内部で異議を称えることを禁ずる一方、各宗派には学問を奨励した。そこで各宗派は競って檀林を設立して学問研究に力を注ぐこととなった。

細草檀林で主に学習・研究されたのは天台学を中心とする一般仏教学で、宗学はそれぞれの寺で学ぶ建前であった。当時の思潮として、天台本覚思想に対して批判的な機運が高まっていたので、各檀林では日本天台よりも天台・妙楽などを中心とする中国天台の学習が主流となっていた。八品派と富士門流では教義が異なっており、八品派と合同で細草談林を設立したが、富士門流が八品派の思想的影響を受けていた訳ではない。

日寛は細草檀林で天台学の研鑽に励んだ。その成果は、その時代の著述である『草鶏記《けいそうき》』にうかがうことができる。日寛の才能は檀林での修学時代に大きく開花し、宝永《ほうえい》五（一七〇八）年には四十四歳で細草檀林第二十六代の能化に就任している。
一方、日寛の師である日永《にちえい》は、元禄五（一六九二）年、最後の要法寺出身法主である日啓《にっけい》の後を受けて大石寺第二十四世法主に就任すると本堂や諸伽藍《がらん》の修理に努め、明本《みんぼん》の一切経を整えるなど（一六九七年）、宗学の興隆を目指した。正徳元（一七一一）年にはかつて日目が興した蓮蔵坊を再建して学頭寮とし、日寛を学頭に任命して御書の講義に当たらせた（「続家中抄」『富士宗学要集』第五巻二七五頁）。そこには要法寺流の影響を一掃して富士門流本来の教義を明確にしようとする意図をうかがうことができる。この点について日亨は「十八世精師の伽藍復興に生気を盛んならしめたるも、反面、化儀化法の一斑を攪乱《かくらん》せられ、二十二世俊師に至りてこれらの革正は著々と企てられ、二十四世永師に至りてその効大いに顕るるに至れり」（『富士宗学要集』第八巻二五六頁）と述べている。

学頭として御書講義を開始した日寛は、主要御書の一文一句を厳密に解釈した「文段《もんだん》」をまとめていった。「開目抄」「撰時抄」「立正安国論」「法華経題目抄」「法華取要抄」などについての文段は学頭時代に成立したものである。

享保《きょうほう》三（一七一八）年、五十四歳の日寛は二十五世日宥《にちゆう》から法を受け、大石寺第二十六世法主となったが、法主就任後も文段の執筆を続け、「当体義抄」「観心本尊抄」の文段を完成させている。享保五（一七二〇）年には二十七世日養《にちよう》に法を付して再び学頭寮に入ったが、享保八（一七二三）年、日養の逝去に伴い、再び法主として再住した。

法主に再住した日寛は、文段に集約された御書研究の土台の上に富士門流に伝承されてきた日蓮仏法の正統教義を体系化すべく、享保十（一七二五）年に「六巻抄」を完成させている（「六巻抄」の草稿は学頭時代に成立していたと推定される）。それと並行して享保九（一七二四）年には大石寺塔中に石之坊を創立し、享保十一（一七二六）年には唱題行の道場である常唱堂を造った。同年五月、法を二十八世日詳《にっしょう》に付し、八月十九日、六十二歳にして逝去した。「日寛上人伝」によれば、日寛は粗衣粗食に終始して倹約に努め、本尊書写の供養を貯えて百両を後代の法主のための基金とし、百五十両を五重塔建立の費用に残し置いたという（『富士宗学要集』第五巻三五七頁）。

第二節　「六巻抄」の概要

日寛の思想は「六巻抄」に整理された形で示されている。「六巻抄」とは「三重秘伝抄」「文底秘沈抄」「依義判文抄」「末法相応抄」「当流行事抄」「当家三衣抄」の総称である。

日寛は「六巻抄」を学頭の日詳に授ける時、「この書、六巻の師子王あるときは、国中の諸宗諸門の狐兎《こと》一党して当山に襲来すといえどもあえて驚怖《きょうふ》するに足らず。もっとも秘蔵すべし、もっとも秘蔵すべし」（『日寛上人伝』『富士宗学要集』第五巻三五五頁）と述べたと伝えられる。この言葉が示すように、「六巻抄」は当時の諸門流を破折して富士門流の正統性を示した書で、公表するものではなく、宗内で内々に学ぶべき秘蔵の書とされた。

「六巻抄」や文段に示されている日寛教学の特徴は、「本因妙抄」「百六箇抄」「御義口伝」など富士門流に伝わる相伝書に基づいて論旨を展開していることである。日寛は自身が依拠している富士門流の相伝について「観心本尊抄文段」で次のように述べている。

「当抄に於いて重々の相伝あり。所謂《いわゆる》三種九部の法華経、二百二十九条の口伝、種脱一百六箇の本迹、三大章疏《しょうしょ》七面七重口決、台当両家二十四番の勝劣、摩訶止観十重顕観の相伝、四重の興廃、三重の口伝、宗教の五箇、宗旨の三箇、文上文底、本地垂迹、自行化他、形貌《ぎょうみょう》種脱、判摂《はんしょう》名字《みょうじ》、応仏昇進、久遠元初、名同体異、名異体同、事理の三千、観心教相、本尊七箇の口決、三重の相伝、筆法の大事、明星直見《みょうじょうじっけん》の伝受、甚深奥旨、宗門の淵底《えんでい》は唯《ただ》我が家《け》の所伝にして諸門流の知らざる所なり」（『日寛上人文段集』四四三頁）

「三種九部の法華経」とは文義意・種熟脱・広略要の法華経をいう。「二百二十九条の口伝」とは「御義口伝」を指す。「種脱一百六箇の本迹」は「百六箇抄」であり、「三大章疏七面七重口決」「台当両家二十四番の勝劣」「摩訶止観十重顕観の相伝」は「本因妙抄」に当たる。「応仏昇進」「久遠元初」も「百六箇抄」「本因妙抄」に示される概念である。「形貌種脱」とは仏の姿によって種脱の区別を判断すること。「判摂名字」とは仏の功徳が名字即の位におさまることをいう。「名同体異」は、名が同じでもその実体が異なることをいい、例えば釈尊の名は同じでも六種の釈尊があることなどを指す。「名異体同」は、逆に名は異なっていてもその体が同一であることをいい、例えば文底の釈尊と日蓮が同一の体であることを指す。「本尊七箇の口決」「三重の相伝」「筆法の大事」「明星直見の伝受」は相伝書である「本尊七箇相承」と「本尊三度相伝」の内容をいう。

これらの相伝の内容は、それまで富士門流では決して公にされることはなかったが、日寛はあえてそれらの相伝書の文を引用し、自らの教学の根拠とした。日寛が相伝の引用に踏み切った理由としては、それらの相伝が日興門流の内外に次第に伝播《でんぱ》し、広く知られる事態が進んでいたことが挙げられる。

例えば「本因妙抄」「百六箇抄」「産湯相承事《うぶゆそうじょうじ》」などは既に日尊門流から富士門流に転入した左京日教（一四二八～？）の著作に引用されているし、「御義口伝」は一致派六条門流の円明院日澄《えんみょういんにっちょう》（一四四一～一五一〇）の『法華啓運抄《けいうんしょう》』（一四九二年）で初めて引用されている（「御義口伝」は一五三九年には八品派の日経による写本が現れ、日寛存命中の享保六〈一七二一〉年には要法寺版の活字本が発刊されている）。要するに、十五世紀後半になると富士門流の相伝は次第に門流の内外に知られるようになり、日寛の時代には相伝の内容を秘密にする意味が失われる状況になっていたのである。

そのような事態を受けて、日寛はむしろ相伝書を積極的に引用、開示することにより、富士門流の教義を文献的に根拠づけようとした。既に述べたように、「本因妙抄」「百六箇抄」「本尊七箇相承」を単なる偽作として排除するのは適切ではなく、日蓮から日興へ授与された相伝書と見るべきである。また「御義口伝」も偽書ではなく、日蓮の身延における法華経講義の記録を基に日興が中心になって編集した師弟合作の書として扱うべきであろう（「御義口伝」については拙著『新版　日蓮の思想と生涯』三八八頁以下で触れた）。

1　「三重秘伝抄」

「三重秘伝抄」は「開目抄」の「一念三千の法門はただ法華経の本門寿量品の文の底にしずめたり。竜樹・天親、知ってしかもいまだひろいいださず、ただ我が天台智者のみこれをいだけり」（一八九頁）の文に基づき、権実相対・本迹相対・種脱相対の意義を明かした書である。権実相対・本迹相対・種脱相対の三重の意味から「開目抄」のこの文を解釈することは富士門流だけに伝わるものなので「三重秘伝」とされるのである。

日寛は大石寺の学頭となった二年後の正徳《しょうとく》三（一七一三）年、「開目抄」の講義を行ったが、「一念三千の法門は」以下の文の意義が極めて重大であることから、その文について記した「三重秘伝抄」の草稿を作成した。その草稿はしばらくそのままにされていたが、日寛は逝去前年の享保十（一七二五）年、草稿に手を入れ、「三重秘伝抄」を完成させた。その事情について「三重秘伝抄」の冒頭に次のように述べられている。

「正徳第三癸巳《みずのとみ》、予、四十九歳の秋、時々《よりより》御堂において開目抄を講ず。しかして文底秘沈の句に至るにその義甚《じん》深《じん》にしてその意難解なり。ゆえに文に三段を分かち、義に十門を開く。草案すでに畢《おわ》りて清書未だ成らず、虚しく笈中《きゅうちゅう》に蔵《おさ》めてこれを披《ひら》く遑《いとま》あらず。しかる後、享保第十乙巳《きのとみ》、予、六十一歳春、たまさかこれを閲《けみ》するに粗略やや多し。故にほぼ添削を加う。あえて未治《みじ》の本を留むることなかれ。しかるにこの抄の中には多く大事を示す。これはこれひとえに法をして久住せしめんがためなり。末弟等、深く吾が意を察せよ」（『六巻抄』三頁）

「文に三段を分かち」とは、初めの「一念三千の法門は」を「標」、「ただ法華経の本門寿量品の文の底にしずめたり」以下の部分を「釈」、「竜樹・天親、知ってしかもいまだひろいいださず」以下の部分を「結」として分けることをいう。また「義に十門を開く」とは、次の十の視点からこの文の意義を解明することを指す。その十の視点とは、

①一念三千の法門は聞き難きことを示す
②文相の大旨を示す
③一念三千の数量を示す
④一念に三千を具する相貌を示す
⑤権実相対して一念三千を明かすを示す
⑥本迹相対して一念三千を明かすを示す
⑦種脱相対して一念三千を明かすを示す
⑧事理の一念三千を示す
⑨正像未弘の所以《ゆえん》を示す
⑩末法流布の大法を示す

の諸点をいう。

まず「一念三千の法門は聞き難きことを示す」では、法華経方便品の「諸仏の世に興出《こうしゅつ》したまうこと懸遠《けんのん》にして値遇《ちぐ》すること難し。たとい世に出でたまうともこの法を説きたまうことはまた難し」（法華経一四四頁）の文などを引いて仏法を聴いて信受することが困難であるとの道理を確認する。

ここで「この中の法の字は並びに一念三千なり」（『六巻抄』八頁）とあるように、仏法といっても具体的には一念三千の法であり、また「文底独一本門を事の一念三千と名づくる」（同五八頁）日寛の立場からすれば、文底独一本門の南無妙法蓮華経を指すことが日寛の元意と解せられる。

第二の「文相の大旨を示す」では、先の「開目抄」の文が標・釈・結の三段に分けられることを示し、さらに釈の部分について権実相対・本迹相対・種脱相対の三つの意義が含まれるとする。また結の部分は一念三千の法門が正法・像法ではなく末法に流布することを述べたものであるとする。日寛は第三の種脱相対こそが「宗祖出世の本意」（同一三頁）であるとの見解を明示している。

第三の「一念三千の数量を示す」では、日蓮仏法における事の一念三千に触れる前提として、天台大師が説いた一念三千の法理について説明している。周知のように、一念三千の三千という数は十界・十界互具（百界）・十如是・三世間の法数を乗じたところに成立する。十界・十界互具・十如是・三世間という視点が異なる法理を乗ずることで生命を多角的・総合的に把握した法理が一念三千である。

ここでは十界・三世間・十如是について言及する。例えば三世間について「世間とは即ちこれ差別の義なり。いわゆる十種の五陰《ごおん》不同なる故に五陰世間と名づけ、十種の衆

生不同なる故に衆生世間と名づけ、十種の所居《しょご》不同なる故に国土世間と名づくるなり」（同一七頁）と説明するなど、一念三千論の基本を確認している。

第四の「一念に三千を具する相貌を示す」では、一念すなわち一個の生命に三千が具わることの意味を説明する。日寛はこの問題について「具遍《ぐへん》」の概念を提示して「およそ今経の意は具遍を明かす。故に法界《ほうかい》の全体は一念に具し、一念の全体は法界に遍《あまね》し。譬えば一微塵に十方の分を具え、一滴の水の大海に遍きがごとし」（同二〇頁）と述べている。これは個物と宇宙（法界）が相即の関係にあることを示したもので、現代哲学の認識にも通ずるものである。日寛はまた「観心本尊抄《かんじんのほんぞんしょう》」の文を引いて一個の生命に十界の境涯が具わることを指摘し、生命が縁によって生成流動する動的な存在であることを確認している。

第五の「権実相対して一念三千を明かすを示す」では、一念三千を説かない法華経以前の大乗経（権教）と一念三千を説く法華経（実教）との対比（権実相対）を論ずる。権教に一念三千がない理由は権教が声聞・縁覚の二乗の成仏を否定している（二乗不作仏）からである。二乗が不作仏ならば菩薩や仏に具わる二乗が成仏できないので菩薩や仏も成仏せず、結局、九界即仏界の義が成立しないから一念三千が成就しない。このように日寛は「開目抄」の文を根拠に引きながら、二乗作仏を説くことが権教にはない法華経の特徴であることを確認している。

さらに日寛は、華厳経や大日経などにも二乗作仏や久遠実成が説かれているとする澄観《ちょうかん》（中国華厳宗第四祖）や弘法大師空海の主張を妙楽・伝教・日蓮の文を用いて破折している。

第六の「本迹相対して一念三千を明かすを示す」では、「開目抄」の「しかりといえども、いまだ発迹顕本《ほっしゃくけんぽん》せざればまことの一念三千もあらはれず、二乗作仏も定まらず。水中の月を見るがごとし。根なし草の波の上に浮かべるにたり」（一九七頁）の文を引いて、法華経迹門では久遠五百塵点劫の成道という発迹顕本がないのでそこに説かれる一念三千は名前だけで実体がない（有名無実《うみょうむじつ》）ことが示される。迹門と本門の相違は発迹顕本の有無によることが強調されている。

そこで、迹門に一念三千が説かれるというのは与えて言った場合であり、奪って言えば迹門はまだ百界千如にとどまることになる。このように本迹の勝劣を明確にするのは安国院日講《あんこくいんにっこう》（『録内啓蒙』の著者）などの本迹一致派の主張を破折する趣旨である。

第七の「種脱相対して一念三千を明かすを示す」で日寛は、これまで述べてきた一念三千は脱益《だっちゃく》であり、下種の一念三千は法華経の文底にあるとする（『六巻抄』五二頁）。種脱の対比は「観心本尊抄」に、また文上文底の区別は「開目抄」に明示されており、相伝書のみに説かれるものではないが、ここで日寛は文上＝脱益、文底＝下種益の関係を確認している。

ついで日寛は下種の一念三千が法華経本門のどの文の文底にあるのかという問いについて他門流から出されていた諸説を破折し、「師の曰わく『本因初住《ほんいんしょじゅう》の文底に久遠名字の妙法、事の一念三千を秘沈し給えり』云々。まさに知るべし、後々の位に登るは前々の行に由《よ》るなり云云」（同五五頁）と富士門流の教義を明示する。

すなわち事の一念三千である久遠名字の妙法（南無妙法蓮華経）は、釈尊が成道する以前に成仏するための本因として初住位において菩薩道の修行していたことの文底に示されているとしている。天台教学においては釈尊の五百塵点劫の成道（本果）の本因は寿量品の「我もと菩薩の道を行じて」（法華経四八二頁）の文とされているので、日寛は南無妙法蓮華経が文底に示されている文は「我もと菩薩の道を行じて」（我本行菩薩道）の文であると規定したこととなる（日寛は「開目抄愚記」ではさらに明確に「故に知んぬ、『我本行菩薩道』の文底に久遠名字の妙法を秘沈し給うことを」〈文段集七七頁〉と述べている）。

菩薩の位である五十二位の中の十住の初めである初住位は不退転の位であるから、初住位に登れば実質的に成仏が確定したことになる。ただし、その位に登るためにはその ための修行が必要なので、釈尊をして初住位に至らしめた本因の修行こそが妙法（南無妙法蓮華経）の修行となる。寿量品は釈尊が五百塵点劫において成道した原因として成道以前に菩薩の修行をしていたというのであるから、修行したという以上、修行の対象となる何らかの法がなければならない。釈尊はその法の力によって成仏できたのである。釈尊を成仏せしめた能生《のうしょう》の法こそが南無妙法蓮華経であり、釈尊はその妙法によって成仏させてもらった所生《しょしょう》の存在に過ぎない。したがって五百塵点劫成道の釈尊は真の根源仏にはなりえず、妙法から生み出された迹仏と位置づけられるのである。

本因初住の文底に事の一念三千が秘沈されていることについて日寛は「師の曰わく」としているので、その教義が富士門流に伝わる日蓮以来の相伝とされていることが分かる。事実、種脱相対の一念三千とは何かとの問いに対して日寛は「これすなわち蓮祖出世の本懐、当流深秘の相伝たり。いずくんぞ筆頭に顕すことを得んや」（『六巻抄』五五頁）としながらも、相伝の内容が既に他門流に流出していてもはや秘密にしておくことができない状況を踏まえ、あえて「本因妙抄」の文を提示している。その文とは「一代応仏のいきをひかえたる方は理の上の法相なれば、一部共に理の一念三千、迹の上の本門寿量ぞと得意せしむることを脱益の文の上と申すなり。文の底とは久遠実成の名字の妙法を余行にわたさず直達《じきたつ》の正観、事行の一念三千の南無妙法蓮華経これなり」（八七七頁）の文である。日寛は「本因妙抄」の文を開示することによって種脱相対の事の一念三千が南無妙法蓮華経であることを根拠づけたのである。

第八の「事理の一念三千を示す」で日寛は一念三千に事と理の相違があることを示し、法華経迹門の一念三千が理の一念三千、本門の一念三千が事の一念三千になるとするが、文底独一本門に対比する時は法華経の迹門・本門はともに理の一念三千となり、文底独一本門のみが事の一念三千になると述べている。その根拠として日寛はここでも先の「本因妙抄」の文を引き、法華経文上の迹門・本門がともに理の上の法相であり、脱益・迹門の法門であることを挙げている。

また日寛は文底独一本門を事の一念三千とする理由として「人法体一」を挙げ、その根拠として「御義口伝」「御本尊七箇相承」の文を引用する。ここで日寛は人法体一（人法一箇）が文底独一本門の特徴を示すキーワードであることを述べているが、まだ「三重秘伝抄」ではそれ以上踏み込んだ論述はなされていない。

第九の「正像未弘の所以《ゆえん》を示す」では先の「開目抄」の文のうち「竜樹・天親、知ってしかもいまだひろいいださず、ただ我が天台智者のみこれをいだけり」（一八九頁）の部分を取り上げ、竜樹・天親と天台の相違を示す。すなわち竜樹・天親は法華経迹門の一分の義を述べたにとどまるのに対し、天台は迹門・本門の義を述べているとする。ただし天台は迹門を表、本門を裏として理の一念三千を説いたが、文底の事の一念三千を述べていないことを「観心本尊抄」などの文を引いて確認している。

また天台が事の一念三千を弘めなかった理由として、「曽谷入道殿許御書」の「一には自身堪《た》えざるが故に。二には所被《しょひ》の機無きが故に。三には仏より譲り与えられざるが故に。四には時来たらざるが故なり」（一〇二八頁）の文を引き、日蓮仏法が天台仏法を超越した仏教であることを明示している。

第十の「末法流布の大法を示す」では、竜樹・天親・天台らが正像に弘通しなかった文底下種の一念三千を地涌の菩薩が末法に流布する所以《ゆえん》を述べる。それは、天台が事の一念三千を弘通しなかった理由の裏返しになっている。すなわち、地涌の菩薩が末法に文底の大法を弘通する理由は、

①自身が大法弘通に堪えられる、
②末法の衆生の機根が熟脱の法ではなく下種の法を受け止める機根になっている、
③地涌の菩薩は仏から末法弘通の付嘱を受けている、
④大法を弘通する時が到来している、

の諸点である。日寛はそれらの諸点を「観心本尊抄」「御義口伝」「百六箇抄」等の文を引いて根拠づけている。

中でも日寛は③について詳説する。すなわち、法華経の会座《えざ》において釈尊が末法の弘通を迹化・他方の菩薩に許さず、地涌の菩薩にのみ付嘱した理由について天台は前三後三の六釈を挙げているが、日寛はそれではまだ不十分であるとして、迹化に対して六釈、他方に対して六釈、合計の十二釈を設けて迹化・他方の菩薩と地涌の菩薩の相違を明確にしている。

このように「三重秘伝抄」は、権実相対・本迹相対・種脱相対を軸に、末法弘通の法体が法華経の文底に示された事の一念三千すなわち南無妙法蓮華経であることを明らかにするところにその趣旨がある。ただし「三重秘伝抄」ではその結論を提示するにとどめ、さらに詳しい論述は「文底秘沈抄」以下の諸抄に展開されることとなる。

2 「文底秘沈抄」

本門の本尊、本門の戒壇、本門の題目の三大秘法は、「法華取要抄」に「問うて云わく、如来滅後二千余年、竜樹・天親・天台・伝教の残したまえる所の秘法は何物ぞや。答えて云わく、本門の本尊と戒壇と題目の五字となり」（三三六頁）と説かれ、また「報恩抄」に「問うて云わく、天台・伝教の弘通し給わざる正法ありや。答えて云わく有り。求めて云わく何物ぞや。答えて云わく三つあり。末法のために仏留め置き給う迦葉《かしょう》・阿難《あなん》等、馬鳴《めみょう》・竜樹《りゅうじゅ》等、天台・伝教等の弘通せさせ給わざる正法なり。求めて云わく、その形貌《ぎょうみょう》いかん。答えて云わく、一には日本乃至一閻浮提、一同に本門の教主釈尊を本尊とすべし。いわゆる宝塔の内の釈迦・多宝そのほかの諸仏、並びに上行等の四菩薩脇士《きょうじ》となるべし。二には本門の戒壇。三には日本乃至漢土・月氏、一閻浮提に人ごとに有智無智をきらわず一同に他事をすてて南無妙法蓮華経と唱うべし」（三二八頁）と述べられている。

「義浄房《ぎじょうぼう》御書」には「寿量品の事の一念三千の三大秘法を成就せること、この経文なり」（八九二頁）と説かれ、「三大秘法抄」にも「法華経を諸仏出世の一大事と説かせ給いて候はこの三大秘法を含めたる経にて渡らせ給えばなり」（一〇二三頁）と述べられている。

「文底秘沈抄」は日蓮仏法の宗旨である三大秘法について、その意義を正面から開示した書である。同抄では冒頭に先の「法華取要抄」の文を引いて「これはこれ文底秘沈の大事、正像未弘の秘法、蓮祖出世の本懐、末法下種の正体にして宗門の奥義これに過ぎたるはなし」（『六巻抄』八〇頁）と述べ、三大秘法が末法に流布すべき法体であるとしている。

（１）本門の本尊篇

まず「本門の本尊篇」では、本尊が信仰・礼拝の対象（対境）であるという本尊の前提から出発し、境智行位《きょうちぎょうい》の法理に照らして正しい本尊を選択することが仏道修行の根本であることを次のように述べている。

「それ本尊とは所縁の境なり。境能《よ》く智を発し、智また行を導く。故に境もし正しからざれば、智行もまた随って正しからず。妙楽大師謂《い》える有り。『たとい発心真実ならざる者も正境に縁すれば功徳なお多し。もし正境に非ずんば、たとい偽妄《ぎもう》無きもまた種と成らず』等云々。故にすべからく本尊を簡《えら》んでもって信行を励むべし」（『六巻抄』八〇頁）

次いで本門の本尊に法本尊と人本尊の二義があることを示し、さらに人法体一の義に論及する。

法本尊について日寛は「法の本尊とは、すなわちこれ事の一念三千、無作本有、南無妙法蓮華経の御本尊これなり」（同八一頁）として南無妙法蓮華経を図顕した文字曼荼羅であると規定する（「末法相応抄」では「一幅の大曼荼羅すなわち法本尊なり」〈同一七三頁〉とさらに端的な規定がある）。南無妙法蓮華経を中央に大書した文字曼荼羅を本尊とすることは、「五人所破抄」で「図する所の本尊は、また正像二千の間一閻浮提の内未曾有《みぞう》の大漫荼羅なり」（一六一四頁）と断じた日興の主張と合致している。日蓮が図顕した文字曼荼羅は、後の大石寺法主が書写した曼荼羅を含めて、南無妙法蓮華経という根源の法を示しているが故に法本尊と規定されるのである。

人本尊については「人の本尊とは、すなわちこれ久遠元初の自受用報身の再誕、末法下種の主師親、本因妙の教主、大慈大悲の南無日蓮大聖人これなり」（『六巻抄』八六頁）と日蓮を人本尊と規定し、日蓮本仏論を明示している。他門流が日蓮を上行菩薩の再誕とのみ捉えているのに対し、日寛は上行の再誕というのは外用《げゆう》に過ぎず、内証によるならば自受用身の再誕であるとし、「故に知りぬ、本地は自受用身、垂迹は上行菩薩、顕本は日蓮なり」（同八七頁）と述べている。

ここで日寛が論拠として提示するのは「本因妙抄」の「釈尊久遠名字即の位の御身の修行を末法今時、日蓮が名字即の身に移せり」（八七七頁）の文であり、三位日順が著した「本因妙口決」の「久遠元初自受用報身とは本行菩薩道の本因妙の日蓮大聖人を久遠元初の自受用身と取り定め申すべきなり」（『富士宗学要集』第二巻八三頁）の文である。日蓮の本地を久遠元初自受用身とすることは富士門流上古以来の伝統教義であることが理解できよう。

ここで日寛が人本尊について日蓮とのみ規定し、日蓮の御影《みえい》像を人本尊に挙げていないということが重要である。日蓮の御影像は日興が「富士一跡門徒存知の事」で「ここに日興が云わく、御影を図する所詮は後代に知らしめんためなり。是《ぜ》に付け非《ひ》に付け、有りのままに図し奉るべきなり」（一六〇三頁）と述べているように日蓮の容貌を後世に伝えるために造立するもので、それ自体は本尊ではない。しかし、日興門流においては、日蓮を人本尊とする信仰から門下からの供養などを日蓮の御影像に供えることになり、実質的に日蓮の御影像をあたかも本尊であるかのように扱うことが一般的になっていったと思われる。要するに人本尊としての日蓮と御影像との区別が明確に意識されず、あいまいになっていったのが実情であろう。そこで日蓮の御影像を本尊としなかった日興の見解から外れて、御影像を本尊とする御影本尊論が左京日教あたりから見られるようになってくる。

日教が「穆作抄《むかさしょう》」で「当家の意は脱益の釈尊をば造立し奉らず、ただ日蓮聖人の御影を造立し奉るべきこと、御本尊に契当せり」（『富士宗学要集』第二巻二八四頁）と述べているのが御影本尊論の最初であろう（日有には明確な御影本尊論はない）。そこで左京日教以降、富士門流の一部で御影本尊論が唱えられる状況になったと推定される。

ところで日寛には「観心本尊抄文段」などで御影本尊論が見られる。例えば同文段では「問う、蓮祖の影像を造立して本尊と崇《あが》め奉る、その謂われはいかん。答う、初めに道理を明かす。一にはこれ下種の教主なるが故に。（中略）二には三徳の縁深きが故に。（中略）三には人法体一なるが故に」（文段集五二九頁）と述べられている。しかし、日寛が自身の教学を最終的にまとめた「六巻抄」においては御影本尊論が説かれることはない。その相違をどのように解すべきであろうか。

端的にいえば、文段で御影本尊論が示されるのは当時、富士門流の中で生じていた信仰を必ずしも排除せず容認したための傍流の付随的な議論であり、「六巻抄」で示される御影を本尊としない人本尊論こそが日寛の本筋の主張と見るべきであろう。従って、日寛を御影本尊論者として規定するのは正確ではないと考える。当然のことながら御影本尊論の前提には日蓮を人本尊とする日蓮本仏論があり、日寛が時に御影本尊論を述べたのは日蓮本仏論を強調する趣旨といえよう。

日寛以降も富士門流の中には曼荼羅本尊の前に日蓮御影像を安置し、曼荼羅本尊とともに御影像を本尊とする形も広く見られたが、創価学会は御影本尊論を退けて曼荼羅本尊に一本化する在り方を採用した。人法一箇の法理に照らせば曼荼羅本尊と日蓮は一体不二であり、曼荼羅本尊に人法の意義が具わっているからである。その在り方は「六巻抄」で示された日寛教学の最終的な本尊義に沿ったものとなっている。

日蓮本仏論とは日蓮をもって末法の教主と位置づけることだが、この点についても日寛は「釈尊はすなわちこれ熟脱の教主なり。蓮祖すなわちこれ下種の教主なり」(『六巻抄』八九頁)として種熟脱の相違を釈尊と日蓮という教主の対比に当てはめている。

さらに日寛は人法体一(人法一箇)として曼荼羅本尊(法本尊)と日蓮(人本尊)が一体不二であるとする。

仏教の通規としては、法が諸仏を生む能生の存在であるから法勝人劣《ほうしょうにんれつ》となるが、それは仏が法によって生み出された色相荘厳の迹仏だからである。それに対して久遠元初自受用身は世情に随順する色相荘厳の仏ではなく、本来の姿として根源の法を所持する無作の仏なので人法体一となる。それ故に文上寿量品に説かれる五百塵点劫成道の釈尊も衆生の機根に応じて出現した応仏昇進《おうぶつしょうしん》の自受用身に過ぎず、迹仏と位置づけられる——。日寛はこのような主張を経論や天台宗の相伝を駆使して論証している。久遠実成の釈尊を応仏昇進の自受用身とすることは「本因妙抄」「百六箇抄」に基づいている。

(2) 本門の戒壇篇

「本門の戒壇篇」で日寛は、本門の戒壇に「義の戒壇」と「事の戒壇」の二義があるとして、次のように述べている。

「それ本門の戒壇に事有り、義有り。いわゆる義の戒壇とはすなわちこれ本門の本尊所住の処、義、戒壇に当たる故なり。例せば文句の第十に『仏その中に住す。すなわちこれ塔の義』と釈するが如し云々。正しく事の戒壇とは一閻浮提の人、懺悔滅罪の処なり。ただ、しかるのみに非ず。梵天・帝釈も来下して踏みたもうべき戒壇なり」(『六巻抄』九八頁)。

すなわち日寛によれば、曼荼羅本尊を安置する場所は、どのような場所であれ、義の戒壇となる。また、事の戒壇とは「三大秘法抄」に示された、広宣流布成就の時に実現する戒壇をいう。また日寛は、事の戒壇が建立される具体的な場所は富士山であるとの富士戒壇論を主張する。富士戒壇論は「富士一跡門徒存知の事」「百六箇抄」や三位日順の著述に見られるように日興以来の伝統教義だが、日寛もまたその伝統を継承していることが分かる。

日蓮仏法における戒壇は、従来の仏教の戒壇のように僧尼に戒律を授ける場所ではなく、万人が仏法を行ずる場所の意味であるから、曼荼羅本尊を安置して唱題に励む場所が全て戒壇の意義を具えることは当然の道理である。一方では「三大秘法抄」の「戒壇とは、王法仏法に冥じ、仏法王法に合して、王臣一同に本門の三秘密の法を持ちて有徳王《うとくおう》・覚徳比丘《かくとくびく》のその乃往《むかし》を末法濁悪の未来に移さん時、勅宣並びに御教書《みきょうしょ》を申し下して霊山浄土に似たらん最勝の地を尋ねて戒壇を建立すべき者か。時を待つべきのみ。事の戒法と申すはこれなり」（一〇二二頁）の文が示す通り、広宣流布の暁《あかつき》に戒壇を建立することが日蓮門下の目標となる。それ故に本門の戒壇には広宣流布以前に成立している普遍的戒壇（各人が曼荼羅本尊を安置して唱題に励む場所）と広宣流布成就の時に実現する特定の戒壇の二義があるとの日寛の主張は道理に叶ったものといえるだろう。ただし日寛は、事の戒壇に安置する本尊は弘安二年十月十二日に日蓮が建立したとされる戒壇本尊であるとするが、この点については後に述べるように再検討が必要となる。

（3）本門の題目篇

「本門の題目篇」で日寛は、本門の題目を定義して「ただ本門の本尊を信じて南無妙法蓮華経と唱うるを本門の題目と名づくるなり」（『六巻抄』一〇七頁）と述べている。すなわち本門の題目とは形だけ題目を唱えることではなく、本門の本尊を信受するという信心が不可欠であるというのである。また、本門の題目が成立するには曼荼羅本尊（法本尊）と日蓮本仏（人本尊）という本門の本尊が前提になっている。曼荼羅本尊と日蓮本仏を認めないところには本門の本尊は成立しないので、その場合には題目を唱えても本門の題目にならない。

もちろん本門の本尊への信だけあっても、題目を唱えるという実際の行がなければ修行にならないことはいうまでもない。そこで日寛は「信行具足をまさに本門の題目と名づくるなり」（同頁）として、信と行がともに具わっていることが本門の題目の条件であると述べている。

さらに日寛は南無妙法蓮華経の題目の意義に触れ、「文義意の中には意の妙法、種熟脱の中には種の妙法、すなわちこれ文底秘密の大法にして寿量品の肝心、本門の題目これなり」（同一〇九頁）と結論づけている。

本門の本尊を安置する所が本門の戒壇であり、本門の本尊を信じて唱題することが本門の題目であるから、本門の本尊が三大秘法の根本になっている。このように日寛は本尊根本の立場から三大秘法を体系化したのである。

3 「依義判文抄」

「六巻抄」の第三である「依義判文抄」では、まず「撰時抄」の「仏滅後に迦葉・阿難・馬鳴《めみょう》・竜樹・無著《むじゃく》・天親、乃至天台・伝教のいまだ弘通しましまさぬ最大の深密の正法経文の面《おもて》に現前なり」（二七二頁）の文を引き、末法流布の法体は寿量品の文底に秘沈されているとされるにも関わらず、それが経文の上に現前していると説かれるのは何故か、との問題を提起する。それに対して日寛は、仏教を浅深の次第によって判断した場合には正法は経文上に示されていないが、文底に示された義から法華経の文を判断した場合には三大秘法は経文の上に明瞭にうかがうことができるとする（『六巻抄』一一六頁）。

　末法流布の法体である事の一念三千が寿量品の文底に秘沈されているとは「三重秘伝抄」が主題とした「開目抄」の「文底秘沈《もんていひちん》」の文の趣旨である。要するに「依義判文抄」は、「開目抄」の「文底秘沈」の文と「撰時抄」の「文上《もんじょう》顕然《けんねん》」の文の関係を述べていることが分かる。

　両者の相違を端的に言えば、権実相対・本迹相対・種脱相対の視点から一念三千が寿量品の文底に秘沈されているとした「開目抄」の「文底秘沈」の文は優劣を比較相対して優れたものをとる相待妙《そうたいみょう》を示すのに対し、正法が法華経の文の上に表れているとする「撰時抄」の「文上顕然」の文は法華経の体系の中に他の一切を包摂し、位置づけ用いていく絶待妙《ぜったいみょう》を示している。

　法華経には他の経典を浅い教えであると否定し、破折していく面はあるが（相待妙）、そこでとどまるのではなく、一切の教えを自身の体系の中に位置づけて開会《かいえ》し、生かしていく面がある（絶待妙）。この絶待妙について日蓮は「諸宗問答抄」で「絶待妙と申すは開会の法門にて候なり。この時は爾前権教とて嫌い捨てらるる所の教を皆法華の大海におさめ入るるなり。随って法華の大海に入りぬれば爾前の権教とて嫌わるるもの無きなり」（三七七頁）と述べている。

　例えば日蓮が「立正安国論」で薬師経《やくしきょう》や仁王経《にんのうきょう》などの爾前権経を自身の主張の文証として用いていることは絶待妙の在り方を示すものである。もちろん絶待妙といっても相待妙を否定するものではなく、相待妙を内に含んでおり、開会する側の妙法と開会される側の浅劣な法の相違がなくなるものではない。開会されれば法華経も諸経も区別はなく、全て一体不二であるとの誤りに陥ったのが天台本覚思想であり、日蓮はその誤謬を厳しく破折している。

　日寛は「依義判文抄」で「文底の義に依って今経の文を判ずれば、三大秘法あたかも日月のごとし。故に経文の面《おもて》に顕然《けんねん》なりと云うなり」（『六巻抄』一一六頁）として、文底に示された妙法の立場から法華経の文を判断する場合には経文の上に三大秘法を読み取ることができるとしている。日蓮は「十章抄」で「一念三千の出処は略開三の十如実相なれども義分は本門に限る。爾前は迹門の依義判文《えぎはんもん》、迹門は本門の依義判文なり。ただ真実の依文判義は本門に限るべし」（一二七四頁）として、爾前経の文は法華経迹門の義から、迹門の文は本門の義から読んだ時に初めて真の意味をつかむことができるとする。

そこから分かるように、それぞれの文の意味をより高次の法理から位置づけるのが依義判文である。最高真実の法は文底に秘沈された南無妙法蓮華経であるから、その妙法に照らしてそれぞれの文の意義を判断するのが真の依義判文となる。つまり依義判文とは一切の文を妙法の中に包摂し、位置づけつつ用いる作業であるから、まさに絶待妙の現れに他ならない。

次いで日寛は、相伝書である「上行所伝三大秘法《じょうぎょうしょでんさんだいひほう》口決《くけつ》」を引いて三大秘法を戒定慧の三学の視点から解明する。「三大秘法口決」は日精《にっせい》の「日蓮聖人年譜」に「(弘安)二年己卯《つちのとう》。日興、三大秘法決を筆記」(『富士宗学要集』第五巻一三四頁)とあるので、日興が弘安二(一二七九)年に筆記したものと推定される。

「三大秘法口決」の冒頭には三大秘法を戒定慧に配した次のような表が示されている(同第一巻四五頁)

- 一、本門寿量の大戒
  - 虚空不動戒
  - 無作の円戒と名づく
  - 本門寿量の大戒壇と名づく
- 一、本門寿量の本尊
  - 虚空不動定
  - 本門無作の大定
  - 本門無作の事の一念三千
- 一、本門寿量の妙法蓮華経
  - 虚空不動慧
  - 自受用の本分と名づく
  - 無作の円慧

戒定慧の三学は仏教一般において必ず修めなければならないとされる仏道修行の根本である。戒は身口意の三業の悪を止めて善を修すること、定は心を一つに定めて動揺しない境地に立つこと、慧は般若ともいい、無明を破って仏の悟りを得る智慧のことである。戒によって定を得、定によって慧を発し、慧によって仏道を成就するという仏道修行の過程を示したのが戒定慧の三学である。この三学はそれぞれ別個のものではなく、一体的なものであり、三学が具備したところに仏道修行が成就するとされてきた。

三学が仏教全体の通規である以上、それでは日蓮仏法における戒定慧は何かということが問題となるが、実に三大秘法こそが日蓮仏法における戒定慧であることを示したのが「上行所伝三大秘法口決」に他ならない。すなわち本門の戒壇が戒、本門の本尊が定、本門の題目が慧となる。「御義口伝」にも「戒定慧の三学は寿量品の事の三大秘法これなり」(七六〇頁)とあるように、三大秘法が日蓮仏法の三学であることは日蓮から日興に伝授された相伝として伝えられてきたことが分かる。

三大秘法が日蓮仏法の戒定慧に当たることを確認した後、日寛は三大秘法の開合の相を明示する。「文底秘沈抄」で日寛は三大秘法の根本が本門の本尊であることを明かしたが、それを踏まえて「依義判文抄」では「一大秘法とは即ち本門の本尊なり」（『六巻抄』一一八頁）として、本門の本尊が三大秘法全体を統合する一大秘法に当たるとする。

「一大秘法」の言葉は日蓮の御書の中にあり、「曽谷入道殿許《もと》御書」で「大覚世尊、仏眼をもって末法を鑒知《かんち》し、この逆謗《ぎゃくぼう》の二罪を対治せしめんがために一大秘法を留め置きたもう」（一〇三〇頁）、あるいは「この四大菩薩は釈尊成道の始、寂滅道場の砌《みぎり》にも来たらず、如来入滅の終わりに抜提河《ばつだいが》の辺《ほと》りにも至らず。しかのみならず霊山八年の間に進んでは迹門序正の儀式に文殊・弥勒等の発起《ほっき》・影向《ようごう》の諸聖衆にも列《つら》ならず、退いては本門流通の座席に観音・妙音等の発誓弘経《ほっせいぐきょう》の諸大士にも交わらず。ただこの一大秘法を持して本処に隠居するの後、仏の滅後、正像二千年の間に於いて未だ一度も出現せず、所詮、仏専ら末法の時に限ってこれらの大士に付属せし故なり」（一〇三二頁）と述べられている。

釈尊が末法のために留め置いた法であり、地涌の上首である四菩薩が所持している法とは寿量文底の南無妙法蓮華経に他ならないから、南無妙法蓮華経を表した本門の本尊を一大秘法とすることは「曽谷入道殿許御書」に示された日蓮の教示に合致している。三大秘法といっても全て本門の本尊が前提になっており、本門の本尊に三大秘法全体が包摂されるので本門の本尊が一大秘法と規定されるのである。

先に「文底秘沈抄」で確認したように、本尊に法本尊と人本尊があり、戒壇に義の戒壇と事の戒壇、題目に信と行があるので、三大秘法を開けば六義となる。このように日寛は「依義判文抄」で、三大秘法を合すれば一大秘法となり、三大秘法を開けば六義、さらに八万宝蔵になるという三大秘法の開合の原理を述べている。

「無量義は一法より生ず」（法華経二五頁）と説かれる通り、一切法は根源の一法である南無妙法蓮華経より生じ、また南無妙法蓮華経に包摂され帰するのであるから、一切法は南無妙法蓮華経のもとでは切り捨てられることなく全て生かされることになる。「観心本尊抄《かんじんのほんぞんしょう》」に「十方三世諸仏の微塵の経々は皆寿量の序分なり」（二四九頁）と説かれるように、一切法は南無妙法蓮華経の序分となり流通分となるのである。「依義判文抄」に示された三大秘法開合の法理は、一切を妙法のもとに生かし用いていく広宣流布の原理ともいえよう。

次に日寛は依義判文の例として法華経法師品・宝塔品・寿量品・神力品の文と天台の文を取り上げ、それぞれの文に三大秘法の意義を読み取ることができることを説いていく。例えば寿量品の「この好《よ》き良薬を今留めてここに在《お》く。汝《なんじ》取って服すべし。差《い》えじと憂うることなかれ」（法華経四八七頁）の文について、「この文正しく三大秘法を明かすなり。いわゆる是好良薬《ぜこうりょうやく》は即ちこれ本門の本尊なり。今《こん》留在此《るざいし》はこれ本門の戒壇なり。汝可取服《にょかしゅぶく》は即ちこれ本門の題目なり」（『六巻抄』一三〇頁）と述べている。

是好良薬が本門の本尊である理由については「観心本尊抄」の「是好良薬とは寿量品の肝要たる名体宗用教《みょうたいしゅうゆうきょう》の南無妙法蓮華経これなり」（二五一頁）の文を引く。釈尊が末法の衆生のために留めた良薬とは南無妙法蓮華経であり、南無妙法蓮華経を表したのが本門の本尊である曼荼羅本尊であるから、「是好良薬」が本門の本尊が当たることになる。

また、ここで日寛は「久遠元初の自受用報身、報中論《ほうちゅうろん》三《さん》の無作三身なり。この無作三身の宝号を南無妙法蓮華経と云うなり。（中略）この無作三身は即ちこれ末法の法華経の行者なり云々。もししからば是好良薬の文、あに人法体一の本尊に非ずや」（『六巻抄』一三一頁）として久遠元初自受用身と無作三身が同義であることを示し、また南無妙法蓮華経が無作三身の名称であるとして「是好良薬」の文が人法体一の本尊を表していると述べている。

また、「今留在此」は本尊が住する場所を示すので本門の戒壇に当たり、「汝可取服」の「取」が法を信受することであるから信心を示し、「服」が法を実際に行ずることであるから唱題行を意味するので「汝可取服」の文が本門の題目に当たるとしている。

「依義判文抄」では経文を文底の義から依義判文する時、三大秘法だけではなく、教・機・時・国・教法流布の先後という「宗教の五綱」もまた経文の面に示されているとする。ちなみに宗教の五綱の宗教とは宗旨の対語となる仏教用語であり、レリジョン（religion）の訳語である一般用語の宗教ではない。宗旨とはある宗派の中心教義をいい、その対語である仏教用語の宗教はその中心教義を弘め教えるための規範をいう。日蓮仏法の場合、三大秘法が宗旨となり、五綱が宗教となる。日蓮仏法の弘通にあたっては宗旨の三大秘法だけではなく、五綱の規範が確立されることが必要となる。

日寛は五綱が経文に表れている例として先の寿量品の「是好良薬」の文を取り上げ、「まさに知るべし、是好良薬はすなわちこれ教を明かす。他の毒薬に対して是好良薬と云う故に勝劣分明なり。今留《こんる》の二字はすなわち時を明かすなり。滅後の中にも別して末法を指すなり。在此《ざいし》の両字はこれ国を明かすなり。閻浮提の中に別して日本を指すなり。汝《にょ》の一字はすなわち機を明かすなり。三時の中に別して末法の衆生なり」(『六巻抄』一四八頁)と述べている。その根拠として「御義口伝」の「是好良薬とは、あるいは経教あるいは舎利なり。さて末法にては南無妙法蓮華経なり。好とは三世諸仏の好み物は題目の五字なり。今留とは末法なり。此とは一閻浮提の中には日本国なり。汝とは末法の一切衆生なり」(七五六頁)の文を挙げる。ここでも、御書および相伝書に基づいて主張を展開していく日寛の基本姿勢をうかがうことができる。

4 「末法相応抄」

「六巻抄」の第四である「末法相応抄」は上下に分かれ、要法寺第十九世広蔵院日辰《にっしん》(一五〇八〜一五七六)が主張した、法華経一部二十八品を読誦すべきであるとする説と釈迦の仏像を本尊とすべきであるとの説を破折したものである。上巻が一部読誦論の破折、下巻が造仏論の破折に当てられている。

日寛が日辰の破折に力を注いだ理由は、大石寺において十七世紀末までの約百年間にわたって要法寺出身の貫首が続き、要法寺流の教義が大石寺に混入した歴史があったため、要法寺流教義を一掃する必要があったからである。要法寺出身貫首の中でも十七世日精が釈迦仏像を末寺に安置するなどの挙に出たため、日精の没後、二十二世日俊《にっしゅん》、二十三世日啓《にちけい》、二十四世日永《にちえい》がその逸脱を正すことに努力してきた。日永の弟子である日寛は、日永らの意志を継承して要法寺教学を代表する日辰の誤謬を徹底的に批判していった。その結実が「末法相応抄」である。

(1) 一部読誦の破折

「末法相応抄」上巻では一部読誦を否定する理由として、初めに文理を立て、次に外難を遮《しゃ》すとして日辰の主張を破折している。初めに文理として、①正業の題目を妨ぐる故に、②末法は折伏の時なるが故に、③多く此の経の謂われを知らざるが故に、の三点を挙げる(『六巻抄』一五二頁)。

①は、末法の正しい修行は南無妙法蓮華経の唱題であるから、法華経の一部読誦はその唱題行の妨げになるということである。その根拠として日寛は「四信五品抄」の「文句の九に云わく『初心は縁に紛動せられて正業を修するを妨げんことを畏《おそ》る。直ちに専らこの経を持つ、即ち上供養なり。事《じ》を廃して理を存するは所益弘多《しょやくぐた》なり』と。(中略)直専持此経《じきせんじしきょう》というは一経に亘《わた》るにあらず。専ら題目を持って余文を雑えず。なお一経の読誦だも許さず。いかにいわ

んや五度をや」（三四一頁）の文を引く。日蓮自身が法華経一経全部の読誦を許していないのだから、日辰の一部読誦論は日蓮に違背しているとの趣旨である（日蓮自身が行い、門下に教えたのは方便品・寿量品の読誦で、一部全体の読誦を教示したことはない）。実際に法華経全てを読誦するには膨大な時間を要するので、本来の修行である唱題の時間は少なくならざるをえず、唱題行の妨げとなる。

②は、一部読誦は摂受《しょうじゅ》の行であるから折伏を行うべき末法の時にそぐわないという趣旨である。その裏づけとして日寛は経典を読誦せずにもっぱら礼拝行を行った不軽菩薩の例を挙げる。不軽の振る舞いは、日蓮が「日蓮はこれ法華経の行者なり。不軽の跡を紹継す」（「聖人知三世事」九七四頁）とあるように、末法の法華経の行者の実践を示したものだが、不軽が経典読誦ではなく礼拝行を行って杖《じょう》木瓦石《もくがしゃく》の迫害を受けたことは折伏行を行った姿であるとされる。

また日寛は文証として「五人所破抄」の「今末法の代を迎えて折伏の相を論ずれば、一部読誦を専らとせず、ただ五字の題目を唱え、三類の強敵を受くといえども諸師の邪義を責むべきものか」（一六一四頁）の文を引く。この「五人所破抄」の文は五老僧が法華経の書写行である如法経《にょほうきょう》・一日経の行を行ったことを正法・像法時代の行である摂受であるとして破折したものだが、法華経一部の読誦もまた書写行と同様に破折を行わないという意味では摂受に類するものと位置づけられよう。日辰が五老僧と同様に正像末の時の相違を十分に認識できず、正像時代の修行観を引きずっていたことが分かる。

③について日寛は、「一代聖教大意」の「この法華経は、知らずして習い談ずる者はただ爾前の経の利益なり」（四〇四頁）の文を引き、「深秘の相伝に三重の謂われ有り」（『六巻抄』一五三頁）と述べるにとどめている。文上・文底の区別などの法華経の元意を知らずに単に法華経の文を表面的に読誦しても末法の正しい修行にならないとの意と解せられる。修行として法華経の方便品・寿量品を読誦する意味は次の「当流行事抄」で詳述されることとなる。

次に「外難を遮《しゃ》す」の箇所では日辰の主張を詳細に取り上げ、一つ一つを破折している。例えば日辰は日蓮が法華経一部を書写したことや法華経を身読したことなどを挙げて一部読誦の理由にしているが、日寛は日辰の主張が書写と読誦、また身業《しんごう》読誦と口業《くごう》読誦の違いを無視していることを指摘し、批判している。

（2）造仏論の破折

「末法相応抄」の下巻では日辰の造仏論を道理、文証、さらに「外難を遮す」の三つの角度から破折する。

初めに釈迦の仏像を本尊にできない道理として、①熟脱の教主なる故、②三徳の縁浅きが故、③人法勝劣の故、の三点を挙げる（『六巻抄』一六八頁）。
①について、法華経に説かれる釈尊は久遠五百塵点劫に下種して大通智勝仏の王子として衆生に結縁し、法華経本門寿量品を説いて衆生を得脱させた熟脱《じゅくだつ》の教主であるから、下種の仏を教主とする末法の本尊とすることはできないとする。その根拠として「本因妙抄」後加分の「仏は熟脱の教主、某《それがし》は下種の法主なり」（八七四頁）の文を引いている。正像末という時の推移に従って、熟脱の教法と教主から下種の教法と教主へと、仏法と教主がともに交代していく道理を示したのである。
②では正像と末法における衆生の機根の相違を指摘している。すなわち正像の衆生は既に釈尊から下種を受けて善根を積んでいる本已有善《ほんいうぜん》の機根の衆生だが、末法の衆生は釈尊とは全く縁がなく何の善根も持たない本未有善《ほんみうぜん》の機根の衆生である。その文証として「曾谷入道殿許御書」の「正像二千余年にはなお下種の者有り。（中略）今は既に末法に入って在世の結縁の者は漸々《ぜんぜん》に衰微して権実の二機皆ことごとく尽きぬ」（一〇二七頁）の文を引用する。末法の衆生は釈尊との縁を持たないので釈尊の仏像を本尊とすることはできないというのである。
③は、釈尊は法を師として成仏した所生《しょしょう》の仏に過ぎず、法に比べれば劣る存在なので、末法の本尊とすることはできないとの道理を示す。釈尊の仏法においては法が能生《のうしょう》の師、仏は所生の弟子という明確な勝劣があることを強調している。これは末法の本尊は人法体一の本尊でなければならないことを示唆するものである。
次の文証を引く段では、法華経法師品と天台・妙楽の文のほか、「本尊問答抄」と「富士一跡門徒存知の事」の次の文を引く。
「問うて云わく、しからば汝いかんぞ釈迦をもって本尊とせずして法華経の題目を本尊とするや。答う、上に挙ぐるところの経釈を見給え。私《わたくし》の義にはあらず」（「本尊問答抄」三六六頁）
「五人一同に云わく、本尊においては釈迦如来を崇《あが》め奉るべし（中略）日興が云わく、聖人御立《ごりゅう》の法門においては全く絵像・木像の仏菩薩をもって本尊となさず、ただ御書の意に任せて妙法蓮華経の五字をもって本尊となすべしと。すなわち御自筆の本尊これなり」（「富士一跡門徒存知の事」一六〇五頁）
釈迦仏像を本尊とせず、文字曼荼羅を本尊とすることは日蓮・日興の教義であり、日辰の造仏論は日蓮・日興に違背する邪義であることを明確にしている。
さらに「外難を遮《しゃ》す」段では造仏論者が論拠とする論点

をほとんど網羅的に挙げて破折している。

例えば日辰は日蓮在世中に富木常忍と四条金吾夫妻が一体仏（脇士《きょうじ》のない仏だけの仏像）の釈迦像を造った例があることを造仏論の根拠にするが、それに対して日寛は「本尊にあらずといえども、しかもこれを称歎する。略して三意有り。一にはなおこれ一宗弘通の初めなり。この故に用捨時宜《ようしゃじぎ》に随うか。二には日本国中一同に阿弥陀仏をもって本尊となす。しかるに彼の人々、たまたま釈尊を造立す。あに称歎せざらんや。三には吾が祖の観見の前には一体仏の当体全くこれ一念三千即《そく》自受用の本仏の故なり」（『六巻抄』一七二頁）と述べている。

日蓮の時代は浄土教や真言密教が社会に深く浸透し、人々が阿弥陀仏や大日如来に傾斜していた時代だった。その中で富木常忍や四条金吾夫妻らが阿弥陀や大日ではなく釈迦像を建立したのは権実相対の意味からすれば正しい方向の行為であり、本尊といえば絵像・木像の仏像であるとの既成観念に囚われていた彼らの機根を鑑《かんが》みた日蓮がその行いを容認、称賛したのはむしろ当然であった。

日蓮の在世中、釈迦像を造立したのは門下の中ではこの三名だけであり、極めて例外的な事例である。日蓮が門下に本尊として授与したのは文字曼荼羅だけであり、釈迦像の造立を積極的に門下に勧めた例は一切ない。その振る舞いに照らして日蓮の本意が曼荼羅本尊にあることは明らかであり、日辰が富木常忍らの例をもって造仏論の根拠としたことは明白な誤りである。

また日辰が造仏の論拠として「観心本尊抄」と「報恩抄」の文を挙げたことに対して日寛は富士門流の正統教義に立った解釈を明示し、それらの文が造仏の根拠にならないことを明らかにしていく。日辰が取り上げたのは次の文である。

「その本尊の為体《ていたらく》、本師の娑婆の上に宝塔空に居し、塔中の妙法蓮華経の左右に釈迦牟尼仏・多宝仏、釈尊の脇士上行等の四菩薩、文殊・弥勒等は四菩薩の眷属として末座に居し、迹化・他方の大小の諸菩薩は万民の大地に処して雲閣月卿《うんかくげっけい》を見るがごとく、十方の諸仏は大地の上に処し給う。迹仏・迹土を表する故なり。かくのごとき本尊は在世五十余年にこれ無し。八年の間にもただ八品に限る。正像二千年の間は小乗の釈尊は迦葉《かしょう》・阿難《あなん》を脇士となし、権大乗並びに涅槃・法華経の迹門等の釈尊は文殊《もんじゅ》・普賢《ふげん》等をもって脇士となす。これらの仏をば正像に造り画けども未だ寿量の仏有さず。末法に来入して始めてこの仏像出現せしむべきか」（「観心本尊抄」二四七頁）

「日本乃至一閻浮提、一同に本門の教主釈尊を本尊とすべし。いわゆる宝塔の内の釈迦・多宝そのほかの諸仏並びに上行等の四菩薩、脇士となるべし」（「報恩抄」

三二八頁）。

この二つの文は日蓮仏法の本尊を考察するためには不可欠の重要な文である。日寛はそれについて「文段」で詳細な解釈を示しているが、「末法相応抄」ではその結論を簡潔に述べている。

「観心本尊抄」の文が示す本尊すなわち「寿量の仏」とは、人法体一の法理の上から、曼荼羅本尊（法本尊）であり、日蓮（人本尊、久遠元初自受用身）であると結論する。この「仏像」とは絵像・木像ではなく、生身の仏を指しており、生身の仏である故に「出現」というのであると解している（『六巻抄』一七三頁）。

「報恩抄」の文について、諸門流が初めの「本門の教主釈尊」を文上本門の釈尊と理解しているのに対して、それでは同一の釈迦仏が本尊であると同時にその脇士になるという矛盾が生ずることを指摘する。要するに「本門の教主釈尊」とその脇士になる「宝塔の内の釈迦」は別の仏としなければこの文の文意は通らない。その道理の上から日寛は、名《みょう》異体同《いたいどう》の相伝に照らし、この文の言う「本門の教主釈尊」とは文上本門の本果妙の釈尊ではなく、文底本因妙の教主釈尊すなわち日蓮に他ならないとする。そして「いわゆる宝塔の内の釈迦・多宝」以下の文は「観心本尊抄」と同じく曼荼羅本尊を示したものであり、日蓮と曼荼羅本尊が一体不二であるという人法体一の法理を表すものと解釈している。また、ここで日寛が日辰を破折しつつ三位日順の書などに基づいて応仏昇進の自受用身と久遠元初の自受用身の相違について詳述していることが注目される。

「末法相応抄」下巻の議論を整理すれば次のようになる。

釈迦——本果——色相荘厳——垂迹——化他
——人法勝劣——脱益
日蓮——本因——名字凡夫——本地——自行
——人法体一——下種益

5　「当流行事抄」

（1）「方便品篇」

「末法相応抄」上巻で法華経の一部読誦を退けたことを受けて、「六巻抄」の第五である「当流行事抄」では末法の修行が法華経方便品・寿量品読誦と唱題であることを示し、方便・寿量の読誦が助行、唱題が正行に当たることを明らかにする。その上で「方便品篇」「寿量品篇」「唱題篇」に分けて方便・寿量読誦と唱題の意義を詳述している。ただし「当流行事抄」は単に修行論のみを述べたものではなく、体内・体外、文上顕本・文底顕本などの重要な法義を通して日蓮仏法の奥底の思想が明かされている。

「末法相応抄」（『六巻抄』一五三頁）にも引かれている

「天目日向問答記《てんもくにこう》」に「大聖人一期の行法《ぎょうほう》本迹なり。毎日の勤行、方便・寿量の両品なり」とあるように、日常の振る舞いとして日蓮が唱題の他に方便品・寿量品を読誦したことは広く知られた事実である。そこで方便品は本迹相対の意義からすればそれ自体では得道できない無得道の教えとされるが、それにもかかわらず方便品を助行として読誦するのは何故かという問題が生ずる。この問題に迷って日蓮在世の門下である曾谷教信《そやきょうしん》や天目、日興の弟子である日仙《にっせん》などが方便品読誦を拒否する態度をとった。曾谷教信の場合は日蓮から教戒を受けて態度を改めたと考えられるが、いずれにしても彼らの見解は法体と修行を混同する誤りを犯していたと評せられる。

日興は「五人所破抄」で天目を破折して方便品読誦の意義が「所破《しょは》」「借文《しゃくもん》」にあることを次のように述べている。

「正見に任せて二義を立つ。一には所破のため、二には文証を借るなり。初めに所破のためとは、純一無雑の序分にはしばらく権乗の得果を挙げ、廃迹顕本《はいしゃくけんぽん》の寿量にはなお伽耶の近情を明かす。これをもってこれを思うに方便講読の元意はただこれ牒破《ちょうは》の一段なり。(中略)次に迹の文証を借りて本の実相を顕すなり」(一六一一六頁)。

「当流行事抄」の「方便品篇」では方便品読誦が何故に所破・借文の意義を持つのか、その法理について解明している。まず、文は意味内容(義)を能動的に指し示す存在であるのに対し、意味内容(義)は文によって指し示される受動的な存在であるという文と義の位相の相違に触れ、所破とは文によって指し示された迹門の義を破するものであり、借文とは義を指し示す方便品の文を用いるものであることを確認する(『六巻抄』一九四頁)。

その上で、日蓮仏法において読誦する方便品は「体内《たいない》の迹門」であり、「体外《たいげ》の迹門」ではないとする。体外の迹門とは天台宗などが用いる迹門であり、それは無得道の教えであるとして否定される。それに対して「体内の迹門」とは日蓮仏法の体系の中に包摂して用いる迹門を意味する。体内とは妙法によって諸法を開会《かいえ》することであるから絶待妙《ぜったいみょう》の立場であり、体外とは諸法がまだ開会されていない状態であるから相待妙《そうたいみょう》の立場である。『法華玄義』が示す天月と水月の譬えでいえば、天月のあることを知らないで水に映った月を実の月と見て執着しているのが体外であり、天月のあること知って水月はそれが水に映った像であることを認識しているのが体内といえよう。

日蓮仏法の修行において方便品を読誦するのは、それが久遠実成を明かしていない浅い教えであることを知った上で方便品を用いるのであるから「体内の迹門」であるとされる。日寛はそれを「寿量品が家の方便品」であり、日蓮のいう「予が読む所の迹門」であるとしている。ただし、妙法に包摂された方便品であってもそれが意味する内容

（義）は文底独一本門には到底及ばない浅義であることに相違ないので、その読誦自体に方便品の義を破折する「所破」の意味が含まれることになる。

次に「借文」について「当流行事抄」では「借文のためとは、迹門能詮《のうせん》の文を借りて本門の義を顕すなり」（『六巻抄』一九五頁）と述べられている。この文は、日蓮仏法の立場から方便品読誦の意義を示す文であるから、ここでいう「本門」とは文上本門ではなく、文底独一本門と解すべきである。実際に日寛は、日興が方便品読誦の意義を所破・借文としたことについて、「故に知りぬ、開山の意、迹仏究尽の実相の文を借りて本地難思の境智の妙法を顕す。故に迹の文証を借りて本の実相を顕すと云うなり」（同一九八頁）と述べている。

さらに方便品読誦の意が借文にあることについて「遠く久遠名字の所証の法を顕すなり。読誦の意、まさにここに在り云々。まさに知るべし、もし文底の眼《まなこ》を開くときは、この文すなわちこれ久遠名字の本仏、唯仏与仏乃能究尽《ゆいぶつよぶつないのうくじん》なり云々」（同二〇〇頁）と明言している。

方便品では「唯仏与仏乃能究尽」として、ただ仏と仏だけが諸法の実相を尽くしていると説いているが、その諸法実相を悟った仏とは決して文上方便品で説かれた始成正覚の釈迦仏ではなく、久遠元初自受用身の本仏を意味していると解するのである。つまり、文底の義から方便品の文を判ずる時、方便品の文は全て久遠元初の本仏を表現したものと解することができるので、その文を借りて根源の妙法と本仏を讃嘆することが可能となるとの趣旨である。

（2）「寿量品篇」

「当流行事抄」の「寿量品篇」では寿量品読誦が「所破」「所用《しょゆう》」の意義を持つことを明らかにする。日蓮仏法の修行として読誦する寿量品は文上の寿量品ではなく、文底の義から読む寿量品すなわち「文底が家の寿量品」（『六巻抄』二〇一頁）である。

寿量品では「我、実に成仏してより已来《このかた》、無量無辺百千万億那由他《なゆた》劫なり」（法華経四七八頁）と説いて釈尊が成道したのは五百塵点劫という久遠の昔であるという釈迦仏の本地を明かしたが（これを発迹顕本《ほっしゃくけんぽん》という）、日寛はこの発迹顕本に文上顕本と文底顕本の二義があるとして次のようにいう。

「文上顕本とは久遠本果の成道をもって本地の自行と名づけ、この本果の本を顕すを文上顕本と名づくるなり。文底顕本とは久遠元初の成道をもって本地の自行と名づけ、この久遠元初を顕すを文底顕本と名づくるなり」（『六巻抄』二〇一頁）

すなわち、釈尊が五百塵点劫において成道を遂げたという文上のテキスト通りに理解する立場が文上顕本である。それに対して、ここに説かれる成道は五百塵点劫の成仏ではなく、五百塵点劫の成仏を可能にした久遠元初の仏と法を意味すると解するのが文底顕本である。「当流行事抄」ではこの文上顕本と文底顕本という概念を軸に釈迦仏法と日蓮仏法の相違が詳細に論じられている。

「文上顕本」にはまた体内・体外の二義があるとする。体外の文上顕本とは五百塵点劫成道の仏が究極の仏であるとする、文上の説相を文字通りに受け取る天台宗等の立場である。体内の文上顕本とは、五百塵点劫成道の文底に釈尊を成仏せしめた下種の妙法があることを知って、五百塵点劫の仏は脱益の迹仏であるとする立場である。これは、五百塵点劫成道の本果も迹と位置づける「本因妙抄」「百六箇抄」の立場である。

　五百塵点劫成道の本果を得たというからにはそれ以前に成仏の原因（本因）がなければならない。その釈尊成道の本果をもたらした本因こそ久遠元初の下種であるとするのが富士門流の教義である。この点を「当流行事抄」では「文底の眼《まなこ》を開いて還《かえ》ってかの得道を見れば、実に久遠下種の位に還って名字妙覚の極位に至る」（『六巻抄』二〇四頁）と述べられている。

　本果も迹という教義を裏づける文証として日寛は『法華文句』の「薫修《くんじゅう》日《ひ》久《ひさ》し、元本より迹を垂《た》れ、処々に開引し、中間に相値うて数々《しばしば》成熟し、今日五味に節々に調伏し、収《しゅう》羅結撮《らけっさつ》して法華に帰会す」の文を挙げる（同二〇五頁）。

「薫修日久《くんじゅうにっく》」とは下種によって与えられた仏種が長い間に成長することをいうが、「元本より迹を垂れ」の文は五百塵点劫の成道も元本（久遠元初）に下された仏種が成長した結果であることを意味している。つまりこの文は、天台も五百塵点劫成道の結果をもたらした根本の法が存在することを認識していたことを示しているので、久遠元初の本因が本で五百塵点劫の本果が迹であることの文証となりうるのである。

　次いで文底顕本の文証として日寛は『法華玄義』の「もし過去は最初所証の権実の法を名づけて本となすなり。本証より已後、方便化他し、開三顕一、発迹顕本は還《かえ》って最初を指して本となし、中間示現の発迹顕本もまた最初を指して本となし、今日の発迹顕本もまた最初を指して本となし、未来の発迹顕本もまた最初を指して本となす。三世すなわちことなれども毘盧遮那《びるしゃな》一本異ならず。百千枝葉《ひゃくせんしょう》、同じく一根に趣くがごとし」の文を挙げる（同二〇六頁）。

　この文は、五百塵点劫から中間、今日、未来における発迹顕本が全て最初の根本の法の顕本であるとするのであるから、天台が根本の最初の法とそれ以後の方便化他の法があるという二重構造を認識していたことを示す。日寛は、天台のいう根本の最初の法とは久遠元初の妙法を指していると解釈し、この文を文底顕本の文証としている。さらに本果を迹と位置づける根拠として、五百塵点劫成道の時に既に四教八教という衆生の機根に応ずる化導があったことを妙楽の『法華玄義釈籤』などを引いて示す。

また「三世すなわちことなれども毘盧遮那一本異ならず。百千枝葉、同じく一根に趣くがごとし」の文は根源仏が唯一仏であることを示している。しかし、五百塵点劫成道の釈尊は、神力品に十方諸仏が説かれることが示すように諸仏の中の一仏に過ぎず、「万影の中の一影、百千枝葉の中の一枝葉」(『六巻抄』二一三頁)であるから唯一の根源仏にはなりえない。天台がいう根源の唯一仏である毘盧遮那《びるしゃな》とは久遠元初の自受用身に他ならない。日寛はそのように解釈して久遠元初自受用身の再誕として出現したのが日蓮であるとする。

日蓮が久遠元初自受用身の再誕であるという日蓮本仏論の根拠として日寛が挙げるのが「諫暁八幡抄」(真筆完存)の次の文である。

「天竺国《てんじくこく》をば月氏国《がっしこく》と申すは仏の出現し給うべき名なり。扶桑国《ふそうこく》をば日本国と申す。あに聖人出で給わざらむ。月は西より東に向かえり。月氏の仏法の東へ流るべき相なり。日は東より出ず。日本の仏法の月氏へかえるべき瑞相なり。月は光あきらかならず。在世はただ八年なり。日は光明、月に勝れり。五五百歳の長き闇を照らすべき瑞相なり。仏は法華経謗法の者を治《じ》し給わず。在世には無きゆえに。末法には一乗の強敵充満すべし。不軽菩薩の利益これなり」(五八八頁)

ここで釈迦が法華誹謗の者を救済できないのに対して日蓮が一乗の強敵をも救済しうるという明確な勝劣が示されていることに注目して、日寛は「蓮祖もし久遠元初の自受用身にあらずんば、いずくんぞ教主釈尊に勝ることを得べけんや」(『六巻抄』二一〇頁)と日蓮が久遠元初自受用身であることを示す文証としている。

なお方便品読誦を「借文」とするのに対して寿量品読誦を「所用《しょゆう》」とすることについては、方便品の文が単に迹門の義を示すだけであるのに対し、寿量品は文上で脱益迹門の義を示すだけでなく文底では下種益本門の義を暗示しているという相違があるためであるとする(同二一〇頁)。寿量品読誦について「所破」「所用」の意義があることを明かしたのは「当流行事抄」が初めてである。しかし、その立論は天台・妙楽等の経釈の他、相伝書を含む御書の根拠に基づいており、富士門流に伝わる法理を言語化したもので、決して日寛の恣意的な見解ではないことが了解できる。

（3）「唱題篇」

「当流行事抄」の結論である「唱題篇」では「問う、末法はまさに何《いか》なる法、何なる仏を信ずべきや」（同二二三頁）との問いを起こし、末法出現の三宝を明らかにする。

文上寿量品が説く五百塵点劫の得脱は、それ自体、脱益としての仏果（本果）であるから、種熟脱および因果の理法に照らして、それをもたらした下種の本因がなければならない。その下種の本因は文上では明示されず、「我本行菩薩道」の文底に暗示されているに過ぎない。その脱益と下種益、文上と文底という位相の相違は「観心本尊抄」「開目抄」などの諸抄において日蓮自身が明確に教示している。それ故に文上・脱益の次元にとどまっていたのでは日蓮仏法を把握することはできない。下種・文底という根源の次元において教義を立てることが日蓮の宗教であることを知らなければならない。その根源について日蓮は、「本因妙抄」「百六箇抄」等の相伝書では「久遠元初」の概念をもって表現した。

そこで「唱題篇」では久遠元初の三宝について「本因妙抄」の文に基づき、仏宝＝久遠元初自受用身、法宝＝本有無作の妙法、僧宝＝久遠元初の結要付嘱《けっちょうふぞく》とし、この久遠元初の三宝がそのまま末法出現の三宝であるとして、具体的な末法出現の三宝を仏宝＝日蓮大聖人、法宝＝本門の本尊、僧宝＝日興上人と規定している（同二二五頁）。日蓮こそが久遠元初自受用身の再誕であり、また本有無作の妙法である南無妙法蓮華経を図顕したものが本門の本尊であり、日興こそが日蓮の奥底の教義を正しく伝えた師弟不二の弟子であるからである。

6　「当家三衣抄」

「六巻抄」の第六「当家三衣抄《とうけさんねしょう》」では富士門流の特徴的な法衣《ほうえ》をめぐって当門流の伝統精神を述べている。他宗・他門流が色鮮やかな七条・九条の法衣（袈裟《けさ》）を用いるのに対して富士門流では伝統的に薄墨色《うすずみいろ》の素絹《そけん》五条の法衣を用いる。「当家三衣抄」ではその理由について論述している。

まず素絹五条の衣のみを用いる道理として、①末法の下位を表すため、②末法の折伏の行に適しているため、という二点を挙げる（『六巻抄』一三六頁）。天台が法華修行の位として理即から究境即までの位を立て、仏法を信受した位である名字即から始まって究境即を目指す階梯《かいてい》の次第を設けたのに対し、日蓮仏法はそのような階梯を設けず、名字即から直ちに成仏する仏法である。そこで日蓮仏法の実践者は全て名字即という低い位にあるものと位置づけられる。素絹五条という質素な法衣は日蓮仏法の修行者が低い位にあることを示すものであるというのである。また、素絹五条の衣は短いので起居動作に便利であり、折伏行を行うのに適しているためとされる。要するに、自身を低い位に置く謙虚な心をもって折伏行に邁進する精神を示しているというのである。

法衣の色を薄墨色に限る道理としては、①名字即を表すため、②他宗の僧侶と区別するため、③順逆の二縁を結ぶため、④非法を制するため、の四点を挙げる。薄墨色の衣によって富士門流の僧侶であることを明示することにより、弘教が行いやすくなり、僧侶が悪事に走るのを抑制することができるとの趣旨である。

また引証として、彫刻や絵画による日蓮の御影《みえい》を見ても日蓮が薄墨色の素絹五条の法衣を用いている事実を挙げている。日蓮の精神をそのまま継承していこうとする在り方が富士門流の伝統精神であるという趣旨と解せられよう。

しかし、このような日寛の言明にもかかわらず、富士門流の実態は、既に第九世日有の時代、日有が旅に出ていた隙《すき》に留守居の高僧らが大石寺を勝手に売却してしまい、戻った日有がようやく取り戻したという史実（「有師物語聴聞抄形跡上」『富士宗学要集』第一巻一八五頁などによる）などからもうかがえるように、宗祖日蓮の精神とはほど遠い実態があったと見られる。これまで見てきた通り、日有の弟子の左京日教《さきょうにっきょう》が法主絶対論を唱えたり、十七世日精《にっせい》が釈迦の仏像を造立するなど、日蓮・日興本来の教義から逸脱した事態も富士門流に生じつつあったのが実際の姿であった。

なお「当家三衣抄」の末尾には「当流行事抄」で示された三宝義とは若干相違する三宝義が説かれる。「当家三衣抄」には次のようにある。

「南無仏・南無法・南無僧とは、もし当流の意は、
南無本門寿量の肝心、文底秘沈の大法、本地難思境智冥合、久遠元初の自受用報身、無作三身、本因妙の教主、末法下種の主師親、大慈大悲南無日蓮大聖人師。
南無本門寿量の肝心、文底秘沈の大法、本地難思境智冥合、久遠元初の自受用報身の当体、事の一念三千、無作本有、南無本門戒壇の大本尊。
南無本門弘通の大導師、末法万年の総貫首、開山付法南無日興上人師、南無一閻浮提座主、伝法日目上人師、嫡々《ちゃくちゃく》付法歴代の諸師」（『六巻抄』二五一頁）

仏宝を日蓮大聖人とすることについて両抄の相違はないが、法宝については「当流行事抄」では「本門の大本尊」としているのに対し「当家三衣抄」では「本門戒壇の大本尊」としている。また僧宝については「当流行事抄」では日興一人と限定しているが、「当家三衣抄」では日興の他に日目を初め歴代法主も僧宝に含めている。その相違についてどのように考えるべきであろうか。

弘安二年十月十二日に日蓮が建立したとされるいわゆる戒壇本尊を究竟の根本とするのが日寛教学の特徴の一つだが、後に述べるように、戒壇本尊は日興の弟子日禅《にちぜん》に授与された日蓮真筆本尊をもとに後世に造られたものであることがほぼ明らかにされており、日寛の見解は今日では受け入れられない。戒壇本尊を法宝としたのは、他門流に対して富士門流の優位を主張するための教団的配慮によるものであろう。また僧宝については、今日の日蓮正宗の宗規第四条にも「血脈付法の人日興上人を僧宝とする」と規定されているように、日興一人に限るのが富士門流本来の教義である。僧宝を広く論ずる場合には日蓮仏法を正しく行ずる僧俗全体を僧宝に含めるが、「当家三衣抄」で日興の他に歴代法主を挙げているのは法主を教団の中心軸として尊重すべきであるとの意であろう。このように見てくれば、帰依の対象としての本来の三宝は「当流行事抄」に示されたものであり、「当家三衣抄」に示されたものは本来の三宝義を教団的配慮から広げて述べた傍流の付随的な議論と解すべきであろう。

第三節　日寛教学への批判

富士門流の教義を体系化した日寛教学についてはこれまでも種々の批判があったが、近年では身延派の早坂鳳城《はやさかほうじょう》氏によるものがある。氏の見解は「日蓮本佛論の構造と問題点（一）――恵心流口伝法門との関係を視点として」（日蓮宗宗務院「現代宗教研究」32号所収）との論稿に示されている。氏の批判の要点は、日寛に代表される富士門流の日蓮本仏論は恵心《えしん》流の天台本仏論の盗用であるというものである。

すなわち氏は「日蓮本佛論の思想的基盤には、恵心流中古天台の口伝法門に依拠するところが多い」と断じ、次のように言う。「筆者は、或る天台宗教師から、仙波檀林《せんばだんりん》の口伝に『天台本佛・釈迦脱佛』の思想がある旨の教示を受けたことがある。もしこれが事実であるとすると、石山教学における日蓮本佛・釈迦脱佛の主張は、これを換骨奪胎、というよりは、盗用した教説である蓋然性が高いであろう」。

氏は恵心流口伝法門の止観勝法華、寿量品の内証、自受用報身（天台）、本因行の能化、五百塵点最初などの用語が日寛教学の文底勝文上、寿量品の文底、自受用報身（日蓮）、本因妙の教主、五百塵点当初などの用語と対応していることを指摘し、それをもって日寛の日蓮本仏論が恵心流口伝法門の盗用である蓋然性が高いとしている。

はたして、そうであろうか。「当流行事抄」の「寿量品篇」で確認したように、寿量品で五百塵点劫における釈尊の成道が説かれるからにはその結果をもたらした元があったはずであるという認識は、『法華文句』『法華玄義』の文に明らかなように天台大師自身に存在したと見られる。その故に『法華玄義』において「今、大教もし起こらば、方便の教絶す。（中略）今、本地の教興れば、迹中の大教すなわち絶す。（中略）今、観に入って縁寂なれば、言語道断にして本教すなわち絶す」（大正蔵三十三巻六九七頁）として、方便の教（爾前権教）は迹中の教（法華経迹門）に、法華経迹門は本地の教（法華経本門）に、法華経本門は観心の大教によって開会されるという四重興廃の原型が説かれている。つまり、文上の五百塵点劫成道という教相の次元だけでは話は完結せず、その成道を可能にした根源の次元を探求しなければならないという志向性は天台仏法の中に既に内在していたといえよう。

花野充道氏によれば、日本天台宗においては五大院安然《あんねん》の頃から本門よりも観心が勝るという思想が現れ、代表的な天台本覚思想文献である「本理大綱集」「修善寺決」「三大章疏七面相承口決」には明確な四重興廃思想が見られる。また日蓮が比叡山遊学中に教えを受けたとされる俊範《しゅんぱん》の「一帖抄《いちじょうしょう》」には定型化された四重興廃思想が説かれているる。すなわち、文上本門の教相よりも観心の教えが勝るという認識（これを教観相対という）はむしろ日本天台宗の中では常識に属するものであった。そこで、文上本門をも超越する観心の大教とは何かということが問題になる。

恵心流などの天台本覚思想は観心の大教を『摩訶止観』そのものに求めて止観勝法華思想を形成したのに対し、日蓮は種熟脱の法理をもとに下種の法体である南無妙法蓮華経をその大教とした。この点について日蓮は「観心本尊抄《かんじんのほんぞんしょう》」で「在世の本門と末法の始めは一同に純円なり。ただし彼は脱、これは種なり。彼は一品二半、これはただ題目の五字なり」（二四九頁）と、文上本門と妙法五字（南無妙法蓮華経）の種脱相対を明示し、さらに「上野殿御返事」では「今末法に入りぬれば余経も法華経もせんなし。ただ南無妙法蓮華経なるべし」（一五四六頁）と、文上の法華経が末法弘通の法たりえず、南無妙法蓮華経のみが末法の衆生を救済しうる大法であることを宣言したのであった。

恵心流などの中古天台は、「観心」の意味を文字通り心を観察する瞑想行と理解して、瞑想行の在り方を示す『摩訶止観』を文上本門を超越した教えとする止観勝法華説を唱えるに至ったが、そもそも『摩訶止観』は法華経に依拠して一念三千の法理を作り上げ、一念三千の法理を指針とした瞑想行を説いた書であり、五百塵点劫成道をもたらした根源を示した書などではない。いわば文上法華経の次元にとどまるものと評せられる。

したがって、四重興廃思想を前提にすることは同じであっても、天台本覚思想と日蓮仏法ではその実体は似て非なるものと言わなければならない。天台本覚思想を日蓮が青年期から深く吸収し、それを批判しつつ自身の教義を形成したことは広く認められている事実であり、日蓮自身による相伝書の可能性が高いと思われる「本因妙抄」「百六箇抄」などに「久遠元初」「自受用身」「無作三身」など天台本覚思想と共通ないしは類似する用語が頻出することもむしろ自然の在り方である。

ひるがえって日寛の教学は日蓮自身が残した御書ならびに相伝書を基盤に、日興の「富士一跡門徒存知の事」「五人所破抄」、さらには三位日順や日有など富士門流の思想的遺産を継承する形で形成されたものであり、仙波檀林の口伝法門などを参考にしたものではない（ちなみに日寛が修学したのは細草檀林であり、仙波檀林との直接の関係はない）。

そもそも早坂氏の日寛盗用説は、仙波檀林に天台本仏論があったらしいという不確かな伝聞を起点にしており、さらにその伝聞が「もしこれが事実であるとすると」との仮定の上に説かれたもので、その前提自体がはなはだ脆弱である。仮にも他を批判するからには個人的な伝聞による仮定の話などではなく、仙波檀林に天台本仏論があったことをきちんと論証した上で行うべきだろう（実際には仙波檀林に天台本仏論があろうとなかろうと日寛教学とは何の関係もない。早坂氏の議論全体が完全に的外れの言説である）。

要するに、早坂説は日寛教学における思想史的側面を全く無視しており、「自受用身」などいくつかの用語の類似のみによって安易に盗用と判断する極めて短絡的・皮相的な議論に陥っている。用語の類似が全て盗用となるのであれば、世界の思想史は全て盗用の歴史とならざるをえないだろう。

第四節　戒壇本尊について

先に述べたように、弘安二年十月十二日に日蓮が造立したとされ、現在は大石寺に安置されている板曼荼羅、いわゆる本門戒壇の大御本尊（以下、便宜上、戒壇本尊と呼ぶ）を究極の根本とすることが日寛教学の特色の一つである。そこで、ここではこの問題について触れることとする。戒壇本尊については近年、金原明彦氏の画期的な研究が公表された（『日蓮と本尊伝承――大石寺戒壇板本尊の真実』）。

金原氏は戒壇本尊の書体や図顕形式（座配や讃文など）、日蓮が弘安三年五月九日に顕し、日興の弟子日禅《にちぜん》に授与した本尊との比較、弘安二年十月十二日の状況、「日興跡《にっこうあと》条々事《じょうじょうのこと》」の内容などの諸点から考察を進め、結論として戒壇本尊は日蓮が直接造立したものではなく、日禅授与本尊を模写することによって大石寺第六世日時《にちじ》ないしは同八世日影《にちえい》の時代に造立されたものであると推定している。

金原氏の主な論旨は次のようなものである。

①戒壇本尊の首題の「経」の書体は弘安三年三月以降のものである。

②座配に「大迦葉尊者」と記されるのも弘安三年三月以降のもので、その例外はない。

③年号が明記されている真筆本尊には必ず太歳《たいさい》が記されているが、戒壇本尊の「弘安二年十月十二日」には太歳がない。

④日禅授与本尊と戒壇本尊の首題が筆跡、大きさともに完全に一致している。

⑤戒壇本尊が弘安二年当時の身延山に安置されていたという記録が一切ない。

⑥熱原法難の最中である弘安二年十月十二日の切迫した状況下で楠の巨大な板に彫刻し、漆を塗るなどの作業は困難である。

⑦日蓮滅後の身延山は単なる墓所地で、五老僧および日興にとっても信仰の中心地的存在とは認識されていない。

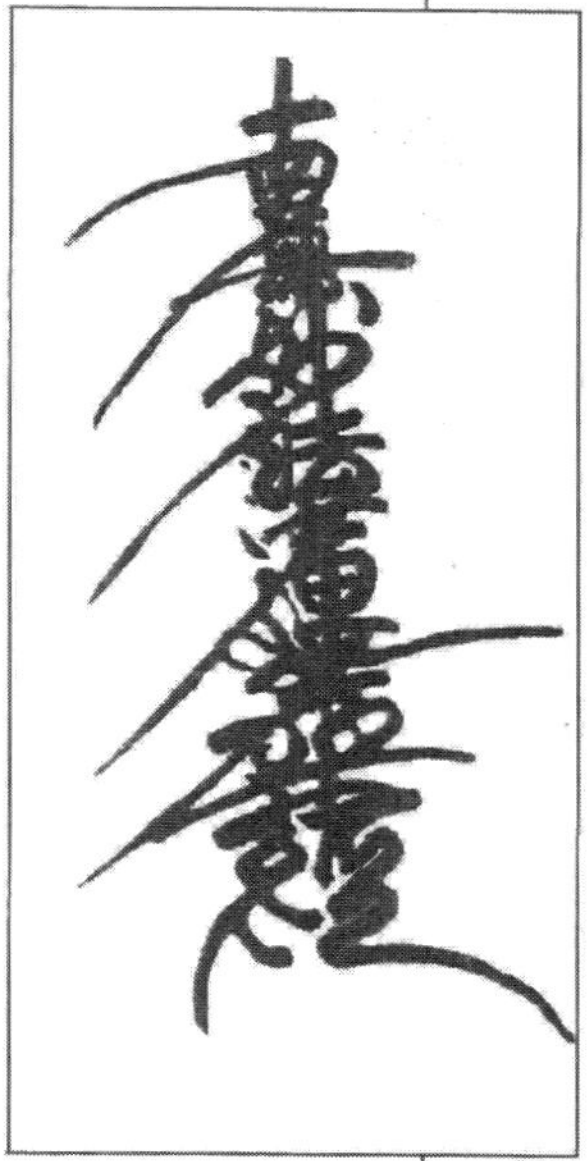

日禅授与本尊

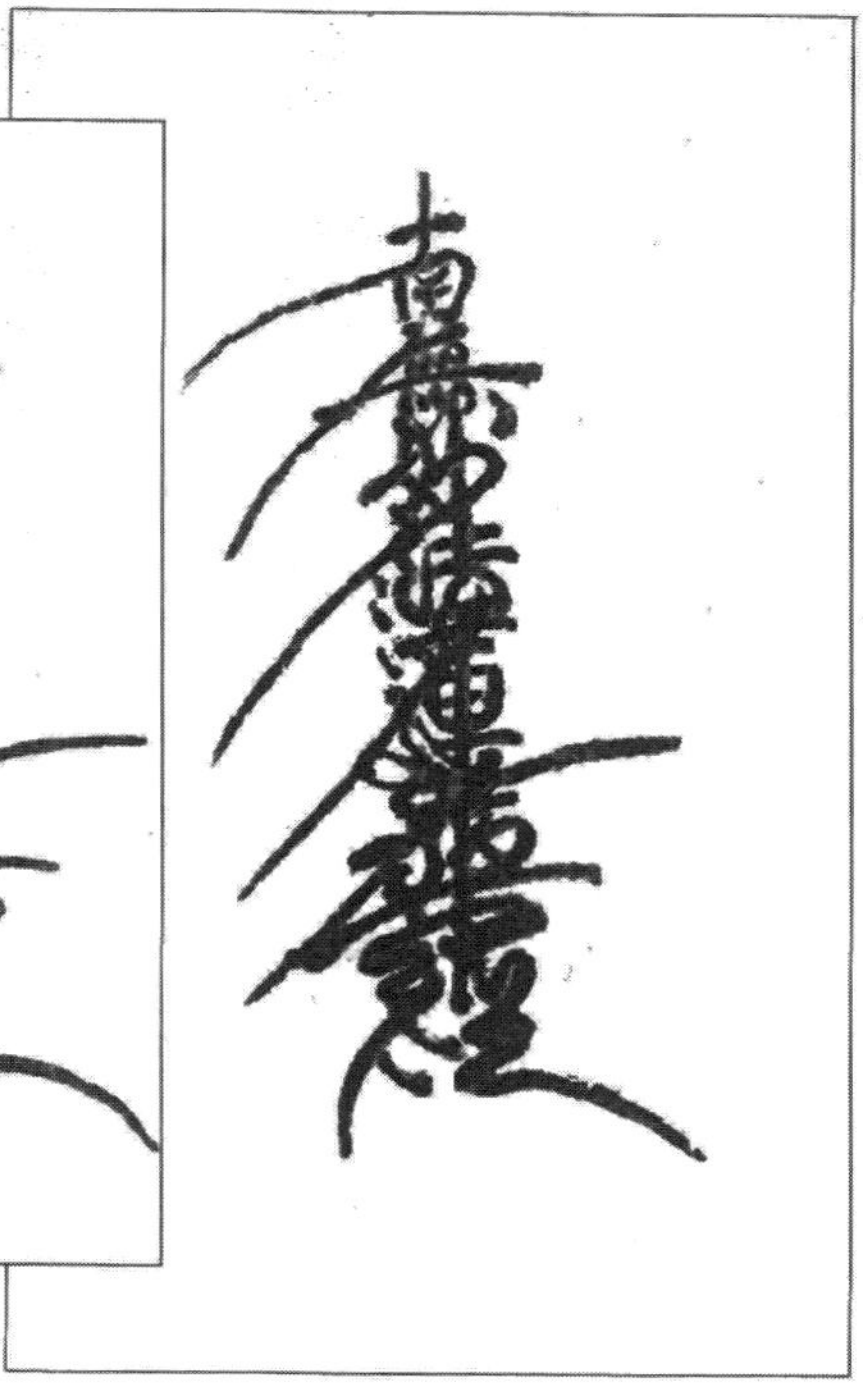

戒壇本尊

同縮尺　首題比較

金原明彦著『日蓮と本尊伝承』69 頁から

⑧「日興跡条々事」の「弘安二年大御本尊」は同年に日興が日蓮から授与された万年救護《まんねんくご》本尊（保田妙本寺蔵、図顕は文永十一年）である可能性が高く、「弘安二年大御本尊」が戒壇本尊であるという根拠は皆無である。

この中でも特に④は同書に示された写真による限り明白であり、戒壇本尊が日禅授与本尊の模写であることはほとんど決定的といえるだろう。

金原氏は戒壇本尊の日蓮直造を否定するが、戒壇本尊を本尊として認めないというのではない。「正しき弘安式の相貌を持った特殊な模写彫刻本尊であり、その点、他の模刻本尊や、書写本尊、形木本尊と変わるものではないだろう」（同書二一三頁）と述べている。

金原氏によれば、大石寺の独自の経営が始まった日時以降、大石寺を支える法華講中において本堂に安置する本尊建立の要望が高まり、日禅授与本尊を模写して戒壇本尊が造立された。弘安二年十月十二日の日付けには当然、熱原法難が想定されており、氏は「富士日興門流にとって門流の最大の誇りとも言うべき熱原衆を戒壇の願主として顕彰することで、他門下に比する富士の優位正当性を誇示する意図が多分に込められていたのではないだろうか」（同一九七頁）としている。当初は当然、法華講衆による造立とされていたのが、やがて日蓮直造という伝承が生じ、法主を含めて門流全体に日蓮直造の信仰が定着していったと考えられるという。

この金原説に対して日蓮正宗では機関誌「大日蓮」等で反論を試みているが、初めから結論が決まっている宗内向けの議論に終始しており、全体に説得力に乏しい。とくに戒壇本尊と日禅授与本尊の首題が筆跡、大きさともに一致しているという肝心要の事実については、口を拭《ぬぐ》って何の反論もできていない。また金原説に反論して、日興の身延離山後に民部日向《みんぶにこう》が板本尊を造立したことや日蓮滅後七十年の一三五一年に身延に金箔を施した板本尊が存在したことなどを挙げているが、それらの事実は戒壇本尊の日蓮直造を裏づける何の根拠にもなっていない。むしろ身延に金箔で装飾された板本尊があったことは、他教団に対抗するために大石寺でも漆塗り、金箔装飾の板本尊を造立する動機になった可能性も考えられよう。

戒壇本尊に触れた最古の文献は保田妙本寺十四世日我《にちが》の「観心本尊抄抜書」にある「久遠寺の板本尊、今、大石寺にあり。大聖御存日の時の造立なり」（『富士宗学要集』第四巻一七〇頁）との文である。この文献は日蓮滅後二百八十年の永禄《えいろく》四（一五六一）年に記されたもので、大石寺では第十三世日院《にちいん》の時代に当たる。それ以前には、日蓮および本弟子の六老僧はもちろん、三位日順など日興の直弟子の文献や第九世日有《にちう》の聞き書きにも一切、戒壇本尊に触れたものはない。仮に日蓮が巨大な板本尊を自ら造立し、自身の出世の本懐に当たる根本の本尊として身延に安置したならば、教義の根本である重大事として五老僧らの他門流を含む上古の文献に表れているはずであり、その存在を秘匿しなければならないという理由はなく、その記録が一切存在しないというのは余りにも不自然である。戒壇本尊が当初から日蓮教団全体にとっての秘仏であったと言うのであれば、その主張を裏づける明確な根拠がなければならないが、そのような裏づけを見いだすことはできない。

また、日興が身延を離山して富士に移った際に戒壇本尊を奉持したという記録も一切ない。さらに日興が入滅した際、日興の直弟子である日目・日仙・日善の三人が日興の指示によって本門寺建立の時にその本堂に納めるものとして記録したのは日蓮の御影と園城寺申状に対する朝廷からの下し文だけであり、戒壇本尊についての記述は皆無である（「日興上人御遺跡事」『歴代法主全書』第一巻二一三頁）。この文書には「本門寺建立の時は本堂に納め奉るべし。この條、日興上人の仰せに依り支配し奉ることかくの如し」（原文は漢文）とある。

日蓮が生前に宗旨の根本である戒壇本尊を建立したのであれば、日興が身延離山の際に同本尊を奉持したはずであり、また本門寺建立の時にはその本堂に納められるべきものとして日興が指示しておくのが当然であろう。それにもかかわらず、身延離山の際にも日興入滅の際にも戒壇本尊に関する記録が一切ないというのは不自然過ぎよう。この事実は、日興の入滅当時、まだ戒壇本尊が存在していなかったことを推定させる。

戒壇本尊に触れた最初の文献が十六世紀の日我の書であるということは、戒壇本尊が日蓮の直造であるという信仰は宗門上古には存在せず、第十三世日院の時代に至って初めて成立したと判断できよう（日有の時代には戒壇本尊は存在したとしても、日蓮直造の信仰はまだ成立していなかったと考えられる）。

それでも戒壇本尊の日蓮直造という信仰はそれ以降、富士門流において確立され、他門流に対する富士門流の優位を主張する根拠として戒壇本尊が強調されるようになっていったと推定される。稚児貫首の一人である大石寺第十四世日主《にっしゅ》は戒壇本尊の下段にある「右為現當二世　造立　如件　本門戒旦《かいだん》之　願主弥四郎国重《やしろうくにしげ》　法華講衆等敬白《けいはく》　弘安二年十月十二日」との腰書きを書写し、「日興跡条々事示書」（一五八〇年頃）において「大聖より本門戒壇御本尊」（『歴代法主全書』第一巻四五九頁）と大石寺貫首として初めて戒壇本尊に言及している。「本門戒壇」の言葉はこの腰書きにある言葉だが、この腰書きは当の板曼荼羅を造立した法華講衆等の言葉であって、日蓮の言葉ではない（日蓮自身が敬白〈敬って白《もう》す〉と記す道理はない）。要するに、日蓮が「本門戒壇」という言葉を書き入れた曼荼羅は皆無なのである。

さらに第十七世日精《にっせい》は「家中抄」で、弥四郎国重は波木《はき》井実長《さねなが》の嫡子であるとし、また日興の身延離山の際、身延山から戒壇本尊を移したとするが(『富士宗学要集』第五巻一二七頁、一五九頁)、もとよりそのような事実は実証されていない。第二十二世日俊《にっしゅん》は、日精による造仏を正す努力を重ねたが、戒壇本尊についての「本門の本尊とは当寺戒壇の板本尊に非ずや」(『歴代法主全書』第三巻一〇三頁)として戒壇本尊が本門の本尊であると主張している。また、第二十五世日宥《にちゅう》は「戒壇の本尊を代々上人之を写し」(同三七四頁)として、歴代法主による本尊書写は戒壇本尊を書写したものであるとの見解を初めて表明している。

日寛は文段集や六巻抄で戒壇本尊について「究竟中の究竟、本懐の中の本懐」として「三大秘法の随一」「一閻浮提総体の本尊」(文段集四五二頁)と位置づけている。また「戒壇の本尊を書写してこれを掛け奉る」(同四三六頁)と述べ、歴代法主の書写本尊は戒壇本尊を書写したものであるとする。日寛がこのように戒壇本尊を教義の根本に置いて強調したのは、第十三世日院当時からほぼ百六十年以上にわたって大石寺に定着していた戒壇本尊宗祖直造の信仰に従ったものであり、決して日寛一人の判断によるものではない。それは、第十四世日主以降の歴代法主と同様、北山(重須《おもす》)本門寺や保田妙本寺、京都要法寺、西山本門寺など日興門流の他教団、さらには身延や中山などの他門流に対抗して大石寺の優越性を主張しなければならない教団維持上の要請に基づくものといえよう。

しかし今日、戒壇本尊が後世の造立によるものであることがほぼ明らかにされた以上、戒壇本尊を教義の根本とするという日寛の主張を今後用いることは困難となろう。

法主の書写本尊について戒壇本尊を書写したものであるとの見解も採用することはできない。この見解は日興以来、書写本尊にしたためられてきた「書写之」の「之」を戒壇本尊と理解するものだが、「書写之」の「之」とは書写した当の本尊それ自体と解すべきである。漢文の「之」の文字は「これ」と読む場合、「直接にその事物や人などをさす代名詞」(『新漢和辞典』)で、例えば日蓮が「顕仏未来記」の冒頭に「沙門　日蓮　之を勘《かんが》う」(五〇五頁)と記した場合、「之」は当の「顕仏未来記」そのものを指すことはいうまでもない。「沙門である私日蓮が、この顕仏未来記を執筆した」という意味である。

また、日蓮は文永九年十月九日、佐渡に向けて出発する前日、本間六郎左衛門の館で初めての曼荼羅本尊(楊枝《ようじ》本尊と呼ばれる)を顕したが、その本尊に「相州本間依智郷書之」と記した。この文も、「相州本間の依智郷で、この本尊を書いた」という意味である。

そこで、法主が書写本尊に「書写之」と記して自身の名を署名することは、署名した当人がその本尊を書写したという事実を明示して書写の責任を明確にするという趣旨に他ならない。「書写之」の「之」を戒壇本尊と解することは、戒壇本尊についての言及が書写本尊の中に一切無い以上、漢文の理解としては到底不可能である。

書写本尊は戒壇本尊を書写したものではないので、書写本尊は戒壇本尊の「分身」であるなどという従来よく言われてきた説明も、その根拠が失われており、もはや成立しない。

ちなみに日興以下、歴代法主の書写本尊において、中央に「南無妙法蓮華経　日蓮　在御判」とあることは共通しているが、その他の座配については相当の幅があり、戒壇本尊の座配と完全に一致したものはないと判断される。その事実も、書写本尊が戒壇本尊を書写したものではないことを示しているといえよう。

第五節　日寛教学の位置づけ

これまで見てきたように、日寛教学は例えば「六大秘法」などのように日寛独自の用語も見受けられるが、基本的には日蓮・日興以来、富士門流に継承されてきた教義に基づいてそれを体系化したものであり、恣意的な創作ではない。日寛にも時代の制約、また学頭や法主として大石寺教団の維持・発展を図らなければならなかったという教団人としての制約があったことは言うまでもない。先に述べた、戒壇本尊を根本とする主張や歴代法主を宣揚する発言などはその制約の表れといえよう。そのような制約、限界があったことを認識しつつ日寛の教学を見るとき、日蓮仏法の基本からの重大な逸脱はないと判断できる。

例えば日寛が強調した人法体一（人法一箇）の概念にしても、日寛は「文底秘沈抄」や「観心本尊抄文段」などで法華経、天台・妙楽の文を多く引いて文証としており、決して裏づけのない主張をしているのではない。人法体一については日寛の師である第二十四世日永《にちえい》も「本地自行唯円合とは境地冥合して妙法五字の体なり。自受用身の体なり。人法一体の無始なり」（『歴代法主全書』第三巻三二一頁）と明言している。この一事からも日寛教学が先人の教説を基盤にしていることが理解できよう。そこで、「六大秘法」などの用語はともかくとしても、その内容、すなわち人本尊・法本尊、人法一箇、五重の相対などの概念は決して排除すべきものではなく、むしろ尊重すべきものと考える。

さらに日寛教学には日蓮・日興が十分に表明できなかった思想を日蓮・日興の意図を踏まえて敷衍《ふえん》し、より明確に表現した面があると思われる。例えば日寛の文段や六巻抄に示される凡夫本仏論などはその典型といえよう。

日寛は「観心本尊抄文段」で「久遠元初の仏道に入る我等衆生の凡身の当体、全くこれ久遠元初の自受用身なり。自受用身の当体、全くこれ我等衆生なり」（文段集四八八頁）、「須臾《しゅゆ》も本尊を受持すれば我等の当体、全くこれ究竟《くきょう》果満《かまん》の無作三身なり」（同四八九頁）として、本門の本尊を受持する凡夫が久遠元初自受用身であり、無作三身であるとする。

また「我等この本尊を信受し、南無妙法蓮華経と唱え奉れば、我が身即ち一念三千の本尊、蓮祖聖人なり」（「観心本尊抄文段」同五四八頁）、「我等、妙法の力用に依って即《そく》蓮祖大聖人と顕るるなり」（「当体義抄文段」同六七六頁）と、本尊を信受して唱題に励む一人一人が日蓮と等しい生命境涯を獲得しうると宣言している。

このような凡夫本仏論というべき思想は日蓮の中にも明瞭にうかがうことができる。例えば「諸法実相抄」では次のように説かれる。「凡夫は体《たい》の三身にして本仏ぞかし。仏は用《ゆう》の三身にして迹仏なり。しかれば釈迦仏は我れ等衆生のためには主師親の三徳を備え給うと思いしに、さにては候わず。返って仏に三徳をこうらせ奉るは凡夫なり」（一三五八頁）。

ここでいう本仏とは教主という意味ではなく、現実の仏（リアル・ブッダ）という意味であろう。現実に存在する仏は妙法を行ずる凡夫以外に存在せず、釈迦仏を含めて経典に説かれる仏は仏としての働き（用）を表現するために想定されただけの架空の仏（迹仏）に過ぎないとの意と解せられる。法華経寿量品が説く久遠実成の仏といっても実際には法華経制作者が思想的に創造した観念に過ぎず、実際に存在するものではない。その意味では阿弥陀如来や大日如来と同列の架空の存在である故に迹仏として位置づけられるのである。

妙法を受持した凡夫は万人が久遠元初の自受用身であり、生命としては日蓮と同等となりうる。境涯においては師弟不二であり、ここに万人の絶対の尊厳と平等を宣言する日蓮仏法の思想が立ち現れている。

もちろん生命はどこまでも平等だが、役割、立場という観点から見ればそこに相違があることも当然である。師弟という点でいえば日蓮は師であり、日興以降の法主も含めて一切衆生は弟子である。日蓮は教主として本尊を図顕し、衆生に授与する立場だが、各人が自ら教主であると主張して本尊を顕して他に与えることは立場の相違を無視した行為となろう（大石寺の法主が本尊を書写するのは自らが教主であるというのではなく、僧俗を含めた和合僧団の代表として、万人を救済しようとする日蓮の意を体して本尊を人々に授与する行為なので、日蓮との立場の相違は維持されている。日興が本尊を書く行為を「書写」と表現したのは日蓮と日興以下の立場の相違を認識していたからである)。

譬えて言えば、会社の社長と社員は、同じ人間として各人に保障される人権の内容に何の差別はないが、会社における行為については役割の相違があるのと同様であろう(宗教を含めて人間社会の営みは無数の役割の網の目によって構成されており、元来全ての人間は平等だが、だからといって役割の相違を否定したのでは人間社会は成り立たない)。

妙法を行ずる凡夫こそが現実の仏であるというのであるから、凡夫本仏論は日蓮本仏論と矛盾するものではなく、日蓮本仏論の前提となるものである。日蓮こそ実際に妙法を受持して仏の境涯を現した凡夫の先駆であり、手本であるからである。「種種御振舞御書」の「妙法蓮華経の五字、末法の始めに一閻浮提にひろまらせ給うべき瑞相に日蓮さきがけしたり」(九一〇頁)の文や「総勘文抄」の「一人を手本として一切衆生平等なることかくのごとし」(五六四頁)の文はその道理を示したものと解せられる。ただし、その場合にも「本仏」の概念の意義は多義的であり、凡夫本仏という場合は「現実の仏」、日蓮本仏という場合は「教主」の意と解すべきであろう(「教主」の前提として「現実の仏」の意義が含まれていることは当然である)。

先に述べたように、日寛教学には戒壇本尊を根本視するなどの教団人としての限界や時代的制約はあるが、その教学は基本的には日蓮・日興から富士門流に継承されてきた日蓮仏法の正統教義を体系化したものであり、それ自体としては貴重な思想的遺産と考えてよい。そこで、日寛教学に対する態度としては、今日において継承できないものは除いた上で、全体を思想的遺産として受け止め、今日および未来に対応する教義体系の基礎として用いながら発展的に止揚《しよう》していくことが必要であろう。後に見るように、創価学会における価値論、生命論などの思想的営みは日蓮仏法を現代的に展開しようとする試みとして理解することができよう。

第十三章　日寛前後の富士門流

第一節　江戸時代の富士門流

先に述べたように、大石寺第二十六世日寛は、日蓮・日興以来、富士門流（大石寺門流）に伝承されてきた教義の体系化を行ったが、日寛の時代の前から既に富士門流は江戸幕府の宗教政策に順応して葬式仏教化の道を進んでいた。

江戸幕府は徳川家康の在世中である慶長《けいちょう》六（一六〇一）年から逐次、天台宗・真言宗など六宗派に対して「寺院《じいん》法度《はっと》」を発し、寺院の統制を開始した。その目的は、寺院が中世以来持っていた守護不入《しゅごふにゅう》などの特権を剥奪すること、寺院の本末制度を確立することで末寺まで幕府の意志を貫徹させること、僧侶を学問に専念させ、僧侶の生活を細部まで規制することなどであった。

寛永《かんえい》十二（一六三五）年には寺社奉行を設置し、キリスト教厳禁令が発せられてキリシタンの摘発が強化された。仏教寺院に対しては、住民がキリシタンでないことを寺院に保証させる寺請《てらうけ》制度がこの頃から始まっている。住民はいずれかの寺院の檀家となり、出生や死亡も寺院に届け出ることが必要とされた。結婚や地方への旅行の際にも寺院から発せられた寺請証文が必要とされ、寺院はキリシタンでないことを保証するという意味で檀家に対する生殺与奪の権限を与えられた。寺院はいわば戸籍係や住民の思想を監視する思想警察の役割を担う形で国家の統治機構の末端に組み込まれたのである。

民衆が改宗することは禁じられていたので、僧侶は特権に安住し、葬儀や法要を利用して檀家から供養を収奪することが可能となった。寺院の中には余剰金を利用して高利貸しを営む例も生じていった。幕府は、幕府（藩）――本山――末寺――民衆という支配の構造を築いて民衆を思想的・宗教的に統制したのである。

日興門流の寺院も幕府の宗教政策に従って支配構造の末端を担うこととなった。日蓮・日興の時代は信徒の葬儀に僧侶が関与することはなかったが、江戸時代になると僧侶が葬儀に関わることが一般化し、身延派に倣《なら》って、日蓮・日興の時代には存在しなかった導師曼荼羅（「閻魔法皇《えんまほうおう》」「五道冥官《ごどうみょうかん》」を書き加えた葬儀用の曼荼羅）を作成するなど、葬儀の化儀を整備することとなった。

日蓮宗各門流においては、寛文《かんぶん》九（一六六九）年、権力からの供養を謗法の供養であるとして拒絶する不受不施派《ふじゅふせは》がキリシタンと同様に弾圧の対象になったことが大きな意味を持つ。それに至るまで、幕府権力に働きかけて不受不施派の摘発に向かわせたのが身延派であった。身延山久遠寺は幕府権力と癒着して不受不施派に対する弾圧を梃子《てこ》に、日蓮宗各門流に対する支配的地位を獲得しようとしたのである。

寛永《かんえい》七（一六三〇）年、身延山久遠寺は富士五山（大石寺・北山本門寺・西山本門寺・小泉久遠寺・妙蓮寺）に対して受派としての意志表明をするよう要求。身延側の圧迫はその後も執拗《しつよう》に続いた。結局、寛永十八（一六四一）年に至って大石寺は幕府から六十六石余の寺領の朱印状《しゅいんじょう》を受け、寛文五（一六六五）年には寺領の朱印状を受けたことを認めた念書を奉行所に提出している。大石寺貫首は要法寺出身貫首である第十七世日精から第二十世日典《にってん》の時代だった。

大石寺への朱印状下付については日精に帰依していた敬《きょう》台院《だいいん》（阿波国徳島藩初代藩主蜂須賀《はちすか》至鎮《よししげ》の正室。信濃国松本藩初代藩主小笠原秀政《おがさわらひでまさ》の娘。徳川家康の養女。一五九二～一六六六）の力があったとされる。それ以降、大石寺は幕府権力との結びつきを強めていくことになった。

例えば第二十五世日宥《にちゆう》が貫首であった正徳《しょうとく》二（一七一二）年、大石寺は七十七年前に焼失した三門を再建するため寺社奉行に願い出て、天領（幕府直轄地）である富士山の材木七十本の寄進を受け、また六代将軍徳川家宣《とくがわいえのぶ》の正室天英院《てんねいいん》（一六六六～一七四一、日宥の養母）より黄金二百粒の寄進を受けている。天英院は大石寺の末寺である常泉寺《じょうせんじ》（東京都墨田区）の大檀那でもあり、その縁で常泉寺は三十石の朱印状を受け、江戸城本丸客殿を書院として授与されるなど、本山並みの待遇を受けている。

江戸時代において権力の保護を受けることによって自宗の安泰を得る道を選んだ富士門流は、他宗と同様に葬式仏教化していっただけではない。大石寺が天保《てんぽう》九（一八三八）年に相模・駿河・伊豆・甲斐・武蔵の天領を統治していた伊豆韮山《にらやま》の代官江川太郎左衛門《えがわたろうざえもん》英龍《ひでたつ》に提出した文書によれば、大石寺は三門や五重塔を再建した余剰金を用いて金貸し業を営んでいた。同文書では、天保五（一八三四）年の凶作に当たって貸付金の回収が困難となったため、貸付金の取り立てを代官に依頼していることが記されている。富士門流にとって民衆は宗教的救済の対象ではなく、むしろ貸金業による収奪の対象となっていたのである。そこにはひたすら権力に従属することで経済的保全を図ろうとする体質が顕著に表れている。

第九世日有の時代に大石寺を二十貫文で売却した複数の高僧がいた事実など、富士門流の金銭的腐敗は早くから見られるが、第五十九世日亨《にちこう》は江戸時代の大石寺住職には寺の宝物を売却して私欲にふける者が多くあったと指摘している（『富士宗学要集』第八巻五九頁）。

第二節　明治期以降の富士門流

このような権力への傾斜は富士門流を経済的・社会的に支えた面はあるが、終生にわたって権力と厳しく対峙し、権力者への諫暁を続けた日蓮・日興の精神から離れたものであり、有力者の保護に慣れた結果、時の国家の意向に唯々《いい》諾々《だくだく》として従う体質を生じていった。また、信仰の原則よりも当面の経済的利害を重視する傾向が強まっていった。

それは明治維新以降とみに顕著になり、明治政府による廃仏毀釈《はいぶつきしゃく》の動きに恐れをなしたためか、国家主義に基づく対外侵略の動きにも富士門流はひたすら追従していった。例えば大石寺第五十六世日応《にちおう》は日露戦争に際して「皇威宣揚征露戦勝大祈禱会」を開催し、その際に集まった供養を軍資金として政府に献納している。さらに日応はこの大祈禱会に参加して供養した「特志者」に対して「戦勝守護の御本尊」まで授与している。

大石寺の戦争加担の姿勢はその後も続き、昭和十六（一九四一）年の太平洋戦争勃発時には第六十二世日恭《にっきょう》は「本日、米国及び英国に対し、畏《おそ》れおおくも宣戦の大詔渙《かん》発《ぱつ》あらせられ、洵《まこと》に恐懼《きょうく》感激に堪《た》えず」（原文は片仮名、旧漢字）との戦意高揚を図る「訓諭《くんゆ》」を宗内一般に発している。日恭は「訓諭」や宗務院からの「院達」、各種の行事を通して戦争協力を訴えたばかりでなく、大石寺の建物や梵鐘《ぼんしょう》、材木などを積極的に軍用に提供し、戦争遂行に加担し続けた。

およそ自国の利益のみを主張する排他的なナショナリズムは、一切衆生の安穏・平和を希求した日蓮の思想とは全く相容れないものである。日蓮は「大集経の白法隠没の時に次いで法華経の大白法の日本国並びに一閻浮提《いちえんぶだい》に広宣流布せんことも疑うべからざるか」（「撰時抄」二六五頁）、「地涌の大菩薩、末法の初めに出現せさせ給いて、本門寿量品の肝心たる南無妙法蓮華経の五字を一閻浮提の一切衆生に唱えさせ給う」（「下山御消息」三四六頁）等と一閻浮提すなわち全世界の広宣流布を説いている。日寛も「立正安国」の「安国」の意味について「文はただ日本及び現世に在り。意は閻浮及び未来に通ずべし」（文段集八頁）と述べている。ところが、明治期以降の富士門流は国家主義の風潮に完全に埋没し、日蓮仏法本来の普遍的思想を亡失してしまった。それも江戸時代から顕著となった権力迎合体質がもたらしたものといえよう。

富士門流（明治四十五〈一九一二〉年以降、日蓮正宗と公称）の権力迎合体質は、権力からの迫害を恐れて仏法の原則まで曲げる事態も招き、とくに昭和期はその傾向が強まった。昭和十六（一九四一）年には、国家神道による圧迫から、日蓮正宗は院達を出して御書全集の発刊を禁止し、「日蓮は一閻浮提第一の聖人なり」（「聖人知三世事」九七四頁）など、十四箇所の文を御書全集から削除することを決定した。

また、勤行の際の初座の観念文を「謹《つつし》ミテ皇祖天照大《てんしょうだい》神《じん》皇宗神武《じんむ》天皇肇国《ちょうこく》以来御代々ノ鴻恩《こうおん》ヲ謝シ併《あわ》セテ皇国守護ノ日月天等ノ諸神ニ法味ヲ捧ゲ奉ル」とするなど、国家神道の教義に合わせて改めている。御書全集の発刊禁止や文の削除は日蓮宗各門流でも行っているが、日蓮正宗の権力迎合の態度はその中でも突出していた。

昭和十八（一九四三）年六月には信徒団体である創価学会（当時は創価教育学会）の牧口常三郎《まきぐちつねさぶろう》会長、戸田城聖《とだじょうせい》理事長に対して伊勢神宮の神札を祀ることを要求、それが拒否されると牧口ら学会幹部を登山停止処分に付し、さらに同年八月、各末寺の庫裏《くり》に神札を祀ることを全住職に指示している。同年十月には院達を発して明治節（明治天皇の誕生日）に当たり、祭事を行う各神社に参拝するよう宗内一般に徹底した。

言うまでもなく神札の礼拝や神社参拝は日蓮・日興が固く禁じた謗法行為である。日蓮正宗は軍部権力からの迫害を恐れるあまり、日蓮・日興が明示した遺誡をも平然と無視するに至ったのである。

江戸時代の富士門流が権力迎合と拝金主義に傾いていったことは先に述べたが、日蓮正宗と公称して以降もその体質は変わらなかった。それは、曼荼羅本尊をも金集めの手段としたことにうかがうことができる。

大正六（一九一七）年、第五十七世日正《にっしょう》は宗門の借金返済のために供養を集めようとして百円の寄付をした信徒には賞与本尊を授与している。昭和四（一九二九）年、第六十世日開《にちかい》は日蓮の六百五十遠忌に当たって寄付金勧募事業に乗り出したが、この時、千円以上の寄付金完納者には賞与大曼荼羅と永代尊号（戒名）、五十円以上の完納者には大曼荼羅を授与するとした。本来、曼荼羅本尊は強盛な信心の誠を示した者に授与されるものだが、この時は信心の厚薄は問わず、一定の供養を出した者には誰でも曼荼羅本尊を授与している。しかも供養の額に応じて授与する本尊に差を付け、本尊をも金集めの道具に用いたのである。

この日開は大正十四（一九二五）年、第五十八世日柱《にっちゅう》を法主の座から追い落とすクーデター事件の主役となり、文部省宗教局まで巻き込んでの激しい派閥抗争を引き起こした人物でもあった。その結果、翌年、法主の選出は選挙で行われることになり、第五十九世日亨《にちこう》が法主に就任したが、この際、日柱への脅迫があったとの告訴が出され、多くの僧侶が警察の取り調べを受ける事態にもなった。

江戸時代から権力の保護を受けていた富士門流は、明治期以降さらに権力迎合と腐敗傾向を強めていった結果、経済的に疲弊しただけでなく、激しい内部抗争もあり、仏法流布のエネルギーと意欲をほとんど失っていた。明治三十七（一九〇四）年の内務省調査によれば、富士門流の寺院は八十七、住職は四十七人、信徒は三万弱にとどまっており（ちなみにこの当時、身延派日蓮宗は寺院数三千六百八十五、住職数二千九百八十二人、信徒数百八万余となっている）、社会的にはほとんど影響力を持たない弱小教団に過ぎなかった。

第十四章　創価学会の出現

創価学会は、昭和五（一九三〇）年十一月十八日、小学校校長だった牧口常三郎《まきぐちつねさぶろう》（一八七一〜一九四四）と彼の弟子戸田城聖《とだじょうせい》（一九〇〇〜一九五八）の二人によって創立された（当時は創価教育学会と称した）。牧口の主著『創価教育学体系』の第一巻が発刊されたこの日が創価学会の創立記念日とされている。

　創価教育学会は当初、牧口の教育学説（創価教育学説）に共鳴する教育者の団体であったが、一九二八年に牧口と戸田が大石寺を総本山とする日蓮正宗の信徒になっていたことから次第に宗教色を強め、また会員も教育関係者に限られなくなり、実質的に日蓮仏法を実践し布教する在家信徒団体となっていった。

　創価教育学会は、日蓮正宗の信徒団体であったが、僧侶の指導に服して特定の寺院に所属する従来の「講」ではなく、学会独自で会を運営し、会員を指導していた。牧口は日蓮正宗に日蓮仏法の正統教義が基本的に継承されていることを認めていたが、葬式仏教と化していた日蓮正宗宗門の在り方には批判的だったからである。

　牧口は、日蓮の教義に従って、宗教の在り方が各人の生活を左右するものであると主張したのに対し、日蓮正宗宗門は信仰の結果が功徳と罰という現実生活上の現証として現れることを十分に認識できていなかった。また、宗門は仏法を弘めようとする意欲に乏しく、教義を時代に即して展開し社会に提示していく努力もほとんど見られなかった。

　それに対して牧口は、自身が構築した価値学説を日蓮仏法へと導く理論として用い、積極的な布教を行った。日蓮正宗宗門においては仏教が儀式のための宗教として形骸化していたのに対し、牧口は日蓮仏法を各人の生活を革新し幸福をもたらす生きた宗教として蘇生させたのである。

　さらに戸田は、第二次大戦後、日蓮仏法を生命論の視点から捉え直し、現代に生きる思想として提示する一方、積極的に弘教を行い、創価学会を七十五万所帯という大教団に育てあげた。

　戸田の弟子である池田大作《いけだだいさく》（一九二八〜）は、創価学会の一層の拡大を進めるだけでなく、海外への弘教に着手。昭和五十（一九七五）年には創価学会インタナショナル（SGI）を結成し、地球上のほぼ全ての国家に日蓮仏法を布教した。平成三（一九九一）年に学会が日蓮正宗から破門処分を受けて分離・独立した後は、日蓮仏法を世界宗教としてさらに発展させている。

　ここでは創価学会創立までの経過について、基本的には

『創価学会三代会長年譜』に基づいて共同の創立者である牧口と戸田の事績を確認することとする。

第一節　牧口常三郎の事績

1　教育者への道

牧口常三郎は、明治四（一八七一）年六月六日、日本海に面した漁村である新潟県柏崎市荒浜（当時は柏崎県刈羽郡荒濱村）に、船乗りである父渡辺長松と母イネの長男として誕生した。幼名は渡辺長七といった。荒浜は、日本海からの強風が吹き付ける、農耕に適さない土地柄だったが、単なる寒村ではなく、北海道との海運や海産物の商いが盛んな港町だった。

三歳の頃、父の長松が北海道に出稼ぎに行ったまま帰らず、母は渡辺家を出て、長七は六歳の時、叔母（父の妹）トリの夫である牧口善太夫の養子となって養われることとなった。他家に再嫁した生母イネと会うことも許されず、牧口は幼少にして両親と別れる悲運に直面したのである。小規模な回船業を営んでいた養家も経済的に恵まれていたわけではなく、牧口は幼い頃から家業の手伝いに従事した。

このような苛烈な人生経験は、当然、牧口の人格形成に大きな影響を与えたであろう。美坂房洋編『牧口常三郎』には「牧口を知る人々の話によると、その晩年に至るまで、過去をあまり語らなかったようである」（同書二五頁）と記されている。牧口が語ろうとしなかった過去には当然、悲しみに満ちた幼少年時代も含まれていただろう。

牧口は七歳の年、村の小学校に入学した。小学生の頃から読書を好み、勤勉で、家業の手伝いで学校に行けない時があっても成績は抜群だった。十一歳で小学校卒業後、しばらく養家の家業を手伝った後、明治十七（一八八四）年、十三歳の年に単身で北海道に渡った。小樽《おたる》警察署の給仕の職を得、仕事に励む中で勉学に努めた。

明治二十二（一八八九）年、十八歳の時に札幌にある北海道尋常師範学校（現在の北海道教育大学）に第一種生として合格し、入学した。第一種生とは、公教育に尽力する人材として郡区長より推薦され、選抜されて入学を許された者をいう。牧口が第一種生として師範学校に入学したという事実は、牧口の優れた資質とそれまでの勉学の努力を証明するものであった。

教員養成を目的とする師範学校は学費を免除される一方、卒業後は教職に就くことを義務づけられていた。全寮制で、食費・被服費・日用品代・小遣いまで全てが支給されたので、軍隊式の訓練はあったが、貧しい家庭の子供が勉学の道に進むためには極めて好都合な学校だった。

北海道尋常師範学校は、明治十九（一八八六）年九月に

施行された師範学校令によって創立された道立北海道師範学校が前身で、明治二十年に北海道尋常師範学校と改称された。明治十九年には師範学校令とともに帝国大学令、中学校令、小学校令が出されている。この学制改革は初代文部大臣森有礼《もりありのり》が主導したものだが、師範学校において軍事訓練を課すとともに軍隊式の寄宿舎制度を導入するなど、国家主義的色彩が強いものであった。

　師範学校への入学は牧口の人生を大きく決定づけた出来事だった。彼は六十一歳まで教育現場に立ち続けた教育者であり、教育こそが独自の思想を形成した中心フィールドとなったからである。

　牧口は明治二十五（一八九二）年、二十一歳の時、教育実習生として初めて教壇に立った。その時、優れた作文指導法を編み出すなど、教育者としての卓越した資質を現し、それが評価されて、翌年、師範学校を卒業した時は付属小学校の教師に任じられている。

　牧口が教師として最初に取り組んだ課題は、北海道の僻《へき》地《ち》に広く見られた単級クラス（複数の学年の児童を同じ教室で同時に教えるクラス）の研究であり、実際に単級クラスの担任教師となった。明治二十八（一八九五）年、二十四歳の時、文部省が東京に全国の代表を集めて開催した「単級教授法講習会」に北海道を代表して参加、講習会の内容を「北海道教育会雑誌」に約一年にわたって連載して、早くも北海道教育界のパイオニアとして頭角を現している。また、この年、荒浜村の牧口熊太郎の二女クマと結婚した。

　牧口は小学校教師に就任の年から北海道の教育関係者で組織される教育研究団体「北海道教育会」の会員となり、二十七歳で機関誌「北海道教育会雑誌」の編集委員になっている。二十四歳から三十歳までの六年間での同雑誌への寄稿は二十五回を数え、理論的にも北海道教育界の先駆者として活躍した。二十八歳で北海道教育会の理事に就任し、北海道教育界の指導者の一人になった。

　その間、約四年間にわたって単級クラスを担当した後、二十六歳に師範学校の助教諭に任命され、地理科の授業を担当することとなった。二十九歳には正教諭に任ぜられた。

2　『人生地理学』の発刊

　牧口は師範学校在学中から地理学に関心を持ち、研究を続けてきた。明治二十年代は内村鑑三《うちむらかんぞう》（一八六一～一九三〇）の『地人論』（一八九四年）、志賀重昂《しがしげたか》（一八六三～一九二七）の『日本風景論』（同年）が相次いで出版されるなど、日本において地理学的な関心が高まった時期である。その背景には、幕末以来の急激な西欧文明の来入に刺激されて、世界的視野から日本の位置を捉えようとする意識が高まっていたからであろう。

牧口が内村や志賀の著作から強い刺激と影響を受けたことはいうまでもない。内村と志賀は、ともに札幌農学校(現在の北海道大学)の出身であり、北海道を思想形成の基盤としたところも北海道で生活していた牧口には親近感を覚える要素となったであろう。

牧口は地理教育に従事する中で、地理学が教育全体において軽視されていることと地理教育の方法を変革する必要を強く感じ、地理学書の執筆を考えるようになった。それがいつ頃のことか正確には不明だが、書物を読み、資料を集めながら執筆に没頭し、明治三十四(一九〇一)年の初頭には四百字詰め原稿用紙で二千枚にのぼる原稿を完成させた(熊谷一乗『牧口常三郎』四五頁)。師範学校には地理の教師はおらず、牧口は独学でそれをやり遂げたのである。

同年四月、牧口はその原稿を出版することを目指して北海道尋常師範学校教諭の職を辞し、妻と養母トリ、三歳の長女、二歳の長男を伴って上京した。安定した生活の基盤を抛《なげう》つ不安よりも、心血を注いだ地理学書を世に出し、文化の先進的中心地である東京で人生の新たな地平を開きたいとの熱望が勝ったのであろう。

翌明治三十五(一九〇二)年、牧口は原稿を手にして、既に地理学者として名声を得ていた志賀重昂を訪ねた。紹介状もない突然の来訪だったが、志賀は喜んで牧口に接し、膨大な原稿に目を通して感嘆した。志賀は牧口の研究が高い水準に達していることを認め、その志に感銘を受けて援助を約束してくれた。

志賀の助言によって当初二千枚あった原稿を千枚に縮め、志賀の校閲と批評を得て、牧口の初の著書『人生地理学』は明治三十六(一九〇三)年十月に出版された。牧口は、この時に志賀から受けた恩義を終生忘れず、志賀が昭和二(一九二七)年に死の床にあった時には医師に対して輸血の提供を申し出たと伝えられる(美坂房洋編『牧口常三郎』八五頁)。

「人生地理学」という書名は一般的ではなく、牧口は「人文地理学」「人類地理学」の書名も考えたが、前者の「人文」という言葉は広漠で精確に内容を表さず、後者は「人類学」と紛らわしいと考えて採用しなかった。牧口が書名に用いた「人生」とは「人間の生活」の意味である(『人生地理学』「例言」)。牧口は同書で、あくまでも人間の物質的・精神的の両面を含む全生活と自然の関係を探究したのである。

同書は定価二円という高額にもかかわらず(当時の物価は米十キロが一円十九銭)、わずか十日で初版が売り切れるなど、目覚ましい売れ行きを示した。それは、同書が日本初の体系的な人文地理学概説書としての内容をもっていたからである。同書の出版はまさに前人未踏の快挙であった。
同書は中学校の地理教師や教員採用試験受験者など読書人に広く読まれ、中国語に翻訳されて中国でも教科書として使用されるなど一般には高く評価されたが、一方で東京大学・京都大学を中心とするアカデミズムからは徹底的に無視され続けた。同書は大正期まで版を重ねたが、卓抜した内容にもかかわらず文体が文語体だったので、口語体の文章が一般化した昭和期に入ると古風な印象となったためか、次第に忘れ去られたような状態となった。

長く無視され続けてきた『人生地理学』だが、一九七〇年代に入ると復刻版や牧口全集の発刊が契機となって再評価の機運が生じ、「日本のアカデミズム地理学成立前における最も重要な地理学的成果の一つ」(岡田俊裕「牧口常三郎『人生地理学』の地理学史上の再評価」『地理科学』四九巻所収)等と評価する動きが顕著になっている。

同書の構成は、初めの「緒論《しょろん》」に「地と人との関係の概観」「観察の基点としての郷土」「如何《いか》に周囲を観察すべきか」の各章を置き、第一篇「人類の生活処としての地」に日月及び星、地球、島嶼《とうしょ》、半島及び岬角《こうかく》、地峡、山岳及び渓谷、平原、河川、湖沼、海洋、内海及び海峡、港湾、海岸の各章を挙げる。第二篇「地人相関の媒介としての自然」には無生物、大気、気候、植物、動物、人類を挙げ、第三篇「地球を舞台としての人類生活現象」には社会、社会の分業生活地論、産業地論、国家地論、都市及び村落地論、生存競争地論、文明地論を各章のタイトルとしている。最後の「結論」では「地理学の研究法」「地理の意義及び範囲」「地理学の予期し得べき効果」を論じている。

このような構成からうかがえるように、同書の内容は単なる地理学書の域を超えており、生態学・気象学・教育学・社会学・経済学・国家論・進化論・文明論などを含む総合的な思想書の趣がある。地理学書の古典というだけでなく、一つの思想書として読む時、同書は今日でもなお多くの示唆と啓発を与える力を失っていない。

『人生地理学』の思想的特徴は、第一に、牧口が苦心の上に付けた書名が示す通り、人間の生活を重視していることである。同書は人間生活と自然環境が密接不可分の関係にあることを多角的に解明している。しかも、その人間生活が精神面まで含められるところに同書が地理学書の域を超えて一個の思想書となっている所以《ゆえん》がある。後に牧口自身が「余の学問の対象が常に生活を離れない」(『創価教育学体系』第二巻)と述べている通り、牧口の人間生活重視の姿勢は生涯にわたって変わることのない根本信条であった。

第二は、科学性の尊重が挙げられよう。牧口は地形学・海洋学・気象学・植物学・動物学・古生物学・人類学など自然科学各分野における科学的知見を深く吸収し尊重した。その上で、科学的知見のみによって全てを裁断する態度を退け、科学的方法論を超えて哲学的・宗教的な視座からも考察している。

第三には、国家および文明論については自国のみを絶対視して他国を蔑視するナショナリズムを退け、人道と民主主義の発展を目指す立場に立っていることである。しかしそれは、世界政治の現実を無視する観念的なコスモポリタニズムでもなかった。ナショナリズムと観念的コスモポリタニズムをともに克服していたという意味では牧口は自身が影響を受けた志賀と内村をも超える立場に立っていたということができる。

牧口は、人類社会の進歩は生存競争の形式の変化に現れるとし、人類社会は軍事的、政治的、経済的競争を経て最終的には人道的競争の時代に入ると洞察する。人道的競争について、牧口は次のように言う。

「要は、その目的を自己だけが利益を得るという考え方に置かず、自己とともに他者の生活をも保護し、増進せしめようとするところに置く。言い換えれば、他者のために行動して他者に利益を与えながら、自己も利益を得る方法を選ぶところにある。共同生活を意識的に行うところにある」（『牧口常三郎全集』第二巻三九九頁、現代語訳）。

もとより『人生地理学』の思想的意義を解明するためには牧口思想全体とその背景に対する徹底的な研究が必要である。最初の著作にその思想家の基本的姿勢が表れることから考えるならば、後に創価教育学会を創立し、日蓮仏法の流布に生涯を捧げた牧口の思想的基調を同書からうかがうことができよう。

3　再び教育の現場に

『人生地理学』は成功を収めたが、定職のない牧口の生活は安定しなかった。東京高等師範学校同窓会の書記の職を務めたり、中国人留学生のための学校である宏文学院《こうぶんがくいん》で地理を教授したり、女学校講義録編集の仕事をした。明治四十三（一九一〇）年、三十九歳の時には文部省の嘱託として小学校の地理教科書の編纂に携わっている。

その間、『人生地理学』が機縁になって新渡戸《にとべ》稲造《いなぞう》（一八六二〜一九三三、後の国際連盟事務次長、貴族院議員）の知遇を得、また日本民俗学の創始者柳《やなぎ》田《た》国男《くにお》（一八七五〜一九六二）とも知り合いになった。明治四十三（一九一〇）年に新渡戸や柳田らが中心となって発足した郷土会に牧口も会員として参加。郷土会メンバーによって頻繁に行われた共同調査旅行にも積極的に加わっている。それらの経験によって深まった思索は、明治四十五（一九一二）年に発刊された第二の著作『教授の統合中心としての郷土科研究』に結実した。

大正二（一九一三）年四月、牧口は東京の下谷区（現在は台東区）にある東盛《とうせい》尋常小学校の校長に就任。三年後の大正五年には同区に新設された大正尋常小学校の初代校長も兼務した。この年には第三の著作『地理教授の方法及び内容の研究』を発刊している。

牧口は教育方法の研究に力を入れ、研究授業を活発に行って注目を集めた。校長としても実績を上げたが、地域のボスに迎合しなかったため、大正八（一九一九）年十二月、同区の西町《にしまち》尋常小学校に左遷された。しかし、同校の校長時代に牧口は貴重な人材を得た。彼の後半生を支え続けた弟子の戸田甚一《とだじんいち》（後の城聖）と出会ったのである。その出会いは大正九（一九二〇）年の一月頃と推定される。

当時、十九歳だった戸田は、北海道の日本海に面する漁村である厚田村《あつたむら》の出身（出生地は石川県）。小学校卒業後、独学で小学校教員資格を取り、夕張で小学校教師を務めた後、同年三月、再度上京して教員の職を探していた。同じ日本海側の漁村の出で、北海道で苦学して教員になった経歴も共通する牧口と戸田は共鳴し合うものがあり、牧口は戸田を西町小学校の臨時代用教員に採用した。しかし、牧口は同校にも約半年しかいられず、同年六月には本所区（現在は墨田区）の三笠《みかさ》尋常小学校に転任させられた。戸田も三笠小学校に移り、牧口は校長、戸田は教師として、教育の現場で師弟の絆を深めることとなった。

三笠小学校は東京市が貧困家庭の児童のために設置した特殊小学校の一つだった。特殊小学校について『本所区史』は次のように述べている。

「ここでは授業料を徴収せざるはもちろん、学用品一切を給与しその他諸種の特典を与え、また学校の設備として児童のために浴場を設け、理髪を施し、疾病者には治療投薬をなし、校長の住宅を設《もう》くる等特殊教育上必要なる施設をなしている」（『本所区史』一八六頁）。

このような配慮をしても、家に傘がないために雨が降ると登校しない児童や、弁当を持ってこられない児童が少なくなかった。特殊小学校に行っていることで蔑視されるために登校を嫌がる児童を牧口は家庭訪問して励まし、とくに困窮している児童約百名にパン一個と味噌汁二杯を無料で給与する学校給食を行った。それは東京市の中でもっとも早い学校給食と見られている（『評伝牧口常三郎』二四二頁）。

牧口の努力が実って同校の教育は顕著に改善されたが、校長就任から二年後、再び牧口排斥の動きが生じた。免職の辞令が出されようとしていた時、当時、東京市の助役をしていた前田多門《まえだたもん》（一八八四〜一九六二、新渡戸の弟子。後に文部大臣などを歴任）が郷土会時代の知友であったことから牧口を擁護。前田らの推薦により、大正十一（一九二二）年四月、牧口は芝区（現在は港区）の白金尋常小学校の校長に転任した。

　同校での校長在職は約九年に及び、牧口はそこで自身の見識と経験を十分に発揮することができた。牧口は自ら学び続けるとともに教師にも研鑽の努力を促し、校舎の新築にも尽力した。新校舎は鉄筋コンクリート三階建て、スチーム暖房やプール、図書室など、最新の設備を備えるものだった。牧口の人格と努力の結果、白金小学校の名声は高まり、東京屈指の名門校といわれるようになった。

　一方、牧口は校長の職務に励むかたわら、教育学と価値論について思索を重ね、資料を集めて執筆を続けていた。その成果は昭和五（一九三〇）年、『創価教育学体系』第一巻の発刊となって結実することになった。

第二節　戸田城聖の事績

1　実業から教育の世界へ

　戦前には牧口を支えて創価教育学会を創立し、戦後は創価学会発展の基盤を築いたのが第二代会長戸《と》田《だ》城聖《じょうせい》（一九〇〇～一九五八）である。

　戸田城聖（本名は甚一《じんいち》）は、明治三十三（一九〇〇）年二月十一日、石川県加賀市塩屋町（当時は石川県江沼郡塩屋村）に、父甚七と母すえの七男として生まれた。戸田家は海運による海産物などの仲買商を家業にしていたが、従来の帆船に代わって蒸気船による海運が台頭し、陸上における鉄道輸送の発展もあって、帆船による海上輸送を前提にしたそれまでの仲買商は成り立たなくなっていった。その状況に対応するため、戸田の一家は明治三十五（一九〇二）年に北海道の日本海に面する厚田《あつた》村に移住した（一家は両親と子供七人の九人家族。移住後、戸田の下に二人の妹が生まれた）。当時の厚田はニシンの有力な漁場で、父甚七は厚田でニシン漁と仲買の仕事に従事した。

　明治三十九（一九〇六）年、戸田は厚田尋常小学校に入学した。少年時代の戸田に感化を与えたのはすぐ上の兄外《ほか》吉《きち》だった。村役場に勤めながら教員資格の取得を目指していた外吉は「詩経」「春秋」などの漢籍の読書に励んでいたが、戸田はその兄から漢籍の素読を授けられたという（外吉は戸田が八歳の時、肺結核で死去。享年十七歳）。

　その影響もあってか、小学生の頃から戸田は知識欲旺盛な少年だった。当時のエピソードとして、歴史の授業でナポレオンについての教師の説明に誤りがあるのを戸田が指摘したところ、教師から代わって説明するように求められ、それ以来、「ナポレオン」のあだ名が付いたということがあった。

　大正三（一九一四）年には厚田尋常小学校高等科を首席で卒業。校長らは戸田の資質を惜しんで進学を勧めたが、家業を継ぐために進学を断念し、翌年、長兄の勧めで札幌の雑貨問屋に年季奉公として入社した。「少年店員として、荷車（大八車）に商品を積み、市内の得意先の小売店に届けることが主な仕事であった」（『創価学会三代会長年譜上巻』一八九頁）。この時、商売の初歩を学んだことが、後に実業家への道を歩む素地となった。

店員の仕事に従事しても戸田の向学心はやみがたく、大正六（一九一七）年には兄外吉の遺志を継いで教育者となることを決意。同年六月、尋常小学校準教員資格試験に合格し、準教員の資格を得た。翌年には炭坑を産業とする夕張《ゆうばり》の真谷地《まやち》尋常小学校の代用教員に採用され、年末には尋常小学校正教員の資格も取得している。真谷地小学校は炭坑員が住む集落から少し離れた山の中にあった。熊が現れるので児童は鐘を鳴らしながら登校するという土地柄だった。

大正八（一九一九）年、戸田は真谷地尋常小学校の筆頭訓導となり、物理・化学・代数・幾何の高等小学校正教員の資格を取得した。この間に戸田は東京に出て大学で学ぶことを計画するようになった。真谷地時代の戸田は児童にとって大変に魅力ある教師だったようである。彼が住んでいた宿直室には夜になると教え子や炭坑で働く青少年も集まってきたという。彼は後にも当時の人間関係を大切にし、交流を続けた。

2　牧口常三郎との出会い

大正九（一九二〇）年一月、戸田は年来の計画を実行するため、冬休みを利用して上京した。この上京は戸田にとって大きな人生の転機となった。この時、戸田は、知人の紹介で、生涯の師匠となる牧口常三郎と出会ったのである。当時、牧口は東京の台東区にある西町尋常小学校の校長を務めていた。牧口と戸田は互いに心の通い合うものを感じ、教育の実践について語りあったという。

二月下旬、卒業式を待たずに真谷地尋常小学校を退職、厚田の実家で両親に再会し、上京することを報告。翌日、厚田を発ったが、この時が父甚七との最後の別れになった。四月、牧口の自宅を訪問、教職への採用を願い出る。牧口の計らいで、戸田は西町尋常小学校の臨時代用教員に採用された。しかし、牧口は迫害のために同校にいられなくなり、この年の秋、東京市本所区（現在は墨田区）の三笠《みかさ》尋常小学校の校長に転任。戸田も牧口に従って三笠尋常小学校の教師となった。ここで牧口と戸田は、校長と教師として同じ教育現場で苦労をともにした。

大正十一（一九二二）年、牧口は三笠尋常小学校も追われようとしたが、郷土会以来の知人である東京市助役前田《まえだ》多門《たもん》らの推薦で東京市芝区（現在は港区）の白金尋常小学校に転任となった。戸田はそれを機に教員を辞め、上級校進学の学費を作るため働くことを決意。前後して結婚し、青山に居を構えて生命保険の外交員の仕事を始めた。

大正十二（一九二三）年にはその仕事のかたわら、牧口の勧めで小学生を対象にした私塾を開いた。牧口は、戸田の教育者としての才能を惜しみ、塾の開設を精神的に援助した。同年十月には戸田は保険の仕事を止め、目黒駅の近くに私塾時習学館《じしゅうがっかん》を正式に発足させた。独創的な授業を行う時習学館は評判になり、翌年には木造二階建ての塾舎を新築するまでに急成長を遂げた。その成功は戸田の経営者・教育者としての豊かな才能を証明するものであった。

大正十四（一九二五）年四月、戸田は中央大学予科に入学。長年の念願を果たした。その間にも戸田は頻繁に白金尋常小学校に牧口を訪ね、教えを受けている。

戸田が中央大学予科を卒業して同大学本科経済学部に入学した昭和三（一九二八）年は、戸田にとっても大きな転機となった。この年の八月、牧口に勧められて日蓮仏法に帰依し、日蓮正宗の信徒となったのである。大正十三年に長女を、同十五年に妻を病で失っていた戸田は、生死の問題を解決するため確かな宗教を求める心境になっていた。牧口から日蓮仏法の話を聞いた戸田は、師と仰ぐ牧口を信頼して入信を決意したのである。

この当時、牧口は小学校校長としての多忙な職務のかたわら教育学の研究を進め、思索をまとめた膨大なメモを作ってきた。牧口は出版を希望していたが、原稿は未整理で出版を引き受ける出版社もなく、出版の目処《めど》はまったく立っていなかった。戸田はその事情を知り、塾経営で得た私財をなげうって牧口の著作を出版することを決意した。その経過について、戸田は後年、次のように述べている。

「夜の十二時まで、二人で火鉢をかこんで、わたくしの家で、こんこんと学説の発表について語りあいました。『よし、先生、やりましょう』と申しあげると、先生は『戸田君、金がかかるよ』と申されました。わたくしは『わたくしには、たくさんはありませんけれども、一万九千円のものは、ぜんぶ投げ出しましょう』と申しあげ、また『先生の教育学は、何が目的ですか』といいますと、先生はおもむろに『価値を創造することだ』と申されました。『では先生、創価教育、と決めましょう』というぐあいで、名前も一分間で決まったのです。（中略）先生の原稿は、ときおり先生が思いつくままに、ホゴ紙のようなものにきれぎれに書いたものですから、二度も三度も同じようなものも出てきます。重複するものはハサミで切って除き、わたくしの八畳の部屋いっぱいに、一きれ一きれならべてみると、まったく一巻の本になるのです。わたくしは、先生の原稿を、第三巻まで整理いたしました」（「牧口先生七回忌に」『戸田城聖全集』第三

巻四一七頁）

この対話がなされたのは、『三代会長年譜』によれば、昭和五（一九三〇）年二月頃と推定される。この年、戸田は独創的な『推理式指導算術』を出版、また受験生を対象にした「総合模擬試験」を実施した。戸田は、それらの事業で得た収益を牧口の著作の出版に充てたのである。

こうして昭和五（一九三〇）年十一月十八日、牧口が念願していた『創価教育学体系』第一巻が発刊された。奥付には「発行所　創価教育学会」と記されていた。創価学会の前身である創価教育学会はその日に創立された。牧口と戸田の二人からの出発であった。

第三節　創価教育学会の創立

1　日蓮仏法に入信

牧口常三郎は白金小学校に在職中、大きな転機を迎えた。日蓮仏法との出あいである。

昭和三（一九二八）年六月、牧口は三谷素啓《みたにそけい》（本名は六郎、一八七八～一九三二）という人物を訪ねた。三谷は日蓮正宗の信徒で、目白《めじろ》商業学校（現・目白研心高校）の校長を務める教育者だった（その訪問のきっかけは学校に教材を販売する業者から法華経と日蓮に関する話を聞いて関心を持ったこととされるが〈『牧口常三郎全集』第八巻解題Ⅱ〉、確証はない）。

牧口は、それまで特定の宗教の信者ではなかったが、宗教には強い関心を持っていた。キリスト教の教会で牧師の説教を聞いたり、坐禅をしたり、また国柱会《こくちゅうかい》（日蓮宗身延派の僧侶だった田中智学によって創設され、国家主義の立場から日蓮を信奉した在家宗教団体）の講演会に何度も参加したりしたが、どれにも心を動かされることはなかった。その理由については牧口自身が「何《いず》れも科学及び哲学の趣味を転ぜしめ、またはそれと調和するほどの力あるものと感ずる能《あた》わなかったからである」（『創価教育学体系梗概』『牧口常三郎全集』第八巻四〇五頁）と述べている。

それに対し、三谷が語る日蓮仏法の話に牧口は大きく心を動かされた。『三代会長年譜』等によれば、最初の日から約十日間、牧口は一日も休むことなく三谷の家に通い、議論を交わしたという。

牧口は日蓮仏法のどのようなところに引きつけられたのか。この点については『創価教育学体系』第二巻（一九三一年）や「創価教育学体系梗概」（一九三五年）、「創価教育法の科学的超宗教的実験証明」（一九三七年）などから、ある程度うかがうことができる。

それは第一に、日蓮仏法の教説が、牧口がこれまで抱いてきた科学的・実証的・理性的世界観と合致するということである。

牧口は、『創価教育学体系』第二巻で文証・理証・現証の「三証」に言及している。三証とは、文献上の根拠（文証）と理論的整合性（理証）、さらには現実に現れた結果（現証）という客観的な証拠によって宗教の優劣・正邪を判別するという原理であるが、牧口はこの法理が科学と親和的であると述べている（『牧口常三郎全集』第五巻三五九頁）。

また、法華経が人格的な神や仏を立てずに「法」を根本にしていることも科学と道徳に合致していると受け止められた。さらに涅槃経の説く「依法不依人《えほうふえにん》」の法理も立憲的・自治的政治に適合し、真理を目的とする科学と理性の発達を目標とする教育に合致していると述べている。

第二には、法華経における釈尊滅後の予言が日蓮によって実証されていることである。

例えば法華経法師品は、釈尊滅後に法華経を弘める行者は釈尊が受けた以上の大難を受けると予言したが、その予言通り、命にもおよぶ多くの大難を受けて法華経の言葉を証明したのが日蓮だった。牧口は先の「創価教育法の科学的超宗教的実験証明」で「釈尊のみでも、日蓮大聖人のみでも、単独では、如何《いか》なる苦心惨憺の証明も、人をして信用せしめ給うわけには行かぬであろう。かく前仏《ぜんぶつ》（釈尊――引用者）と後仏《こうぶつ》（日蓮――同）と互いに相応ずるに依ってこそ、初めて信ぜしめるに足る」（『牧口常三郎全集』第八巻六七頁）と述べている。法華経の教説が日蓮の行動によって客観的に実証されていると認めたことが牧口の入信の動機の一つとなったといえよう（ちなみに、同書で牧口が「超宗教」と述べているのは、日蓮の宗教があらゆる既成宗教を超越しているとの意である）。

第三には、日蓮の「立正安国」の思想が牧口の社会変革の志向性と一致したということがあげられよう。

三谷は牧口との対話の翌年に『立正安国論精釈』を出版するほど「立正安国論」に傾倒していた人物であり、牧口との対話においても立正安国の法理について熱心に語ったことと思われる。牧口は『人生地理学』出版後の一時期、社会主義者に接近するほど社会変革への強い志向性をもっており、社会の平和と繁栄に寄与することが仏教の使命であるとする日蓮の思想に深く共鳴したと推測される。

約十日間の議論の末、牧口は日蓮仏法こそが自分の求めてきた宗教であると感ずるようになり、入信の決意を固めて日蓮正宗の信徒となった。牧口はそれまで身延派から分かれた国柱会の講演会などにも足を運んだ経験があり、日蓮宗各門流についてある程度の知識も得ていたと考えられる。その諸門流の中でも牧口が日蓮正宗に入信する決意を固めたのは、三谷との徹底的な議論を通して日興の系譜を引く富士門流に日蓮仏法の正統教義が継承されていると直感したからであろう。

牧口は、『人生地理学』などの著作に明らかなように、現実生活を重視するとともに理性に反するものを厳しく退ける科学的・主知的態度を貫く思想家だった。その牧口が日蓮仏法に帰依したのは日蓮の教義の中に現代人の理性に合致した普遍的思想があることを看取したからに他ならない。

入信に踏み切った直後の心境について牧口は次のように述べている。

「法華経に逢《あ》い奉るに至っては、吾々の日常生活の基礎をなす科学、哲学の原理にして何等の矛盾がないこと、今まで教わった宗教道徳とは全く異なるに驚き、心が動き初めた矢先《やさき》、生活上に不思議なる現象が数種現れ、それが悉《ことごと》く法華経の文証に合致しているのには驚嘆の外《ほか》なかった。そこで一大決心をもっていよいよ信仰に入って見ると、『天晴れぬれば地明らかなり、法華を知るものは世法を得べきか』との日蓮大聖人の仰せが、私の生活中になるほどと肯かれることとなり、言語に絶する歓喜を以てほとんど六十年の生活法を一新するに至った」(「創価教育学体系梗概」『牧口常三郎全集』第八巻四〇五頁)

牧口は、求めていた宗教に出あった喜びを弟子の戸田に語った。当初、逡巡していた戸田も、同年八月、牧口に従って日蓮正宗の信徒となった。昭和三(一九二八)年は日蓮仏法にとって重要な意義のある年となった。この年、牧口と戸田の入信によって創価学会成立の前提が出来上がったからである。また、同年一月には後に創価学会の第三代会長として日蓮仏法の世界的展開を実現した池田大作が生誕している。

2　『創価教育学体系』の発刊

日蓮仏法に帰依したことは牧口の教育学研究にとって大きな刺激となり、その思索は一段と深さと広がりを増していった。牧口は入信によって「六十年の生活法を一新するに至った」と述べたが、信仰がもたらした変化について「暗中模索の不安が一掃され、生来の引っこみ思案がなくなり、生活目的がいよいよ遠大となり、畏《おそ》れることが少なくなり、国家教育の改造を一日も早く行わせなければならぬという ような大胆な念願を禁ずる能わざるに至つた」(「創価教育学体系梗概」『牧口常三郎全集』第八巻四〇六頁)と述べている。

牧口は小学校校長として教育現場に復帰し、経験を積み重ねる一方、アメリカのウォード、フランスのデュルケームの社会学説を吸収するなどして独自に教育学の研究を続けてきた。その結果、教育方法と教育制度の改革が必要不可欠であると考えるようになった。また、従来の教育学が欧米の学説の輸入・紹介に終始して、実際の教育現場の改善に全く有効性をもっていないことを憂えてきた。日蓮仏法の実践によって積極的な人生態度を得た牧口は、長年の思索の成果を公にして世に問うことを考えるようになった。

その出版の原動力となったのが弟子の戸田城聖（当時は城外と称した）の存在である。先に述べたように、戸田は牧口が書きためてきた膨大なメモを整理し、原稿にまとめていった。また、私塾時習学館《じしゅうがっかん》を経営し、『推理式指導算術』などを著した戸田は、私財を抛《なげう》って牧口の教育学説の出版実現に尽力した。

「創価教育学」との命名も牧口と戸田の対話から生まれたものであった。二人は創価教育学説を普及・実行するための団体として同志を募り、創価教育学会を創立することにした。こうして昭和五（一九三〇）年十一月十八日、『創価教育学体系』第一巻が発刊された。同書の奥付には発行兼印刷者に戸田城外、発行所に創価教育学会と記されている。この日、創価教育学会は、事実上、牧口と戸田の師弟二人から始まったのである（十一月十八日が創価学会の創立記念日とされている）。学会の実質的な事務局は東京の目黒にあった時習学館に置かれていた（『創価教育学体系』は全十二巻の計画で、昭和六年に第二巻、七年に第三巻、九年に第四巻が発刊されたが、そこで出版は途絶している）。

その間、昭和六（一九三一）年には牧口は白金尋常小学校から一年後に廃校となることが決定している麻布新堀《あざぶにいぼり》尋常小学校に転任となり、翌年に教育の現場から去ることとなった。以前と同様、牧口の名声を妬む者の策謀によるものであった。しかし牧口は、教育現場の職務から解放され、六十一歳にして人生の新しい段階へと踏み出した。日蓮仏法を現代に蘇生させた、人類史に残る牧口の不滅の業績は、教育界から追放された後の人生最後の十二年間に成し遂げられたのである。

牧口は『創価教育学体系』第一巻の発刊後、講演や雑誌への寄稿を通して創価教育学説の普及に努める一方、昭和七（一九三二）年には教育雑誌「新教材集録」（後に「新教」、さらに「教育改造」と改題）を発行して教育と宗教の改革を目指した。ちなみに同誌の発行人は戸田城外となっている。また、牧口はこの頃から積極的に折伏弘教を行っている。

牧口は、日蓮仏法に入信するまでは教育と宗教を別個のものと捉えていたが、入信後は宗教と教育が同心円上にあることに気づき、仏教の観点から自身の教育学説を見直した結果、「創価教育学の思想体系の根底が、法華経の肝心にある」（『創価教育学体系梗概』『牧口常三郎全集』第八巻四一〇頁）と述べるようになった。すなわち、創価教育学は日蓮仏法を根底においた教育学説であり、日蓮仏法と一体となっていることが了解できる。そこで、創価教育学説の普及活動はそのまま日蓮仏法の布教活動となっていった。

創価教育学会の会員は必然的に日蓮正宗の信徒となり、教育関係者ではない一般の人々の会員も増大して、創価教育学説の普及を目的として始まった創価教育学会の活動は宗教的色彩を強くしていった。

昭和十一（一九三六）年には地方支部が結成されるようになり、八月には日蓮正宗総本山の大石寺で第一回修養会（後の夏季講習会）が開催されている。牧口は日蓮教学の研鑽にも力を注ぎ、他の幹部とともに大石寺第五十九世堀《ほり》日亨《にちこう》や東京中野の歓喜寮（現在の昭倫寺《しょうりんじ》）住職だった堀米《ほりごめ》泰栄《たいえい》（後の大石寺第六十五世日淳《にちじゅん》）の講義を受講し、仏教思想の吸収に努めた。

同年に発表された創価教育学会綱領によれば、会の目的は「創価教育学体系を中心に教育学の研究をなし、国家百年の大計たる教育の徹底的革新を遂行し、かつまたそれが根柢たる宗教革命をなすを以て目的とす」と定めている。この頃には創価教育学会は教育学の研究団体というよりも日蓮仏法を実践・布教する宗教団体となっていた。

昭和十五（一九四〇）年十月の第二回総会で、牧口が会長、戸田が理事長となった。また、学会本部に折伏指導部が設置され、折伏方法を研究するとともに、より精力的に弘教活動を推進する体制が整えられた。この総会の折、新しい規約要項が定められ、「価値創造」第二号には、その第二条に会の目的が次のように規定されている。

「本会は日蓮正宗に伝はる無上最大の生活法たる三大秘法に基き、教育・宗教・生活法の革新を計り、忠孝の大道を明らかにし、以て国家及び国民の幸福を進めるを目的とす」

昭和十六年七月には機関紙「価値創造」が創刊された。このころから牧口は大阪・中国・九州など日本各地に積極的に指導と弘教の足を運んだ。昭和十六年当時、東京に十三支部、九州に三支部、下関・青森・神戸の三支部のほか、さらに満州国にも支部が結成されている。その中で牧口の三男洋三《ようぞう》が目白支部の支部長になっていることが注目される。同年には会員数は二千人を超えた。

創価教育学会の会員は日蓮正宗の信徒であったが、会の運営と会員の指導は会独自で行い、僧侶の指導に服するということはなかった。その理由は、牧口が日蓮正宗に日蓮の正統教義が伝承されていることは認めながらも、信仰が人間生活の在り方を左右するものであることを理解せず葬式仏教の域を出ていない日蓮正宗宗門の在り方には同調できなかったからである。

牧口は、宗教が各人の現実の人生の在り方に重大な影響を与えることを直視し、日蓮仏法をもって、各人の不幸を克服してよりよい人生を勝ち取るための「生活法」、価値創造の方法として位置づけた。日蓮正宗は、日蓮仏法の正統を伝えてはきたものの、仏法に人生を変革し、幸福を実現する力があるという信仰が希薄になっていた（富士門流の教義を大成した第二十六世日寛《にちかん》は「観心本尊抄文段」で「暫《しばら》くもこの本尊を信じて南無妙法蓮華経と唱うれば、すなわち祈りとして叶わざるなく、罪として滅せざるなく、福として来たらざるなく、理として顕れざるなきなり」〈文段集四四三頁〉と述べているように明確に功徳を説いたが、その後の富士門流は葬式仏教化して信仰が形式的になり、信仰と生活が結びついていることを自覚できなくなっていた）。

現世利益を強調することは、娑婆世界（現実世界）が釈迦仏の本国土であると説いた法華経にも、また現実の証拠（現証）を何よりも重視した日蓮にも顕著に見られるが、牧口は法華経や日蓮の思想を忠実に継承して現実生活を重視する視点から仏教を現代に再生させたのである。この点に牧口が展開した宗教運動の革命的な意義がある。それに対して、日蓮正宗の僧侶や従来の信徒からは反発と批判の声もあがった。

それに対して牧口は、昭和十七（一九四二）年に記した「法罰論」で次のように述べている。

「謗法とは単に不信者ばかりでなく、また日蓮宗中の邪法信者のみならず、吾々日蓮正宗の信者であっても、純真に大善生活を行じているものを怨嫉《おんしつ》するものは『法華経を信ずれども功徳なし、かえりて罰をかほる』こととなるのである」（『牧口常三郎全集』第十巻四九頁）。

また牧口は、日蓮仏法に創価教育学説の中心思想である価値論を結びつけたところに創価教育学会の独自性があるとし、日蓮正宗の伝統的な形態ではその独自性を発揮することができないとした。

この点について牧口は、逮捕後の「訊問調書《じんもんちょうしょ》」で次のように述べている。

「私は正式の僧籍を持つことは嫌いであります。僧籍を得て寺を所有することになれば、従って日蓮正宗の純教義的な形にはまった行動しか出来ません。（中略）在家の形で日蓮正宗の信仰理念に価値論を採り入れたところに私の価値があるわけで、このところに創価教育学会の特異性があるのであります」（『牧口常三郎全集』第十巻一八八頁）

「創価教育学会そのものは、前に申し上げた通り、日蓮正宗の信仰に私の価値創造論を採り入れたところの立派な一個の在家的信仰団体であります」（同頁）

牧口は、日蓮仏法を真に実践しているのは創価教育学会だけであり、学会を誹謗する者はたとえ日蓮正宗の僧俗であろうとも罰を被《こうむ》るとの確信を持つに至った。そのことは「訊問調書」に次のように述べられている。

「私の価値論は日蓮正宗の本尊に帰依すること、具体的には創価教育学会に入会することによって、本会に信仰が人生生活と如何《いか》に関係が大きいか、価値が大きいかを判定認識せしむるのが指導理念でありまして、人生生活の全体主義的目的観を確然と把握せしめ、本尊の信仰に依る異体同心、共存共栄の生活を体得実証せしむるにあるのであります。故に本会に入会するにあらざれば、個々の生活の幸福安定はもちろん得られませんし、ひいては国家社会の安定性も得られないと私は確信しております。故に本学会の目的とするところは日本国民の一人でも多く入会せしめて日蓮正宗の信仰を基礎とした私の価値論を認識把握せしめて、人生生活の安穏幸福を招来《しょうらい》せしめることにあります」(『牧口常三郎全集』第十巻一八五頁)

一方で戸田は、『創価教育学体系』の続巻を次々に出版し、昭和九(一九三四)年十月には出版社として日本小学館株式会社を設立。時習学館の経営のほか出版事業にも力を注ぎ、昭和十五(一九四〇)年には金融会社を設立するなど、事業を拡大していった。創価教育学会を経済的に支えるだけでなく、牧口を守って弘教拡大に尽力したのである。

第四節　価値創造の思想——牧口価値学説

牧口常三郎は独自の価値学説を日蓮仏法と結びつけ、同学説を日蓮仏法への導入とした。その点に創価教育学会の独自性があったことは牧口自身が言明している通りである。仏教に基づいた牧口の価値論は創価学会の思想的基盤となった。牧口の価値論は、まとまった形としては昭和六(一九三一)年に発刊された『創価教育学体系』第二巻に「第三篇　価値論」として発表されている。

戸田城聖は昭和二十八(一九五三)年に自身の見解を加えてそれを補訂し、『価値論』として発刊した(今日では第三文明社から刊行)。また、その要旨を英文にまとめ、世界の主要大学に寄贈した。その行動に、師の思想を世界に宣揚することを念願した戸田の強い意志が示されている。牧口の価値論は、同書をはじめ、後に機関紙「価値創造」「大善生活実証録」に発表された諸論文(『牧口常三郎全集』第十巻に所収)にうかがうことができる。

価値とは、端的に言えば「値打ち」のことである。人は何をもって価値とするかといういわゆる価値論は、古代から人間の思惟のテーマになってきた。牧口が価値問題を考えるようになった大正時代、西欧ではドイツを中心に新カント学派の価値哲学が有力で、日本においてもその影響を強く受けた左右田喜一郎《そうだきいちろう》（一八八一〜一九二七）らの経済哲学が流行していた。牧口はそれらを深く学びながらも従来の学説に盲従せず、独自の価値論を形成していった。

従来の学説と牧口価値論の相違は、第一に従来説が「真善美」を価値の内容としていたのに対し、牧口は真理を価値とは無関係のものとして価値から除外し、その代わりに「利」を価値に取り入れ、「美利善」を価値内容としたことにある。また、牧口は価値論を単なる学説に終わらせず、価値と人生を結びつけ、価値論を人生の指標とした。牧口は価値イコール幸福とする見地から「人生の最初の目的でありしかも窮極の目的である所の幸福が、価値の創造獲得以外に何物も無いからである」（『価値論』一七頁）と述べている。その意味で牧口の価値論は主体的・実践的立場に立つものである。

牧口は「対象と我との関係性を表現したものが価値である」（同書二一頁）として、価値とは対象と評価主体である人間との関係において生ずるものであるとする。従って、人間と無関係なものにおいては価値は生じない。それに対して「真理は対象相互間の関係概念」（同書同頁）であるから、「真理は人にも時代にも環境にも関係なく不変であるが、価値は人と対象その関係性であるから人により時により環境によって変化する」（同書二三頁）という。

価値は対象と人間の関係において成立するものであるから、人間と無関係に、それ自体において価値あるものとか善なるものは存在しない。プラトンの言う「善のイデア」のように、それ自体において善なるものがあると想定することは否定される。

牧口によれば、例えば数学の方程式などは時代や場所によって変わるものでないから真理であり、人間はそれを発見することができるだけで創造できるものではない。しかし、価値は創造することができる。このように牧口は真理と価値を峻別することをもって自身の価値論の前提としている。

真理と価値を区別することは牧口価値論の大きな特徴だが、世界的に見れば、牧口だけが主張した特異な見解ではない。村尾行一氏が指摘するように、ドイツの社会学者マックス・ヴェーバーやヴェルナー・ゾンバルトにも同様の見解が見られる。例えば一九〇四年に発表された『社会科学と社会政策にかかわる認識の「客観性」』でウェーバーは次のように言う。

「認識と価値判断とを区別する能力、事実の真理を直視する科学の義務と、自分自身の理想を擁護する実践的義務とを〔双方を区別し、緊張関係に置きながら、ともに〕果たすこと、これこそ、われわれがいよいよ十分に習熟したいと欲することである」（同書四三頁、〔　〕内は翻

訳者が挿入した補足)

「事実の科学的論究と価値評価をともなう論断とをたえず混同することは、われわれの専門的研究にいまなお広汎にいきわたり、しかももっとも有害な特性のひとつである」(同書四八頁)

ちなみに斎藤正二氏は『牧口常三郎の思想』の中で、牧口が左右田喜一郎の著書を通してマックス・ヴェーバーの学説を認識していた可能性があることを指摘している(『牧口常三郎の思想』三九七頁)。

ただし、ヴェーバーは価値論についてはとりわけ考察の対象とせずに宗教とイデオロギーの世界に任せ、また価値が創造されるものであること、関係性において成立するものであることを認識していなかった。これらの点を指摘した村尾氏は、「牧口は少なくとも価値論に関しては、ウェーバーを超えているのではないか」(『牧口常三郎の「価値論」を読む』一八頁)と評している。

村尾氏は牧口価値論の特徴として次の八点を挙げる(『二人で語る牧口価値論1』二六頁)。

①真理と価値を峻別し、「真善美」の価値体系に替えて「利善美」の価値体系を打ち立てた。

②物自体に価値があるとの見解を退け、価値とは主体と客体の関係性において生ずるものであることを明らかにした。

③認識と評価を区別し、正しい評価は正しい認識が前提となることを示した。

④哲学史上初めて価値の「創造」という発想を提示した。

⑤価値は不変ではなく、時代や場所、人間によって変化するものであることを明示した。

⑥価値の概念にはプラスの価値だけではなく、マイナスの価値(反対価値)もあることを示した。

⑦善悪に大中小の区別を立て、大善に反すれば中善・小善も大悪になるとして、価値を相対的な見地から把握した。

⑧なすべき善を行わないことは悪であるとして、不作為責任を強調した。

ただし、④の価値創造という発想は牧口が最初であるという点は厳密には正しくない。斎藤正二氏が指摘するように価値創造という用語は大正デモクラシー期の知識人が広く用いたものだったからである(『牧口常三郎の思想』二〇頁)。価値創造という用語は自由主義思想の標識であり(同書三四頁)、普遍的人類性を帯びた概念であったために、やがて国家主義による迫害の対象となり、それを用いる知識人も見受けなくなってしまった。その中で牧口は一切の迫害をものともせず、最後まで価値創造の思想を貫いていった。この点に牧口価値論の重大な意義があるといえよう。

真理と価値の峻別という点については、例えば特定分野の科学知識（真理）に通達した者がその知識を利用して犯罪を行うことも稀《まれ》でないという事実をとってもうなずける。逆に知識や事実についての誤認の上になされた行為であっても、自他にとって有益に働く場合も少なくない。真理に対する認識（知識）自体は価値ではなく、その知識を用いて何を行うかによって価値か反対価値かの相違が生ずるのである。もちろん、真理と価値が区別されるべきであるからといって、真理を追究する科学の営みが無意味であるというのではない。科学が把握した真理は価値を創造していくための重要な前提となることはいうまでもない。

価値は対象と人間の関係の中で成立するものだが、同じ物でも人によって価値にも無価値（あるいは反対価値）にも受け取られ、また同じ物に同一の人間が接する場合でも、時によって価値にも無価値（あるいは反対価値）に感ぜられることがある。このように多様にして流動的な価値感覚の変化をどのように捉えたらよいか。その問題を牧口は「生命」をキーワードにして解決しようとする。

牧口は言う。

「価値の程度は評価主体の生命に対する関係の程度によって異なる」（『価値論』八五頁）。

「各個人の生命の伸長に有利な対象は、その個人にとって価値ある存在である」（同頁）。

「対象が我々に対立して我が生命に関係を有し、我が生命の伸長に力を与えるものを価値ありとするのである」（同書九六頁）。

「一切の価値は即ち人類乃至生物に共通なる生存本能に基づいて派生したものである。即ち人間は個性を有すると共に、万人共通の性質を有するということを前提とするからである」（同書一一三頁）

すなわち、牧口によれば、生命の持つ可能性を実現していくこと（生命の伸長、自己実現）が価値であり、それを阻害することが反対価値となる。

従って、価値の在り方は対象を評価する主体である人間生命の状態によって左右される。同じものに接した場合でも、ある時には美と感じられたものが、生命力が弱まっている時には価値あるものと感じられない。仏教の十界論をもっていうならば、生命力が微弱な地獄界の生命は何を見ても喜びと感ぜず、むしろ苦をもたらすものと受け止める。逆に生命力が横溢している仏界の生命はどのような環境も歓喜の世界と感ずる。生命は刻々と変化する故に、対象から受ける価値も時によって変動するのである。

また、プラスとマイナスの価値も固定されたものではなく、両者が相互に変化することもありうる。牧口は次のように述べている。

「反価値が正価値を生み、正価値が反価値を生む場合がある。チブス菌の侵入によって腸チブスになった場合、チブス菌は反価値の存在である。しかし病後免疫のため一層強壮になった時、そのチブス菌は正価値を生んだことになる」(同書一〇三頁)

このような価値の動的な把握は、「煩悩即菩提《ぼんのうそくぼだい》」(煩悩を菩提に転ずる)、「変毒為薬《へんどくいやく》」(毒を薬に変える)という言葉をもって大乗仏教が指し示している「生命転換」の原理そのものである。

牧口は生命をもって一切の価値を説明する統一原理とした。これは価値の説明理論として実に画期的なことといえよう。牧口の弟子である戸田は、後に生命論を軸に仏教思想を現代的に展開したが、生命という視座は師の牧口において既に確立されていたことが分かる。つまり牧口と戸田は人間および万物を生命の視座から捉えることによって、万人に共通する人間存在の普遍性と、人間と宇宙との連続性・一体性を把握しようとした。ここに仏教を現代に再生させた思想的独自性があるといえよう。

もちろん生命の概念を思想の根幹に置くことは、「大正生命主義」という用語もあるほど、大正デモクラシー期の顕著な思潮であり、牧口や戸田のみが唱えたものではない。牧口と戸田は大正期の自由主義的・世界主義的思潮を深く吸収していく中で日蓮仏法と出あい、仏教思想による触発を通して独自の生命哲学を確立していったのである。

そこで次に牧口価値論を軸に、利・美・善の価値について触れることとする。

利

利の価値とは物質的に生命を維持・活性化させる経済的価値をいう。物自体の性質がそのまま価値となるのではない。その物の性質が人間を欲望を充足させる効用を持つ時に利の価値を生ずる。適切な衣食住の条件を確保することは当然、利の価値に当たる。利の価値は客観的な面が強い(例えば最低限の食料と水がなければ誰人も生命を維持することはできない。その意味で、衣食住を得ることは人間共通の価値である)。

利の価値は個体の生命全体に影響するものであるから(最悪の場合は生命を保つことが不可能となる)、牧口は「全人的生命に関する個体的価値」(『価値論』一一一頁)としている。経済的価値は生命の維持というもっとも基本的条件に関わるものである故にあらゆる価値の前提になるものである。

利の価値は各人の個体的価値だが、それは個人のみの活動によって実現できるものではなく、社会全体の経済活動によってもたらされる。牧口は既に『人生地理学』の冒頭で、自身を含めた日本庶民の生活が世界各地の経済活動によって支えられていることを極めて具体的に述べている。牧口が利の価値を価値体系の基本に置いたことは、社会を離れて存在することのできない人間存在の本質を深く認識していたからである。

従来の価値論は経済的価値を蔑視して価値の体系から排除してきたが、牧口はその見解を退け、経済的価値が生命の維持という人間生活の前提に直結していることを直視して経済的価値を積極的に価値体系の中に取り入れた。この点に牧口価値論の重要な意義がある。

美

美の価値とは、例えば芸術の観賞や趣味・娯楽など、精神的な慰安や興趣《きょうしゅ》を与え、生命を発展させることをいう。保養地に旅行・滞在して風景の美に接し、身心を休めることも美の価値である。牧口は美の価値について、「ややもすると生活の単調に疲労を感ぜしめる人生に処するに当たって、心気の転換をなさしめ、憂鬱を歓喜にする慰安の作用をなすものである」(『価値論』一四一頁)と述べている。

もちろん美醜の感覚は人によってさまざまであり、ある人には美と感じられることも別人には醜と感じられることもある。しかし、美の感動を得られればそれはその人にとって価値があり、逆に醜いものとして嫌悪感を覚える人にとっては反対価値となるだけのことである。その意味で美の価値は主観的であり、相対的である。

しかしまた、不快感を覚えるような作品が強い印象を残し、精神を揺り動かす力となることも希ではない（例えば現代美術や現代音楽などの「美しくない芸術」）。そうなると美の価値は単なる快・不快という感覚だけでは計ることができない。ただし、美の価値は個体の全生命の存否に関わるものではなく、精神・感覚の領域にかかわるもので、生命への影響は部分的である。それ故に牧口は美の価値について「部分的生命に関する感覚的価値」(同書一一一頁)と位置づけている。

人間は生命を維持しているだけで満足するものではなく、衣食住の生活全般にわたって精神的な刺激・興味を追求する。クロマニヨン人の洞窟絵画など、現生人類の初期から装飾品や絵画・楽器が存在していることも、美の価値が人間にとって本質的なものであることを物語っている(ボノボやチンパンジーなど、人間にもっとも近いと思われる動物でも絵画や音楽を楽しむことはない。人類の中でもネアンデルタール人が芸術を持っていた明確な証拠はない。芸術は現生人類になって初めて成立したものと見られる)。
利の価値が生命の物質的・身体的側面の価値であるのに対し、美の価値は精神的・感覚的側面の価値である。牧口の価値論は、心身両面にわたる価値を総合的に把握しようとするものである。その洞察は生命を「色心不二」なるものと捉える仏教の生命観と符合している。

善

利と美の価値は個人的次元のものであるが、善の価値は他者との関連において、すなわち社会的次元において生ずる。すなわち、他者の生命の発展をもたらすことが善であり、他の生命を阻害することが悪となる。

善の価値が社会的なものであることについて、牧口は「善と云い悪と云う評語は社会それ自身がその要素たる各個人の行為を評価する場合に於てのみ使用される、いわゆる社会自体が専有する価値判断である」(『価値論』八六頁)と述べ、善の価値について「団体的生命に関する社会的価値」(同書一一一頁)と位置づけている。

人間を含めてあらゆる存在は他の存在との関連の中で、他者の恩恵を受けて存在している。その故に、自己の利益のみを追求して他を一切顧みない極端なエゴイズムは悪に通ずる。例えば、趣味や気晴らし、あるいは自己の利益追求だけに没頭する在り方は、自己を支えてくれる他者の恩を忘却することとなり、悪となろう。自分にとっては美や利となるように感じられることでも社会から見て悪となる場合、美にも利にもならず、むしろ反対価値となる(ギャングの頭領が犯罪行為の「成果」として豪奢な生活を営んでも、心の奥底では自己を肯定できないので、快楽はあっても美や利の価値は成立しない。美と利に対して善は前提条件となる)。

自己の利益のみを追求する自己中心的態度を続ける存在は個人であれ、団体や国家であれ、他者からの信頼と尊敬を受けることはできない。

また、善の価値は社会的次元において生ずるものであるから、ある社会においては善となることも、別の社会においては善とならない場合もありうる。この点について牧口は、「一つの社会に善の行為も、これと対立する他の社会では善として通用せず却《かえ》って悪と判定される場合もある」(同書一八頁)と述べている。特定の社会の文化を最高無二のものとして、他の社会に強要することは傲慢な態度となるからである。ただし、生命の確保や人権などはあらゆる社会の差異を超越する普遍的な価値であるから、その実現を目指すことは常に善となるというべきであろう。

牧口価値論によれば、一般に職業・産業は社会的分業を担うことにより他者に美や利の価値をもたらす営みであるから、職業に誠実に精励することは善となり、広い意味での菩薩行となる（当然、それによって自身も利と美の価値を得る）。この点は「御みやづかいを法華経とおぼしめせ」（一二九五頁）として職業への精励を信仰実践そのものであると教示した日蓮の思想にも合致している。ただし、その経済活動が他者の生活を脅かしたり、自然環境の破壊をもたらす場合などは善ではなく、悪となる（今日では企業の社会的責任がより強く求められており、それを無視する企業はそれ自体が反社会的存在となり、存続すら困難になる）。また、知識の単なる習得は、それ自体は価値にはならない（真理は価値の前提であって価値そのものではない。知識を利用して悪をなすことも少なくない）。知識は、それを用いて他者に美や利の価値を与える時に価値を生み出す。他者に精神的な慰め、潤いを与えることも善となる。

倫理を考える上では仏教思想が育んできた「恩」の概念が有用であろう（この点は米国の倫理学者D・キャラハンも指摘している）。日蓮は報恩を人倫の根本とし、「夫れ老狐は塚をあとにせず、白亀は毛宝が恩をほうず。畜生すらかくのごとし。いわうや人倫をや」（「報恩抄」二九三頁）と述べている。

日蓮は「四恩抄」で、心地観経に説かれる四恩（①一切衆生の恩、②父母の恩、③国王の恩、④三宝〈仏法僧〉の恩）を取り上げている（九三七頁）。このうち一切衆生の恩と国主の恩は、今日においては社会全体から受ける恩恵ということができよう。仏教は、人間が社会や家庭（その象徴としての父母）に支えられて存在しているという人間存在における本質的な社会性を直視し、その恩恵を自覚することが人間としての生き方の前提、根本であるとした。自己を存在させてくれた社会の恩を自覚することから、今度は自身が社会に対して寄与していこうとする利他の心が生じてくる。人間を含めて万物は他者の恩を受けるとともに他者に恩恵を与えていく相互実現の関係にある。その相互実現こそが牧口のいう善の価値に他ならない。

仏教においては自己と他者は隔絶した存在ではなく、宇宙に連なる生命の根底においては連続し、一体になっている。これを「自他不二」と呼ぶ。自己と他者は生命の深層において繋がっているのであり、それ故に他者を害することとは自己を害することになり、他者に価値を与えることはそのまま自己を利することとなると見る。日蓮は、その自他の関係を譬喩をもって表現して、「譬えば、人のために火をともせば、我がまえ（前）あきらかなるがごとし」（一五九八頁）と述べている。大乗仏教が利他に生きる菩薩を理想とする人間像とし、自己の悟りだけに執着して他を顧みない声聞・縁覚を退けたのも、人間の生における他者性を重視した故である。

したがって、日蓮仏法における幸福とは「自他ともの幸福」となる。他者の犠牲の上に自己だけの幸福を築くことはできない（それ自体が悪となる）。また自己を犠牲にして他者の幸福だけを実現しようとすることは、生命の自己保存本能に反する行為であるから自ずから無理を生じ、それを強制すれば偽善をもたらす（戦前の日本が「滅私《めっし》奉公《ほうこう》」を強調して国民に犠牲を強いたのはその例である。人は自己を犠牲にして他を利する英雄的行為を行うことも希《まれ》ではないが、一般的にそれを求めることはできない）。

仏教は、万物はそれ自体が他を利益する慈悲の当体であるとみる。例えば日蓮は「総勘文抄」で次のように述べている。

「春の時来たりて風雨の縁に値《あ》いぬれば、無心の草木も皆ことごとく萌《も》え出生して、華敷《はなさ》き栄えて世に値《あ》う気色なり。秋の時に至りて月光の縁に値いぬれば、草木皆ことごとく実成熟《みじょうじゅく》して一切の有情を養育し、寿命を続《つ》き長養《ちょうよう》し、ついに成仏の徳用を顕す。これを疑い、これを信ぜざる人有るべしや。無心の草木すらなおもってかくのごとし。いかにいわんや人倫においてをや」(五七四頁)。

人間はとりわけ、利他性が万物の本質であることを自覚する存在である故に、人は自分が何らかの意味で他者に役立てたという実感を得る時、初めて自己の存在意義を感ずることができる。それに対して、自分の人生が他に対して何の寄与もなしえなかったと思う場合には自己の存在意義を感ずることができない。いわば、人は善をなすこと（他者に価値を与えること）によって初めて自己が存在する意義を認めることができる。

牧口の価値論で重要なことは、利美善の価値を人間が自らの意志と行為によって創造できると見ることである。価値を生むのも生まないのも人間の側に委《ゆだ》ねられている。その意味で牧口価値論は仏教の自力主義の思想に連なっている。

牧口は人間存在を生命と捉え、生命ということで万人が共通していることから価値が普遍性・客観性を持つことを主張した。その意味で牧口は、価値判断は各人の主観によるものだから何をしてもよいという相対主義を退けている。いわば牧口は生命を視座にした価値論を打ち立てることによってカントも手を付けられなかった普遍的道徳律の内容を明らかにした。牧口は価値創造という視点をもって「いかに生きるべきか」という指標を示したのである。

また、「自他不二」の立場に立つ牧口の価値論は「生きるのは何のためか」という人生の意味をも指し示すものになっている。すなわち、「生きるのは何のためか」という問いに、牧口の価値論は「自他ともの幸福の実現（価値創造）に寄与するためである」と答えることになろう。
人間に限らず、万物は他者の恩を受けて存在しているが、とりわけ人間はその恩を自覚できる存在である。それ故に人間は、他者に価値を与え、他者の恩に報いていく責任と使命を負っている。人間はそれぞれがかけがえのない存在として、各自の使命を担っているのである。それらの点を明らかにした牧口価値学説は現代における重要な倫理思想になりうる可能性をはらんでいる。

創価教育学会は、形式上は日蓮正宗の信徒団体だったが、牧口価値論と日蓮仏法を結び付けた教義内容と運動形態の独自性に着目するならば、その実態は富士門流を通して日蓮仏法の正統教義を受け取りながらも富士門流を超越した独自の宗教団体と見ることができる。創価学会は、『人生地理学』『創価教育学体系』の著者であり、世界水準を突き抜けた思想家である牧口常三郎が創始した団体であるところに既成仏教の限界を破った現代の運動体として発展・成長する淵源があったといえよう。

第十五章　戦時下の創価教育学会

第一節　宗教弾圧の背景と経過

明治維新から第二次大戦敗戦までの日本国家は、実質的に国家神道（国家が運営した神道）を国教とする、強い宗教性を持つ宗教国家であった。「古事記」「日本書紀」に記された神話はそのまま国家神道の教義となり、明治二十三（一八九〇）年に発布された教育勅語が事実上の教典になった。天皇は神とされ（現人神《あらひとがみ》）、天皇・皇后が並んだ写真（「御真影《ごしんえい》」と称した）が礼拝の対象である「神像」になっていた。その宗教国家性は、基地や軍艦の中にまで神棚が祭られ、陸海軍の将兵がそれに礼拝していたことにもうかがわれる（その様子は一九四二年に海軍省後援で制作された国策映画「ハワイ・マレー沖海戦」などで見ることができる）。

明治憲法で形式的には「信教の自由」が規定されたが、その自由は「安寧秩序ヲ妨ケス及《および》臣民タルノ義務ニ背カサル限《かぎり》ニ於テ」（第二十八条）という限定付きのものであり、国家神道の礼拝行為は事実上「臣民タルノ義務」として全国民に強制された。黒住教《くろずみきょう》・天理教《てんりきょう》などの教派神道と仏教各宗派は政府公認の宗教としてそれぞれ管長が定められた。管長は勅任官《ちょくにんかん》待遇として国家の高級官僚に位置づけられ、政府は各宗の管長を通して各宗教を統制した。

国家神道を国教とする国家体制の枠に収まった宗教は公認と保護が与えられたが、収まらない宗教は「邪教」とされて厳しい弾圧が加えられた。大正十（一九二一）年には大本教《おおもときょう》（京都府綾部《あやべ》で明治二十五〈一八九二〉年、大工の未亡人だった出口ナオが神がかりになって創唱した新宗教）が幹部を検挙され、神殿を破壊されるなどの弾圧を受けた（第一次大本教弾圧）。昭和三（一九二八）年には天理教の分派「ほんみち」教団が、幹部百八十名が不敬罪で起訴され、解散を命じられた（教祖大西愛治郎《おおにしあいじろう》を「生き神」とする「ほんみち」は天皇の神格性を公然と否定したため、裁判を続けると天皇の神格性の客観的根拠が問われることになって裁判の続行が不可能となり、昭和五〈一九三〇〉年、大審院〈今日の最高裁判所〉は大西を精神異常者と見なして無罪判決を下した。第一次ほんみち弾圧）。

昭和十（一九三五）年には大本教が再び弾圧された。神殿はダイナマイトで爆破され、地蔵・観音などの神像は首を切り落とされた（第二次大本教弾圧）。翌年には山岳信仰や真言密教をもとにつくられた「ひとのみち」教団（現在のＰＬ教団）が解散を命じられた。

昭和十三（一九二八）年、「ほんみち」が再び弾圧を受け、教祖大西以下三百七十四名の信者が検挙され、結社解散を命じられた（大西は法廷闘争を続行し、敗戦後に免訴。第二次ほんみち弾圧）。キリスト教では同時期に日本救世軍、日本灯台社、ホーリネス教団等が、指導者が検挙されるなどの弾圧を受けている。

昭和十四（一九三九）年四月に宗教団体法を公布した政府は、宗教統制を強化し、宗教団体の統合を推進した。対中国戦争を進めていた政府は、国家神道に抵触する宗教を徹底的に排除することによって国民の意識を戦争遂行へと統一しようとしたのである。

宗教団体法成立以降、文部省宗務局は、日蓮正宗と日蓮宗（身延派）の合同を提案してきた（仏教は宗祖を同じくする宗派を一つに統合する原則で統一が進められた）。牧口は昭和十六（一九四一）年三月、大石寺で開かれた僧俗護法会議で身延派との合同に強く反対の意思を表明、日蓮正宗としても合同反対を決議した。結局、文部省も日蓮正宗単独の存続を承認した。

牧口は国家神道には極めて批判的であった。その見解は、同年十二月の「宗教改革造作《ぞうさ》なし」に次のように述べられている。

「いかに古来の伝統でも、出所の曖昧《あいまい》なる、実証の伴わざる観念論に従って、貴重なる自他全体の生活を犠牲にすることは、絶対に誡《いまし》めなければならぬ。これについては一番まず神社問題が再検討されなければならない」（『牧口常三郎全集』第十巻二六頁）

牧口は国家神道を「出所の曖昧《あいまい》なる、実証の伴わざる観念論」と厳しく批判したのである。

また牧口は、天皇を神とする国家神道の教義を退け、天皇も因果の法則に従う凡夫であることを次のように明言している。

「天皇陛下も凡夫であって、皇太子殿下の頃には学習院に通われ、天皇学を修められているのである。天皇陛下も間違いも無いではない。明治初年に明治天皇に山岡《やまおか》鉄舟《てっしゅう》は随分御忠告をして間違いを指摘されたそうであると話したことがありますが、全くその通りであります。しかし、陛下も久遠本仏たる御本尊に御帰依なさることによって、自然に智恵が御開けになって、誤りのない御政治が出来るようになると思います」（『牧口常三郎全集』第十巻二〇三頁）

「陛下におかせられても、御病気には医師の申し上げを嘉納《かのう》して御全快を計られざる能わずと同様、御病気になられない法などの御生活の法を御採用になり、因果の法則に御従い遊ばされなければなりません。もしもその根本大法が御明らかにならせ給うならば、如何《いか》に御安泰に国家が繁栄し、国運が隆昌になり、桓武《かんむ》天皇の延暦《えんりゃく》の御

代が再現されますことでありましょうかと存ずる次第であります」（同二〇七頁）

牧口は天皇について「現人神《あらひとがみ》」の語を用いたこともあるが、その意味は天皇の宗教的神格性を認めるものではない。牧口は創価教育学会の第五回総会で次のように述べている。

「十善の徳をお積み遊ばされて天皇の御位におつき遊ばされると、陛下も憲法に従い遊ばすのである。即ち人法一致によって現人神とならせられるのであって、吾々国民は国法に従って天皇に帰一奉るのが純忠だと信ずる」（「大善生活実証録」同三六三頁）。

すなわち明治憲法において「天皇ハ神聖ニシテ侵スヘカラス」（第三条）、「天皇ハ国ノ元首ニシテ統治権ヲ総攬《そうらん》シ此ノ憲法ノ条規ニ依リ之ヲ行フ」（第四条）と規定されている故に現人神《あらひとがみ》となるという趣旨である。

牧口において、現人神という観念は宗教的な意味ではなく、天皇の憲法上の位置を示す言葉に転換されていることが重要である。明治憲法下の国家神道を国教とする宗教国家日本においては天皇が現人神であることを否定する人間は存在を許されなかった。いわば牧口は現人神の概念を換《かん》骨奪胎《こつだったい》し、そこから宗教性を払拭《ふっしょく》することによって創価教育学会を存続させようとしたと考えられる。ここに示されている牧口の天皇観は、天皇を憲法に従う存在と見るという意味で、いわゆる「天皇機関説」（天皇は法人である国家に属する一機関であるとする学説。明治憲法に関する通説的学説だったが、一九三五年以後、国体に反するものとして弾圧された）と軌を一にするものがある。

牧口は、謗法の国土においては諸天善神は天に上って国土から去っており、神社の社殿には悪鬼が入っているという日蓮以来の「神天上《かみてんじょう》の法門」を堅持し、伊勢神宮をはじめとする神社の参拝を拒否してきた。この点についても彼は逮捕後の「訊問調書」で次のように述べている。

「伊勢の皇大神宮《こうたいじんぐう》に対しましても、同様の意味で天照《てんしょう》皇太神《こうたいじん》は天に上って後は空虚で悪鬼が入れ代わっているから、そんな処へ参拝する必要なしと云うのであります」（同二〇六頁）

牧口は伊勢神宮をはじめとする神社への参拝を拒絶し、天皇だけを尊崇すればよいとする「天皇一元論」を会員に説いていた。しかし、牧口の天皇一元論は天皇を宗教上の「神」として尊崇するということではない。憲法の規定に従い、国民として、国家の主権者である天皇に敬意を表するという趣旨である。

牧口の「天皇一元論」は、要するに神社参拝の拒絶を正当化するための、いわば戦略的意味を持つ主張であった。天皇を神としている宗教国家のもとで天皇を尊敬しない態度をとることは刑法が規定する「不敬罪」に当たり、社会的に抹殺《まっさつ》されることに繋がっていた。そこで牧口は、不要な摩擦を回避し、会員を守るため天皇への尊敬を説いたと考えられる。

それでも、創価教育学会が神社参拝を拒否し、謗法払いとして神札の焼却を進めていることは国家神道を国教としている国家体制への明らかな挑戦であり、思想統制を強化している政府からは危険団体の一つとして厳しい監視の対象とされることとなった。

戦争の激化に伴い、創価教育学会も対外的には戦争に協力・翼賛するように見える姿勢を示すこともあった。例えば、昭和十七（一九四二）年十一月に行われた第五回総会の開会の辞で本間理事は次のように述べている。

「大東亜戦争も一週年の垂《なん》んとして、陛下の御稜威《みいつ》の下、我が陸海軍将兵が緒戦以来、赫々《かっかく》たる戦果を挙げている事は、吾等の衷心より感激に堪えない次第である（略）我国としても、もう寸毫《すんごう》の妥協も許されず、勝つか負けるかの一事のみ、否、断じて勝つの一手あるのみである。この渦中にある日本の大国難に際し、殉国の大精神にして世界の指導理念は何であらう。法華経である。法華経精神である。否、法華経の実践、即ち我が学会の提唱する大善生活のみである」（『大善生活実証録――第五回総会報告』一七頁）

牧口自身も昭和十七年七月に執筆したと推定される「大善生活法実験証明の指導要綱」で次のように述べている。

「『皮を切らして肉を切り、肉を切らして骨を切る』という剣道の真髄を、実戦に現して国民を安堵《あんど》せしめられるのが、今日の日支《にっし》事変《じへん》及び大東亜戦争に於いて百戦百勝の所以《ゆえん》である。それは銃後に於けるすべての生活の理想の要諦でもある」（『牧口常三郎全集』第十巻一一九頁）

このような発言の意味は、けっして言葉だけを切り取って表面的に捉えるべきではない。当時の時代状況と発言者の本意を総合的に考察する必要がある。その見地から考えるならば、これらの発言は、言論の自由が厳しく抑圧されていた時代状況のもとで、集会や論文の刊行を続行し、創価教育学会の活動を維持していくための戦略的方便と見るべきであり、牧口の真意ではない。

なぜならば、この第五回総会で牧口は「我々は国家を大善に導かねばならない。敵前上陸も同じである」（同一四七頁）と述べ、当時の国家体制に対する批判的態度を明らかにしているからである。

牧口は公には反戦を叫ぶことはなかったが、真意においては戦争に対しては極めて批判的であった。もしも牧口が公然と戦争反対を主張したならば、治安維持法違反の罪状で直ちに逮捕され、創価教育学会は即座に解散を命じられる事態となったであろう。そのような事態は創価教育学会の組織を通して妙法の流布を進め、会員の幸福と社会平和の実現を実現しようとした牧口の意図するところではなかった。牧口が公然と反戦を唱えなかったことをもって牧口の限界とする意見もあるが、それは牧口が進めていた宗教運動の意義を理解していないところから生じた誤解であろう。牧口が進めていたのはあくまでも宗教運動であり、直接的な政治活動ではないことに留意しなければならない。牧口が戦争に批判的であったことについては逮捕後の「訊問調書」に「現在の日支事変や大東亜戦争等にしても、その原因はやはり謗法国であるところから起きていると思います」（同二〇一頁）とあることからも明瞭にうかがうことができる。

　牧口は、国を挙げて国家神道を信奉し、謗法を犯している故に戦争の事態を招くことになっているとする。その根底には国家神道を謗法と断ずる厳しい宗教批判の眼が働いていた。

　この当時、思想・宗教の監視・取り締まりに当たったのが特別高等警察（特高《とっこう》）である。特高は県知事の指揮下にある一般警察と異なり、中央の内務省警保局保安課の直接指揮下に置かれた機関であった。当初の取り締まり対象は共産主義者だったが、次第にその範囲が拡大され、自由主義者や宗教団体にまで特高の手が伸びていった。

　特高による監視・摘発の法的根拠となったのが刑法と治安維持法である。大正十四（一九二五）年に制定された治安維持法は当初、「国体ヲ変革シ又ハ私有財産制度ヲ否認スルコトヲ目的トシテ結社ヲ組織シ又ハ情ヲ知リテ之ニ加入シタル者ハ十年以下ノ懲役又ハ禁錮ニ処ス」と規定されていたが、その後、重罰化と取り締まり範囲の拡大が進んだ。昭和十六（一九四一）年には国体変革を目的とする結社結成を準備する行為をしたと警察が判断した者まで検挙できることになり、事実上、当局が意図すれば誰でも逮捕できる法律になっていた。

　同年に改められた治安維持法は、第七条で神宮もしくは皇室の尊厳を冒瀆《ぼうとく》することも取り締まりの対象としており、それによって従来、刑法の不敬罪《ふけいざい》容疑でしか取り締まれなかった宗教団体を治安維持法によって摘発できるようにした。

　昭和十六年には日蓮の仏本神迹《ぶつほんしんしゃく》、法主国従《ほうしゅこくじゅう》の教義自体が不敬とされるようになり、日蓮遺文中で国家神道の教義に抵触する恐れのある箇所を削除すべきであるとの意向が文部省より日蓮系各教団に示された。文部省は、日蓮が図顕した曼荼羅本尊まで問題視してその撤回（焼却）を暗に要求している。

　当局の圧力を受けて、日蓮宗（身延派）と日蓮正宗は日蓮遺文の問題箇所の削除に同意。御書の刊行を禁止し、勤行の際の観念文を国家神道に合うように改めるなど、当局に迎合した。要するに日蓮宗も含めて日蓮宗各派は、権力の弾圧を回避するため日蓮の教義を放棄したのである。

それに対して創価教育学会は仏法の原則を遵守して神札の謗法払いと折伏弘教を進めていった。昭和十六年頃から創価教育学会の座談会には特高の刑事が立ち会うようになり、治安維持法や刑法の不敬罪の規定に触れると判断される話題が出ると刑事から「中止」の声が掛かり、話題を変えなければならなくなった。その中でも牧口は、昭和十六年五月から同十八年六月までの約二年間に二百四十回以上の座談会に出席、会員を激励して折伏を推進し続けた。

昭和十七（一九四二）年五月には機関紙「価値創造」が内閣情報局から廃刊を命じられた。この頃には牧口は、権力による弾圧は不可避であり、むしろ難を受けることが日蓮仏法を正しく実践している証明であると考えるようになっていた。

同年十一月に開かれた第五回総会で牧口は、日蓮の「兄弟抄」を引いて次のように述べている。

「日蓮大聖人は、『この法門を申すには必ず魔出来《しゅったい》すべし。魔競わずは正法と知るべからず』と仰せられ(中略)、『天台宗の人々の中にも、法華経を信ずるようにて人を爾前へやるは、悪道に人をつかわす獄卒《ごくそつ》なり』と仰せられた。日蓮大聖人御在世当時の天台宗は、現今の日蓮宗の中でも『日蓮正宗』に相当すると思われる。さらば、従来の日蓮正宗の信者の中に『誰か三障四魔競える人あるや』と問わねばなるまい。そして魔が起こらないで人を指導しているのは『悪道に人をつかわす獄卒』ではないか」（『牧口常三郎全集』第十巻一五一頁）

なお、この総会で、会員数は約四千名を数えたと報告されている。

日蓮の教示に基づき、迫害という障魔を現してこそ正法を行じていることになるとした牧口は、迫害を恐れて日蓮の教義を放擲《ほうてき》した日蓮正宗宗門こそ「悪道に人をつかわす獄卒」であると糾弾したのである。

昭和十八（一九四三）年五月、創価教育学会は第六回総会を開催した。これが牧口存命中の最後の総会となった。

第二節　牧口の獄中闘争と殉教

同年六月二十七日、日蓮正宗宗務院は牧口をはじめ創価教育学会の幹部を大石寺に呼び出し、日恭《にっきょう》管長（法主）ら立ち会いのもと、神札（皇大神宮《こうたいじんぐう》〈伊勢神宮の内宮のこと〉から出された札）の受け取りを会員に指導するよう申し渡したが、牧口は即座にそれを拒絶した。あくまでも日蓮仏法の教義に忠実であろうとしたのである。その日、牧口は大石寺にとどまり、翌日、日恭に面会して国家諫暁に立ち上がることを主張したが、日恭はこれを拒否。ここに至って、創価教育学会と日蓮正宗宗門との権力に対する路線の相違は決定的となった。

牧口がこの時期、国家体制に対する諫暁を決意していたことについて、戸田城聖は次のように述べている。

「昭和十八年六月に学会の幹部は登山を命ぜられ、『神札』を一応は受けるように会員に命ずるようにしてはどうかと、二上人立ち会いのうえ渡辺慈海《わたなべじかい》師より申しわたされた。（中略）牧口会長は、神札は絶対に受けませんと申しあげて、下山したのであった。しこうして、その途中、私に述懐して言わるるには、『一宗が滅びることではない、一国が滅びることを、嘆くのである。宗祖聖人のお悲しみを、恐れるのである。いまこそ、国家諫暁の時ではないか。なにを恐れているのか知らん』と」（「創価学会の歴史と確信」『戸田城聖全集』第三巻一〇六頁）。

牧口がこの時期、国家に対する方便としての融和的態度を改め、国家諫暁を決意していたという事実は牧口思想の本質を知る上で重要な意義を持つ。言うまでもなく、国家諫暁の淵源は日蓮が「立正安国論」を時の最高権力者北条時頼《ほうじょうときより》に提出して為政者を批判・諫暁したことにある。日蓮は、国家の災難の原因は為政者が悪法に帰依していることにあると断じ、為政者が正法に帰依することによって国家の安穏を実現できると主張した。

その日蓮と同じ行動を牧口は戦争の災禍が深刻化しつつある昭和十八年の時点で行おうとした。すなわち、戦争によって国民生活が破滅しようとしている原因は国家神道という邪教を国民に強制していることにあると断じ、国家神道の誤りを正して正法を立てることこそが戦争の悲惨を止める唯一の直道であることを主張しようとしたのである。その行動は、日蓮の場合と同様、国家権力による徹底的な弾圧を覚悟しなければならないものであった。しかし、牧口が国家諫暁に踏み切る以前に権力の弾圧は牧口の身に及ぶことになった。

昭和十八（一九四三）年七月六日朝、地方折伏のため伊豆の下田《しもだ》に滞在していた牧口を下田署の特高刑事二名が来訪、下田署への同行を求めた。同署で牧口は治安維持法違反ならびに刑法の不敬罪容疑で逮捕された。同日、東京目白の牧口の自宅も家宅捜索を受け、御書や書類などが押収された。

同日、理事長の戸田城聖も東京の自宅で逮捕され、翌年二月までに逮捕された幹部は二十一人に及んだ。そのうち十九人が獄中で退転し、退転せずに信仰を最後まで貫いたのは牧口と戸田の二人だけであった。

日蓮正宗宗門は牧口の逮捕後、二人の僧侶を牧口の留守宅を訪問させ、宗門に弾圧が及ぶのを避けるため、家族を通して牧口に退転するよう促した。家族は即座に拒否したが、このような対応にもひたすら権力を恐怖していた宗門の姿勢が表れている。また、この月、宗門は創価教育学会の会員に対して大石寺と末寺への参詣を禁止する処分を決定した。この時、日蓮正宗は権力の側に付いて、学会を抑圧する立場に立ったのである。権力に迎合した宗教は自らが権威化して信徒を抑圧し、布教のエネルギーを喪失していく。戦時下の日蓮正宗はその典型となった。

逮捕された牧口は直ちに東京に身柄を移され、当初は警視庁で、後には巣鴨《すがも》の東京拘置所で刑事や検事の取り調べを受けたが、その間にも看守を折伏し、検事にも価値論を説いていった。獄中での牧口の心境は妻クマや三男洋三《ようぞう》の嫁貞子《さだこ》に宛てた書簡からうかがうことができる。

例えば、同年十月十一日付けの書簡には次のようにある。

「一個人から見れば、災難でありますが、国家から見れば、必ず『毒薬変じて薬となる』という経文通りと信じて、信仰一心にしています。二人、心をあわせて朝夕のお経を怠らず、留守をたのみます」（『牧口常三郎全集』第十巻二七六頁）

獄中の食事は最少限度の栄養カロリーもとれない劣悪なものであり、独房には暖房もなく、冬の厳しい寒さは老齢の牧口の身体を苛《さいな》んだ。

昭和十九（一九四四）年になると、栄養不足から衰弱が次第に進んでいった。その中で、十月に入って届いた三男洋三の戦死の知らせは牧口にとって大きな衝撃となった。洋三は牧口にとって残っている唯一の息子であり（他の三人は既に死去している）、創価教育学会の支部長として信仰を同じくする同志でもあったからである。その知らせを受け取った落胆と無念の心情を記した十月十三日付けの葉書が牧口の絶筆となった。それは次のようなものである。

「十月五日付、洋三戦死の御文、十一日に（羽織、袷《あわせ》、たび、□□いもの差し入れとともに）拝見。びっくりしたよ。がっかりもしたよ。それよりも、御前たち二人はどんなにかと案じたが、ともに立派な覚悟であんどしている。貞子〈三男洋三の妻――引用者〉よ。御前がしっかりしていてくれるので、誠にたのもしいよ。実の子よりは可愛いことが、しみじみ感ぜられる。（中略）病死にあらず、君国のための戦死だけ名誉とあきらめ、唯《た》だ冥福を祈る信仰が一ばん大切ですよ、二人とも。私も元気です。カントの哲学を精読している。百年前及びその後の学者どもが望んで手を着けない『価値論』を私が著し、しかも上は法華経の信仰に結びつけ、下、数千人に実証したのを見て、自分ながら驚いている。これ故、三障四魔が紛起するのは当然で、経文通りです」（原文は片仮名。『牧口常三郎全集』第十巻三〇〇頁）

十一月十七日、牧口は病監に移ることを自ら申し出、羽織・袴《はかま》を身につけて自力で病室まで歩いていった。ベッドに横になると眠りに就き、そのまま翌日十八日の早朝、駆けつけた嫁貞子が見守る前で安らかに息を引き取った。日蓮は国主諫暁について「謗国の失《とが》を脱れんと思わば国主を諫暁し奉りて死罪か流罪かに行わるべきなり。我不愛身命・但惜無上道と説かれ、身軽法重・死身弘法と釈せられしこれなり」（「秋元御書」一〇七六頁）と説いたが、牧口の死はこの文の通りの殉教の姿であった。牧口は獄中で逝去したが、牧口が残した死身弘法の精神は弟子の戸田城聖と創価学会に引き継がれ、やがて全世界に及ぶ宗教運動の源流となったのである。

第三節　戸田の獄中闘争と悟達

昭和十八（一九四三）年七月六日早朝、戸田城聖は東京目黒の自宅で特高刑事により逮捕され、高輪署《たかなわ》に留置された。この時まで戸田が経営に関与していた会社は十七社を数えたが、戸田の逮捕により彼の事業は経営者を失い、壊滅的な打撃を受けた。

牧口は九月に警視庁から巣鴨の東京拘置所に移された。その時、戸田が牧口に挨拶を述べたのが最後の別れとなった。戸田は独房で罪が自分一身に集まって牧口が早く釈放されるように祈った。十月には戸田も東京拘置所に移されている。

当初、戸田は独房で一般書の読書をしていたが、昭和十九（一九四四）年の年頭から一日一万遍の唱題と法華経の精読を開始した。三月に入ると法華経の精読も三回が終わり、四回目になっていた。法華経の開経である無量義経徳行品《とくぎょうほん》の一節に接して戸田は深い思索に入った。その過程で戸田は重要な開悟を得ることとなった。

その時の模様は戸田自身が執筆した小説『人間革命』に次のように記されている（戸田はこの小説では「巌《がん》さん」という名前で登場する）。小説の形になっているが、細部にわたるリアリティーに照らせば、その内容はほとんど事実に即したものと考えてよいだろう。

「『おい！　正月に読む本だ！』

作業員の声がして、扉が閉まり、監獄にも歳末がきているらしく、なにか、あわてているような足音が遠くなって行った。

（どう考え悩んでも、自分の意思では出られない……）

しばらくして、巌さんが腕組を解いて机の前に立ち、黄昏《たそ》《が》れている部屋を振返ると、扉のところに投げ込んである本が眼に入った。

（そうだ、正月に読む本……）

彼は扉のところへ行って、落ちていた本を取り上げた瞬間、胸を衝かれた形になって、眼鏡《めがね》の底の眼を瞠《みは》り、本を手にして、そこに坐って凝然《ぎょうぜん》となった。

昨日、強く念を押して、作業員に返した日蓮宗聖典が投げ込まれていたのだった。

(正月の読物に、この聖典を読めというのか……)

文学にも書物にも、なんの関心もない作業員が、作意で投げ込むはずがない……とすれば、この間違いは、なにを暗示しているのか……。

(御遺文を読むのか……それとも、法華経を読むのか……)

独房の中の夕闇が濃くなって、電燈がともった。

(宗学の研究をせよという暗示であろうか……)

巌さんは薄暗い電燈の明かりで、日蓮宗聖典を開いて見た。

そこには法華経の序品があったが、返り点もなければ仮名もふってない白文《はくぶん》であった。

巌さんは開いたところへ眼を落とし、刻まれた像のよう、一時間ばかりは身動きもしないで凝然となっていたが、突然、

『よし！　読もう！　読み切って見せる！　法華経を読むんだ！』

大きな声で叫んで立ち上がり、押しいただいて机の上に置いた。

昭和十九年正月元旦から、巌さんの独房生活は忙しくなった。

法華経を読むことと、題目を一万遍以上あげるという二つが加わったからであった。

白文の法華経を読むことは、大学予科で学んだだけの漢文の力では骨が折れたが、彼は勇敢にぶつかって、疲れれば題目をあげ、題目を終われば、法華経へ突進して行った。

しかも、彼は滅茶滅茶には突進しないで、規則正しく、毎日、法華経は、どこまで、題目の数は一回幾百、一日一万以上、そして御遺文も必ず読むことにしたから追いかけられているような忙しさ。

そして法華経を白文で三度読み返した時は、寒い正月も二月も過ぎていたが、朝夕の勤行で誦読している方便品第二に、『其の智慧の門は難解難入なり』とも、『第一《だいいち》希有《けう》難解《なんげ》の法なり』ともあるように、法華経を白文で読むことは出来ても、釈尊の本懐がどんなものなのやら、彼には汲み取ることが出来ない。

(仏とは、いかなる実存か……)

巌さんは仏法研究の初歩へ突き返された気持になり、初歩からやり直すしかできなくなり、やり直す決心をした。

(南無妙法蓮華経とは、いかなる実体なのか……)

彼は白文の法華経を前にして思索に耽《ふけ》り、思索に疲れると、題目を唱え、題目を唱えて、気力を恢復《かいふく》してくると、思索に没入した。

三月初旬の寒い日であった。

巌さんは法華経の開経である無量義経を前にして、眼鏡の底の眼を鋭く光らしていた。

開経とは、本経を説かれる前の予備、下準備に説かれる序経のことで、論文に序論、本論、結論とある……その序論に当たるのだ。

『大なる哉《かな》大悟大聖主、垢《く》なく染なく所著なし。天人象馬《てんにんぞうめ》の調御師、道風徳香一切に薫じ、智恬《しず》かに情泊《しず》かに慮凝静かなり。意滅して識亡して心亦《また》寂なり。永く夢妄の思想念を断じて、また諸大陰入界《おんにゅうかい》なし。其の身は有に非ず亦無に非ず。因に非ず縁に非ず自他に非ず。方に非ず円に非ず短長に非ず。出に非ず没に非ず生滅に非ず。造に非ず起に非ず為作に非ず。座に非ず臥に非ず行住に非ず。動に非ず転に非ず閑静に非ず。進に非ず退に非ず安危に非ず。是に非ず非に非ず得失に非ず。彼に非ず此に非ず古来に非ず。青に非ず黄に非ず赤白に非ず。紅に非ず紫種種《ししゅじゅ》の色に非ず。戒定慧解知見《かいじょうえげちけん》より生じ、三昧六通道品より発し、慈悲十力無畏より起こり、衆生善業の因縁より出でたり……』

巌さんの眼鏡の底の眼は無量義経の徳行品第一を読んで行って、偈《げ》のところへくると、白い焔《ほのお》のように光って、最早、眼が読み進んでいるのではなく、頭で読んでいるのでもなく、彼はその一字一句へ浸しい身体を叩きつけているのだった。（中略）

思案を打ち切って題目を唱えだした声が独房に響き渡り、それが消えると、彼は死物狂いの思索に入っている。

『仏とは生命なんだ！』

巌さんが机の前で叫んだ時、凍った海底のように、寒さを湛《たた》えてシン！　となっていた部屋に、強く両手を打ち合わせた音がぱあん！　と響いた。

『仏とは、生命の表現なんだ！　外にあるものではなく、自分の命にあるものだ！　いや、外にもある！　それは宇宙生命の一実体なんだ！』

巌さんは独り叫びつづける。紅い血が頬に躍っており、眼鏡の底の眼が妖《あや》しいまでに輝いている。

『仏とは生命なんだ！』」（『戸田城聖全集』第八巻四九六頁）

戸田の弟子である第三代会長池田大作は、この時の戸田の悟達について、自身の小説『人間革命』で次のように述べている。

「戸田城聖のこの覚知の一瞬は、将来、世界の哲学を変貌せしむるに足る一瞬であったといってよい。それは、歳月の急速な流れとともに、やがて明らかにされていくにちがいない。

彼は、仏法が見事に現代にもなおはつらつと生きていることを知り、それによって、現代科学とも全く矛盾がないことを確信した。そして仏法に、鮮明な現代的性格と理解とを与えたのである。いや、それぱかりではない。

日蓮大聖人の仏法を現代に生かし、あらゆる古今東西の哲学を包含する生命哲学の誕生であった」(『人間革命』第四巻「生命の庭」)。

戸田は出獄後、「仏とは生命なり」とする生命論の観点から仏教を説明し、運動を展開した。戸田が苦難の中で到達したこの悟達は仏教を現代に生きる思想として蘇生させる梃子《てこ》となった。これ以後、創価学会の思想は戸田が把握した生命論を基盤に展開され、その潮流は今日、全世界に及んでいる。

戸田の獄中での思索はその後もさらに続いていった。年頭からの唱題が二百万遍になろうとしていた十一月中旬、戸田は唱題を重ねる中で重要な宗教体験を摑《つか》んだ。それは、自身が地涌の菩薩の一人として、法華経に説かれる虚空会《こくうえ》の会座に連なっていることを感得するという体験だった。この時の体験を戸田は小説『人間革命』で次のように記している。

「十一月中頃の、水のように空が晴れている……ある朝のこと、巌《がん》さんの題目を唱えている声が独房から洩《も》れていた。もしも、鉄の扉の前に立って、朝々、声に聴き入る人があったら、彼の唱題している声から挑みかかるような烈しさが消えて、静かに澄んできているのに気が付いたであろう。

日夜、苦悶をつづけて、今は疲労のどん底にいるのだが、法華経と取り組んで熱烈に思索し、深く瞑想し、苦悶をつづけることによって、心の濁りや身体の錆《さび》が落ちてきたとはいえないであろうか。

『南無妙法蓮華経……南無妙法蓮華経……』

東の空へ登った太陽が独房の窓へ射込んで、牛乳びんの丸い蓋《ふた》で拵《こしら》えた数珠《じゅず》を手にしている巌さんの額や鼻の辺を琥珀《こはく》色に染めており、時々陽差しを跳ねて眼鏡が光っている。今年になって数えはじめた題目は、百八十万遍を越えている。

毎朝と同じように、今朝も彼は大石寺の御本尊を心に念じながら題目を唱えているが、数が進むにつれて、春が降る雪を見るように、しんしんと心が落ち着いてきて、清々《すがすが》しく、ほのぼのとした楽しさが湧いてきている。

『南無妙法蓮華経……南無妙法蓮華経……』

巌さんの心は、今、春の野を吹く微風のように軽く柔らかくて譬えようもなく平和であった。夢でもない、現《うつつ》でもない……時間にして、数秒であったか、数分であったか、それとも数時間であったか……計りようがなかったが、彼は、数限りない大衆と一緒に虚空にあって、金色燦爛《こんじきさんらん》たる大御本尊に向かって合掌している自分を発見した。

そして、法華経二十八品の内の従地涌出品にある、『是の諸の菩薩、釈迦牟尼仏の所説の音声を聞いて、下より発来せり。一一の菩薩、皆是れ、大衆の唱導の首なり。各六万恒河沙等の眷属《けんぞく》を将《ひき》いたり。況んや五万、四万、三万、二万、一万恒河沙等の眷属を将いたる者をや。況んやまた、乃至一恒河沙、半恒河沙、四分の一、乃至千万億那由佗《なゆた》分の一なるをや。況んやまた、千万億那由《なゆ》佗《た》の眷属なるをや。況んやまた、億万の眷属なるをや。況んやまた、千万、百万、乃至一万なるをや。況んやまた、一千、一百、乃至一十なるをや。況んやまた、五、四、三、二、一の弟子を将いたる者をや。況んやまた、単己《たんご》にして遠離の行を楽《ねが》えるをや。かくの如き等比《たぐい》、無量無辺にして、算数譬喩も知ること能わざる所なり。この諸の菩薩、地より出で已《おわ》って、各虚空の、七宝の妙塔の多宝如来、釈迦牟尼仏の所に詣ず。到り已って、二世尊に向いたてまつって……』。彼は経文通りの世界にいることを意識している。

　巌さんはこの大衆の中の一人であって、永遠の昔の法華経の会座に連なっているのであり、大聖人が三大秘法抄で仰せられている『此の三大秘法は二千余年の当初《そのかみ》・地涌千界の上首として日蓮慥《たし》かに教主大覚世尊より口決相承せしなり……』というお言葉が、彼の胸へ彫り込まれてでもいたように、この時、ありありと浮き出してきた。

　これは、嘘ではない！　自分は、今、ここにいるんだ！　彼は叫ぼうとした時、独房の椅子の上に座っており、朝日は清らかに輝いていた。

　巌さんは一瞬茫然となったが、歓喜の波がひたひたと寄せてきて、全身は揉まれ、痺《しび》れるような喜びが胸へ衝き上げてきて、両眼から涙が溢れだし、袂《たもと》を探ってハンカチを取り出して、眼鏡を外して押えても、堰《せき》を切ったように涙が湧いてとめどなく、彼は肩を震わせて泣きつづけた。

　しばらくして、巌さんは椅子を立って題目を高々と唱えだした。

『南無妙法蓮華経……南無妙法蓮華経……』

　題目を唱え終わった刹那《せつな》、彼の胸の内に叫び声が起こった。

（おお！　おれは地涌の菩薩ぞ！　日蓮大聖人が口決相承を受けられた場所に、光栄にも立ち会ったのだぞ！）

　巌さんは眼鏡の底の眼を大きく見開き、歓喜に戦《おのの》く胸を抱き締めて独房の中を歩き廻っていたが、やがて机に帰って、法華経を開き、従地涌出品を読みなおし、寿量品を読み、嘱累品《ぞくるいほん》を読みなおした。

（ほう！）

　彼は眼鏡の内で幾度となく瞬《またた》いたが、今、眼の前に見る法華経は、昨日まで汗を絞っても解けなかった難解の法華経なのに、手の内の玉を見るように易々《やすやす》と読め、的確に意味が汲み取れる。それは遠い昔に教わった法華経が憶い出されてきたような、不思議さを覚えながらも感謝の想いで胸がいっぱいになった。

（よし！　ぼくの一生は決まった！　この尊い法華経を流布して、生涯を終わるのだ！）

中国の聖人孔子は四十にして惑わず、五十にして天命を知るといったとか。彼はうん！　とうなって立ち上がった。そして部屋の中を行きつ戻りつしながら叫んだのであった。『彼に遅るること五年にして惑わず、彼に先立つこと五年にして天命を知る』。　時に彼の年は四十五歳であった」（『戸田城聖全集』第八巻五一六頁）。

地涌の菩薩とは、法華経従地涌出品第十五で大地の底から湧現したと説かれる無数の大菩薩のことである。法華経の虚空会において、地涌の菩薩は、他の九界の衆生とともに虚空に浮かんで釈迦・多宝の二仏に向かって礼拝している。この虚空会の儀式は、仏が悟った永遠の真理の世界を象徴的に表現したものであり、神力品第二十一では釈尊から地涌の菩薩の上首である上行菩薩に対して釈尊滅後における妙法弘通の使命が付嘱される。日蓮はこの上行菩薩の再誕と位置付けられている。日蓮が図顕した曼荼羅本尊はこの虚空会の儀式を用いて顕されている。

先の「仏とは生命なり」との悟達は、仏教をどのような宗教として認識するかという思想的な問題に関するものであったのに対し、「我、地涌の菩薩なり」との悟達は、自身がこの世に存在することの意味を覚知するという実存的な問題に関わるものである。戸田は、自身が地涌の菩薩の一人として法華経に説かれる虚空会の儀式に連なっていることを感得することによって、自身がこの世に存在している意味、すなわち今世における使命が南無妙法蓮華経を現実世界に流布していくことにあることを自覚したのである。

戸田の出獄後の一切の闘争は、この時に得た深遠な宗教的使命感から生まれたものであった。彼は、地涌の菩薩としての使命を自覚していくことを会員に対して繰り返し説いた。その結果、地涌の使命の自覚は、急速に戦後の学会員に浸透していった。戦前の創価教育学会と戦後の創価学会の相違点はいくつも挙げられるが、その相違点の一つとして、会員全体に地涌の菩薩としての明確な宗教的使命感が確立されたことを挙げることができよう。創価学会は、戸田の獄中の開悟を軸にして一段と強靱な運動体へと飛躍していった。彼の悟達が創価学会の「原点」とされる所以《ゆえん》である。

昭和二十（一九四五）年一月八日、戸田は突然、予審判事（当時の刑事訴訟法において公判前の取り調べを担当した裁判官のこと）から牧口の死を知らされた。その時の衝撃は戸田にとってまことに大きなものがあった。

翌年の十一月十七日、戸田は牧口の三回忌法要の挨拶で牧口の死に触れ、次のように述べている。

「思い出しますれば、昭和十八年九月、あなたが警視庁から拘置所へ行かれるときが、最後のお別れでございました。

『先生、お丈夫で』と申しあげるのが、わたくしのせいいっぱいでございました。

　あなたはご返事もなくうなずかれた、あのお姿、あのお目には、無限の慈愛と勇気を感じました。

　わたくしも後をおうて巣鴨にまいりましたが、朝夕、あなたはご老体ゆえ、どうか一日も早く世間へ帰られますように、御本尊様にお祈りいたしましたが、わたくしの信心いまだいたらず、また仏慧《ぶって》の広大無辺にもやあらん、昭和二十年一月八日、判事より、あなたが霊鷲山《りょうじゅせん》へお立ちになったことを聞いたときの悲しさ。杖を失い、燈《ともしび》を失った心の寂しさ。夜ごと夜ごと、あなたを偲《しの》んでは、わたくしは泣きぬれたのでございます。

　あなたの慈悲の広大無辺は、わたくしを牢獄まで連れていってくださいました。そのおかげで、『在在《ざいざい》諸仏土《しょぶつど》・常与師倶生《じょうよしぐしょう》』と、妙法蓮華経の一句を身をもって読み、その功徳で、地涌の菩薩の本事を知り、法華経の意味をかすかながらも身読することができました。なんたるしあわせでございましょうか。（中略）この不肖の子、不肖の弟子も、二か年間の牢獄生活に、御仏を拝したてまつりては、この愚鈍の身も、広宣流布のために、一生涯を捨てるの決心をいたしました。ごらんくださいませ。不才愚鈍の身ではありますが、あなたの志を継いで、学会の使命をまっとうし、霊鷲山会《りょうじゅせんえ》にてお目にかかるの日には、かならずやおほめにあずかる決心でございます」（「牧口先生三回忌に」『戸田城聖全集』第三巻三八五頁）

　無二の師匠を奪われた戸田の激しい怒りと無念さは、戸田の後半生を貫く心の原点となった。その心情を戸田は後に次のように述べている。

「あれほど悲しいことは、私の一生涯になかった。そのとき、私は『よし、いまにみよ！　先生が正しいか、正しくないか、証明してやる。もし自分が別名を使ったなら、巌窟王《がんくつおう》の名を使って、なにか大仕事をして、先生にお返ししよう』と決心した」（「牧口初代会長十一回忌法要」『戸田城聖全集』第四巻二三〇頁）

　この中で「妙法蓮華経の一句を身をもって読み、その功徳で、地涌の菩薩の本事を知り、法華経の意味をかすかながらも身読することができました」、「牢獄生活に、御仏を拝したてまつりては」とあるのは、「我、地涌の菩薩なり」との獄中の悟達を裏づける言葉として理解することができよう。

第十六章　創価学会の発展

第一節　戸田の出獄と学会の再建

昭和二十（一九四五）年七月三日、戸田は保釈され、豊多摩《とよたま》刑務所を出所した。戸田は栄養失調で衰弱していたが、直ちに事業の再建に着手し、敗戦直後の八月二十日には品川区上大崎《かみおおさき》に出版社日本正学館（戦前の日本小学館を改称）の事務所を開設、八月二十三日には通信教育の広告を新聞に掲載した。また、このころ戸田は、自身の名もこれまでの城外から城聖と改めている。

通信教育事業が軌道に乗り、九月末には西神田に三階建ての社屋を購入。この日本正学館の建物が学会本部となった。十月には治安維持法が廃止され、戸田は東京地方裁判所で免訴判決を受けて名実ともに自由の身となった。

昭和二十一（一九四六）年正月には大石寺に登山し、戦前の会員三名を対象に法華経の講義を開始した。戸田は教学研鑽の弱さが学会幹部退転の原因だったことを感じ、教学の研鑽から学会の再建を開始したのである。三月には会の名称を「創価教育学会」から「創価学会」へと改称、四月には第二期の法華経講義を開始した。五月から都内や神奈川県横浜市鶴見《つるみ》などで座談会が開催されるようになり、六月一日には機関紙「価値創造」が再刊されている。八月には大石寺で戦後第一回の夏季講習会を開催（参加者二十九人）。九月には栃木県那須《なす》と群馬県桐生《きりゅう》市へ戦後初の地方折伏が行われた。こうして創価学会は少しずつ再建の動きを起こしていった。

昭和二十二（一九四七）年八月、戸田は大田区蒲田《かまた》の座談会で後に第三代会長となる池田大作と出会う。まもなく池田は学会に入会。池田は昭和二十四（一九四九）年の年頭より日本正学館の社員となり、戸田と池田の師弟の絆が強く結ばれるようになった。

同年七月には不定期刊だった「価値創造」に代えて月刊機関誌「大白蓮華《だいびゃくれんげ》」を創刊。戸田はその創刊号に巻頭論文「生命論」を執筆した。この「生命論」は戸田の獄中における思索と体験の結晶ともいうべき作品であり、その後の創価学会の思想的基盤となった重要な論文である。

人間による価値創造を説いた牧口の価値論は人間と世界を生命の視座から把握しようとした生命哲学であった。牧口の価値論を深く体得していた戸田は、「生命論」において牧口の思想を更に発展させて死および死後の問題にまで論及し、宗教思想としての生命哲学を提示したのである。

同論文は「我、地涌の菩薩なり」との確信を得た戸田自身の獄中体験から説き起こされている。次いで、法華経や日蓮の御書を引いて仏教が三世にわたる生命の連続を前提にしていることを確認する。さらに生命が三世だけでなく無始無終の永遠の存在であるとする。ここで宇宙そのものが生命であるとの見解を表明していることが注目される。戸田は次のように言う。

「生命とは、宇宙とともに存在し、宇宙より先でもなければ、あとから偶発的に、あるいは何人かによって作られて生じたものでもない。宇宙自体がすでに生命そのものであり、地球だけの専有物とみることも誤りである」(『戸田城聖全集』第三巻一六頁)

「地球にせよ、星にせよ、アミーバの発生する条件がそなわれば、アミーバが発生し、隠花《いんか》植物の繁茂する地味《ちみ》、気候のときには、それが繁茂する。しこうして、進化論的に発展することを否定するものではないが、宇宙自体が生命であればこそ、いたるところに条件がそなわれば、生命の原体が発生するのである」(同頁)

また、日蓮仏法の教義については「仏を中心として展開する釈尊の一念三千は、本迹とともに理の上の法相であり、凡夫の当体本有《ほんぬ》のままにおいて身につける大聖人の直《じき》達正観《たつしょうかん》事行の一念三千こそ、もっとも生命の実体をより本源的に説き明かされているものと拝する」(同書一五頁)として、文上法華経の一念三千は本迹ともに理であり、日蓮の一念三千が事であるとする「本因妙抄」「百六箇抄」や日寛教学の基本を忠実に踏襲していることも注目される。

最後に死後の生命を論じて次のように述べている。

「宇宙は即生命であるゆえに、われわれが死んだとする。死んだ生命は、ちょうど悲しみと悲しみとの間に何もなかったように、喜びと喜びの間に、喜びがどこにもなかったように、眠っている間、その心がどこにもないように、死後の生命は宇宙の大生命に溶けこんで、どこをさがしてもないのである。霊魂というものがあって、フワフワ飛んでいるものではない。大自然のなかに溶けこんだとしても、けっして安息しているとは限らないのである。あたかも、眠りが安息であるといいきれないと同じである。眠っている間、安息している人もあれば、苦しい夢にうなされている人もあれば、浅い眠りに悩んでいる人もあると同じである。

この死後の大生命に溶け込んだすがたは、経文に目をさらし、仏法の極意を胸に蔵するならば、自然に会得《えとく》するであろう。この死後の生命が、なにかの縁にふれて、われわれの目にうつる生活活動となってあらわれてくる。ちょうど、目をさましたときに、きのうの心の活動の状態を、いまもまた、そのあとを追って活動するように、新しい生命は、過去の生命の業因をそのまま受けて、

この世の果報として生きつづけなければならない」(同書二一頁)

この「生命論」は日蓮仏法の教義を生命の視点から解釈したもので、日蓮正宗の枠組みを超えて日蓮仏法を現代の思想として提示する試みであった。牧口の価値論、戸田の生命論は日蓮仏法と融合して創価学会の思想の源流をなしている。

昭和二十四(一九四九)年の秋には戸田の出版事業は急速に悪化していった。出していた雑誌は赤字が重なり、池田が編集長をしていた「少年日本」も十月二十五日には休刊が決定した。

この年、戸田は出版事業に代わって信用組合の経営に乗り出したが、その経営も一年足らずのうちに悪化し、昭和二十五(一九五〇)年八月二十二日には大蔵省から業務停止命令を受ける事態となった。刑事事件に発展する恐れもあったので、戸田は影響が創価学会に及ぶことを回避するため、八月二十四日、学会の理事長職を辞任、信用組合の清算に専念することとなった。組合の清算は困難を極め、この年の秋から翌年一月頃までは戸田にとって最も苦しい時期となった。昭和二十六(一九五一)年一月初頭には、戸田は自ら検察当局に出頭することを検討するまでになっている。この戸田の苦闘を唯一人支えたのが池田であった。

戸田と池田の師弟は一体になって難局に挑んでいった。

二月に入ると事態は好転の兆しが見えるようになり、三月十一日に信用組合の解散が登記され、組合の負債は戸田個人の債務とすることで事態は一応の決着を見た。

第二節　第二代会長に就任

この苦難の時にも戸田は座談会や御書講義を持続し、機関紙「聖教新聞」の発刊を計画するなど、広布推進の活動を続けている。戸田はそれまで会長に就任することを躊躇《ちゅうちょ》してきたが、苦難を経験する中で会長就任の決意を固めた。

四月六日の臨時支部長会で従来の二十数支部を十二支部に整理・統合、力量によって支部をA級・B級・C級の三ランクに分け、活動の体制を整えている。四月二十日には機関紙「聖教新聞」が創刊された。旬刊二頁建て、発行部数は五千部だった。

この頃、戸田を会長に推戴《すいたい》する署名活動が会内に広がり、三千八十名の署名が集まった。このような会員の要望を受けて、五月三日、戸田は第二代会長に就任した。就任式の挨拶で戸田は七十五万世帯の折伏達成を宣言。その目標が自身の生存中にできなければ葬儀を行わず、遺骸を品川沖に捨てよと言明した。この時、学会中央の体制も一新され、戦前以来の幹部に代わって、戸田が育成してきた新しいメンバーが理事や各部部長に任命された。

会長に就任してから戸田がまず行ったのは創価学会常住御本尊の授与の申請であり、婦人部・男子部・女子部の結成であった。創価学会常住御本尊は五月十九日に日蓮正宗より授与されている。

また、立宗七百年の記念事業として戸田は日蓮の御書全集発刊を発願し、大石寺第五十九世堀日亨《ほりにちこう》にその編纂を依頼している。

さらに戸田は創価学会を宗教法人とすることを決断し、昭和二十六（一九五一）年十一月一日には宗教法人創価学会の設立を公告。学会は翌年八月、宗教法人法に基づく宗教法人として正式に認可された。学会は日蓮正宗の信徒団体であったが、その発足当時から会の運営や会員の指導は宗門に依存せず、学会独自で行ってきた。学会が宗教法人の認可を得たことは、学会が日蓮正宗とは別の独自の団体であることを法的にも明確にする意味があった。

昭和二十七（一九五二）年四月、立宗七百年を迎えて、戸田が発願した『日蓮大聖人御書全集』が発刊された。本全集の大きな特色の一つは、相伝書である「本因妙抄」「百六箇抄」を初めて御書全集の中に収録したことであった。

日蓮の御書全集が日蓮正宗宗門ではなく創価学会によって発刊されたという事実は、教学面においても学会が主導性を持っていたことを意味している。実際に戸田はこれ以降、堀日亨の監修を得て、「立正安国論」「開目抄」「観心本尊抄」など重要御書の講義を次々に執筆・発刊している（宗門においてはこれらの重要御書に関する解説書は二十六世日寛《にちかん》〈一六六五～一七二六〉の「文段」などがあるのみで、近代以降は皆無である。ただし、戸田の講義は基本的に日寛の文段に準拠している）。

戸田が日寛教学を重視したことは『観心本尊抄講義』の序文に次のように記していることからもうかがうことができる。

「当御抄は仏教哲学の真髄であり極理中の極理なるがゆえに、古来幾多《いくた》の学者はしばしば当抄の解釈を試みたが、いずれも宗祖大聖人の奥旨に到達したる者はなく、ただ一人大石寺第二十六世日寛上人こそ宗祖の奥底を残りなく説き明かされたのである。（中略）ゆえに本講義も日寛上人の御講義を唯一の依拠として終始したしだいである」（『戸田城聖全集』第三巻三七八頁）

戸田は御書全集の発刊によって学会の教学的基盤を確立するとともに弘教に一段と力を注いだ。同年二月、戸田の意を受けた池田は、一支部で一カ月で百世帯前後だった当時の折伏の壁を破り、蒲田支部で二百一世帯の弘教を達成。それ以来、全国的に折伏弘教が加速度的な勢いで進んでいった。このように戸田は、獄中で得た不動の確信に基づき、会長就任から直ちに教義と弘教の両面にわたって宗教運動を強力に推進していった。

弘教の進展に伴い、他宗派との摩擦やマスコミからの誹謗《ひぼう》・中傷も激しくなっていった。その具体的な現れの一つが昭和三十（一九五五）年三月、北海道小樽《おたる》市で行われた創価学会と日蓮宗（身延派）との公開法論「小樽問答」である。この法論で身延派の講師は壇上で絶句し、学会側の大勝利に終わった。

この年の四月、創価学会は統一地方選挙で候補者に初めて学会員五十二名を推薦、全国で五十一名の当選を果たした。翌年の参議院選挙では六名の候補者を擁立、三名の当選を実現して国政に進出した。このことが、後の公明党結成の源流となった。

創価学会が会員を政界に送り出したのは戸田の決断によるものである。この決断に当たって戸田は熟慮を重ねた。学会が政界に進出すれば、当然、既成の政治勢力や政府当局から警戒され、攻撃の対象となる恐れがある。また、会員を利害と権謀が渦巻く政界に投げ込めば、権力の魔性に毒されて信仰が狂わされる危険も大きい。戸田はそれらの危険を十分に承知した上で決断を下したのであるが、その背景には戸田自身の明確な政治思想があった。

戸田の決断の前提にあったのは日蓮の思想である。周知のように、日蓮は国土の荒廃と民衆の苦悩を前にして、その災難を除くため、一身の安堵《あんど》を顧みず、「立正安国論」を提出して最高権力者北条時頼《ほうじょうときより》を諫暁した。社会から目を背けて心の平安のみを求める在り方を厳しく退け、社会の平和と繁栄に貢献していくことを宗教の使命としたのである。日蓮は時頼に対して念仏への帰依をとどめ、法華経の正法に帰依することを求めた。為政者が法華経の精神を根底に政治を行うことにより、災難を抑止し、民衆の幸福を実現できるとしたのである。

日蓮は政治権力ないし国家機構の存在意義は民衆の生命と生活を守るところにあるとする民衆根本の立場に立っていた。例えば「守護国家論」では、国主となりながら民衆の嘆きを知らない者は悪道に墜ちると断じている（三六頁）。また「減劫御書《げんこう》」では、太公望《たいこうぼう》や張良《ちょうりょう》が民衆生活を重視した政治を行ったことを取り上げ、彼らは中国に仏法が渡る以前の存在であったが、その心には仏法の智慧が含まれていたと称賛している（一四六六頁）。民衆根本の立場に立つということは、民衆の生活を破壊し抑圧する政治は変革されなければならないという革命思想をも孕《はら》むものであった。

戸田は、そうした日蓮の思想を踏まえ、日本における政治状況を直視した。彼はまた、戦前の二大政党（政友会と民政党）が党利党略の抗争に終始して、結局、軍部による独裁政治を招き、さらに軍部政府が国民の生命と生活を犠牲にして戦争に突入し、国家滅亡の事態に至った政治史を体験してきた。

戦後の昭和二十年代、国民は敗戦の痛手から回復しつつあったものの、日本の経済状況は依然として厳しく、巷《ちまた》には生活困窮者が溢れていた。また世界的にも東西の冷戦が続き、人々は核戦争の恐怖に脅かされていた。その中で日本の政界の状況は、左翼政党は労働組合の代弁者となり、保守政党は政党内の派閥抗争に終始。政権を握る保守政治家は金をばらまいては自己勢力の保持に努め、利権の獲得に狂奔していたのである。

戸田はその状況を次のように述べている。

「日本の現勢をみるに、ただただ、おのれの権勢を張り、名誉欲を満たさんがために、一党一派のなかに閉じこもり、その党派のなかに、また党派を作って、しのぎを削っている。しかも、そのかれらの欲望達成の手段としては、金をばらまき、利権汚職をもって自己の地盤を固めて、不敗の位置に立たんとしているものである」(「選挙と青年」『戸田城聖全集』第一巻二八三頁)。

戸田は、このような政治的貧困の根本的原因は権力に無批判に従う民衆の無気力にあると洞察した。そこで戸田は、政治的風土を変え、仏法の慈悲の精神を政治に反映していくことを目指して、選抜した会員を政界に送り出すことを決断したのである。

また、戸田の決断の背景には、宗教的には国立戒壇の建立という問題があった。

「国立戒壇」という用語は、明治時代にいわゆる「日蓮主義」を呼号して日蓮仏法を国家主義運動に利用した田中智《ち》学《がく》(一八六一〜一九三九)が言い出した言葉で、日蓮仏法本来の用語ではない。しかし、田中の影響により、戦前は日蓮宗各派でこの言葉が広く用いられるようになっていた。戸田も学会の政界進出の思想的根拠を説明した論文「王仏冥合論」の中でこの言葉を用いている。田中は日蓮仏法を国教として日本による世界統一を目指す国家主義を志向したが、戸田にはまったくそのような発想はない。戸田はあくまでも民衆に日蓮仏法を流布していくことが戒壇建立の前提であるとしていた。妙法を受持して仏法の精神を体得した人物が政治・経済・文化など社会のあらゆる分野で活躍することにより、社会に仏法の精神を反映させていくことが戸田の目指したところであった。

「王仏冥合」とは、政治を含めた社会の営み(王法)の基本的な価値観が仏法の精神と合致していることをいう。日蓮仏法の広宣流布により、日蓮仏法の思想をその社会の精神的主流にしていくことであり、宗教が社会の在り方の細部まで決定する神権政治を意味するものではない。

創価学会が政界に進出したことは、社会的に大きな波紋を呼んだ。昭和三十二(一九五七)年には、当時、日本最有力の労働組合の一つであった日本炭鉱労働組合（炭労）が炭労推薦の候補者を支持しなかったという理由で学会員を組合から排除しようとした「夕張炭労事件」が起きた。炭労の措置は信教の自由、投票の自由を侵す人権侵害であることが明らかだったため、炭労も態度を改め、解決を見た。

同年には大阪での参議院補欠選挙で選挙違反容疑に問われて池田が逮捕されるという「大阪事件」が起きた。この事件は、創価学会の政界進出に危機感を持った検察当局が学会を牽制する意図で起こした冤罪《えんざい》事件であり、裁判では池田の無罪が確定している。

また同年九月八日、戸田は創価学会の平和運動の思想的原点となった「原水爆禁止宣言」を発表した。戸田は横浜で開催された青年部体育大会の席上、次のように核兵器に対する見解を述べた。

「核あるいは原子爆弾の実験禁止運動が、今、世界に起こっているが、私はその奥に隠されているところの爪をもぎ取りたいと思う。それは、もし原水爆を、いずこの国であろうと、それが勝っても負けても、それを使用したものは、ことごとく死刑にすべきであるということを主張するものであります。

なぜかならば、われわれ世界の民衆は、生存の権利をもっております。その権利をおびやかすものは、これ魔ものであり、サタンであり、怪物であります。それを、この人間社会、たとえ一国が原子爆弾を使って勝ったとしても、勝者でも、それを使用したものは、ことごとく死刑にされねばならんということを、私は主張するものであります。

たとえ、ある国が原子爆弾を用いて世界を征服しようとも、その民族、それを使用したものは悪魔であり、魔ものであるという思想を全世界に広めることこそ、全日本青年男女の使命であると信ずるものであります」（『戸田城聖全集』第四巻五六五頁）

すなわち戸田は、核兵器の使用は絶対に許されない「絶対悪」であると宣言した。戸田は、核兵器を生み出したものは人間生命に潜む魔性であることを洞察し、その魔性に対する闘争を後世の青年に託したのである。

当時、冷戦体制の下、アメリカ、ソ連、イギリスによる核実験が続発し、世界的規模でそれに反対する運動が湧きあがっていた。同年三月にはアメリカの水爆実験で日本の漁船が被爆する事件が起き、日本においても原水爆禁止を求める署名運動が活発化していた。その運動も冷戦構造の下でまもなく分裂した。社会主義国の核兵器は戦争を抑止する手段として容認されるという主張が社会主義勢力から出たためである。東西両陣営ともにいわゆる抑止力論によって核兵器を正当化していたが、戸田はその正当化を批判したのである。

今日、核兵器は、それが小規模の戦術的兵器であっても、生物・化学兵器や対人地雷と同様の人道に反する兵器として、実質的に使用不可能なものとなりつつある。創価学会は、その流れをさらに強め、「核兵器なき世界」実現を目指して各種の平和運動を展開してきた。

池田は戸田の精神を継承して戸田記念平和研究所を設立し、活発に平和提言を発表している。それらの活動の源流に戸田の原水爆禁止宣言がある。

また、原水爆禁止宣言と並んで戸田が提唱した平和理念に「地球民族主義」がある。この理念は戸田が会長就任後まもなく発表したものである。それについて戸田は詳細には語っていないが、要するに地球上の全人類が一つの民族であることを自覚すべきであるとの主張である。その思想は、従来の民族の概念を超えたものであり、将来の人類が各地域固有の文化は残しつつもやがて共通の文化を持つに至るとの認識を示したものである。戸田は、人種・民族・宗教・イデオロギー等の差異を超えて、人類共通の普遍哲学が成立することを予見していたともいえよう。その普遍哲学の形成に日蓮仏法が寄与できるとの確信があったと思われる。

昭和三十二（一九五七）年末、学会の弘教活動は七十五万世帯の達成となって結実した。戸田は、会長就任時には夢のように思われていた目標をわずか七年のうちに実現したのである。しかし、この頃から戸田の健康状態は悪化していった。

昭和三十三（一九五八）年三月、戸田は大石寺に大講堂を建立して宗門に寄進。三月十六日には広宣流布の時に行う記念式典の模範を青年部に示し、四月二日に逝去した。会長に就任してから逝去するまで七年間の短時日であったが、その期間に戸田は日本における広宣流布の基盤を組織的にも思想的にも構築し、日蓮仏法の世界的展開を用意した。その精神と実践は、池田をはじめとする青年世代に継承され、大きな結実を見ることとなるのである。

第三節　池田大作の事績

1　苦難の青春時代

創価学会第三代会長の池田大作は昭和三（一九二八）年一月二日、東京都大田区大森北二丁目（当時は東京府荏原《えばら》郡大森町）に海苔《のり》養殖業を営んでいた父池田子之吉《ねのきち》と母一《いち》の五男として誕生した。戸籍上の本名は太作《たいさく》（昭和二十八年に大作と改名）だった。

池田家の家業は、かつては隆盛していたが、大正十二（一九二三）年の関東大震災によって海苔養殖場が打撃を受け、池田が誕生した頃は下降線をたどっていた。昭和九

（一九三四）年四月、羽田第二尋常小学校に入学したが、翌年、父子之吉がリウマチになり、家業を縮小。生活は逼迫し、池田は海苔造りの手伝いを始めた。三人の兄が相次いで徴兵され、生活はさらに苦しくなった。池田が十歳の時、一家は広い屋敷を人手に渡し、現在の大田区東糀谷三丁目に移った。十一歳の時には家計を助けるため、新聞配達を始めた。

新聞配達と家業の手伝いで多忙であったが、その中で池田は読書に励み、将来は文筆の仕事につくことを考えるようになった。昭和十五（一九四〇）年に小学校を卒業。中学進学を希望していたが、家計の事情のために不可能となり、羽田高等小学校に入学。二年後の昭和十七（一九四二）年、同高等小学校（前年に荻中《おぎなか》国民学校と改称）を卒業、近所にある軍需工場である新潟鉄工所に入社した。

昭和十九（一九四四）年一月には同社から旋盤工の修了証を授与されている。この年、四番目の兄も徴兵され、池田が一家の柱となって家計を支えた。池田は、少年時代から結核を病んでいたが、十分に治療する経済的余裕もなかった。鉄工所での労働により病状は悪化し、この年の夏、血痰を吐いて倒れる事態となった。

昭和二十（一九四五）年三月、住んでいた家が強制疎開のため取り壊され、馬込四丁目に一家で転居したが、五月の空襲でその家も全焼。一家は焼け跡のバラック小屋を建てて住むことになった（後に転居）。同年八月の終戦とともに勤めていた新潟鉄工所が閉鎖になり、他の会社に一時籍を置いた。

池田の青春は生活の困窮と病気に苦しむ厳しいものだった。しかし、彼は勉学への志向性を失わず、九月には東京の神田にある東洋商業（現在の東洋高校）の夜学二年生に編入している。新潟鉄工所時代から池田は同世代の青年らと読書サークルを作り、知識の習得に務めていた。

終戦後、兄たちが次々に復員したが、昭和二十二（一九四七）年五月、兄たちの中でただ一人帰っていない長兄喜一の戦死公報が届いた。その衝撃の知らせは年老いた両親を打ちのめした。悲しみにくれる両親の姿に接した池田は、戦争の悲惨さを命に刻みつけた。後に池田が粘り強く平和運動を展開していった背景には、自身だけでなく両親や兄弟が戦争に苦しめられた原体験があったといえよう。

2　戸田城聖との出会い

同年八月十四日、池田は小学校時代の同級生に誘われ、大田区蒲田《かまた》で開催されていた創価学会の座談会に出席。その場で戸田城聖と初めて出会った。戸田はその座談会で「立正安国論」の講義をしていたが、講義終了後、池田は戸田に三点の質問をした。その質問とは「正しい人生とは」「本当の愛国者とは」「天皇をどう考えるか」という三点であった。終戦によって、それまで教え込まれてきた天皇絶対の価値観が社会的にも崩壊し、青年たちは自身を支えるべき思想を模索していた。この質問にも池田がこの当時、確かな人生観を真剣に求めていたことがうかがわれる。

池田は、戸田がこれらの質問に誠実に答えてくれたことに感銘を受け、さらに戸田が戦時中に投獄されながらも自身の信念を貫いてきたことに感動した。池田は、この時の感銘によって日蓮仏法に入信することを決意し、八月二十四日に御授戒を受け、創価学会の会員となった。

戸田の人格への傾倒から学会に入会した池田は学会の組織活動に参加し、信仰者として急速に成長していった。入会翌年の昭和二十三年九月には戸田の法華経講義(第七期)の受講者となり、「ああ、甚深無量なる法華経の玄理に遭いし、身の福運を知る。戸田先生こそ、人類の師ならん」と講義の感動を日記に記している。この年、戸田が経営する出版社日本正学館への入社が決まり、池田は公私ともに戸田のもとで薫陶を受けることとなった。

昭和二十四(一九四九)年一月から池田は日本正学館の社員となり、少年雑誌「冒険少年」の編集部員となった。五月には実家を出て大田区のアパートで単身生活を開始、「冒険少年」の編集長になっている。このことは池田の有能さと戸田からの信頼の厚さを示すものといえよう。

池田は編集長として当時の高名な作家や画家を訪ね、執筆を依頼。意欲的な編集で好評を博していた「冒険少年」だったが、日本正学館は大手の出版社に押されて次第に業績が悪化していった。十月には雑誌名を「少年日本」に改めたが、赤字が続き、十二月号で休刊することが決定した。

十二月から日本正学館の社員は戸田が新たに経営を引き受けた東京建設信用組合の社員となり、池田もその一員として働いた。池田は当時、大世学院(後の東京富士大学)の夜学に通学していたが、昭和二十五(一九五〇)年の年頭には戸田から通学を断念するよう要請を受けた。戸田は、その代わりとして池田に対する個人教授を行うことを提案。この時から、経済学・法学・政治学をはじめ、科学一般、歴史、漢文までの個人授業が開始された。この個人授業は、当初は毎週日曜日、後には日曜日だけでなく、毎朝、業務開始までの一時間ほどが当てられた。授業のテキストには大学の教養課程で使用されるものが用いられている(この授業は戸田の逝去前年まで続けられた)。戸田が池田一人の教育のためにこれほど多くの時間と労力を割いたという事実は、池田こそが戸田の全事業を継承する存在であることを戸田が認識していたことを物語っている。

昭和二十五年の春頃から東京建設信用組合の経営は急速に悪化し、池田は戸田を守るため、外交戦に奮闘した。その中でも池田は積極的に座談会に参加し、唱題と折伏弘教に励み、御書の研鑽に努めている。

八月には大蔵省から信用組合の営業停止命令が届き、それ以降、清算業務に入った。八月二十四日、戸田は学会の理事長職の辞任を発表、池田は他の社員が退社していく中、戸田のもとに残り、戸田を支え続けた。

十月には再起のために大蔵商事株式会社が設立され、池田は東京建設信用組合と大蔵商事の二つの会社の仕事に従事することとなった。翌月、大蔵商事の営業部長になる。社員は戸田の親戚の二、三人だけであり、池田は実質的に全ての責任を担って奮闘した。この間も池田は戸田からたびたび御書講義を受けるなど、最大の苦境の中で戸田との師弟の絆を強めていった。

3　学会発展の原動力として活躍

同年二月初旬、大蔵省から信用組合の解散を認める意向が示され、清算の見込みが出てきた。池田は清算の仕事に没頭する一方、戸田の会長就任を目指して運動、四月に起きた会長推戴署名運動を推進した。同年五月三日の戸田の会長就任後、婦人部や男女青年部が結成されるなど、弘教拡大の体制が整備された。この時期、池田は男子部班長、蒲田支部の大森地区委員として活動している。

しかし、組織は整えられたものの、学会全体として一か月の弘教は千世帯に達せず、そのままでは戸田が目標とした七十五万世帯達成は不可能であった。そこで戸田は昭和二十七（一九五二）年一月、池田を蒲田支部の支部幹事に任命。七十五万世帯達成目指して弘教の突破口を開く活動を期待した。池田は戸田の心を受けて支部内を奔走し、二月に蒲田支部として二百一世帯の折伏を成し遂げ、それまでの壁を破った。このことが学会全体に大きな波動を呼び、三月から折伏成果が一カ月で学会全体で千世帯を超え、弘教拡大が加速度的に進むことになった。

昭和二十八（一九五三）年一月、池田は男子部の第一部隊長、四月には文京支部長代理に就任。ともに目覚ましい拡大の結果を残した。昭和二十九年三月には参謀室長に就任、青年部のみならず学会全体の企画・運営に責任を持つ立場となる。昭和三十（一九五五）年四月、学会が初めて会員を候補者に立てて臨んだ統一地方選挙で、池田は東京都大田区の都議会議員候補と神奈川県横浜市鶴見区の市議会議員候補の支援活動を担当。両者ともに最高当選させている。

この年の十月、翌年行われる参議院選挙に学会では全国区三名、地方区二名（東京と大阪）を立てることが決まったが、池田はそのうち大阪地方区の責任者に戸田から指名された。大阪はまだ学会員も少なく、当選は極めて困難な状況だったが、昭和三十一（一九五六）年の年頭から池田は頻繁に大阪に通い、関西の組織建設に力を注いだ。その結果、五月には大阪支部で一万世帯を超える弘教を達成、信心の歓喜が関西にみなぎっていった。七月に行われた参議院選挙では大阪地方区と全国区二名が当選（大阪よりも会員が多い東京地方区は落選）。池田は不可能と見られていた大阪地方区での勝利を実現させ、卓越した指導力を証明した。

同年九月から、池田は戸田の指示で山口県の弘教拡大闘争を推進。翌年一月までに山口県の会員数を約十倍にする成果を挙げた（戸田が山口県の開拓を指示した理由は、同県が多くの首相を輩出した所であることから、同県に学会の基盤を築く必要があると判断したことにある）。この山口闘争の勝利は全国に刺激を与え、会員の少ない地方への弘教に各支部が力を入れるようになった。山口闘争は学会の地方拡大が進む契機となった。

昭和三十二（一九五七）年四月に行われた参議院選挙大阪選挙区補欠選挙（定数一）に学会は候補を立て、池田が最高責任者となったが、投票日直前に学会員の中から選挙違反者が出て敗北に終わる。大阪地方検察庁は、この選挙違反が池田の指示によるとの嫌疑を持ち、池田の逮捕に向けて動き始めた。

六月には北海道炭鉱労働組合（炭労）が学会との対決を決定。池田は直ちに北海道に渡り、札幌と夕張で大会を開催して炭労に抗議する意志を明確にした。それを受けて炭労も態度を改め、事態は収束に向かった。

七月三日、空路、札幌から大阪に向かった池田は、夕刻、大阪府警察本部に出頭。午後七時過ぎ、公職選挙法違反容疑で逮捕された（大阪事件）。取り調べに当たった検事は、池田に対し、罪を認めなければ戸田会長を逮捕すると脅迫。池田は戸田の逮捕を回避するため、やむを得ず取り調べ段階では検察の意に沿った供述をし、裁判で無実を明らかにすることを決意、七月十七日に大阪拘置所を出所した。

この事件は、昭和三十七（一九六二）年一月、大阪地方裁判所で池田に対する無罪判決が下り、検察の控訴もなく確定した。検察が控訴しなかったのは、取り調べ段階での検察の策謀が明白であったためと推定される。この大阪事件は、創価学会の政界進出に危機感を抱いた検察権力が学会を牽制する目的で起こしたものと考えられる。

池田は大阪事件の裁判闘争にもかかわらず、それに左右されることなく参謀室長として精力的に活動を続けていった。十二月には学会は戸田の生涯の願業であった七十五万世帯を達成、池田は戸田から次の七年で二百万世帯達成の目標を示されている。

昭和三十三（一九五八）年三月、学会は大石寺に大講堂を建立、寄進。大講堂落慶記念総登山が行われ、池田は一カ月に及んだ総登山運営の責任者として奔走した。三月十六日に行われた広布の記念式典では司会を務めている。

四月二日、戸田が逝去。池田は戸田の葬儀でも司会を務め、一切の指揮を執った。戸田を失った会員の衝撃は大きかったが、池田は五月三日に開催された春季総会で、学会が創立以来、七年を区切りにして発展してきたという「七つの鐘」の構想を発表して将来の目標を明示、会員を励ました。六月には新設された総務に就任。ただ一人の総務として、理事長を支えて学会全体の指揮を執ることになった。戸田の会長在任七年間における奇跡的な学会の躍進も、その原動力となってきたのは池田の奮闘であり、戸田亡き後は池田が学会の中心軸であった。

昭和三十五(一九六〇)年になると、理事長と各理事は一致して池田に第三代会長に就任することを繰り返し要請した。池田は自身が若年であり、大阪事件の被告の身であることなどを理由に再三固持したが、理事室の懸命の要請に抗しきれず、四月十四日、会長就任を受諾。五月三日の本部総会で第三代会長に就任したのである。

4 海外布教と教育・文化運動の展開

池田が会長に就任して着手したことの一つは海外への布教であった。同年七月に当時、米国の統治下にあった沖縄を訪問したことに続いて、十月には南北アメリカを訪問、昭和三十六年一月にはインド・香港などに足を運び、各地で支部を結成した。インドでは釈尊成道の地ブダガヤに「東洋広布」と刻んだ石碑などを埋納している。

また、教育部・学術部・芸術部などを結成、東洋哲学研究所、民主音楽協会を設立するなど、宗教だけでなく文化活動の面にも活動の分野を拡大した。政治面では昭和三十九(一九六四)年十月、公明党を創立、創価学会は同党の支持団体となった。

会員数も着実に増加し、昭和四十五(一九七〇)年には公称七百五十万世帯を達成した。同年の本部総会で池田は、戸田が用いてきた「国立戒壇」の用語を今後は用いないことを明らかにするとともに、公明党幹部の学会役職兼任を廃止して学会と公明党の機構上の分離を明確にした。戸田が国立戒壇の用語を用いたことは誤解を招く恐れが大きく、明治以来の残滓《ざんし》を引きずったものであった。そこで池田は、今後、国立戒壇の用語を用いないことを宣言。創価学会が建立を目指す戒壇は国家とは無関係な「民衆立」であることを明らかにし、前時代の残滓を一掃したのである。

池田が、戸田が用いた用語を用いないことを宣言したことは、学会が三代の会長を絶対・無謬の存在としていないことを意味している。創価学会は三代会長に敬意を表するが、誰人であれ人間である以上、誤謬や時代の制約があることは当然であり、個人を絶対化する「個人崇拝」となってはいない。

学会と公明党の機構的分離の背景にはいわゆる「言論・出版問題」と言われた事件があった。政治評論家の藤原弘《ふじわらひろ》達《たつ》が創価学会批判の書物を出版することを知った創価学会中枢部と公明党幹部がその出版を中止するように藤原に働きかけ、出版後はその流通を妨害した事実が判明、その行為が言論・出版の自由を妨害・蹂躙《じゅうりん》する反人権行為であるとして社会的に厳しく批判された事件である。池田は昭和四十五年の本部総会の席上、率直に反省・謝罪の意を表明、今後は言論の自由を尊重していくことを明言した。この事件は、自己に対する批判を受け入れようとしなかった当時の学会の団体としての未熟さと人権意識の希薄さを露呈した事件であった。

しかし、その間にも池田は教育の分野に活動範囲を広げた。昭和四十三（一九六八）年には東京都小平市に創価中学校・高等学校が開校、昭和四十六（一九七一）年には東京都八王子市に創価大学が開学。昭和五十一（一九七六）年には北海道札幌市に創価幼稚園、昭和五十三（一九七八）年には東京都小平市に創価小学校が開設され、幼稚園から大学院までの創価教育の体制が整った。文化面では、池田は昭和四十七（一九七二）年に英国の歴史家アーノルド・トインビー博士と対談。このころから世界の文化人や指導者との対談が開始され、その成果は多くの対談集として出版された。

同年十月には「広宣流布の暁に本門寺の戒壇たるべき大殿堂」（日達法主の訓諭）として大石寺に正本堂を建立、寄進した。正本堂は一度に六千人が本尊を礼拝できる規模を持った建築物だった。

昭和五十（一九七五）年一月、アメリカのグアム島に五十一カ国・地域の学会員が集い、創価学会インタナショナル（ＳＧＩ）を結成。池田はＳＧＩ会長に就任した。

しかし、同年頃から学会と日蓮正宗宗門との軋轢《あつれき》が表面化するようになり、昭和五十二（一九七七）年には宗門の一部僧侶が学会を公然と批判する事態となった。池田は僧俗和合に努力し、昭和五十四年四月、「七つの鐘」が鳴り終わる区切りを迎え、宗門との事態を収束するために創価学会の会長職を辞任、名誉会長に就任した。

名誉会長就任後も池田は学会の中心軸であり続けた。またＳＧＩ会長として「平和提言」を毎年発表し、「核の脅威」展を世界的規模で開催するなど平和運動を精力的に持続。その功績に対して昭和五十八（一九八三）年、国連から「国連平和賞」を贈られるなど、各種の表彰を受けている。

第十七章　日蓮正宗からの分離・独立

第一節　創価学会破門処分の経過と背景

平成二（一九九〇）年十二月、日蓮正宗宗門は池田の法華講総講頭職の資格停止を決定した。宗門は話し合いによる解決を求める創価学会の要請も一切拒否し、学会員への本尊授与を一方的に停止。平成三（一九九一）年十一月には学会を宗門から破門するとの「破門通告書」を学会に送付した。これらの宗門側の一方的措置により、創価学会と日蓮正宗はそれ以後、一切無関係の団体となった。

一連の措置の背景には日蓮正宗の六十七世法主日顕《にっけん》（一九二二～　昭和五十四〈一九七九〉年登座）の意図があった。日顕は学会を切り崩して学会員を宗門に従属する信徒とすることを企て、学会を突如、破門することを計画した。この計画は学会を切り捨てる（カット＝cut する）という意味で「C作戦」と呼ばれる。日顕はこのC作戦を実行に移したのである（日顕は当初から強い反学会感情を持っていたことで知られる。創価学会が宗教法人の資格を得た折にもそれに強い反対姿勢を示した）。

しかし、学会は宗門の攻撃にも動揺しなかった。学会は宗門の措置に何ら正当な根拠がないことを指摘し、日顕や宗門の腐敗堕落を厳しく批判。その結果、宗門から離別して学会と行動をともにする僧侶も多数現れた。学会は僧侶が介在しない葬儀「友人葬」を進めるなど、在家主体の信仰を進める「宗教改革」を推進した。平成五（一九九三）年、学会は大石寺第二十六世日寛《にちかん》書写の本尊を全世界の会員に授与することを決定。本尊の授与についても宗門の制約を克服し、日蓮の精神と教義を継承する唯一の教団として世界宗教への飛翔を開始した。

牧口会長以来、日蓮仏法の正統が富士門流に伝わってきたとの信仰を学会員が保持してきたことから、宗門は、学会を破門すれば会員の内面において学会は正統性の根拠を失い、多くの会員が宗門に帰属すると判断したのであろう。しかし、その判断は完全な誤謬であった。学会員は、日頃の信仰活動を通して、日蓮仏法の正統性は日蓮の教義通りに仏法を実践し弘通してきた創価学会の中にこそあると確信していたからである。

学会員は、日蓮正宗には日蓮仏法を弘通する力も意志もなく、学会の擁護によって存続しているだけの存在に過ぎないことを見抜いていた。その宗門が学会を切り捨てた時、自ら仏法の正統性を失って宗祖日蓮に違背する存在と化したことを学会員は認識したのである。

宗門が学会攻撃に踏み切った時、池田はその意図を看破して、創価学会こそが日蓮の精神を忠実に実践している正統教団であることを明確に主張し、指導した。学会員が宗門による破門にも動揺せず、信仰を守り抜くことができた要因は、池田の明確な指導性にあったといえよう。

C作戦は完全に失敗し、新たに宗門に従属する信徒はほとんど生まれなかった。逆に学会員を信徒から排除したため、日蓮正宗の信徒数は激減し、困窮寺院が続出するなど、日蓮正宗は衰退の一途をたどることとなった。

創価学会は日蓮正宗の信徒団体であったが、牧口会長の価値論を指導原理として用いるなど、日蓮正宗宗門の伝統的な在り方に収まらない存在であったため、時には宗門の僧俗から学会に対して批判の声も上がる事態もあり、学会と宗門の間には体質的な相違があった。

とくに戦時中、軍部政府の迫害を恐れて神社参拝を指導するなど権力に迎合した日蓮正宗と、神札の受け取りを拒否して厳しい弾圧を被った創価学会(当時は創価教育学会)との相違は明白なものがあり、その後も摩擦は絶えなかったが、それにもかかわらず両者は決定的に対立することなく、基本的に協調して進んできた。創価学会は日蓮正宗の教義を遵守《じゅんしゅ》する一方、日蓮正宗も学会の仏教弘通の努力と実績を尊重する態度をとってきたのである。

例えば、昭和二十六(一九五一)年に創価学会が独自の宗教法人の設立を公示した際も、日蓮正宗は、①折伏した人は信徒として各寺院に所属させること、②当山(大石寺を指す——筆者)の教義を守ること、③三宝(仏法僧)を守ること、の三原則を学会への要望として示し、学会による宗教法人設立の申請を容認している。実際に学会としては、新たに入会する会員は全員、日蓮正宗の寺院で御授戒を受けさせ、日蓮正宗の教義を遵守してきた。戸田会長の時代にも創価学会は大石寺の五重塔修復、奉安殿や大講堂の建立・寄進など、宗門の外護に努めている。

戸田会長時代の日蓮正宗法主である六十五世日淳《にちじゅん》は、創価学会について次のように述べている。

「わずかの間にかようなる同志の方々ができましたことは、これ実に創価学会が正しい信仰に従いまして、正しい指導によつて大きな功徳を皆様方にお分けして、かようなる大勢の同志となることができたのでございまする。これは誠に、創価学会の指導と組織ということがいかに信仰の上に正しい行き方であるかということを証明しているものだと私は感じるのでございまする」(『日淳上人全集』三四六頁)

「今此の七百余年の歴史を振り返つて見て、此れを今日の状況と比較して考えますと今や状況は一大転換して、歴史の上に時代を劃《かく》しつつあると思います。それは創価学会の折伏弘教によつて、正法が全国的に流通して未だ曾《かつ》て無かつた教団の一大拡張が現出されつつあることであります。此れを以て考えますと将来の歴史家に立宗七百年前は宗門の護持《ごじ》の時代とし、以後を流通広布の時代と定義するであろうと思われます。これまでの宗門の歴史を見ますれば時に隆昌がありましたが、結局護持ということを出なかつたと考えます。(中略)開宗七百年を転期として一大流布に入つたということは正法流布の上に深い約束があるのではないかと感ぜられるのであります。これを思うにつけても創価学会の出現によつて、もつて起つた仏縁に唯《ただ》ならないものがあると思います」

(同書一六二〇頁)

日淳と同様に、五十九世日亨《にちこう》、六十四世日昇《にっしょう》、六十六世日達《にったつ》などの各法主も創価学会を宣揚する多くの言葉を残しているが、その事実は各法主が価値論や生命論などの学会の理念と運動の意義を深く理解し、多少の摩擦があったとしても創価学会とともに歩むことを日蓮正宗の根本路線としたことを意味している。

創価学会と日蓮正宗は相互に尊重し合う僧俗和合路線を基本としたので、学会は池田会長の時代になっても大石寺に大客殿、正本堂等を建立・寄進しただけでなく、各地に末寺を建てて宗門に供養し続けた。しかし、正本堂の建立(一九七二年)以後、宗門の若手僧侶の中から学会は宗門を支配し、宗門からの独立を企てている等の非難が発せられるようになり、学会と宗門の軋轢《あつれき》がこれまで以上に表面化していった。

学会は事態を憂慮して、あえて宗門の主張に従った謝罪を何度も行い(宗門が学会を非難したのは紙幅の本尊を板本尊に彫刻したことなどだが、紙幅の本尊を板本尊とすることは、本来、本尊を授与された者の自由であり、何ら謝罪しなければならないことではない)、昭和五十四(一九七九)年に池田が会長職を退いて名誉会長となることで事態を収拾した。両者の意見の相違を、話し合いを重ねることで解決し、僧俗和合の基本を維持することに努めたのである。

その結果、創価学会は従来に増して宗門の外護に力を注いだ。大石寺の諸施設の建立、改修だけでなく、昭和五十九(一九八四)年には末寺二百カ寺建立寄進計画を発表し、宗門が池田の法華講総講頭職の資格停止を通告してきた平成二(一九九〇)年までの六年間で百十一カ寺もの末寺を建立、日蓮正宗に寄進している(戸田会長以来、学会が宗門に建立・寄進した寺院は、改築等も含めて三百五十六カ寺に及ぶ)。このような経過にもかかわらず、平成三(一九九一)年に日蓮正宗が一切の話し合いを拒否して創価学会の破門を一方的に通告したのは、僧俗和合を願って努力してきた学会の誠意を完全に無視するものであった。

第二節　破門処分の理由

宗門が創価学会を破門した理由は、同年十一月に宗門が学会に連続して送付した「解散勧告書」「破門通告書」に示されている。それを要約すれば、学会が宗門に服従しないので学会を切るということに尽きる。

宗門の主張の骨子は、一つには日蓮正宗の法主は一切の権限を有する絶対的存在であるから、信徒は無条件に法主の指南に従わなければならないというものである。「破門通告書」は次のように言う。「法主は、血脈法水のもとに、本尊書写並びに教義に関する正否の裁定をはじめ、仏法の化導における一切の権能を具えるのであります。故に本宗の僧俗は、自行においても、また広布進展の上からも、法主の指南に信伏随従《しんぷくずいじゅう》しなければなりません」。

このように法主を絶対視する主張は「能化《のうけ》」と呼ばれる高僧の公式文書において「本宗の根本は、戒壇の大御本尊と唯授一人《ゆいじゅいちにん》血脈付法の御法主上人であります」「唯授一人の血脈の当処は、戒壇の大御本尊と不二の尊体にまします」「この根本の二つ（大御本尊と法主を指す——引用者）に対する信心は、絶対でなければなりません」と述べているところにも表れている。要するに日蓮正宗は、法主は本尊と並ぶ絶対の信仰対象であるというのである。

このような「法主絶対論」「法主信仰」とも言うべき主張は、日蓮・日興はもちろん、宗門上古にも見ることはできない。歴史的には、第九章で論じた通り、この種の法主絶対論は、十五世紀に日尊《にちぞん》門流から富士門流に転入した左京日教《さきょうにっきょう》（一四二八〜？）が稚児貫首《ちごかんず》の時代に貫首（法主）の権威を強調するために初めて言い出した主張に過ぎず、日蓮仏法本来の教義から逸脱した議論である。むしろ、日興は「日興遺誡置文」で「時の貫首たりといえども仏法に相違して己義《こぎ》を構えば、これを用うべからざること」（一六一八頁）として、貫首（法主）であっても仏法に違背して自分勝手な主張（己義）を構える者が出てくる事態を予見している。厳しく言えば、法主を本尊と並べて信仰の根本対象にするような特異な教義は日蓮の宗教には一切存在せず、それ自体が日蓮とは無関係の邪義といわなければならない（日蓮正宗が教義の基本としている日寛教学においても法主を絶対視する議論はない）。

また日蓮正宗が学会破門の理由としたものに、僧侶は師匠、在家信徒は弟子であるとする「僧俗師弟義」ともいうべき主張がある。すなわち「解散勧告書」では「僧侶と信徒は、仏法上、師匠と弟子という筋目の上からの相違が存するのであります」と述べている。

もちろん、「僧が師匠で、信徒は弟子」などという議論は日蓮にはない。むしろ日蓮は「この世の中の男女僧尼は嫌うべからず」（一一三四頁）、「僧も俗も尼も女も、一句をも人にかたらん人は如来の使いと見えたり」（一四四八頁）と僧俗の平等を繰り返し説いている。門下に与えた曼荼羅本尊の大きさや「聖人」「上人」などの称号の授与についても僧俗を全く差別することのなかった日蓮の振る舞いに照らすならば、日蓮が僧俗平等を根本的立場にしたことは明らかである。

第九章で見たように、日興《にっこう》や日有《にちう》など、師弟の原理を教団の運営原理にした例はあるが、それは仏教知識が僧侶階層にほとんど独占されていた中世の状況を反映したものに過ぎない。僧俗の関係は時代によって変動するものであり、永遠普遍の仏法の本質などではない。実際に戦前期において創価教育学会は会員の指導を僧侶に委ねず学会独自で行っており、日蓮正宗もそれを承認している。当初から創価学会においては「僧侶が師匠」などという実態はなかったのであるから、一九九一年に至って日蓮正宗が「僧俗師弟義」などを持ち出して学会を攻撃するのは見当外れの議論という他ない。

また日蓮正宗は、創価学会が僧侶ぬきで在家者のみで葬儀を行い、塔婆や戒名も不要としていることについて、「本宗伝統の化儀を改変する大謗法」（「破門通告書」）と非難している。しかし今日、日蓮正宗が行っている僧侶による葬儀、塔婆、戒名などの化儀は日蓮自身が定めたものではなく、江戸時代など遥か後世になって形成されたものに過ぎない（日蓮や日興が信徒の葬儀の導師をしたり、塔婆を書いたりした例は皆無である）。日蓮正宗は、後世に造られた化儀や教義をあたかも日蓮本来のものであるかのように述べて世間を欺《あざむ》いているのである。むしろ僧侶なしで葬儀を行い、塔婆や戒名も用いない在り方が日蓮仏法本来の姿というべきであろう。

以上、「解散勧告書」「破門通告書」の内容を見てきたが、それによる限り日蓮正宗の創価学会に対する「破門」には仏法上、道理に適《かな》った理由を見いだすことができない。宗門が学会破門の根拠とした「法主絶対論」「僧俗師弟義」「化儀の改変」等の主張は、いずれも日蓮仏法の本義に適合しておらず、むしろ創価学会に日蓮仏法の本義からの重大な逸脱がないことを示すものになっている。従って、日蓮正宗による学会の破門はそれ自体が不当な処分といわなければならない。

創価学会が富士門流に伝えられてきた日蓮仏法を初めて日本のみならず全世界に弘通したことは紛れもない歴史的事実であり、広宣流布を担ってきた創価学会を日蓮正宗が破門したということは、事実上、仏法流布の使命を放棄したに等しい。

「かかる者の弟子檀那とならん人人は宿縁ふかしと思うて日蓮と同じく法華経を弘むべきなり」（九〇三頁）、「大願とは法華弘通なり」（七三六頁）等の文を見るまでもなく、広宣流布こそが日蓮が門下に残した最大の遺命である。その広宣流布の使命を放棄することは宗祖日蓮に対する違背であり、また創価学会とともに進むことを基本方針としてきた各法主の心にも背くものであった。そこで、富士門流（日蓮正宗）の評価についても学会の破門前と破門後では明確に区別しなければならない。つまり、学会とともに歩んでいた時代の宗門は、多くの問題はあっても、大枠としては宗祖日蓮の意に適っていたのに対し、学会破門後の宗門は日蓮に違背する存在と化したといえよう。

宗門の一方的措置によって結果的に日蓮正宗から独立した創価学会は、それ以降、宗門の制約を受けることなく日蓮仏法の思想を現代社会に対して生き生きと展開していく自由を獲得した。

宗門からの独立後に池田が日蓮仏法の現代的展開を試みた著述として、座談形式によって法華経二十八品全体を論じた『法華経の智慧』（全六巻）がある。同書は、仏教学をはじめとする諸学問の成果を参照しながら、人間主義の立場から法華経ならびに日蓮仏法の哲理を現代人に分かりやすく解説しているところに特色がある。

同書は、法主絶対や僧俗差別など、今日の日蓮正宗の在り方を厳しく批判しているが、同時に日寛教学に代表される富士門流の伝統教義を踏まえ、それを前提にして議論を展開している。例えば同書第四巻では、「百六箇抄」の「我等が内証の寿量品とは脱益寿量の文底の本因妙の事なり。その教主は某《それがし》なり」（八六三頁）の文や「因果並常《びょうじょう》」「因果一念」など「本因妙抄」に示された概念を用いて文底の「事の一念三千」を論じている。

また、日寛についての言及も随所で見られる。例えば日寛が「文底秘沈抄」で示した三大秘法の六義のうち「信の題目」「行の題目」に触れて、池田は「大事なことは、日寛上人が仰せのように、題目には『信の題目』と『行の題目』があることだ。同じように題目を唱えていても——唱えるのは『行の題目』に当たる——御本尊の功徳を『確信』しているかどうかで、結果は変わってくる。この『信の題目』が大切なのです」（同書第五巻一九七頁）と述べている。このような発言から、池田が宗門による破門後も日寛教学を創価学会の思想的基盤として重視していることがうかがえる。

また、池田は宗門からの独立後も精力的に世界各国を訪問して日蓮仏法の世界広布を推進した。その結果、地球上のほとんどの国に創価学会インタナショナル（ＳＧＩ）の会員が生まれるに至った。日蓮は「既に末法当時、南無妙法蓮華経の七字を日本国に弘むるあいだ、恐れなし。ついには一閻浮提《いちえんぶだい》に広宣流布せんこと一定《いちじょう》なるべし」（八一六頁）と南無妙法蓮華経の世界広宣流布を予言したが、この日蓮の言葉は今やＳＧＩによって現実のものとなりつつあるのである。

第三節　団体としての創価学会

創価学会は牧口・戸田・池田の三代の会長を中心軸にして大きく発展してきた。発展の要因として、指導者である三代会長の透徹した信仰と卓越した人間力があったことは言うまでもないが、同時に三代会長の指導と実践に呼応して立ち上がった会員一人ひとりの内面に大きな要因がある。

戦前の創価教育学会の会員は、主に教員や小規模な個人事業者など、東京を中心とした都市部の中産階層だった。彼らは、日蓮仏法を人生を切り開く「生活法」として位置づけた牧口の指導のもと、各自の生活の課題に信仰を軸に取り組んでいった。牧口は独自の価値論を日蓮仏法への導入理論として用いたので、当時の会員はその価値論をある程度は理解し受け入れられる層が主流であったと思われる。

戦時中の弾圧を経て学会の再建に取り組んだ戸田城聖は、昭和二十六（一九五一）年に第二代会長に就任してから本格的な弘教拡大を開始した。戦後に入会した会員は、戦後の混乱の中で貧困や家庭不和、差別、病気など深刻な人生苦に直面している庶民が大半だった。その中で戸田は日蓮仏法の絶対の功力を説き、いかなる人生の苦難も仏法の実践によって克服していけることを強調していった。戸田は会長就任後、苦悩を抱えて訪れる会員に対して、毎日のように直接、指導・激励した。

日蓮仏法が単なる観念論や抽象論ではなく、現実の生々しい人生苦を見事に解決していく力を持つ宗教であることを戸田は全魂で訴えていったのである。

会員は、戸田の指導通り日々の勤行・唱題に励み、その実践から生きる力を得て、各自の苦難に挑戦していった。そして事態が改善されていく結果に信仰の実証を感じ、その喜びを周囲に語っていった。戸田も、宿命転換には勤行・唱題だけではなく、仏法を人に語っていく折伏弘教が不可欠であることを強調した。また戸田は、会員に対し、妙法に出会ったのは単なる偶然ではなく、各自が地涌の菩薩として妙法を弘通する使命を担っていることを説いた。会員は、単に目先の利益を願うだけの受動的な存在ではなく、自分も広宣流布を進めていく能動的主体者であるとの自覚と使命感を戸田と共有していったのである。そこから急速な弘教拡大の潮流が巻き起こっていった。

　一九五〇年代に入会した会員のほとんどは、世間から「貧乏人と病人の集まり」と揶揄《やゆ》されたことにもうかがえるように、社会の中でもっとも虐げられていた庶民だった。創価学会は、政党や労働組合など、どの団体組織からも見放されていた人々の中に分け入って励ましと救いの手を差し伸べ、各人の心に希望の灯を点していったのである。

　当時の弘教は、時に多くの反発を伴った。地域の中で排除されて「村八分」的な扱いを受けたり、悪口罵言を浴びせられることも珍しくなかった。しかし学会員は、周囲からの蔑視と迫害に耐え、自らの体験を通してつかんだ仏法への確信を縁する人に語っていった。学会員は日蓮の御書の研鑽を通して、命にも及ぶ厳しい弾圧をも忍んで妙法を弘通した日蓮の振る舞いを自身と重ね合わせ、難を受けながら仏法を弘めていく実践こそが地涌の菩薩としての尊貴な闘争であることを自覚したからである。

　都市部の庶民階層から始まった会員層は、貧困など人生苦の克服とともに、次第に社会の広範な分野に広がっていった。地域的にも都市部に限定されず、会員は全国の農漁村や離島にも拡大していった。池田の会長就任後、弁護士・公認会計士などの専門職、医師などの医療関係者、芸術関係者、教育者、大企業の社員、農漁村や離島に居住する会員をメンバーとする組織が学会の中に結成されていったことも学会員の階層的・地域的広がりを示すものといえよう。

　地域社会との関係においても、かつては神社の祭礼を謗《ほう》法《ぼう》として拒否するなど、学会員は町内会等の地域組織から孤立していた傾向があったが、日蓮正宗からの独立後、祭礼を拒否する在り方を改め、学会員も地域の組織や行事にも積極的に参加するようになった（祭礼への関与は宗教的行為ではなく地域友好を深める社会的行為であり、信仰の対象として神体を礼拝するのでなければ謗法にはならないという論理を打ち出した）。

　池田も、会員が地域を重視し、地域で信頼を得ていくべきことを繰り返し指導し、地域への貢献を信仰活動の柱の一つとした。池田は、学会が地域や職場から浮き上がった閉鎖的集団となることを厳しく戒めてきた。そのような指導性の結果、今日では地域と学会との垣根はなくなり、学会員が地域社会で重要な役割を担う例が広く見られるようになっている。

　戦後の創価学会の特徴として、会員全体が日蓮仏法の研鑽に真剣に取り組み、日蓮の思想、教義が会員各自に定着するよう努めていることが挙げられる。戸田は、戦前の創価教育学会の挫折の原因が教学研鑽の不足にあったことを反省し、昭和二十一（一九四六）年の年頭から法華経講義を開始して創価学会再建の第一歩とした。その後も戸田は法華経や御書の講義を継続したが、学会全体として日蓮仏法の研鑽が本格的に開始されたのは昭和二十七（一九五二）年四月の『日蓮大聖人御書全集』発刊以後である。

同年十二月、第一回の教学部任用試験を実施。これ以降、毎年、任用試験をはじめとする教学試験が行われるようになり、試験を通して会員全体に教学研鑽の意欲が高まっていった。試験だけでなく、各種の会合でも御書の研鑽が行われた。学会員は日蓮の御書を直接学ぶことによって日蓮の精神と思想を自分のものにし、周囲の状況に左右されない自立の信仰者として自己を確立していったのである。「日蓮大聖人直結」「御書根本」という創価学会の基本路線はこの時期に確立したといえよう。そのような学会の在り方は、教義の面で僧侶に全面的に依存していた従来の在家信徒団体とは根本的に異なるものであった。

日蓮仏法による自己の確立という点は、海外に進出した創価学会の態様を見るとき、さらに鮮明にうかがうことができる。

創価学会は一九六〇年代から本格的に海外布教を開始し、今日ではほとんどの国に創価学会インタナショナル（SGI）の組織が存在し、各国の社会に定着している。その存在は学術的研究の対象にもなっている。

その代表的なものとして、宗教社会学者のブライアン・ウィルソンとカレル・ドベラーレが一九九〇年にイギリス創価学会（SGI－UK）を調査・研究した『タイム　トゥ　チャント』と、同書の影響を受けてフィリップ・ハモンドとデヴィッド・マハチェクが一九九七年にアメリカ創価学会（SGI－USA）を研究した『アメリカの創価学会』がある。この二つの研究は、無作為に抽出した両国のSGIメンバーに質問票を送付し、その回答を分析する方法で行われた（追加インタビューを含む。回答数は前者が六百二十通、後者が四百一通だった）。

その内容は、キリスト教文化圏に属する先進国において日蓮仏法がどのように受容されているかを示すとともに、その受容の在り方を通して創価学会の思想と運動の特質を浮き彫りにするものになっている。

それによれば、イギリス、アメリカともに、SGIのメンバーは一般国民の平均より比較的に学歴が高く、製造業よりも芸術や医療・看護、情報産業などに携わる人の割合が高かった。イギリスでは自営業、アメリカでは専門職・管理職・行政職に従事している人の割合が一般国民に比べて高い。

また価値観の傾向としては、SGIメンバーは、個人は自らの責任のもと自らの意志で人生を決定すべきであるとする自由主義の傾向と、人生の変化に恐れずに挑戦していく楽観的態度が顕著に見られた。芸術などの文化活動や社会奉仕団体、環境保護団体などに積極的に関与する態度も指摘できた。また、経済的価値よりも自己表現や個人の人格的成長を重視する「ポスト物質主義」的傾向も強く認められた。

ウィルソンらは、大要、以上のようにSGIを分析し、生産中心社会から消費社会へと移行した現代社会に適合した宗教倫理と生活規範をSGIは提示していると解釈している。例えばハモンドとマハチェクは次のように述べている。

> 「勤勉、節約、義務といったプロテスタントの倫理が生産者志向の文化に適合していたように、創価学会が宣揚する仏教の倫理は、世俗的快楽、消費、個人の自律などがますます追求されつつある文化に適合しているのである。しかしながら、アメリカSGIが個人的満足と個人の自由を認めるに当たっては、より広範な社会倫理を伴っている。人生における個人的満足の追求の周囲には、全体の幸福への配慮が存在しているのである」(『アメリカの創価学会』一六〇頁)。

会員への質問票を用いた社会学的研究がなされたのは今のところイギリスとアメリカの二カ国のみであり、その結果には両国固有の社会状況が反映されていることは当然だが、その点を差し引いても、その研究はSGIの思想と運動が持つ特質を示すものになっている。

日蓮正宗からの独立後、創価学会は教義面でも独自性を確立しつつある。平成二十六（二〇一四）年、学会は会則を改定し、日蓮正宗が信仰の根本としている大石寺所蔵の戒壇本尊（日蓮が弘安二年十月十二日に図顕したと伝承される本尊）について、「大謗法の地」にある故に受持の対象にしないことを決定した。

創価学会は、たとえ日蓮真筆の本尊であっても、その本尊が他教団の寺院に所蔵されている場合、その本尊の礼拝を認めていない。その寺院が日蓮の教義に違背し、謗法の地となっていると判断するからである。学会が戒壇本尊を受持の対象にしないというのは、他教団に所蔵される真筆本尊を礼拝しないのと同じ論理に基づいている。すなわち学会は、戒壇本尊を本尊ではないと否定しているのではなく、たとえ真正の本尊であったとしても謗法の地に所蔵されているので、その礼拝は信仰上適切ではないとしているのである。

宗門からの「破門」以前、創価学会は戒壇本尊を根本の本尊として尊重し、礼拝してきた。それは、学会が日蓮正宗の信徒団体である以上、日蓮正宗の教義を遵守、尊重するのが当然の在り方であったからである。従って、学会の主張に「自語相違」があるわけではない。日蓮正宗が学会を破門して自ら宗祖日蓮に違背する謗法教団と化したために、そこに所蔵される本尊を礼拝することはできないとしているに過ぎない（実際に一九九一年の「破門」以後、学会員は大石寺に参詣していない。二〇一四年の会則改定は、その実態を会則の次元においても明確にする趣旨といえよう）。

創価学会は特定の本尊が根本の本尊であるという、それまで宗門が主張してきた本尊観を退け、日蓮の真筆本尊および書写の本尊は全て等しく「本門の本尊」であるとする立場を明確にした（ちなみに富士門流以外の他門流が作成した文字曼荼羅は「本門の本尊」とはいえない）。日蓮仏法の実践においては場所の差別はなく平等であることを宣言し、特定の場所が「聖地」であるという観念を打ち破ったのである。

創価学会は宗門側の措置によって図らずも日蓮正宗から独立した今日、独自の教義を形成しつつあるが、だからといって、これまでの富士門流の教義が当初から全面的に誤りであったと富士門流を完全に否定するものではない。具体的に日蓮正宗の教義の基礎となっている日寛教学を取り上げた場合、創価学会は創立当初から日寛教学を深く学んで自らの教義の骨格としてきたのであり、日寛教学を全面的に無視したのでは教義の基盤を喪失することになりかねない。

第十二章で論じたように、日寛教学にも当然、時代や教団人としての制約はあるが、基本的には日蓮の教義からの重大な逸脱はないと判断される。その意味で日寛教学に対する態度としては、その限界、制約を認識しながら、一つの思想的遺産として受け止め、今後の教義形成の基礎として用いていくことが必要であろう。今日の創価学会が日寛書写の本尊を全世界の会員に授与している事実も意味深いこととして理解できる。

富士門流（日蓮正宗）は、創価学会と袂《たもと》を分かつまで、日蓮仏法の正統教義を曲がりなりにも護持し、学会に伝える役割を担ってきた。それが、自ら学会から離れていった今日、日蓮正宗の歴史的役割は終了したと見ることもできる。創価学会と日蓮正宗という二つの教団が今後、どのような形で推移していくか——。両者ともに、時代の激変に対応してどこまで自己を革新していけるかどうか、その力と意志にそれぞれの命運がかかっているといえるだろう。

付論

宮田論文への疑問

――日蓮本仏論についての一考察

二〇一五年九月五日、創価大学で開催された日本宗教学会第七十四回学術大会で、同大学教授の宮田幸一氏が「学問的研究と教団の教義―創価学会の場合」として口頭発表を行い、それを加筆訂正した論文が宮田氏自身のホームページで公表された。

筆者は、氏の論文に触れて若干の疑問を感じたので、氏の他の論文を含めて検討し、取り上げられた問題について議論を深めるための参考資料として本稿を作成することとした。

はじめに、各項目の表題を挙げておく。

（1）「本門の本尊」があれば日蓮宗各派の信仰にも功徳はあるか
（2）「功徳と罰」を主張することは誤りか
（3）近代仏教学との関連
（4）日蓮本仏論
　①日蓮本仏論はカルトの理由となるか
　②日蓮自身による日蓮本仏論
　③日蓮が末法の教主（本仏）である所以
　④日蓮が釈迦仏を宣揚した理由
　⑤曼荼羅本尊の相貌に表れる日蓮の真意
　⑥天台大師が示す教主交代の思想
　⑦仏教の東漸と西還――仏教交代の原理
　⑧上行への付嘱の意味――教主交代の思想
　⑨真偽未決の御書について
　⑩日興門流による日蓮本仏論の継承
（5）釈迦仏像の礼拝を容認すべきか
（6）学説が確かな根拠になりうるか
（7）自分の判断が一切の基準か

（1）「本門の本尊」があれば日蓮宗各派の信仰にも功徳はあるか

まず第一に、二〇一四年に創価学会が会則を改定した際、学会が日蓮図顕の文字曼荼羅も書写の文字曼荼羅も全て等しく「本門の本尊」であると説明したことに触れ、日蓮真筆の文字曼荼羅が日蓮宗各派の寺院に所蔵されていることから、宮田氏は先の論文で、『本門の本尊』を信仰の対象としている日蓮宗各派の信仰、ならびに日蓮正宗の信仰にも、応分の功徳があるということを教義的には認めざるをえないことになるのではないかと私は考える」と述べ、さらに「『本門の本尊』を信仰しても、全く功徳がないという教義を日蓮の御書から導き出すのはかなり困難ではないかと私は思っている」としている。

はたして、そうであろうか。日蓮図顕の真筆本尊も書写の本尊も、いずれも南無妙法蓮華経を具現した「本門の本尊」であるという前提は当然としても、しかし、例えば身《み》延山久遠寺《のぶさんくおんじ》や中山《なかやま》法華経寺《ほけきょうじ》に安置されている日蓮真筆本尊を、「本門の本尊」であるからといって久遠寺や法華経寺の信仰をもって拝んで、功徳はあるだろうか。私はないと思う。それを裏づけるのが「生死一大事血脈抄」の「信心の血脈なくんば法華経を持《たも》つとも無益《むやく》なり」（一三三八頁）の文である。

この文で「法華経」とは経典としての法華経ではなく、文字曼荼羅と解せられる（晩年の日蓮は文字曼荼羅をもって「法華経」と呼んでいる）。この文は、血脈とは信心の異名であるという「信心の血脈」論の根拠となる有名な文であるが、この文を素直に読めば、いかに正しい曼荼羅本尊であっても、拝む側に正しい信心がなければ功徳はありえない、という意味になろう。

それ故に、これまで創価学会ではこの文を引いて「日蓮大聖人、日興上人の御精神に適《かな》った正しい信心がなければ血脈はなく、たとえ正しい御本尊を拝しても、功徳が現れることはない。かえって『かかる日蓮を用いぬるともあしくうやまはば国亡ぶべし』〈九一九頁〉と仰せのように、仏法違背の大罪となる」（「大白蓮華」第六二七号一一五頁）と教えてきたのである。

この「かかる日蓮を用いぬるともあしくうやまはば国亡ぶべし」との「種種御振舞御書《しゅじゅおふるまいごしょ》」の文は、日蓮を崇拝する在り方としても「あしく敬う」場合と「よく（正しく）敬う」場合の相違があることを示している。どのような教義であれ日蓮を崇拝さえすればそれでよいということではない。誤って敬った場合には国が亡ぶほどの悪業になるというのである。そうなると、曼荼羅本尊を拝みさえすればどのような宗派の信仰をもって礼拝しても応分の功徳があるという宮田氏の見解は、この文と明確に違背するのではなかろうか。

仏教の根本テーゼである縁起説によるならば、万物はそれ自体のみで存在するものではなく、他者との関係性の網の目の中で存在し、価値を有する。文字曼荼羅も、それ自体が無条件で、人間が存在しない場所で本尊としての力を持つのではない。曼荼羅に接する人間との関係性によってその意味と力が異なってくる。日蓮が図顕した曼荼羅本尊は「観心《かんじん》の本尊」すなわち「信心の本尊」であり、正しい信心をもって拝して初めて本尊としての力用が現れるのである。信心が皆無のところにおいては、たとえ日蓮真筆の文字曼荼羅でも本尊としては現れず、一種の「掛け軸」に過ぎないことになる。

創価学会は、身延山久遠寺や中山法華経寺など日蓮宗各派の信仰は正しい信心とは認めず、むしろ誤ったものであるとしてきた。それにもかかわらず、宮田氏のように「日蓮宗各派の信仰、ならびに日蓮正宗の信仰にも、応分の功徳がある」としたのでは、それらの寺院に参詣することも必ずしも誤りではないということになり、これまでの学会の指導性の全面的否定になりかねない（当然、大石寺に参詣しても差し支えないことになる）。それでは、これまで創価学会の指導性に従って信仰してきた学会員を裏切ることになるであろう。

ただし、氏は現在の創価学会の方針として、『本門の本尊』としては平等だからという理由で他教団の所有する本尊を拝んでもよいと容認するわけではなく」と、他教団の本尊の礼拝を容認していないと認識しているようである。しかし、それでは、他教団の本尊の礼拝は容認しないという学会の方針と「日蓮宗各派の信仰、ならびに日蓮正宗の信仰にも、応分の功徳がある」という氏の見解とでは矛盾しており、整合性がとれていない。氏の立場を論理的に貫けば、「他教団の本尊の礼拝を認めないのはむしろ教義的には誤りである」ということになるであろう。

もっとも宮田氏は、真筆ないしは直弟子などの古写本のない御書は日蓮の思想を判断する根拠にはなり得ないという立場をとっているので、真筆が現存しない「生死一大事血脈抄」も偽書として扱い、一切用いないとするのであろうか。真筆や古写本のない御書を全面的に排除する傾向が一部の研究者の間に見られるが、後に触れるように、そのような態度は真偽が確定できない御書を全て偽書として切り捨てるもので、行き過ぎであり、妥当ではない。

創価学会は、これまで血脈観として、正しい信心こそが血脈であるという「信心の血脈」論の立場に立ち、その根拠を「生死一大事血脈抄」に置いてきた。二〇一五年に発刊された『教学入門』（創価学会教学部編）は次のように述べている。

「日蓮大聖人は、成仏の血脈は特定の人間のみが所持するものではなく、万人に開かれたものであることを明確に示されています。『生死一大事血脈抄』に「日本国の一切衆生に法華経を信ぜしめて、仏に成る血脈を継がしめん」（一三三七頁）と仰せです。日蓮大聖人の仏法においては、『血脈』といっても、結論は『信心の血脈』（一三三八頁）という表現にあるように『信心』のこと

です」（同書三一八頁）

仮に「生死一大事血脈抄」を偽書として排除した場合には、学会が主張している「信心の血脈」論も日蓮自身の思想ではなく後世に形成されたものとなり、根底から崩壊することになる。そのような事態は、学会員としては受け入れ難いものであろう。

（2）「功徳と罰」を主張することは誤りか

次に信仰の功徳について宮田氏は、「そもそも信仰に功徳があるかどうかという問題は、教義の問題でもあるが、むしろ信仰をしている人々が功徳を感じているかどうかという宗教社会学的な問題でもある」とし、さらに「宗教的功徳の特定信仰への独占ということは事実としては否定されるしかないと私は考えている」と述べている。論文の文章は抑制されているが、実際の口頭発表ではもっと率直な言い方になっている（口頭発表の内容はユーチューブで公開）。

特定宗教の熱心な信仰者を相当程度の人数選び出し、宗教社会学的な調査によって「あなたが実践している信仰には功徳（救済）があるとあなたは感じていますか」と質問すれば、どのような宗教であれ、大多数の割合で「功徳（救済）がある」という回答が寄せられるのは当然であろう（何の功徳〈救済〉もないと思っていながら熱心に信仰するということは考え難い）。宗教社会学的には、熱心な信仰者にとってはどのような宗教であれその信仰を実践するだけの内的理由があり（その意味で功徳〈救済〉を感じている）、信仰の内容、教義の如何《いかん》は宗教社会学においては問題にされない。宗教社会学は本来、宗教の教義の優劣を判定するものではないからである（あらゆる宗教に対して中立である）。つまり、宗教社会学は文字通り宗教の社会的・外形的側面を分析・考察するものであって、宗教の教義の優劣を判定する基準を持たない（価値判断を留保する）。

信仰の功徳について宗教社会学を中心に考える氏の立場からすれば、どのような宗教・宗派でもそれぞれの信仰者にとってはそれなりの功徳があるのだから、何を信仰してもよいということになる（「本門の本尊」に関連して、氏が「日蓮宗各派の信仰、ならびに日蓮正宗の信仰にも、応分の功徳がある」とするのは全ての宗教に対して価値中立的な社会学的見地に立っているからであろう）。逆に言えば、氏が「宗教的功徳の特定信仰への独占ということは事実としては否定される」と明言する通り、特定宗教が「この信仰以外に真の功徳（救済）はない」と主張することは事実としては誤りとして否定することになろう。

表面的な事実としては、どのような宗教を信仰しようと、また無宗教であろうと、誰人の人生においても幸福（プラス）もあれば不幸（マイナス）もある。その事実だけを強調すれば、どのような宗教を信仰しようと、また無宗教であろうと何の相違もないということになる（わざわざ特定の宗教を信仰する必要もない）。それでは、全ての宗教そのものがおよそ無意味、無価値なものであり、単なる妄想になりかねない（神も仏もなく、世の中は所詮、金と力だという、日本人に広く見られる徹底した「現世主義」「宗教蔑視」に繋がっていく）。

しかし、宗教の特質として、どのような宗教であれ、多少なりとも自身の教義によってこそ真実の救済がある（他の宗教・宗派によっては真実の救済はない）と自己の最勝性を主張するものである。どのような宗教でもよいと説く宗教はまず皆無であろう（「宗教は何でもよい」としたのでは、あえてその宗教を立てる理由がなくなる）。いわば、「この信仰にこそ真の功徳（救済）がある」として自己の最勝性を主張する「確信」に宗教の特質があるのであり、それを誤りであるとして否定する氏の見解は宗教の特質を見失ったものとして、むしろ宗教の否定になりかねないのではなかろうか。

自己の教義の最勝性を主張するのが宗教の特質であるから、仏教経典でも自経の功徳と卓越性を説き、誹謗者《ひぼうしゃ》の罰を説くことは広く認められる。中でも日蓮が最勝の経典とした法華経は、法華経受持の功徳と法華経誹謗者の罰が随所で強調されている。そのような経文は枚挙に暇《いとま》がないが、例えば薬王菩薩本事品では「若《も》し復《ま》た人有って、七宝を以て三千大千世界に満てて、仏及び大菩薩・辟支仏《ひゃくしぶつ》・阿羅漢に供養せんも、是の人の得る所の功徳は、此の法華経の乃至一四句偈を受持する、其の福の最も多きには如《し》かじ」（創価学会版法華経五九三頁）と法華経受持の絶大な功徳を説き、また陀羅尼品《だらにほん》では「若し我が呪《しゅ》に順ぜずして　説法者を悩乱せば　頭破《こうべわ》れて七分に作《な》ること　阿梨樹《ありじゅ》の枝の如くならん」（同六四八頁）と法華経の行者を悩ます者の現罰を説いている。

この薬王菩薩本事品の文を釈して中国の妙楽大師が『法華文句記』で「供養する有らん者は福十号に過ぐ（有供養者福過十号）」と述べたことはよく知られている。日蓮は曼荼羅本尊の左右の肩にこの「有供養者福過十号」の文と「若悩乱者頭破七分」の文をしたため、本尊受持の功徳と悩乱者の罰を明確にした（日蓮真筆の曼荼羅の讃文にはこの他にも数種類あるが、曼荼羅本尊の完成期である弘安年間の曼荼羅に記されるのはこの「有供養者福過十号」「若悩乱者頭破七分」の讃文が多く見られる。また日興もこの讃文を記すことを基本とし、日興門流で書写される曼荼羅本尊にはこの「有供養者福過十号」「若悩乱者頭破七分」

の讃文が記されている)。

しかし、特定の信仰だけに功徳があるという立場を否定する宮田氏は、別の論文でこの曼荼羅本尊の讃文を取り上げて次のように言う。

「私は日蓮の曼荼羅に書かれた禍福の讃文の予言は宗教社会学的には真理とは言えないと思っている。(中略)その意味で私は日蓮の主張は誤っていると思っているから、曼荼羅からはその記述を除外すべきだと思っている」(SGI各国のHPの教義紹介の差異について)

氏は日蓮図顕の文字曼荼羅にも誤りがあるから、その部分を削除すべしと主張するのである。言うまでもなく、曼荼羅本尊には日蓮の教義が凝縮して示されている。その意味で、曼荼羅本尊にしたためられた功徳と罰の讃文には自身が生涯を賭けて確立した宗教に対する日蓮の絶対の確信が込められている。その日蓮の、いわば命を賭けた確信の表明を宮田氏は簡単に否定するのである。このような氏の見解は、価値判断を留保した(価値判断の基準をあえて持たない)宗教社会学を用いながら功徳と罰という宗教的価値を裁断する誤りを犯していると言わざるをえない(次元が異なるものを混同して同一の次元に置いている)。

多くの宗教社会学者はその次元の相違を認識しており、価値判断を留保している宗教社会学の立場から特定宗教の教義や本尊を指して「誤っている」などと越権的に裁断するようなことはしていない。宮田氏の見解は宗教社会学の常識からも外れたものとなっている。氏は宗教社会学そのものも誤解しているのではなかろうか。そのような態度では日蓮の宗教を内在的に理解することは到底不可能であろう。

(3) 近代仏教学との関連

次に宮田氏は、梅原猛《うめはらたけし》による創価学会批判を紹介しながら、学会の教義と明治以降の近代仏教学との関連を取り上げる。具体的には、①大乗経典が釈尊の直説ではないこと、②「五時」説への固執、③仏滅年代と末法理論の関係、の三点を問題にしている。

①について、氏は次のように言う。

「創価学会は日蓮仏法に関する教義解釈と宗教的儀礼に関しては日蓮正宗の伝統を継承してきた。しかし、日蓮正宗の日蓮仏法解釈は、鎌倉時代の日蓮、室町時代の日有、江戸時代の日寛の教義解釈を基礎としたものであり、明治以降の仏教の学問的研究の成果に対してまともに対応したものではなかった。(これは日蓮正宗に限ったことではなく、日本の既成仏教団体全てが、宗祖に忠実であるならば、教義的には大乗仏教教典が直接釈尊によって説かれたという理解を前提にして成立していることには変わりがない。その理解が崩れたときに、宗派として存在することに教義的な意味は見失われ、歴史的意味しかないように私には思われる。）」

もちろん、日蓮を含めて日本の既成仏教教団の宗祖は全て大乗経典が釈尊によって説かれたという認識を前提にしている（本稿においては、実在した歴史的釈尊〈ゴータマ・シッダルタ〉を「釈尊」、法華経を含めて経典に登場する釈迦を「釈迦仏」と呼ぶことにする。両者を区別することで議論の混乱を避けるためである）。その前提が崩れた時には教義的に宗派として存在している意味が無くなるのだろうか（もっとも創価学会は、『法華経の智慧』において法華経の成立は紀元一世紀以降であるとの認識を示すなど、既に近代仏教学の知見を取り入れた議論をしている）。この点については、拙著『新版　日蓮の思想と生涯』で若干述べたのでその箇所を引用することにする。

「歴史的釈尊の直説ではないということはなにも法華経に限ったものではない。大乗仏典はもちろん、最古層の仏典と見られる『スッタニパータ』などの原始仏典、小乗仏典を含めて、歴史的釈尊の直説と確実に言い切れるものはない。これは絶対に間違いなく歴史的釈尊が実際に説いた言葉であると断定できるものは存在しない（歴史的釈尊の直説ではないという意味では大乗経典に限らず全ての仏典が非仏説である。経典が仏説か非仏説かを問題にすることは意味がない）。歴史的釈尊の言葉でなければ教義が成立しないというのであれば、結局、仏教全体が成立せず、無に帰してしまう。

同様のことはキリスト教などについても言える。イエスの言行を記述した四つの福音書は新約聖書に収められたキリスト教の根本聖典だが、最古の福音書と考えられているマルコ福音書にしてもイエスの死から数十年後に成立したもので、いずれの福音書も歴史的イエスが説いた言葉を正確に記述したものではない。歴史的イエスの言葉は厳密にはどこにも存在していないのである。イエスの言葉だけが教義の前提であるとしたならば、キリスト教全体が成立しないことになる。

仏教経典は、原始経典から大乗経典まで、いずれも後世の経典制作者がそれぞれの立場から、これが釈尊の教えであると信じたものを釈尊の名前を借りて表現したものである。（中略）従って各経典の内容は多種多様となるから、多数の経典の勝劣を判定し、どの経典を選びとるかという問題は後世の人間の主体的判断に委ねられることになる（例えば涅槃経は、『了義経〈真理を表した経典〉に依って不了義経〈真理を表していない経典〉に依らざれ』として、経典の内容を吟味し、その優劣を検討する作業が必要であるとしている）。

天台大師はその時までに中国に伝来していた仏教経典を検討した結果、五時八教の教判を確立し、法華経こそが仏の悟りをもっとも正確に表した最勝の経典であるとの結論に達した。日蓮もまた、その時代において目にできる一切経を閲覧し、天台の教判が妥当であると判断した。天台や日蓮自身の宗教体験を含めた仏教観そのものがその判断の根底に存したことは当然であろう。

従って、経典が歴史的釈尊の直説かどうかなどということは初めから問題にならない。釈尊が説いたから経典が尊いのではない。普遍的真理が示されているからこそその経典が尊いのである。日蓮は、法華経の全ての文字について『六万九千三百八十四字、一一の文字は皆金色の仏なり』（「単衣抄」一五一五頁）と言明した。それは、法華経において一切の仏が共通して悟った普遍の真理が示されているとの洞察があったが故ということができよう」（『新版　日蓮の思想と生涯』三〇頁）

厳密な文献学によれば、歴史的釈尊の直説などどこにも存在しない。もしも、直説がなければ仏教の教義が成立しないと主張するのであれば、それは文献学をあまりに偏重するものであり、結果として仏教そのものを見失うものとなる（キリスト教についても同様である）。文献の厳密性にこだわり過ぎると宗教そのものが雲散霧消《うんさんむしょう》してしまう。

②について言えば、宮田氏が言及している梅原猛の批判とは、全ての経典が釈尊の直説であると考えた天台は釈尊の五十年の伝道生活を「華厳時」「阿含時」「方等時」「般若時」「法華涅槃時」の「五時」に配列し、それを経典成立の順序としたが、近代仏教学の知見によれば経典の成立は釈尊の死後数百年にわたるので、今日においては「五時八教」の教判自体が「無茶な話」になっているというものである。その上で梅原は次のように言う。

「文献学の発展しなかった頃の日蓮が、天台智顗の、このみごとにしてしかも強引な分類（五時八教を指す――引用者）をそのまま真理としたのは仕方がないとしても、明治以後の原典批判にすぐれた業績をあげた仏教学の成果を持つ現代という時代の宗教である創価学会が、五時八教をそのまま採用しているようにみえるのはどうしたわけであろう」（「創価学会の哲学的宗教的批判」『梅原猛著作集3』二九一頁）。

ちなみに、この梅原の批判は一九六四年になされたものである。その当時は梅原の批判が当たっていた面もあったかもしれないが、今日の創価学会は、先に『法華経の智慧』について述べた通り、既に経典を歴史的釈尊の直説とする立場をとっておらず、「五時」説をもって経典成立の歴史的事実とは捉えていない。二〇一五年発刊の『教学入門』（創価学会教学部編）では「釈尊が五十年に及ぶ弘教の人生を終えて亡くなった後、釈尊のさまざまな言行が弟子たちによってまとめられていきました。その中で、慈悲と智慧を根幹とする教えが大乗経典として編纂されていきます」（同書二六六頁）と、経典が後世の編纂によるとの認識を示している。

五時八教の教判について、筆者は拙著『新版　日蓮の思想と生涯』では次のように述べておいた。

「天台が五時を仏典成立の順序と捉えたのはその時代の限界、制約の故であり、今日においては実際の経典成立の過程として受け入れることはできない。しかし、だからといって、五時八教の教判が全く無意味であるということではない。五時八教は、天台が一切経をどのように捉えていたかという天台の仏教観そのものの表明である。そこには、今日においてなお深く汲み取るべきものがあると思われる。

誰人でも、自分が生きている時代の限界、制約は免れない。人間のみならず万物が歴史的に限定された存在だからである。天台大師に限らず万人にわたって、後の時代の知見から見れば受け入れられないものが生ずるのは当然である。五時八教の教判に時代的限界があるからといって、その全てが無意味、無効であるとするのは、あまりに皮相的な態度であると言わなければならない」（同書三一頁）

誰もが時代の制約のもとにあるのだから、後世の者が後の時代の知識をもって先人の限界を賢げに指摘しても意味がない（プラトンやアリストテレスが古代的制約のもとにあるからといって、その全てが無意味ということにはならない）。現代の学問も千年後の人間から見れば欠陥だらけのものと映るだろう。

③について宮田氏は、『折伏教典』では仏滅は今から約三千年前と云い、東京大学法華経研究会編『日蓮正宗創価学会』ではシャカの入滅の事実に関して日蓮説と新しい仏教学者の説の両方をあげ、どちらが良いとも断定していないのである」という梅原の記述を引用し、梅原が「創価学会が仏教学の成果に対して曖昧な態度を採っていることを批判している」とする。

日蓮は、釈尊滅後二千年になる永承七年（一〇五二年）から末法に入るという当時の日本の一般的な認識に従って自身の時代を末法と規定したが、近代仏教学が示す釈尊の入滅年代によれば、日蓮の時代は釈尊の入滅からまだ二千年になっておらず、末法ということはできない。この点をどのように考えるかが問題となるが、この点についても創価学会は、仏教学による仏滅年代に従ったとしても、自身の時代を末法とした日蓮の認識には何の問題もないという立場を既に表明している。
すなわち、二〇〇二年発刊の『教学の基礎』（創価学会教学部編）は次のように述べている。

「大聖人が御自身の時代を末法ととらえられたのは、諸説がある仏滅年代や正像末の年数を絶対的な拠り所としたからではありませんでした。

正・像・末の年数が仏典によって違うことや、仏滅年代に諸説があることは大聖人もよくご存知でしたから、御自分が採用された説について絶対的なものとして受け止められていたわけではなかったと拝されます。（中略）

そのうえで、当時、定説となっていた仏滅年代九四九年説と正像二千年説を用いて、末法御本仏としての御自身の実践を跡付けられたのです。（中略）大事なことは、『仏滅年代』についていずれの説を採るにしても、大聖人御出現の時代が経文に説かれた通りの末法の様相を呈しており、その時代相のなか、日蓮大聖人が末法御本仏としてのお振る舞いを示され、事の一念三千の御本尊を建立してくださった事実です。以上、みたように近代の学説に基づいた釈尊の入滅年代を用いたとしても、大聖人の末法のとらえ方の正しさは動きません」（同書一二一頁）

拙著『新版　日蓮の思想と生涯』では次のように述べておいた。

「今が末法であるとの時代認識は、当然、像法時代の天台大師・伝教大師とは時代を異にしていることを意味している。日蓮は後に『三大秘法抄』において『前代に異なり』と明言しているが、立宗の時点において既に末法に入っているという明確な歴史認識があったればこそ、天台・伝教が行うことのなかった題目の弘通に踏み切ったと推察されるのである。なお、永承七年（一〇五二）年に末法に入るという当時の定説は釈尊の入滅が紀元前九四九年であるという『周書異記《しゅうしょいき》』の説と正法・像法を二千年とする説に基づいている。ところが、近代仏教学によれば釈尊の入滅は紀元前四八六年あるいは三八三年（そのほか諸説がある）とされており、正像を二千年とすると日蓮の時代はまだ像法時代となってしまう。

日蓮が自身の時代を末法と規定したのは、単に『周書異記』の説や正像二千年説に盲従したためではない。日蓮は仏滅年代や正像の年数について諸説があることを認識しており（『周書異記』の説について『守護国家論』で『一説なり』〈四六頁〉としている）、そのうえで、時代の状況が大集経が末法の時代を規定した『闘諍言訟・白法隠没』の言葉通りの様相になっていることを洞察して、自身の時代が末法に当たっていると判断したといえよう。

実際に平安時代末期の保元・平治の乱以来、日本国内では戦乱が絶えず、仏教勢力自体も僧兵を蓄えるなど軍事勢力化していた。延暦寺などの大寺院は民衆を救済するどころか逆に宗教的論理を利用して民衆を収奪する権力体となっていた（例えば、寺院への年貢《ねんぐ》を納めない者は仏神の罰を被るという宗教的脅迫を加えた）。

　宗教的にも、伝教大師が確立した天台仏教も内部から変質して密教化し、伝教の思想は完全に空洞化していた。そもそも天台仏教の修行法である観念観法の瞑想行も高度な能力のある僧侶だけがなしうるもので、在家の民衆が行えるものではなかった。仏教が隠没していたのは日本だけではない。インドにおいては日蓮が生きた十三世紀にイスラム勢力の侵略によって最後の仏教寺院が破壊され、仏教は完全に滅亡した。

　中国においても唐の滅亡後、中国仏教は衰退の過程に入った。教団は経済的・社会的には繁栄したが、度牒《どちょう》（僧であることの証明書）や皇帝から賜る紫衣や師号も売買の対象となり、仏教教団の腐敗が進行していった。民衆に広まったのは仏教としての実体がない浄土教と禅宗のみであり、その上、道教との一体化が進んだ。

　女真族《じょしんぞく》（ツングース系民族）の金によって一一二七年に北宋が滅ぼされて以降は、外形的には仏教が行われていても、仏教の内実はほとんど失われた状態になった。このことについて日蓮は、『顕仏未来記』で『漢土に於いて高宗《こうそう》皇帝の時、北狄《ほくてき》、東京《トンキン》（北宋の首都・開封《かいほう》のこと——引用者）を領して今に一百五十余年、仏法・王法ともに尽き了わんぬ』（五〇八頁）と述べている。

　日蓮は、そのような時代状況と既成仏教の限界を深く洞察して、もはや時代は従来の釈尊の仏教によって民衆を救済することができない『末法』に突入していると判断し、末法に相応した新しい仏教を創始することを決意したのである。その意味では、釈尊の入滅年や正像の年数などは些末な問題に過ぎない。日蓮が自身の時代が末法に当たると主体的に判断し、その時代に適った宗教を確立し弘通することを決断したことこそが重要なのである」（同書三六頁）。

以上、宮田氏が提起した近代仏教学との関連の問題を見てきたが、創価学会の教義が近代仏教学の知見と矛盾しているとの批判は、今日ではほとんど有効性を持っていないといえるだろう。

（４）日蓮本仏論

　今回の宮田論文の重要なテーマは日蓮本仏論と思われる。氏は「今回の会則改正は表面的には、単に『一閻浮提総与の大御本尊』を受持の対象から外しただけで日蓮本仏論を継承しているという点で、まだ日蓮正宗の影響が残っていると一般には思われているようだ」と述べていることから、一般論の形を借りながら、創価学会が日蓮本仏論を継承していることは日蓮正宗の影響の残滓《ざんし》であるという認識を持っているようである。氏は「新しい日蓮本仏論を構築する必要がある」とも述べているが、氏がこれまで発表してきた他の論文を見るかぎり、氏は日蓮本仏論を脱却して釈迦本仏論を目指す志向性を持っているように見受けられる。

①日蓮本仏論はカルトの理由となるか

例えば論文「SGI各国のHPの教義紹介の差異について」で、宮田氏は「私は『日有の教学思想の諸問題』において、日蓮本仏論に関して、必ずしも創価学会が採用する必要がないことを、学問的理由と海外布教という2つの理由から述べた」と日蓮本仏論不採用の立場を明確にしている。

まず海外布教の面について、氏は同論文で次のように述べている。

「日本国内においては、日蓮正宗は700年の歴史があり、日蓮本仏論を主張してもカルト団体とは社会的に認定されないが、世界の仏教全体の中で、釈尊以外の歴史上の人物を釈尊より上位の仏として主張することは、他の仏教宗派から、さらには諸外国の仏教諸派が加盟する仏教協会からは仏教的主張とは見なされず、そのことが社会的にSGIを非仏教団体と認定する根拠となるだろう。大日如来や阿弥陀如来は歴史上の仏ではないから、それらを本仏とする仏教宗派はさほど問題されることもなく、またダライ・ラマが観音菩薩の化身であるという信仰は、まだ釈尊より下位の菩薩であるから許容範囲である。しかし日蓮は歴史上の人物であり、日蓮本仏論はその日蓮を釈尊より上位の仏として主張することであるから、海外のSGIの運動をカルト批判という脅威にさらす可能性がある」

日蓮本仏論を唱えることがそのままカルトと認定される危険に結びつくという論旨には同意しがたい。現在、日本の創価学会は、「会則」や「御祈念文」に明らかなように、日蓮が末法の本仏であるとの教義を堅持しており、世界各国のSGI組織も日本の創価学会と異なる教義を唱えているわけではない。それにもかかわらず、どこかの国のSGI組織が日蓮本仏論を掲げているという理由でカルトに指定されたという実例はない（フランス政府がフランスSGIをカルト指定しているのは別の理由による）。また、ある国の仏教協会が、日蓮本仏論を理由にしてSGIを非仏教団体と認定した具体例もないのではなかろうか。

後に述べるように、日蓮本仏論は日蓮自身が言明し、日興門流から今日の創価学会にまで継承されてきた日蓮仏法の根本教義である。その教義を唱えることだけを理由にして、社会的に定着している宗教組織を直ちにカルトに指定するような粗暴な決定を行うことは、「信教の自由」を保障している近代国家では通常考えられないのではなかろうか。万一、特定の政府や団体が日蓮本仏論の教義がカルトに当たるとの批判を加えてきた場合には、粘り強くそれに反論し、説得していけばよいだけのことである。実際には起きてもいないカルト批判を恐れて自己の核心的教義を捨て去ることは、教団として宗教的自殺にも等しい誤りと言わなければならない。

日蓮本仏論とは、基本的には釈迦仏を正像時代の本仏とし、日蓮を末法の本仏とする立場であるが、それは決して釈尊を貶《おとし》めるものではない。万民を等しく救済しようとした釈尊の精神は、経典としては一切衆生の成仏を説いた法華経に体現されていると日蓮は洞察した。そして、その法華経の精神は、中国・日本においては天台大師、伝教大師に継承され、末法においては日蓮がそれを受け継いでいる——。日蓮が「顕仏未来記」で表明した「三国四師《さんごくしし》」とは、釈尊——天台——伝教——日蓮という系譜にこそ仏教の本流が流れ通っているとの宣言に他ならない。

根源の法を覚知した仏の悟りにおいては釈尊も日蓮も同一であり（おそらくは天台も伝教も）、それぞれの時代や社会状況に応じて説かれた教法の相違があるに過ぎないからである。日蓮仏法が仏教本来の思想を継承していることを世界に向けて明確に強調していくならば、ＳＧＩに対してカルトとの批判が生ずることはほとんどないであろう。

あらゆる仏の教えにも正法・像法・末法という時の区分があるということは仏教一般の通規である。全ての仏の教えもそれぞれの時代に対応したものであるから、初めは有効であっても（正法時代）、時代の変化とともに次第に形骸化し（像法時代）、やがて衆生を救済する力が全く喪失する時代（末法）が到来する。それは釈迦仏も例外ではない。法華経を含めて多くの経典で悪世末法の到来が説かれる所以《ゆえん》である。世界に仏は釈迦仏一仏しか存在しないとする小乗仏教に対し、宇宙には無数の仏が存在するというのが大乗仏教の世界観である。従って、ある仏の教えが有効性を失った時には別の仏によって衆生が救済される道理となる。

実際に法華経方便品では、「未来仏章」で未来には無数の仏が出現すると説き、釈迦仏の滅後、眼前に仏を見ることができずに人々が法を信ずることができない時代には人々は他の仏に出会うことによって法を信じることができると説いている（創価学会版法華経一二五頁）。「つまり、法華経は釈迦仏だけを教主とする立場をとらず、未来には他の仏によって衆生が救済されていくことを想定している。（中略）そこから後の神力品で展開される『教主の交代』という思想が生まれてくると解せられる」（拙著『新法華経論』五四頁）。従って、釈迦仏法によって衆生を救済できない時代においては釈迦仏に代わって新たな教主が出現するということは法華経自体が想定していたことであり、何も奇異な思想ではない。その意味でも、日蓮本仏論がカルトとされる危険を招くという意見は見当外れというべきであろう。

②日蓮自身による日蓮本仏論

宮田氏は、また次のように言う。

「日蓮本仏論が日蓮自身の重要な主張であるならば、弾圧覚悟でその主張を維持することが、宗教的使命であると思うが、日蓮自身の真蹟遺文や信頼できる直弟子写本にも、そのような思想の形跡が見られないのであれば、そのような後代に派生したと思われる教義のために弾圧を受けるのは、世界広宣流布のためには障害にしかならない」（SGI各国のHPの教義紹介の差異について）

氏は日蓮本仏論の形跡が日蓮自身の真蹟遺文にも信頼できる直弟子写本にも見られないと断じているが、そのような認識はあまりにも杜撰《ずさん》であり、明らかな誤りである。むしろ、日蓮の真蹟や直弟子写本がある御書において日蓮本仏義を明確にうかがうことのできる文はいくつも挙げることができる。

まず、日蓮が自身を主師親の三徳を具える存在であると宣言している文が真蹟遺文に複数存在する。

日蓮の真蹟の大部分が存在し、日興と日大（日興の孫弟子）の写本がある「撰時抄」には「日蓮は当帝の父母・念仏者・禅衆・真言師等が師範なり又《また》主君なり、而《しか》るを上一人より下万民にいたるまであだをなすをば日月いかでか彼等が頂を照し給うべき地神いかでか彼等の足を戴き給うべき」（御書二六五頁）の文がある。

また真蹟の断簡が各地に所蔵されている「一谷《いちのさわ》入道御書」には「日蓮は日本国の人人の父母ぞかし・主君ぞかし・明師ぞかし・是を背《そむか》ん事よ」（同一三三〇頁）と述べられている。

これらは、主師親の三徳全てを日蓮自身が具えることを明示した文であるが、主師親の個々の徳を具えることを示した文は、「真言諸宗違目」（真蹟十一紙完存）の「日蓮は日本国の人の為には賢父なり聖親なり導師なり」（同一四〇頁）の文や、真蹟がかつて存在していたことが明確になっている「王舎城事」の「かう申すは国主の父母・一切衆生の師匠なり」（同一一三八頁）の文など、いくつかの諸文を見ることができる。

日蓮は主師親の三徳を具える存在こそが仏であるとの認

識に立っていた。そのことは真蹟十五紙が完存する「一代五時鶏図」に章安大師の「涅槃経疏」の文を引いて「一体の仏主師親と作《な》る」（同六二九頁）と述べていることにも明らかである。

主師親の三徳を仏の特質とすることは「涅槃経疏」に次のように明示されている。「但歎三号者欲明三事。初歎如来。允同諸仏生其尊仰。是為世父。応供者。是上福田能生善業。是為世主。正遍知者。能破疑滞生其智解。是為世師。故下文云。我等従今無主無親無所宗仰（云云）」（大正蔵三十八巻四五頁）

このように主師親の三徳の観点から見ても、日蓮が自身を仏（教主）として自覚していたことが分かる。

次に、主師親の三徳の文脈を離れた観点からも、日蓮自身に日蓮本仏論があることをうかがわせる文は少なくない。

その一端を挙げるならば、例えば「撰時抄」に「提婆達多は釈尊の御身に血をいだししかども臨終の時には南無と唱えたりき、仏とだに申したりしかば地獄には堕つべからざりしを業ふかくして但《ただ》南無とのみとなへて仏とはいはず、今日本国の高僧等も南無日蓮聖人ととなえんとすとも南無計りにてやあらんずらんふびんふびん」（同二八七頁）の文がある。「南無日蓮聖人」の言葉は日蓮自身を南無（帰命）の対象、すなわち人本尊と規定している明文である。

その直後には「外典に曰く未萠《みぼう》をしるを聖人という内典に云く三世を知るを聖人という余に三度のかうみよう（高名）あり」として、三回にわたる予言的中の事実をもって日蓮が「聖人」であることを知るべきであるとする。「聖人」とは言うまでもなく仏の別称である。つまり、この文も日蓮が仏であることの宣言になっている。

「撰時抄」に、自身を「日本第一の大人《だいにん》」「一閻浮提《いちえんぶだい》第一の智人」とすることについて、「現に勝れたるを勝れたりという事は慢にて大功徳なりけるか」（同二八九頁）と述べていることも日蓮自身による日蓮本仏論の表明と解することができよう。

また、「大導師」「大聖人」の呼称については、日興の写本がある「頼基陳状《よりもとちんじょう》」には「五五百歳の大導師」（同一一五七頁）とあり、真蹟の断簡が現存し、日興の写本がある「兵衛志殿御書《ひょうえのさかんどのごしょ》」には「代《よ》末になりて仏法あながちに・みだれば大聖人世に出ずべしと見へて候」（同一〇九五頁）とある。さらに、真蹟の断簡が各地にあり、かつては十八紙の真蹟が存在していた記録が残っている「法蓮抄」には「当に知るべし此の国に大聖人有りと、又《また》知るべし彼の聖人を国主信ぜずと云う事を」（同一〇五三頁）と述べられている。

「大導師」「大聖人」は仏を指す言葉であるから、これらの文も日蓮自身が末法の教主（本仏）であるとの自己認識に立っていたことをうかがわせるものになっている。

さらに明確なのは、熱原法難の際に日蓮が迫害の当事者である日弁《にちべん》・日秀《にっしゅう》に代わって執筆した「滝泉寺申状《りゅうせんじもうしじょう》」の文である。本抄は、行智側の訴状に対抗して北条得宗家公《く》文所《もんじょ》に提出すべく、日興の弟子である日秀・日弁の名で作成された陳状（答弁書）である。書名には「申状」とあるが、実際には訴状に対抗して作成された「陳状」である。前半は日蓮自身が執筆し、後半は富木常忍の執筆による（真蹟十一紙並びに冒頭別紙二行完存）。本抄は、日秀・日弁という弟子が公の機関に宛てて提出する公文書の文案である。それを日蓮が執筆したということは、日蓮自身による日蓮の客観的な位置づけが示されているということになる。このように本抄は、日蓮の対外的な「自己認識」が明示されているという意味で重要な意義を持つ。

普通の書簡の場合、そこには書簡の相手の仏法理解の程度に応じた配慮が必要となるが、本抄は公文書であるため、そのような配慮は必要ではない。また、日蓮自身の名前で執筆する場合、自身についてしばしば謙譲の表現が見られるが、本抄は孫弟子である日弁・日秀の名前で当局に提出する文書であるから、謙譲の表現をとる必要もない。その意味で、一般の御書とは異なって、「滝泉寺申状」にはさまざまな配慮を省いた日蓮自身の真意が現れていると見ることができる。

すなわち、本抄の日蓮真筆部分には「本師は豈《あに》聖人なるかな」（同八五〇頁）、「法主聖人・時を知り国を知り法を知り機を知り君の為《ため》臣の為《ため》神の為《ため》仏の為《ため》災難を対治せらる可きの由・勘え申す」（同頁）の文がある。日蓮が自身について「法主」と明言している意義は重大である。「法主」とは、中阿含経に「世尊を法主となす」とある通り、本来、万人を救済する法を教示する仏、教主を指す言葉であるから、日蓮が自身を末法の教主（本仏）と明確に自覚していたことを示す文証といえよう。

③日蓮が末法の教主（本仏）である所以《ゆえん》

日蓮が自身を末法の教主（本仏）であると宣言できた所以は何か。それは、日蓮こそが末法の万人を救済する南無妙法蓮華経の大法を初めて一切衆生に対して教示し、弘通した主体者だからである。実際に日蓮以外に南無妙法蓮華経の唱題を人々に教え、南無妙法蓮華経を文字曼荼羅に顕して万人が礼拝する本尊として授与した存在はない。まさに日蓮を離れて南無妙法蓮華経の仏法は存在しない。「報恩抄」に「日蓮が慈悲曠大《こうだい》ならば南無妙法蓮華経は万年の外《ほか》・未来までもながるべし」（同三二九頁）とあるように、南無妙法蓮華経の仏法の淵源はあくまでも日蓮にあるのであり、「釈尊が慈悲曠大ならば」となっていないことに留意しなければならない。日蓮が南無妙法蓮華経を初めて弘通した教主であることについては「撰時抄」に「南無妙法蓮華経と一切衆生にすすめたる人一人もなし、此の徳はたれか一天に眼《まなこ》を合せ四海に肩をならぶべきや」(同二六六頁)と述べられている。

釈迦仏は文上の法華経の教主であっても南無妙法蓮華経を説いてはいないので、南無妙法蓮華経の教主にはならない(さらに言えば、久遠実成の釈迦仏といっても所詮は法華経制作者が創造した観念に過ぎず、いつ、どこに出現したという具体性を持たない架空の存在でしかない。その意味では阿弥陀如来、大日如来、薬師如来などと同列である。「諸法実相抄」で「釈迦・多宝の二仏と云うも用《ゆう》の仏なり。〈中略〉仏は用の三身にして迹仏なり」〈同一三五八頁〉として釈迦仏をも迹仏であると断じている所以《ゆえん》である)。

日興の写本がある「上野殿御返事」(末法要法御書)に「今末法に入りぬれば余経も法華経もせんなし、但《ただ》南無妙法蓮華経なるべし、かう申し出だして候も・わたくし(私)の計《はからい》にはあらず、釈迦・多宝・十方の諸仏・地涌千界の御計なり、此の南無妙法蓮華経に余事をまじへば・ゆゆしきひが事なり」(同一五四六頁)とあるように、釈迦仏法の救済力が失われた末法においては文上の法華経をいかに行じても何の力にもならない。南無妙法蓮華経のみが末法の衆生を成仏せしめる要法となるのである。

ただし、宮田氏は、この「かう申し出だして候も・わたくしの計にはあらず、釈迦・多宝・十方の諸仏・地涌千界の御計なり」の文について、「この主張(「今末法に入りぬれば余経も法華経もせんなし、但南無妙法蓮華経なるべし」という日蓮の主張――引用者)の根拠を『法華経』に求めている」(漆畑正善論文「創価大学教授・宮田幸一の『日有の教学思想の諸問題』を破折せよ」を検討する)と述べているが、それは誤解であろう。南無妙法蓮華経だけが衆生を救済できる大法であるという日蓮の主張は、文上の法華経を根拠にして(法華経に依存して)初めて成立するものではない。いわば、法華経があろうとなかろうと成立する永遠普遍の真理である。その真理は日蓮が勝手に主張しているものではなく、文上の法華経も承認するところであるというのがこの文の趣旨に他ならない。

日蓮は文上の法華経を学び修行して妙法を悟ったのではない。「寂日房御書《じゃくにちぼうごしょ》」に「日蓮となのる事自解仏乗《じげぶつじょう》とも云いつべし」(同九〇三頁)とあるように、日蓮は法華経などの経典や他者の教示によって悟達したのではなく、自ら根源の妙法を体得したのである。このことは真蹟断簡が現存する「善無畏三蔵抄《ぜんむいさんぞうしょう》」に「幼少の時より虚空蔵《こくうぞう》菩薩に願を立てて云く日本第一の智者となし給へと云云、虚空蔵菩薩眼前に高僧とならせ給いて明星の如くなる智慧の宝珠を授けさせ給いき、其のしるしにや日本国の八宗並びに禅宗・念仏宗等の大綱・粗《ほぼ》伺ひ侍りぬ」（同八八八頁）とあり、また真蹟がかつて存在していた「清澄寺大衆中」に「生身の虚空蔵菩薩より大智慧を給わりし事ありき、日本第一の智者となし給へと申せし事を不便《ふびん》とや思《おぼ》し食《め》しけん明星の如くなる大宝珠を給いて右の袖にうけとり候いし」（同八九三頁）とあることからも明らかである（虚空蔵菩薩とは大宇宙〈虚空蔵〉を貫く智慧の人格的表現であるから、日蓮己心の虚空蔵菩薩というべきであろう）。

④日蓮が釈迦仏を宣揚した理由

以上述べてきたように、日蓮は自身が末法の教主（本仏）であることを明言する一方で、御書の随所において「教主釈尊」と釈迦仏を宣揚し、時には「此の日本国は釈迦仏の御領なり」（同一四四九頁）とまで述べている。この点はどのように考えるべきであろうか。端的に言えば、浄土教（念仏）や密教が大きな力を持っていた当時、ともすれば阿弥陀如来や大日如来などへ傾斜しがちな人々の心を釈迦如来に引き戻すことによって、法華経が文底において暗示している妙法（南無妙法蓮華経）を弘通しようとした化導上の方便、戦略として理解すべきであろう。

この点は、経典の次元において、日蓮が他の経典に対して法華経の卓越性を繰り返し強調したことと同じ意義と考えられる。日蓮の化導においては南無妙法蓮華経を弘通することによって一切衆生を成仏へ導くことが本来の目的であり、文上の法華経を弘通することは目的ではない（法華経を最勝の経典として宣揚し、弘通することは天台や伝教が既になしたことであり、日蓮は天台・伝教と同じことを行おうとしたのではない）。文上の法華経は衆生を救済する力を喪失しており、池田大作創価学会名誉会長が「二十八品は、三大秘法の仏法の序分として流通分として用いるのである」（旧版『創価学会版　妙法蓮華経並開結』序文）と述べているように、文上の法華経はあくまでも南無妙法蓮華経を弘通するための序分・流通分として用いるに過ぎない。

この点について、大石寺第六十五世日淳《にちじゅん》は次のように述べている。

「けつして聖人の御主意は法華経そのものを御弘通なさるものではない。（中略）聖人が法華経を最第一として此の経を押し立てられたのは、一には諸宗の謗法を破する順序からと、一には此の経がその権威を現はしてこそ初めて末法に上行菩薩と三大秘法とが出現する因縁が明らかになるからである」（『日淳上人全集』八八八頁）。

日蓮が南無妙法蓮華経を弘通するためには、その前提として念仏や真言密教などの諸宗を破折していく実践が必要であった。そのための不可欠の前提として法華経の最勝性を強調したのである。法華経を宣揚したのと同様に、日蓮は釈迦仏を宣揚することによって阿弥陀や大日などの諸宗の教主を退けたといえよう。五重の相対の視点から言えば、南無妙法蓮華経が万人を救済する根源の法であり、日蓮がその妙法を弘通する教主であるという種脱相対の次元の理解を当時の民衆に直ちに求めることは困難であった。そこで日蓮は、その奥底の教理に人々を導くための前提ないしは手段として、権実相対、本迹相対に当たる内容を繰り返し説かなければならなかった。法華経ならびに釈迦仏の宣揚は、その意味において理解すべきである。

⑤曼荼羅本尊の相貌に表れる日蓮の真意

個々の門下を化導するための配慮、方便として、日蓮は釈迦仏を「教主釈尊」と宣揚したが、日蓮の真意は曼荼羅本尊の相貌に明瞭に表れている。日蓮の思想を知るためには文献を検討するだけでは不十分で、日蓮が図顕した曼荼羅本尊まで考察しなければならない。本尊には個々人に対する配慮を超えた日蓮の教義の真髄が示されているからである。

日蓮が初めて曼荼羅本尊を図顕したのは竜《たつ》の口《くち》の法難における「発迹顕本《ほっしゃくけんぽん》」の後、佐渡に護送される前日である。この初めての曼荼羅本尊について拙著『新版　日蓮の思想と生涯』で次のように述べた。

「日蓮は、佐渡流罪の処分が最終的に確定した後、佐渡に向けて出発する前日の文永八年十月九日に初めて文字曼荼羅を図顕している。この曼荼羅は、身辺に筆がなかったためか『楊枝《ようじ》』で記されており（当時は柳などの木の枝の一端をかみ砕いてブラシ状にし、口中の汚れを取るのに用いた。これを房《ふさ》楊枝と呼ぶ）、そのため『楊枝本尊』と称される（京都・立本寺蔵）。中央に『南無妙法蓮華経』の首題が大書され、その向かって左に『日蓮（花押）』の名が示されている。左右の肩に梵字で不動明王と愛染明王が記されているが、釈迦牟尼仏・多宝如来を含めて後の曼荼羅に記されている十界の諸尊も四大天王も一切書かれていない。もっとも簡略な形の曼荼羅である。しかし『文永八年太歳辛未《かのとひつじ》十月九日』『相州本間依智郷書之』と、日付および図顕の地が明記されている。楊枝本尊はもっとも簡略な形の曼荼羅であるため、その相貌には日蓮図顕の曼荼羅の本質が表れている。すなわちこの最初の文字曼荼羅の相貌は、文字曼荼羅の本質的要素が南無妙法蓮華経と日蓮花押にあり、釈迦・多宝の二仏は略されてもよい派生的なものであることを物語っている」（同書二〇七頁）

釈迦・多宝の二仏を略した曼荼羅は現存する日蓮真筆の

曼荼羅でも五幅を数え、その中には弘安年間に図顕されたものもある（松本佐一郎『富士門徒の沿革と教義』二二七頁）。日興の書写本尊にも二仏を略したものが存在する。日蓮図顕の曼荼羅本尊において常に「南無妙法蓮華経　日蓮（花押）」と大書され（これが欠けた曼荼羅は一例もない）、一方では釈迦・多宝が略される場合があるという事実は、日蓮こそが南無妙法蓮華経と一体の本仏（教主）であることを示しており、それが日蓮の真意であると解すべきである。もしも日蓮が奥底の真意において釈迦本仏義に立っていたならば、曼荼羅の中央に「南無妙法蓮華経　日蓮」と書かずに「南無釈迦牟尼仏」としたためるか、もしくは釈迦・多宝の二仏を並べる形になっているはずであろう。実際には一幅としてそのような形の曼荼羅がないところに日蓮が釈迦本仏義をとっていないことが表れている。

⑥天台大師が示す教主交代の思想

天台大師によれば、釈迦仏の化導は、本から善根をもっている衆生に対して行うものであり、初めから善根をもっていない衆生に対しては有効性をもたない。そのような衆生に対しては、不軽菩薩のように、より偉大な法を直ちに説いて逆縁によって救済する以外にない。つまり、仏法の化導法には釈迦仏が行った順縁の方式と不軽が行った逆縁の方式の二つがあり、前者が無効になった時代には後者を用いなければならないということである。そのことを教主の視点から言えば、釈迦仏の化導が無効になった時代には不軽に当たる存在が釈迦仏に代わってその時代の教主となるという「教主交代」の原理がそこに示されている（不軽菩薩は釈迦仏の成道以前の修行時代の名前と説かれるが、日蓮が「釈尊我が因位の所行を引き載せて末法の始を勧励したもう」〈御書一三七一頁〉と述べているように、釈迦仏の過去世の姿という形を借りて実際には未来に出現する法華経の行者の実践を示すものになっている）。

本已有善《ほんいうぜん》の衆生が尽きて本未有善《ほんみうぜん》の衆生だけになった時代とは釈迦仏法の救済力が失われた末法に他ならない。日蓮は、この『法華文句』の文を引いて、真蹟が完存している「曾谷入道殿許《もと》御書」で次のように述べている。

「今は既に末法に入って在世の結縁の者は漸漸に衰微して権実の二機皆悉く尽きぬ彼の不軽菩薩末世に出現して毒鼓《どっく》を撃たしむるの時なり」（御書一〇二七頁）

日蓮は佐渡流罪以降、自身と不軽菩薩との一致を強調した。例えば、かつて真蹟が存在していたことが明らかである「顕仏未来記」には次のように記されている。

「例せば威音王仏の像法の時・不軽菩薩・我深敬《がじんきょう》等の二十四字を以て彼の土に広宣流布し一国の杖木等の大難を招きしが如し、彼の二十四字と此の五字と其の語殊《こと》なりと雖《いえど》も其の意是れ同じ彼の像法の末と是の末法の初と全く同じ彼の不軽菩薩は初随喜の人・日蓮は名字の凡夫なり」(同五〇七頁)

日蓮が自身と不軽の一致を強調するのは、日蓮が不軽菩薩と同じ逆縁の方式をもって本未有善の衆生を救済していく末法の教主であるとの確信に立っていたことを示している。このように解するならば、「曾谷入道殿許御書」「顕仏未来記」は、両者あいまって日蓮の中に日蓮本仏論があることを示す文献ということができる。

この両抄は、それぞれ単独でも日蓮本仏論をうかがうことのできる内容がある。「顕仏未来記」では正嘉の大地震などの天変地夭が仏陀釈尊の生滅の時に現れた瑞相に匹敵するものであるとし、「当に知るべし仏の如き聖人生れたまわんか」(同五〇八頁)と、日蓮が聖人(仏)であることを示唆している。また「曾谷入道殿許御書」には「予倩《つらつら》事の情《こころ》を案ずるに大師(伝教大師のこと——引用者)薬王菩薩として霊山会上《りょうぜんえじょう》に侍《じ》して仏・上行菩薩出現の時を兼ねて之を記したもう故に粗《ほぼ》之を喩《さと》すか、而るに予《よ》地涌の一分に非ざれども兼ねて此の事を知る故に地涌の大士に前《さき》立《だ》ちて粗《ほぼ》五字を示す」(同一〇三八頁)と末法の教主が上行菩薩であることを示し、謙遜の表現ながらも日蓮が妙法五字を弘通する教主であることを明かしている。

天台大師が釈迦仏に代わる新しい仏の出現を予見した文は、先に引いた釈迦と不軽を対比した文だけではない。法華経宝塔品で、釈迦・多宝の二仏が宝塔の中で並座したと説かれることについて、天台は『法華文句』で「前仏已《すで》に居し、今仏並びに座す。当仏もまた然《しか》なりと」(国訳一切経三五九頁)と述べている。「前仏」とは多宝如来であり、「今仏」とは釈迦牟尼仏である。天台は、多宝・釈迦と並んで未来の仏(当仏)も宝塔の中に座るというのである。すなわち天台は久遠実成の釈迦仏も永遠不滅の存在と捉えず、未来には新たな仏が出現することを予言している。実際に法華経は、寿量品で釈迦仏の五百塵点劫の成道を説きながら、次の分別功徳品ではその釈迦仏も永遠不滅の存在ではなく、仏の「滅後」があることを強調し、「悪世末法」の到来を説いている。天台の洞察は、この分別功徳品の趣旨にも合致していることが理解できよう。

この『法華文句』の文は日蓮が「御義口伝《おんぎくでん》」で宝塔品を論じた冒頭に引用している文である(宮田氏は「御義口伝」「御講聞書《おこうききがき》」を後世の偽作として全面的に排除する立場に立っているが、それは適切とは思われない。「御義口伝」「御講聞書」は日蓮の思想をうかがうための重要資料として用いるべきである)。

周知のように、日蓮は釈迦・多宝の二仏が並座する虚空会の様相を用いて曼荼羅本尊を図顕したが、先の『法華文句』の文を曼荼羅本尊の相貌に当てはめるならば、釈迦・多宝と同様に宝塔の中に座る「当仏」（未来の仏）とは二仏の間の中央に大書される「南無妙法蓮華経　日蓮」に他ならない。その相貌は釈迦・多宝が「南無妙法蓮華経　日蓮」の脇士《きょうじ》になることを意味している（このことは「報恩抄」に「所謂《いわゆる》宝塔の内の釈迦多宝・外《そのほか》の諸仏・並に上行等の四菩薩脇士となるべし」〈御書三二八頁〉と述べられている）。

⑦仏教の東漸と西還――仏教交代の原理

日蓮は正像に仏教がインドから中国・日本へと東漸したことに対し、末法には仏教が日本からインドへと西還することを強調した。例えば「顕仏未来記」には次のように説かれている。

「月は西より出でて東を照し日は東より出でて西を照す仏法も又以て是くの如し正像には西より東に向い末法には東より西に往く」（同五〇八頁）

「後五百歳の始《はじめ》に相当れり仏法必ず東土の日本より出づべきなり」（同頁）

また、「諫暁八幡抄」の真蹟部分には次のようにある。

「天竺国をば月氏国《がっし》と申すは仏の出現し給うべき名なり、扶桑国《ふそう》をば日本国と申すあに聖人出で給わざらむ、月は西より東に向へり月氏の仏法の東へ流るべき相なり、日は東より出づ日本の仏法の月氏へかへるべき瑞相なり、月は光あきらかならず在世は但八年なり、日は光明・月に勝れり五五百歳の長き闇を照すべき瑞相なり、仏は法華経謗法の者を治《じ》し給はず在世には無きゆへに、末法には一乗の強敵《ごうてき》充満すべし不軽菩薩の利益此れなり」（同五八八頁）

この両抄において日蓮は、正法・像法時代にインドから出て日本に伝わった仏教を月に譬え、末法に日本からインドに還っていく仏教を太陽に譬えて、末法出現の仏教の力用が正像の仏教に勝るとしている。正像に西から東に伝わった釈迦仏法が正法誹謗の者を救えなかったのに対し、末法の日本に出現した仏法は不軽菩薩が逆縁をもって衆生を利益した原理に基づき、正法誹謗の強敵をも救済する力用を具えることを明示する。

末法の日本に出現してインドに西還していく仏教とは日蓮が確立した仏教に他ならない。すなわち日蓮は、自身が確立し未来に弘通する仏教が従来の釈迦仏教を踏まえながらもそれを超越した新たな仏教であることを明らかにしたのである。釈迦仏法から日蓮仏法への転換、交代がここに明確に示されている。「あに聖人出で給わざらむ」との言葉は、末法万年の闇を照らす仏教を創始した日蓮こそ末法の本仏（教主）であるとの宣言と解することができる。

⑧上行への付嘱の意味——教主交代の思想

法華経は従地涌出品第十五において釈迦仏の滅後に法華経を弘通する主体者として六万恒河沙の地涌の菩薩を出現せしめ、神力品第二十一において地涌の菩薩、なかんずくその上首である上行菩薩に仏滅後に法華経を弘通する使命を付嘱した。すなわち、法華経は釈迦仏の滅後に仏法弘通の使命を担う地涌の菩薩の出現を予言した経典である。ただし、神力品で釈迦仏が地涌の菩薩に弘通の使命を託した法体は文上の法華経ではなく、文底において暗々裏に指し示した根源の妙法と解すべきである。この根拠について、筆者は拙著『新法華経論』で次のように述べた。

「この裏付けとして、神力品の偈において『秘要』の言葉が用いられていることが挙げられよう。神力品の偈は次のように説かれる。『諸仏が道場に座って得た秘要の法を、この経を受持する者はわずかの間に得るだろう』と。諸仏が得たのは『秘要の法』であり、それを『この経（＝法華経）』を受持することによって得ることができるというのである。すなわち、テキストとしての『この経（法華経）』と『秘要の法』は同一ではない。法華経を通して秘要の法に至るのである。ここでいう『この経』とは、法華経の文上の言葉において示された内容である。『秘要の法』とはその文上の内容が暗々裏に指し示した隠された秘密の法であり（文によって明示的に示されていないという意味で『文底』である）、羅什が経典の題号に示した『妙法』に他ならない。あらゆる仏はその妙法を得ることによって仏と成ったのであり、まさにこの秘要の法（＝妙法）こそ、あらゆる仏を仏ならしめた根源の存在である。神力品は、寿量品と同様に、文上・文底という二重構造の存在を明かしているのである」

（同書三二九頁）

法華経は、法華経自体が人々を救済する力を喪失した末法に根源の妙法を弘通する無数の地涌の菩薩が出現することを予見し、そのことによって地涌の菩薩の弘通を助けようとしたのである。この神力品の予言に応えて末法に妙法を弘通した存在こそ日蓮に他ならない。すなわち、法華経は末法における日蓮の出現を予言したところにその意義がある。この点について日蓮は「法華取要抄」で法華経は誰のために説かれたのかという問題を提起し、「寿量品の一品二半は始より終に至るまで正く滅後衆生の為《ため》なり滅後の中には末法今時の日蓮等が為なり」（御書三三四頁）、「疑つて云く多宝の証明・十方の助舌・地涌の涌出此等《これら》は誰人の為ぞや、答えて曰く（中略）此等の経文を以て之を案ずるに偏《ひとえ》に我等が為なり」（同三三五頁）と述べている。

事実の上で日蓮以外に妙法を弘通した存在はいないので

あるから、日蓮が上行菩薩の再誕に当たるとの認識は広く日蓮在世の門下にもあったと考えられる。日興の写本がある「頼基陳状」に「日蓮聖人の御房は三界の主・一切衆生の父母・釈迦如来の御使・上行菩薩にて御坐《おわし》候ける」（同一一六一頁）とあることがその裏づけとなろう。今日においても日蓮宗各派は日蓮が上行菩薩に当たるとする認識ではほぼ一致している。

もちろん日蓮は通常の御書において自身が上行菩薩に当たると明言することはなく、「地涌の菩薩のさきがけ日蓮一人なり」（諸法実相抄、御書一三五九頁）、「地涌の菩薩の出でさせ給うまでの口ずさみにあらあら申して」（本尊問答抄、同三七四頁）、「日蓮は此の上行菩薩の御使として」（寂日房御書、同九〇三頁）等と、一貫して謙遜の表現に終始している。上行菩薩は釈迦仏から末法弘通の大権を授与された末法の教主であるから、自身が上行であると明言することは人々の疑惑を生じかねないので注意深く回避したのであろう。

問題は、日蓮宗各派が「日蓮＝上行」との認識は持っているが、上行が釈迦仏から末法弘通の権限を与えられた、いわば「如来の使い」であるから、やはり仏教全体の教主（本仏）は釈迦仏で、上行は釈迦仏より下位に当たる菩薩に過ぎないとしていることである（日蓮宗各派による「日蓮大菩薩」の呼称もその認識による）。宮田氏も同様の見解に立っているようで、漆畑正善論文「創価大学教授・宮田幸一の『日有の教学思想の諸問題』を破折せよ」に反論した論文の中で宮田氏は「末法の主師親としての日蓮は、あくまでも仏道全体の主師親である久遠実成仏から、末法の衆生救済という権限を与えられたと日蓮自身も認めていると私は理解している」と述べている。

もちろん、経典の文字の上では地涌の菩薩は久遠実成の釈迦仏から教化されてきた弟子であり、地涌の上首である上行菩薩は釈迦仏から末法における仏法弘通の使命を託され、その権限を与えられた存在として説かれている。日蓮自身も先に引いた「頼基陳状」をはじめ、経典上の内容を尊重することを基本とした。しかし、地涌の菩薩の本質は経典の表面的な教相だけで把握できない面がある。そのことを示すのが地涌の菩薩を登場させた涌出品の内容である。

まず、地涌の菩薩は身体が金色で、三十二相を具え、無量の光を放っていると説かれる。眉間白毫相《みけんびゃくごうそう》などの三十二相は仏や転輪聖王が具える徳相で、通常の菩薩が持つものではない。このことは地涌の菩薩が通常の菩薩の範疇を超えたものであることを示唆している。さらに驚くべきことは、地涌の菩薩が師匠である釈迦仏をも超える尊貴な姿を持っていると説かれることである。釈迦仏は、地涌の菩薩は自分が久遠の昔から教化してきた存在であると説くが、対告衆である弥勒菩薩をはじめとする会座の大衆はその仏の言葉を信ずることができない。釈迦仏はガヤ城の近くで成道してから四十余年過ぎただけなのに、どうしてこの短期間に六万恒河沙もの地涌の大菩薩を教化することができたのか、という疑問を抱いたからである。そして、釈迦仏が地涌の菩薩を教化したと説いたことも、譬えて言えば二十五歳の青年が百歳の老人を指して「この者は私の子供である」と言うようなもので、到底信ずることができないというのである。

菩薩とは本来、成仏を目指して修行に励む存在をいう。その菩薩が目標としている仏よりも既に偉大な姿を持っているという。また、地涌の菩薩は釈迦仏から教化されてきた弟子とされているのに、地涌の菩薩の方が師匠を超えた尊貴な相を具えているとされる。これは、通常の観念では理解できない「謎」という以外にない。この謎については、古来、ほとんど考察されておらず、謎のままで放置されてきた。日蓮宗の学者の中にはこの謎が解明できないので、後世に付加された部分であるとして、自分の理解が及ばない箇所を切り捨てようとする者すらある。しかし、「仏を超えた菩薩」「師匠以上の境涯の弟子」という、この不可解な謎にこそ地涌の菩薩の本質を示唆する鍵がある。

この点について、拙著『新法華経論』では次のように論じた。

「仏よりも尊高な菩薩、師よりも偉大な弟子――。これは何を意味しているのか。それはすなわち、地涌の菩薩は『菩薩』として登場しているが、その実体は菩薩の範疇を超えた存在、すなわち仏であることを暗示しているといえよう。

地涌の菩薩が娑婆世界の下方の虚空に住していたとされることも、彼らが生命の根底である第九識に立脚していること、すなわち仏の境涯にあることを象徴している。また、地涌の菩薩が仏の特徴である三十二相を具えるとされていることも、その本質が仏であることを示すものと解せられる。

すなわち、地涌の菩薩が菩薩として法華経の会座に登場するのはあくまでも外に現れた姿（外用）に過ぎず、その本質（内証）はすでに妙法を所持している仏である。地涌の菩薩が仏として登場しないのは、経典の約束事として一つの世界の教主である仏はあくまでも一仏であり（多宝如来のように他仏が証明役として登場することはあるにしても）、教主以外の仏が並列しては混乱をきたすことになるからであろう。

これは何を意味しているのか。それはすなわち、地涌の菩薩は『菩薩』として登場しているが、その実体は菩薩の範疇を超えた存在、すなわち仏であることを暗示した。

地涌の菩薩が娑婆世界の下方の虚空に住していたとさ

れることも、彼らが生命の根底である第九識に立脚していること、すなわち仏の境涯にあることを象徴している。また、地涌の菩薩が仏の特徴である三十二相を具えるとされていることも、その本質が仏であることを示すものと解せられる。（中略）

天台大師が『法華文句』で地涌の菩薩を指して『皆是れ古仏なり』（国訳一切経四〇六頁）と述べている通り、地涌の菩薩は単なる菩薩ではなく、その本質は仏であると解さなければならない。涌出品は、次の寿量品で釈迦仏の本地が久遠の昔に成道した仏であることを示すために地涌の菩薩が釈迦仏によって教化された弟子であるという構成をとらざるを得ず（釈迦仏が無数の大菩薩を教化してきたとすることによって、釈迦仏が今世で初めて成道した仏ではないことを示すことができる）、地涌の菩薩の本地が仏であることを明からさまには示せないので、それを暗々裏《あんあんり》に示すために仏よりも尊高な菩薩という不可解な表現をとったと解せられる。そこに、暗喩《あんゆ》を駆使した法華経の巧みな手法を見ることができる。

また、仏を菩薩として登場させたところに法華経の深い意図がある。つまり地涌の菩薩は、外には菩薩の姿をとる仏、すなわち『菩薩仏』である。それまで仏といえば、法華経の教主である釈迦仏を含めて、色相荘厳《しきそうそうごん》の姿をとる、仏果を成就した『完成者』『到達者』として描かれてきた。しかし、菩薩仏は完成者ではなく、未完成の姿をとる。それでいて、妙法とともに生きる仏の境地に住している。それはいわば未完成を含んだ完成、完成を含んだ未完成といえよう。菩薩仏は、これまでにない新しい類型の仏であり、さらに言えば、『仏』の概念の変革をもたらすものである。それまで諸教で説かれてきた完成者、到達者としての仏は、伝統的な表現を用いれば『本果』の仏であった。それに対して地涌の菩薩として登場した菩薩仏は『本因』の仏である」（同書二五六頁）

天台大師の「皆是れ古仏なり」との釈は、さすがに地涌の菩薩の本質を正しく洞察したものであった。すなわち、地涌の菩薩、なかんずくその上首である上行菩薩は釈迦仏から末法弘通の権限を与えられた「使い」の形で経典には登場しているが、それは上行の真実の姿ではなく、本当は本来妙法を所持していた久遠の仏（古仏）と解さなければならない。神力品における上行菩薩への付嘱とは、実は末法の到来とともに仏から仏へと教主が交代することを示す儀式と理解すべきなのである。この点について、池田大作名誉会長は『法華経の智慧』で次のように述べている。

「神力品の『付嘱』の儀式は、端的に言うならば、『本果妙の教主』から『本因妙の教主』へのバトンタッチです。それは、燦然たる三十二相の『仏果』という理想像を中心とした仏法から、凡夫の『仏因』を中心とした仏法への大転換を意味する。凡夫の素朴な現実から離れない仏法への転換です」（同書第五巻一九〇頁）

末法は釈迦仏法の救済力が失われた時代であるから、釈迦仏は正像の教主ではあっても末法の教主となることはできない。だからこそ神力品は上行が末法の教主として出現することを予言し、教主交代の儀式を行ったのである。真蹟が各地に現存する「下山御消息」に日蓮自身を指して「教主釈尊より大事なる行者」（御書三六三頁）とあるのは日蓮に末法の教主との自覚が確立していたことを示している（釈迦仏の単なる「使者」や「弟子」が「教主釈尊より大事」になる道理はない）。

上行の本地が仏であることを了解したならば、日蓮＝上行の認識に立つ以上、日蓮が取りも直さず末法の仏であることが了解できることになる。地涌の菩薩を巡る法華経涌出品および神力品の説相と天台大師の洞察は、上行の再誕として出現した日蓮が実は末法の教主であるという日蓮本仏論を裏づけるものとなっているといえよう。

⑨真偽未決の御書について

これまで、真蹟および直弟子写本が現存（あるいは曾存）する御書をもとにして日蓮自身に日蓮本仏論が存在したことを述べてきたが、それは宮田氏が真蹟や直弟子写本のない御書を偽書として扱い、日蓮の教義を考察する資料からは排除する立場に立っているからである（真蹟・古写本がない御書まで考察の範囲を広げれば、日蓮自身に日蓮本仏論があったことについて更に多くの裏づけを得ることができる）。しかし、日蓮の思想を把握する資料として真蹟および直弟子写本が現存（あるいは曾存）する御書だけに限定する在り方は必ずしも適切とは思われない。この問題についても拙著『新版　日蓮の思想と生涯』で少し述べたので、次のように該当箇所を引いておくこととする。

「日蓮の思想や事跡を考察する根拠として、御書の中でも真筆が現存するもの、真筆がかつて存在していたことについて確証があるもの、直弟子または孫弟子の写本があるもの以外は基本的に偽書と見なして全面的に排除する傾向が見られる。しかし、このような在り方は妥当ではないと思われる。誰が見ても明らかな偽書と判断されるものを除くのは当然だが、そうでないものは真偽未定となる。真偽未定のものは偽書と断定できないので、真書である可能性があることを否定できない。

かつては真筆や古写本が存在していても、戦乱や火災等の歴史的偶然によってそれらが失われた例も少なくないであろう。真筆や古写本が現存しているのは、それらが失われるような災厄にたまたま遭わなかったという僥倖《ぎょうこう》による。真筆が現存しない御書を全面的に排除するということは、不幸にして真筆滅失の災厄に遭った御書をも全て切り捨てることに他ならない。

真筆あるいは古写本が現存（または曾存）するものだけを用いるという在り方は、日蓮の思想を考えるための根拠をサイコロの目のような偶然に委ねることになる。

真偽未定の御書で、かつては偽書の疑いが強いとされていたものでも、後に真筆や古写本が発見された例もある。『諸人御返事』（一二八四頁）はその例である。同抄は録外に属するので、偽書の疑いが強く掛けられていたが、真筆三紙が完全な形で大正時代に発見された（千葉・本土寺蔵）。同抄に限らず、『内記左近入道殿御返事《ないきさこんにゅうどう》』など、近年になって真筆や古写本が発見される例は少なくない。このような例もあるので、現時点で真筆が存在しない御書をそれだけの理由で偽書と言い切ることはできない。

また、かつて偽書説が強く言われていた御書でも、従来とは全く異なる角度から検討した結果、逆に真書の可能性が高いとの判断が出た例もある。その典型が『三大秘法抄』である。同抄は真筆がないために、古来、真偽の議論が盛んになされてきたが、近年、計量文献学の研究をもとに同抄の用語などをコンピュータで解析した結果、真書の可能性が高いとの結論が出た（伊藤瑞叡『いまなぜ三大秘法抄か』）。

計量文献学だけでなく、将来にはそれまでの発想では考えられない新しい観点から検証されていく可能性も大いにありうるだろう。

このように、真偽の判断も決して確定したものではなく流動的であり、現在、偽書の疑いが濃いとされているものでも一転して真書と見なされることもありうる事態である。このように考えてくると、真偽未定の御書を一律に排除する在り方は多くの真書を切り捨てる恐れが大きく、厳密なように見えて真偽に余りにもこだわり過ぎており、行き過ぎと言うべきであろう。

真偽未定の御書を全面的に排除する在り方について勝呂信静《すぐろしんじょう》博士は『日蓮聖人の宗教思想を実態よりも狭小に限定することになりかねないと思う。それは偏った日蓮像を作りあげることにもなるであろう』（「御遺文の真偽問題」）と述べている。博士の意見に同意したい」（同書一七七頁）

⑩日興門流による日蓮本仏論の継承

宮田氏は、日蓮本仏論は日蓮自身になかったとするだけでなく、日興にもなく、大石寺第六世日時《にちじ》（不明〜

一四〇六年）で明らかになり、第九世日有《にちう》（一四〇二年〜一四八二年）において明確に主張されるようになったとする。すなわち氏は「日有の教学思想の諸問題（1）」で次のように言う。

「筆者は大石寺教学の特徴である日蓮本仏論は開山日興(1246-1333)、重須学頭三位日順（1294-1356-?)、四世日道（1283-1341）にはまだ見られないと考えており、その思想は六世日時（?-1365-1406）の『本因妙抄』写本で明らかになり、九世日有においてさらにより明確に主張されたと考えている」

しかし、この見解には賛成しがたい。先に見たように、日蓮本仏論は日蓮自身において既に明確に存在しており、その教義は日興を含めて日興門流に一貫して維持されてきたものと捉えるべきであろう。

まず、日興において日蓮本仏論があったかどうかを見てみよう。

広く知られていることだが、日興の多くの消息によれば、日興は日蓮を「聖人」「仏聖人」「法華聖人」「法主聖人」「仏」などと呼んで、門下から寄せられた供養の品々を常に日蓮の御影《みえい》に供えている（日興の「西坊主御返事」に「御影の御見参に申上まいらせて候」〈『歴代法主全書』第一巻一〇五頁〉とあること、「日順雑集」に「聖人御存生の間は御堂無し、御滅後に聖人の御房を御堂に日興上人の御計いとして造り玉ふ。御影を造らせ玉ふ事も日興上人の御建立なり」〈『富士宗学要集』第二巻九五頁〉とあることから、日興が日蓮の御影を造っていたことは確実と見られる。ただし、「富士一跡門徒存知の事」に「日興が云く、御影を図する所詮は後代に知らしめん為《ため》なり是に付け非に付け・有りの侭《まま》に図し奉る可きなり」〈御書一六〇三頁〉とある通り、日蓮の御影像は日蓮の容貌を後世に伝えるために造立されたものであり、本尊ではない。日興における本尊は文字曼荼羅以外にない）。

日蓮を「仏聖人」「法主聖人」等と呼び、また供養を常に日蓮の御影に供えた日興の振る舞いに見る限り、日興が日蓮を仏として尊崇していたことがうかがえる。また重大なことは、日興の文書において供養の品を釈迦仏に供えたという記述が一切存在しないということである。この事実は、日興が自身の信仰において日蓮本仏義に立ち、釈迦本仏義を退けていたことを示すものとして理解できよう。

さらに注目すべきは日興による文字曼荼羅書写の在り方である。日興は文字曼荼羅をしたためることを「書写」と称し、日蓮が文字曼荼羅を図顕したことと自らの行為を同列に置かず、日蓮図顕の文字曼荼羅の様式を書写するという立場を明確にした。具体的には、文字曼荼羅の中央に南無妙法蓮華経の首題の下に「日蓮　在御判」としたため、自らの名前は「書写之」の言葉とともに記して（「書写之日興〈花押〉」とした）、自分が当該曼荼羅を書写した当人であるとの責任を明らかにしている。日興が終生にわたって貫いたこの曼荼羅書写の書式は日興門流において今日まで堅持されている。

それに対して五老僧の流れを汲む他門流では中央の首題の下には曼荼羅をしたためた当人の名前を記す形が一般であった。例えば、日朗がしたためた曼荼羅には中央に「南無妙法蓮華経　日朗〈花押〉」となっている。これは、日蓮が曼荼羅を図顕した際に南無妙法蓮華経の下に「日蓮〈花押〉」としたためたのに倣《なら》って、南無妙法蓮華経の下には曼荼羅を書いた当人の署名・花押を記すものと受け止めたからであろう（他門流の曼荼羅では日蓮の名前を伝教大師の外側に記すなど、諸尊の一つとして記載する例も少なくない）。

このように、文字曼荼羅の書き方において日興門流と他門流では大きな相違がある。それは、日蓮の位置づけが日興と日昭・日朗ら五老僧の間では大きく異なっていたことを意味している。日昭・日朗らは日蓮を南無妙法蓮華経と一体の本仏と捉えられず、自身と同列の存在と位置づけていたのに対し、日興は自身を日蓮の弟子と位置づけ、日蓮を南無妙法蓮華経と一体不二の末法の本仏と捉えていたと解することができよう。日興が堅持した文字曼荼羅書写の形式は、日興が日蓮本仏義に立っていたことを強く類推せしめる。

日興の著作や消息に日蓮本仏論を明示しているものはない。しかし宮田氏のように、文献上にないからその思想が存在しないと判断することは、人間の思想が全て文献に表れているという前提に立つものであり、その前提そのものが文献に偏り過ぎた誤りであろう。むしろ、人間は自己の思想を必ず全て言語に表すものではない。明確な思想を持っていても、それを言語に表す必要もないとして、言語表現を抑制する事情や心理がありうることは当然のことである。日興の場合、日蓮本仏義は自身にとっても周囲の高弟にとっても当然の前提であり、またその教義が他門流が受け止められない日蓮仏法の奥義であるという事情などを鑑《かんが》みて、あえて著述に明示することはなかったと考えることができよう。

日興は日蓮本仏義を著作の中で示すことはなかったが、日興の高弟の中にはそれを行った者もあった。その代表は日興が開設した重須談所の第二代学頭であった三位日順（一二九四年～一三五六年）である。

日順は日興存命中の一三一八年に記した「表白」において「我が朝は本仏の所住なるべき故に本朝と申し・月氏震旦に勝れたり・仍《よ》つて日本と名く、富士山をば或は大日山とも号し・又《また》蓮華山とも呼ぶ、此れ偏へに大日本国の中央の大日山に日蓮聖人大本門寺建立すべき故に先き立つて大日山と号するか、将《は》た又妙法蓮華経を此処に初めて一閻浮提に流布す可き故に・蓮華山と名づくるか」（『富士宗学要集』第二巻一一頁）として、日蓮を「本仏」と明言している。

しかし、宮田氏はこの「表白」の文の「本仏」は日蓮を指すものではないとし、『観心本尊抄』などで「久遠実成釈尊」の「仏像」が正法、像法時代には出現していなかったのに対して、末法日本において日蓮が曼荼羅の中で図顕したということを受けた表現と解釈できると思っている」（日興の教学思想の諸問題（２）――思想編）と述べている。宮田氏のこの解釈は、そうとう無理な、いかにも苦しい解釈と言わざるを得ない。

「表白」のこの文は、「観心本尊抄」を念頭に置いたものではない。むしろ日順自身が執筆し、日興の印可を得たとされる「五人所破抄」の「日本と云うは惣名なり亦《また》本朝を扶桑国と云う富士は郡の号即ち大日蓮華山と称す、爰《ここ》に知んぬ先師自然の名号と妙法蓮華の経題と山州共に相応す弘通此の地に在り、遠く異朝の天台山を訪えば台星の所居なり大師彼の深洞を卜《ぼく》して迹門を建立す、近く我が国の大日山を尋ぬれば日天の能住なり聖人此の高峰を撰んで本門を弘めんと欲す」（御書一六一三頁）に対応したものと解せられる。「五人所破抄」の「先師」「聖人」との対応を考えるならば、「表白」が言う「本仏」はまさに日蓮を指すと解するのが素直な理解であろう。「本仏の所住」との表現は、具体的な人間の存在を想起させるものがある。

また、日興が逝去して三年後の一三三六年に著した「用心抄」では、日順は「問ふて云はく、正像二千年の高祖の弘法は皆以て時過ぐ、当世諸宗の人師を崇重する此れ亦堕獄ならば何れの人法を敬信して現当の二世を祈らんや、答へて云はく、経に云はく、一大事因縁、又云はく世を挙つて信ぜざる所文、然りと雖ども試に一端を示して信謗の結縁とせん、人は上行・後身の日蓮聖人なり、法は寿量品の肝心たる五字の題目なり」（『富士宗学要集』第二巻一四頁）として、法は「五字の題目」、人は「日蓮聖人」が信の対象であると述べている。信の対象とは本尊の意味であるから、この文は日蓮を人本尊とする日蓮本仏義を示すものといえよう。

さらに日順は一三四二年の「誓文」で「親疎有縁の語に依つて非を以て理に処し、或は富福高貴の威を恐れて法を破り礼を乱る、若しくば妄情自由の見を起して悪と知つて改めず若しくば正直無差の訓を聞き善と知つて同ぜざる者は、仏滅後二千二百三十余年の間・一閻浮提の内・未曾有の大漫荼羅・所在の釈迦多宝十方三世諸仏・上行無辺行等普賢文殊等の諸薩埵・身子目連等の諸聖・梵帝日月四天竜王等・刹女番神等・天照八幡等・正像の四依竜樹天親天台伝教等・別して本尊総体の日蓮聖人の御罰を蒙り、現世には一身の安堵を失ひ、却《かえ》つて諸人の嘲りを招き・未来には無間に堕ち将《まさ》に大苦悩を受けんとす」（同二八頁）と述べ、日蓮が曼荼羅本尊の総体であるとしている。この文は日蓮と曼荼羅本尊が一体不二であることを示すもので、日蓮本仏義を明示するものとなっている。

この「誓文」について宮田氏は、漆畑正善に対する反論の中で「日順のコスモロジーの中で上位に位置する『大漫茶羅・所在の釈迦多宝十方三世諸仏』等が理念的に勧請され、最後に有縁の具体的な仏神である『本尊総体の日蓮聖人』が『別して』勧請されるという形式を踏んでいる。もし人法一箇の日蓮本仏論が日順にあったら、その日蓮がコスモロジーの下位にあるということは説明されなければならない」と述べ、日順が日蓮本仏論を述べた文ではないと主張している。しかし、この主張は客観的な根拠が何もない極めて恣意的なもので、到底同意できるものではない。「大漫茶羅・所在の釈迦多宝十方三世諸仏」等が日順のコスモロジーの中でどうして上位に当たり、「日蓮」が下位に当たると言えるのか、何の裏づけもない（総別をあえて上下関係に当てはめるならば、法華経の総付嘱・別付嘱のように、むしろ「別」を上位に、「総」を下位に置くのが一般であろう。そもそも曼荼羅本尊の座配を「日順のコスモロジー」とすることも不適切である。曼荼羅本尊の座配は本尊を礼拝する各人が所有している宇宙観の表明などではない）。

「誓文」の文を素直に読むならば、「起請文」の形式であろうとなかろうと、法を破り悪を改めない者は曼荼羅本尊に書かれている釈迦・多宝・十方三世諸仏等の罰を受け、別しては曼荼羅本尊の総体である日蓮の罰を受けるという趣旨であることは明らかであり、日順が日蓮を曼荼羅本尊の「総体」と規定していることは誰人も否定できない。むしろ、この文は、日蓮と曼荼羅本尊の一体不二という人法一箇の法理を示した文であると受け止めるのが常識的な態度であろう。

なお、日順の著述とされてきた「本因妙口決」にも「久遠元初自受用報身とは本行菩薩道の本因妙の日蓮大聖人を久遠元初の自受用身と取り定め申すべきなり」（同八三頁）との明確に日蓮本仏義を示す文がある。宮田氏は身延派の論者とともに、本抄に「日蓮宗」の用語があることを理由に「本因妙口決」を偽書としているが、それだけの理由で本抄を偽書と断定するには根拠不十分であると思われる（この点を指摘した漆畑正善に対する宮田氏の反論は議論が拡散していて、ほとんど説得力を持っていない）。

『富士宗学要集』を編纂した堀日亨は「本因妙口決」について、「この時代として天台色のあるものがある。ゆえに一般日蓮宗では、口決は後人が順師にたくして、天台色のあるものを書いたとみている。しかし日蓮大聖人のもの、そのものが中古天台の説を使用している。ゆえに順師がそうだからといって偽作にするのは変である」（「大白蓮華」第一〇二号二八頁）と述べて偽作説を退け、本抄が日順の撰述によるとの立場に立っている。「本因妙口決」を後人による偽作と断定するにはまだ根拠不足であり、本抄が日順によるものである可能性はなお否定できない。「本因妙口決」が日順撰述である可能性を完全には否定できず、また先に挙げた「表白」「用心抄」「誓文」が日順の著述であることが確定している以上、日興とほぼ同時代の宗門上古に既に日蓮本仏論が存在していたことが了解できよう。三位日順に日蓮本仏論がないという宮田氏の見解は、「本因妙口決」を除いて、日順撰述が確定している文献だけを見る限りでも否定されるのではなかろうか。

宗門上古に日蓮本仏論を説いたのは三位日順だけではない。南條時光の子息である富士妙蓮寺の日眼《にちげん》が一三八〇年に著したとされる「五人所破抄見聞」には「威音王仏と釈迦牟尼とは迹仏也、不軽と日蓮とは本仏也、威音王仏と釈迦仏とは三十二相八十種好の無常の仏陀、不軽と上行とは唯名字初信の常住の本仏也」（『富士宗学要集』第四巻一頁）との明確な日蓮本仏論の表明がある。もっとも、本抄は妙蓮寺日眼の作ではないとの説も出されているが、その論証は必ずしも十分な根拠を示せていない。ここで詳しく議論する余裕はないが、「五人所破抄見聞」が妙蓮寺日眼の作である可能性はなお否定できない。その場合、「五人所破抄見聞」も、三位日順の著述とともに宗門上古に日蓮本仏論があったことを示す裏づけとなろう。

宮田氏の見解によれば、日蓮本仏論は日蓮にも日興にもなかったのであるから、日蓮・日興はともに釈迦本仏の立場に立っていたということになろう。そうなると、六世日時や九世日有に至って、それまでの釈迦本仏義を否定して、突如、他のどの門流も主張していない日蓮本仏義を主張するという教義上の革命を行ったことになる（そもそも、日時に「本因妙抄」の写本があったという宮田氏が立っている前提も近年では疑問視されている。大黒喜道は大石寺所蔵の「本因妙抄」写本の筆跡鑑定を行い、その文字が日時の筆跡ではないことを明らかにした〈『興風』第一四号〉。日時に「本因妙抄」の写本がないということになれば、日時が日蓮本仏論を主張したとはいえず、富士門流において初めて日蓮本仏論を主張したのは日有ということになる）。仮に日有が富士門流の根本教義を従来の釈迦本仏義から日蓮本仏義に切り替えたというのであれば、日有が何故にそれほどの大転換に踏み切ったのか、合理的な説明がなければならない。しかし、宮田氏においてはこの点の説明は一切存在しない。

常識的に考えるならば、日蓮・日興以来、継承されてきた釈迦本仏という根本教義を日有が突然否定して、それまで誰も主張したことのない日蓮本仏義を新たに唱えるに至ったとすることは余りにも不自然であり、ほとんどあり得ない事態であろう。やはり、日蓮本仏論は日蓮・日興という日蓮仏法の源流において既に存在していたのであり、それを日興以後の貫首として初めて明確に表明したのが日有であったと考えるのが妥当であろう。

先に述べたように、日蓮自身に日蓮本仏の思想は明確に存在したが、日興およびそれ以後の貫首はあえてその教義を著述の形で表明することはなかった（三位日順など、それを行った学僧はいたが）。しかし、先に述べた通り、文献に明示されていないからといってその思想が存在しないということにはならない。日蓮本仏論は日蓮仏法の根本教義として日興門流に継承されてきたのであり、日有は貫首として、初めてその奥義を明示することによって仏法を正しく後世に伝えようとしたのである。日有が日蓮本仏論を示した「化儀抄」などの聞き書きを弟子に書き取らせたことも次の少年貫首である日鎮《にっちん》など後継の人々に法門を伝えるためであったと考えられる（当時は少年貫首が続いた時代だった）。日有は「我カ申ス事私ニアラス、上代ノ事ヲ違セ申サズ候」（「聞書拾遺」『歴代法主全書』第一巻四二六頁）として、上代から伝承されてきた教義を誤りなく後世に伝えようとする姿勢を貫いてきた人物である。その日有が日蓮・日興の根本教義を否定して新たな教義を立てるということはあり得ないというべきだろう。

（5）釈迦仏像の礼拝を容認すべきか

宮田氏は公表されている論文「学問的研究と教団の教義ー創価学会の場合」では明言を避けているが、他の論文では明らかに釈迦仏像の造立・礼拝を認める場合もあり得るとする。例えば「日興の教学思想の諸問題（2）——思想編」で氏は次のように述べている。

「日蓮、日興の思想にあくまでも従うという原理主義を採用するならば、もし現在がまだ逆縁広布の時代だと判断すれば、曼荼羅本尊を主張するだろうし、もし現在が順縁広布の時代であると判断すれば、釈迦仏像本尊を許容するだろう」

氏の見解によるならば、順縁広布の時代と判断した場合には曼荼羅本尊に替えて釈迦の仏像を礼拝するという驚くべき事態が起こりうることになる。氏のこの見解は、正信会の大黒喜道の説を踏襲したものと思われるが、「逆縁広布＝曼荼羅本尊、順縁広布＝仏像本尊」という大黒の説は、「曾谷入殿殿許御書」にいう「一大秘法」は万年救護本尊に当たると主張するなど、極めて主観的な憶測に基づく、客観的根拠に欠けた見解で、荒唐無稽《こうとうむけい》な「珍説」という他なく、一般に到底支持できるものではない。

翻って日蓮は本尊をどのように考えていたか。日蓮が門下に対して礼拝の対象である本尊として授与したものは曼荼羅本尊以外にない。門下が釈迦仏像を造立したことを容認した例は富木常忍と四条金吾夫妻だけで、日蓮が門下に対して釈迦仏像の造立を積極的に勧めたことは一切ない。日蓮が富木常忍と四条金吾夫妻の釈迦仏造立を容認したのは、本尊といえば絵像・木像の仏像であるという観念が支配的だった当時の社会通念を踏まえ、人々が阿弥陀如来や大日如来に傾いている中で釈迦仏像を造立することは他経に対して法華経を宣揚する権実相対の趣旨からは正しい方向であるとしたのであろう。もし日蓮が富木常忍らの釈迦仏像造立を厳しく破折したならば、法華経を信仰してきた彼らの信心そのものを破壊する恐れがあったと思われる。日蓮による釈迦仏像造立の容認は極めて例外的なことであり、文字曼荼羅が本尊であることが十分に理解できなかった当時の門下の機根を考慮しての化導であった。

日蓮は、伊豆流罪の時に地頭伊東八郎左衛門から贈られた釈迦の一体仏を随身仏として所持したが、それは日蓮自身の境地においてなされたことであり、門下に対して釈迦一体仏を本尊とするように教示したことは一切ない。日寛が「末法相応抄」で「吾が祖の観見の前には、一体仏の当体全く是れ一念三千即自受用の本仏の故なり」（『六巻抄』一七二頁）と述べていることが妥当であろう。

身延派の中興の祖とされる行学院日朝の「元祖化導記」によれば、日蓮は臨終の前日、それまで安置していた釈迦の一体仏を退け、曼荼羅本尊を掛けるよう指示したと伝えられる。そこにも文字曼荼羅を本尊とする日蓮の最終的な意志が示されているといえよう。また、日興の「宗祖御遷化記録」によれば、日蓮は臨終に先立ち、釈迦の一体仏を自身の墓所の傍らに置くよう遺言した。その処置においても釈迦仏像を門下が広く礼拝する本尊とするのではなく、日蓮を偲《しの》ぶためのものとして扱うべきであるとの意図をうかがうことができる。

日蓮は「観心本尊抄」で、本尊について次のように述べている。

「其の本尊の為体《ていたらく》本師の娑婆の上に宝塔空に居し塔中の妙法蓮華経の左右に釈迦牟尼仏・多宝仏・釈尊の脇士上行等の四菩薩・文殊弥勒等は四菩薩の眷属として末座に

居し迹化他方の大小の諸菩薩は万民の大地に処して雲閣月卿を見るが如く十方の諸仏は大地の上に処し給う迹仏迹土を表する故なり」（御書二四七頁）

ここに言う「塔中の妙法蓮華経」とは曼荼羅本尊の中央に大書されている「南無妙法蓮華経」を指し、その「左右に釈迦牟尼仏・多宝仏」とは「南無妙法蓮華経」の左右にしたためられている釈迦牟尼仏と多宝如来であることは明らかである。すなわち、この文は、まさに曼荼羅本尊の「為体《ていたらく》」すなわち相貌を述べたものに他ならない。

また日蓮は「本尊問答抄」で、「問うて云く末代悪世の凡夫は何物を以て本尊と定むべきや、答えて云く法華経の題目を以て本尊とすべし」（同三六五頁）として「法華経の題目」すなわち南無妙法蓮華経を本尊とすべきであると教示し、さらに「問うて云く然らば汝云何《いかん》ぞ釈迦を以て本尊とせずして法華経の題目を本尊とするや、答う上に挙ぐるところの経釈を見給へ私の義にはあらず釈尊と天台とは法華経を本尊と定め給へり、末代今の日蓮も仏と天台との如く法華経を以て本尊とするなり、其の故は法華経は釈尊の父母・諸仏の眼目なり釈迦・大日総じて十方の諸仏は法華経より出生し給へり故に今能生《のうしょう》を以て本尊とするなり」（同三六六頁）として釈迦仏を本尊としない理由を明示している。

すなわち、釈迦を含めた諸仏は法華経から生み出された所生《しょしょう》の存在に過ぎず、法華経こそが諸仏を生み出した能生の存在であるから法華経を本尊とするのであるという。もちろん、ここでいう法華経とはテキストとしての法華経ではなく、法華経の題目すなわち南無妙法蓮華経を意味している。

日蓮は「観心本尊抄」の段階ではまだ含みのある表現を残していたが、「本尊問答抄」では釈迦仏を本尊としない立場を明示している（釈迦本仏義の否定）。この見地を踏まえるならば、「観心本尊抄」が曼荼羅本尊と釈迦仏像の両論併記であるという宮田氏の理解は日蓮の真意を読み誤ったものと言わなければならない。日蓮の具体の振る舞いに照らしても、また文献に示された教示に照らしても、日蓮仏法の本尊は曼荼羅本尊のみであり、釈迦仏の仏像を本尊とする教義は日蓮には存在しない。

「原殿御返事」に「日興一人本師の正義を存じて本懐を遂げ奉り候べき仁《じん》に相当って覚え候へば」（編年体御書一七三三頁）とあるように、自身こそが日蓮の教義を正しく継承しているとの自覚に立っていた日興は、当然のことながら曼荼羅本尊正意の立場を堅持し、生涯の最後まで日興門流の寺院に釈迦の仏像を造立することを絶対に許さなかった。日蓮の滅後、身延の地頭波木井実長《はきいさねなが》が釈迦の仏像を造立して本尊としたことを日興は謗法と断じ、地頭の謗法が明確になった以上、身延にとどまっていたのでは日蓮の正義を保持することができないとして身延を離山している。この行動を見ても、日興が釈迦の仏像造立・礼拝を重大な仏法違背としたことが理解できよう。

日興の曼荼羅本尊正意の立場は「富士一跡門徒存知の事」および「五人所破抄」の次の文に明確に示されている。

「日興が云く、聖人御立《ごりゅう》の法門に於ては全く絵像・木像の仏・菩薩を以て本尊と為《な》さず、唯《ただ》御書の意に任せて妙法蓮華経の五字を以て本尊と為す可しと即ち御自筆の本尊是なり」（「富士一跡門徒存知の事」、御書一六〇六頁）

「日興が云く、諸仏の荘厳同じと雖《いえど》も印契に依つて異を弁ず如来の本迹は測り難し眷属を以て之を知る、所以《ゆえ》に小乗三蔵の教主は迦葉・阿難を脇士と為し伽耶始成の迹仏は普賢文殊左右に在り、此の外の一躰の形像豈《あに》頭陀の応身に非ずや、凡《およ》そ円頓の学者は広く大綱を存して網目を事とせず倩《つらつら》聖人出世の本懐を尋ぬれば源《も》と権実已過の化導を改め上行所伝の乗戒を弘めんが為なり、図する所の本尊は亦正像二千の間・一閻浮提の内未曾有の大漫茶羅なり、今に当つては迹化の教主・既に益無し況や哆哆婆和《たたばわ》の拙仏をや、次に随身所持の俗難は只《ただ》是れ継子一旦の寵愛・月を待つ片時の螢光か、執する者尚《なお》強いて帰依を致さんと欲せば須《すべか》らく四菩薩を加うべし敢《あえ》て一仏を用ゆること勿《なか》れ云云」（「五人所破抄」、同一六一四頁）

日興は、日蓮仏法の本尊はあくまでも曼荼羅本尊であることを前提にした上で、どうしても仏像を造立したいと仏像に執着する者が出た場合には、釈迦の一体仏ではなく、脇士に上行等の四菩薩を加えて造立することを条件に、例外的処置としてそれを認めている。これは、日蓮が富木常忍・四条金吾夫妻の釈迦仏像造立を例外的に容認したのと同様、門下の機根を鑑みた上での方便と理解すべきである。当時は本尊といえば絵像・木像の仏像と考える観念が強く、門下に対して仏像造立を全面的に禁止したのでは法華経の信心そのものが維持できない場合もありえたからである（四菩薩の造立を条件にしたことによって仏像の造立を抑制しようとしたとも考えられる）。

曼荼羅本尊正意の立場を堅持する日興に対し、宮田氏は「あまりにも曼荼羅本尊に執着しすぎ、釈迦仏像造立に消極的な日興の偏向であるとされても仕方がないだろう」（日興の教学思想の諸問題（2）――思想編）と批判している。釈迦仏像造立を認める宮田氏が日興を「あまりにも曼荼羅本尊に執着しすぎ」であり、「偏向」であると批判するのはもとより自由だが、しかしその姿勢は日蓮や日興よりも自己自身の判断を上位の基準とすることになっていないだろうか。それは「心の師とはなるとも、心を師とせざれ」との仏法の基本的な戒めに違背するものとならないだろうか。

日蓮と日興が文字曼荼羅を本尊としたのは仏法上の深い必然性があったが故と解せられる（文字曼荼羅でなければ本尊を礼拝する人間を含めた十界の衆生が妙法に包摂されること、また南無妙法蓮華経と日蓮が一体不二であるという人法一箇の法理を表し得ない）。日蓮仏法について考察していくのであるならば、自分の考えを判断基準にして裁断するのではなく、日蓮、日興の言葉に謙虚に耳を傾ける在り方がもう少しあってもよいのではないかと思われる。

（6）学説が確かな根拠になりうるか

宮田氏の諸論文を読んでいて気になるのは、氏が学術的であることを至上価値と考え、学問の世界で認められている学説を判断の基準にしているように見受けられることである。例えば、身延派の学者による「御義口伝」偽作説に対して日蓮正宗側が反論していることについて、氏は次のように言う。「宗門から反論を出すだけで決着するような問題ではなく、むしろ印仏学会などの専門学会で、学会発表、学術論文での論争の上で決着するのでなければ学術的な議論をすることはできない。少なくとも日蓮正宗を代弁する形で、専門学会でそのような主張がなされたということを私はまだ聞いていない」（漆畑正善論文「創価大学教授・宮田幸一の『日有の教学思想の諸問題』を破折せよ」を検討する）。

これでは専門学会での発表や論文以外の言論は論評するに値しないと言っているに等しく、アカデミズムの傲慢、慢心と言われてもやむを得ないだろう。学問は本来、万人に開かれたものであり、専門学会に属する者だけが独占するものではない。専門学会での議論はもちろん意味はあるが、専門学会外の言論に対して専門学会での議論であるというだけで優越的・特権的地位を有するものではない。もしも専門学会の外の言論は学問的に認めないという傲慢な態度に終始していたならば、その学問自体が視野狭窄状態に陥って一般社会との繋がりを失い、硬直化していくだけであろう。宮田氏も専門学会での発表や学術論文以外の主張を相手にしていたのでは学術的な議論をすることはできないなどと「上から目線」で門前払いしていないで、日蓮正宗の言い分についてもそれこそ学術的な態度で誠実に論評すべきではないだろうか。

そもそも専門学会における支配的な学説といっても、ある時点において認められていただけで永遠不滅のものではない。ある時点では支配的な学説も、時代が経過すれば誰からも支持されない過去の遺物になっていく場合があることは、学問の分野を問わず、むしろ通常一般の在り方である。仏教学の分野の例を挙げれば、大乗仏教の起源について、かつては平川彰《ひらかわあきら》博士が提唱した仏塔起源説が支配的な通説だった時期があったが、今日ではその説はほとんど支持されていない。研究者の共通認識とか一般的な学説などといっても、その時代時代の風潮の反映であり、確固不動の基準になるものではない。人間の持つ知識はどこまでも暫定的なものであって、後になれば誤りであったことが判明する可能性をはらんでいる。従って、専門学会における一般的な見解だからといって、それを絶対視することはむしろ大きな誤りを犯す恐れがある。

諸学問がますます細分化されている今日、少数の仲間内だけにしか通用しない閉鎖的議論に終始する結果、その議論が一般社会の感覚から懸け離れ、「専門学会の常識が世間の非常識」になる場合も稀ではない。学問の「たこつぼ化」の反省から、専門の枠を超えた学際的・総合的な洞察が求められている今日、専門学会での議論でなければ相手にしないなどという思い上がった尊大な態度はむしろ厳しく批判されなければならない。

さらに気になるのは、それほど専門学会での議論を重視している当の宮田氏の諸論文が、自分の所属している大学や研究所の紀要ばかりで、厳正なレフェリーシステムがある全国的な専門学会の機関誌（例えば日本哲学会の「哲学」など）に掲載されたものが、氏の専門である哲学の分野を含めて、氏のホームページを見る限り皆無であるということである。

一般論として、専門学会の機関誌への寄稿がなければ社会に通用する研究者とは認められない。この点について日本中世史の研究者である細川涼一氏は次のように述べている。

「われわれ大学院生につねに温顔をもって接して下さった先生〈佐々木銀弥氏を指す――引用者〉は、しかし、研究者として自立し通用するためには大学内の雑誌に書くのではなく、レフェリーシステムのある学会誌に投稿するよう厳しく指導された」、「外で通用する研究者になるようにとの佐々木先生の忠告・助言がなかったなら、研究者としてともかくも自立している今日の自分はなかったように思う」（『中世の身分制と非人』あとがき）。

大学や研究所の紀要は、他の研究者によるチェックがほとんど入らないので、執筆者がそれこそ自分の好きなように書くことができる。宮田氏の諸論文が学術論文のような形をとっていながら、内容が極めて主観的で説得力に乏しいのはこのような事情も働いているようである。

（7）自分の判断が一切の基準か

宮田氏の著書や論文を読んでみると、氏の発想の根底にはいわゆる相対主義的な思考があるようである。例えば『牧口常三郎はカントを超えたか』で、氏は幸福観や価値観または真理の捉え方が個人や社会によってさまざまであるとして、次のように言う。

「宗教的信仰と功徳、法罰との因果関係を客観的に規定するためには、幸福観、価値観の多様性ということが障害になってくる。（中略）そこで多くの宗教社会学的調査がしているように、幸福、不幸というものが主観的なものであっても構わないということのほうが、より人間の生活実状に即している」（同書一四三頁）

「『永遠の真理』とは一つの理念ではあっても、現実にはそのような真理を所有しているわけではないという相対主義的な見解が大多数の哲学者の見解となっている。そのうえで、なお人々は『真偽』という用語を使用しているが、その使用はその人々が所属する文化的共同体が持つ常識的信念や大多数の学者たちの同意する学問的知識などを含む世界像に依存している」（同書一七〇頁）

また、宮田氏は論文「『本尊問答抄』について」でもドイツの哲学者シュリックとヴィトゲンシュタインとの論争に触れ、氏自身の結論として「『人々が一致して』受け入れる倫理規範は実際には成立しないだろう」と述べている。

宮田氏は日蓮仏法における曼荼羅や方便品・寿量品の読誦についても相対主義的な立場から捉え、次のように言う。

「曼荼羅にも文化相対主義的問題はある。それは曼荼羅が大部分漢字で書かれているという問題である。漢字文化圏に所属する人々であれば、曼荼羅を見て、その普遍的な救済理念を知ることができるが、漢字文化圏に所属していない人々には、何が表現されているか全く分からない。（中略）仏教はもともと多言語主義だから、曼荼羅が聖別を必要としないのであれば、救済の普遍性のメッセージを伝達することができればよいのだから、曼荼羅も漢字で書かれる必要性はなくなるだろう。日蓮は方便品、寿量品の読誦を必要な修行と認めたが、それも何も漢字の経典を、日本語化した中国語式発音で読誦する必要もないだろう」（『本尊問答抄』について）

氏の発言は真理と価値の両面にわたっているので、いわゆる認識的相対主義と道徳的相対主義の両方を含む立場のようである。相対主義は、古代ギリシャのプロタゴラスが「人間は万物の尺度である」と主張したように、西洋・東洋を問わず大昔から存在した見方で、何もこと新しいものではない。ただ、一九六〇年代以降に台頭した「ポストモダン」の論調が相対主義的立場に立ったので、相対主義が一時的に流行したような時期もあったが、同時に厳しい批判も提起されており、相対主義の中身にもよるが、「相対主義的な見解が大多数の哲学者の見解となっている」というのは明らかな言い過ぎであろう。

何が正義か、何を価値とするかという判断基準が個人や社会によって多様であるというのは一面の真理だが、それを極端にまで押し進めると、「誰がどのような信念をもって何をしようと全てそれは正しい」ということになり、「何をやってもよい」という無秩序、あるいは「全てはどうでもよい」という虚無主義に陥りかねない。自己と他者の間には何の共通性もなく、全く理解不能なエイリアン同士となり、力だけが解決の手段となる弱肉強食の「万人の万人に対する闘争」となる恐れがある。相対主義を突き詰めたら、ホロコーストや無差別テロさえをも倫理的に非難することが不可能となろう。実際、人類史においては他部族・他民族あるいは異教徒や異端者に対する大量虐殺は珍しいことではなかった。しかし、多くの悲惨を経験しながら、互いの差異を超えて共存する道を模索してきたのが人類の歴史であったはずである。

それは、個人や社会における多様性を踏まえながら、同じ人間として共通する基盤があることを発見していく営みであったともいえよう。どれほど文化や言語が異なっていても人間同士の意思疎通は可能であり、またホメロスや司馬遷などを思い起こすまでもなく、文化圏を全く異にする数千年前の文学作品であっても現代人が共感することができる。このような事実は、文化や人種・民族などの差異を超えて、人間が人間存在として共通普遍の基盤を共有していることを示している。第二次大戦後の世界人権宣言で結実した基本的人権の思想は、まさに人間の共通普遍の基盤が存在するという信念に立っている（一切の人権を否定して人種差別・性差別・奴隷制度の復活を公に主張することは、今日の世界においてはまともな議論とは受け入れられないだろう）。人間の持つ多様性と共通性の両面を見ていくのが中庸を得た在り方ではなかろうか。翻って相対主義的な思考は人間の共通性を軽視し、差異性のみを強調し過ぎる偏りがある。

二十世紀を代表する哲学者の一人カール・R・ポパーは相対主義的思考の危険性を指摘し、次のように厳しく断罪している。

「それ（大言壮語の、意味不明の言葉遣いの流儀を指す――引用者）は知的無責任というものです。それは、常識を、理性を破壊します。それは相対主義とよばれるような態度を可能とします。この態度は、あらゆるテーゼは知的には多かれ少なかれ同等に主張可能であるというテーゼを導きます。すべてが許されるのです。ですから相対主義のテーゼは、明らかにアナーキー、法の喪失状態、そして暴力の支配を導くのです」（『よりよき世界を求めて』三〇一頁）

「相対主義は、知識人たちが犯した数多くの犯罪のうちのひとつです。それは、理性に対する、そして人間性に対する裏切りです。ある種の哲学者たちは真理にかんする相対主義を説いていますが、それは、思うに、真理と確実性の観念を混同しているからなのです」(同書一九頁)

人間の普遍性を直視することなくして人類に建設的な貢献をしていくことは不可能であろう。「ポストモダン」の思想が結局は批判に終始するだけで、何ら将来の展望を示すことができなかった原因もその辺にあるといえそうである。

人間の普遍性に関して、哲学者の竹田青嗣氏は「自由」こそが人間存在に共通する本質的な欲望であるとの洞察の上から次のように述べている。

「『自由』が人間的欲望の本質契機として存在する限り、人間社会は、長いスパンで見て、『自由の相互承認』を原則とする普遍的な『市民社会』の形成へと進んでゆくほかはない。ここに含まれる社会の理念は以下のようである。

どんな国家においても、また国家間においても、普遍暴力状態が制御され、政治と経済と文化における自由な承認ゲームの空間が確保されてゆくこと。このことによって、すべての人間が、宗教、信条、共同体的出自、言語、職業、その他の条件によって差別されず、つねに対等なプレーヤーとして承認しあうこと」(『人間の未来』二六六頁)

普遍性といえば、一切衆生の成仏を標榜する仏教は、人間どころか全ての生命を貫く普遍性を強調する思想である。なかんずく天台大師が確立した一念三千の法理は、五陰世間・衆生世間・国土世間の三世間を含み、植物や岩石など通常は神経や意識を持っていないと考えられてきた非情の存在まで有情と共通の法理に貫かれているとする。三世間の「世間」とは差異・区別を意味する言葉であるから、要するに万物はそれぞれの差異を有しながら、同時に共通・普遍の法の当体であると見るのが一念三千の生命観である。ここに、多様性と普遍性の両面を包含する仏教の卓越性を見ることができよう。

宮田氏によれば、曼荼羅本尊もアルファベットやギリシャ文字、ペルシャ文字、ハングルなど、漢字以外の文字でしたためても差し支えないことになりそうだが、はたしてそうだろうか。曼荼羅が文化的共同体ごとに異なる文字で表された場合、人の流動性がますます活発化している今日、仕事等で世界各地を移動する人は移動するたびに異なる文字の曼荼羅を礼拝しなければならないケースも生ずるだろう。それでは本尊としての普遍性・統一性は全く失われてしまう(方便品・寿量品の読誦についても同様の問題が生ずる。各国語に翻訳されたもので読誦したのでは、国が異なる人同士が一緒に勤行することはできない。修行としての統一性はやはり尊重されるべきであろう)。

曼荼羅本尊は仏の生命そのものであり、妙楽大師が「たとい発心真実ならざる者も正境に縁すれば功徳なお多し」と述べているように、たとえ曼荼羅に記されている文字の意味が全く理解できない人でも、曼荼羅が仏の当体であることを信じて唱題に励むならば、曼荼羅本尊という正しい対境に縁することによって、感応妙の原理により、自身に内在する仏界の生命が触発されるであろう。そもそも曼荼羅に記されている文字は十界の衆生が南無妙法蓮華経に照らされて仏界所具の十界となっている姿を表すもので、礼拝者に対して一定のメッセージを伝達するためのものではない。その意味では曼荼羅に記された文字は論文や消息などの文字とは意義が異なると考えられる。曼荼羅本尊は漢字と梵字で記されているが、漢字や梵字の文化圏に限定された相対的なものではなく、「経王殿御返事」に「日蓮がたましひをすみにそめながして・かきて候ぞ信じさせ給へ」(御書一一二四頁)とある通り、末法の本仏日蓮と一体不二である仏の当体そのものとして受け止めるべきであろう。

宮田氏の姿勢について、相対主義の問題と併せて気になるのは自己の主観的判断や嗜好を基準とする在り方である。例えば、一般の門下には開示しない教義を一部の限られた門下に教示することを宮田氏は「二重基準」「秘密主義」と規定し、「私としては二重基準を持った宗教者という日蓮像は好きではない」(『守護国家論』について)と述べている。氏がどのような嗜好性を持っても自由だが、宗教者の人間像や教義まで自分の好き嫌いを基準に判断するのは適切ではないだろう。

日蓮が「種脱相対」や「日蓮本仏義」などの内奥の教義を一般の信徒には開示せず、極めて少数の門下にしか示さなかったことは事実として認められる。その事実は他人の好き嫌いなどによって左右されるものではない。例えば種脱相対や曼荼羅本尊について教示した「観心本尊抄」を日蓮は富木常忍に与えたが、その「送状」には「此の書は難多く答少し未聞の事なれば人耳目《じもく》を驚動す可きか、設《たと》い他見に及ぶとも三人四人坐を並べて之を読むこと勿《なか》れ」(同二五五頁)と、同抄を決して多くの人に読ませてはならないと厳しく戒めている。

日蓮が「宗教の五綱」について「行者仏法を弘むる用心を明さば、夫れ仏法をひろめんと・をもはんものは必ず五義を存して正法をひろむべし、五義とは一には教・二には機・三には時・四には国・五には仏法流布の前後なり」(同四五三頁)と述べている通り、仏法の弘通は、教理の内容はもちろん、相手の能力(機根)、時代や国土の状況などを総合的に勘案してなされるものであり、誰に対しても一律の内容が開示されるものではない。相手によって異なる教示がなされることにはそれだけの理由と周到な判断があるのであり、その多様な言語表現について「二重基準」「秘密主義」などと非難めいた言辞を弄すること自体が筋違いであり、自身の浅慮を示すものという他ない。「大智慧の者ならでは日蓮が弘通の法門分別しがたし」(「阿仏房尼御前御返事」、御書一三〇七頁)の言葉を重く受け止めるべきであろう。

宮田氏が仏教の教義についても自身の主観的理解を基準に判断していることは氏の諸論文の随所にうかがえる。例えば、草木成仏についても氏は「非生物である草木が仏になる(=修行もなしで成仏できる)という神秘思想は全く理解できず、日蓮が魂を込めたから、曼荼羅本尊が仏の当体となるという神秘思想も理解できなかった」(SGI各国のHPの教義紹介の差異について)と述べ、草木成仏の法理を神秘思想であるとして否定している。草木成仏とは、草木や岩石など、感情や意思を持たない存在と考えられてきた「非情」の存在も十界の当体として仏となりうるという法理であり、一念三千の要素である国土世間の概念と結びついている。

草木成仏は一念三千の法門の前提であり、日蓮自身も「観心本尊抄」で妙楽大師の「一草・一木・一礫・一塵・各一仏性・各一因果あり縁了を具足す」の文を引いて確認している(御書二三九頁)。天台・妙楽・日蓮が一貫して維持してきた草木成仏の法理を神秘思想という一言で排除したならば、三世間の中の国土世間を否定することになって一念三千の法数が成就せず、「一念三千」になってしまう。宮田氏にとっては、天台・妙楽・日蓮が仏教の根本教義としてきた一念三千の法理よりも自身の主観的判断の方が上位に位置づけられている。

「私は合理主義者である」(日興の教学思想の諸問題〈2〉)として合理主義者を標榜する宮田氏は合理性を重視し、理性で当否を判断できない思想は神秘思想として排除する立場に立つようである。しかし、世界は理性で全て解明できているわけではなく、最先端の科学によっても未知の領域はいくらでもある。理性を重んずることは正しい態度だが(日蓮も「三証」の一つとして「理証」を挙げている)、同時に理性の限界を認識しておくことも重要である(ソクラテスの「無知の知」はその意味において理解することもできよう)。竜樹や天台の著述にある「言語道断・心行所滅」という言葉も世界を貫く真理が言語や人間精神の力では把握し表現できないことを示している。理性が判断できないものを全て拒絶するという理性至上主義でなく、人間の理性では把握できないものがあり、現在は正しい知識とされているものも絶対的なものではなく、未来には誤りとされて修正される可能性があることを認める謙虚さが必要ではなかろうか(ちなみに植物も歴《れっき》とした生物であり、宮田氏が「非生物である草木」としているのは明らかな誤りである。また、氏は草木成仏について「修行もなしで成仏できる」こととしているが、自行化他にわたって唱題に励む仏道修行は人間のみがなしうることであり、人間以外の動物は行うことはできない。その点では動物も植物と同列である。氏は、仏性があるのは人間だけで、人間以外の動物には仏性はないとするのであろうか)。

最近のウイルス学の知見によれば生物と非生物の区別はあいまいになっており（生物と非生物を厳密に区別できない）、有情と非情の両者を包含して万物を生命の当体として把握しようとする一念三千の思想は、むしろ現代の学問からも支持されるものになっていると思われる。草木成仏の法理は現代の学問の方向性と合致しており、決して理解不能な神秘思想などではない。

各人の理解が判断の基準であるという相対主義的立場に立つ氏は、自分が理解できないものは全て排除し、否定しているようである。しかし法華経は、「仏の成就したまえる所は、第一希《け》有《う》難解の法なり。唯《ただ》仏と仏とのみ乃《いま》し能く諸法の実相を究尽したまえり」（法華経一〇八頁）、「また舎利弗に告ぐ　無漏不思議の　甚深微妙の法を　我は今已に具え得たり　唯我のみ是の相を知れり　十方の仏もまた然なり」（同一一一頁）と説き、仏が悟達した甚深の法は仏のみが知り得るものであって、声聞・縁覚・菩薩などでは知り得ないものであるとしている。「言語道断・心行所滅」の言葉と同様、仏の悟った法は二乗などが用いる合理的判断力を超越したものであるとするのである。その故に仏法の領解は、智慧第一の舎利弗ですら自身の智慧ではなく法に対する信によって初めて可能になると説かれる（「以信得入」）。

それに対し、自分の理性的判断で理解できないものを全て神秘思想として否定する態度では罪障消滅（宿命転換）や人間革命、あるいは祈りの力ということも受け入れられないものとなるのではなかろうか。およそ宗教とは、妙法といい神というなど呼称は様々であるとしても、死後の問題を含めて、人智を超越した何ものかを信ずることに他ならない。それ故に、理性で判断できないものは全面的に排除するという単純浅薄な合理主義にとどまっていたのでは、結局のところ宗教を取り扱うことは不可能となろう。

現代人である以上、各自の合理的理解で物事を判断していくのは当然だが、同時に理性は万能ではなく、世界には理性の力では把握できない領域があり、また各自の判断が誤まったものとして常に修正される可能性があることを知らなければならない。その認識を持たず、自己の理解が常に正しいものとして自己の見解に固執し、他者からの批判を拒否して自分を特権的立場に置くことは一つの傲慢として否定されよう。仏教においては仏や師匠の教えよりも自分の判断を優先させる態度が顕著な禅宗に対し（「殺仏《さつぶつ》殺祖《さつそ》」〈臨済義玄〉という禅宗の言葉は象徴的である）、天台大師は『摩訶止観』で「謂《い》己《こ》均仏《きんぶつ》（己《おのれ》、仏に均《ひと》しと謂《おも》う）」として厳しく破折した。自己の理解を一切の基準にする姿勢は、天台のこの批判に当たる恐れがあると思われる。

（二〇一六年九月発表。本書に収録するに当たり、若干の加筆をした）

資料

三大章疏七面相承口決

沙門最澄記す

大唐貞元二十四年五月日、仏立寺において三大章疏の総意を伝う。おのおの七重の総意をもって文々句々に通ぜしめ、一部の難義を開くべし。

玄文七面の口決

まず玄文七面の口決とは

正釈において五重の列名を料簡すべし。一には名、二には体、三には宗、四には用、五には教なり。

一には名に依りて義を判ずるの伝。

謂わく、名とは法の分位において施設す。体とは宰主を義となす。宗とは所作究竟なり。因の所作に由りて果の究竟を得。用とは証体上の効能なり。教とは教誡を義となす。かくのごとく文々句々において名のごとく義解をなすは正しき源意ならず。

二には仏意・機情の一面。

謂わく、名は仏意においては体用不離、不思議真如の言説なり。機情においては体上の仮立なり。体は仏意においては更に四聖の証得を離れ、三乗の心智の及ぶところにあらず。機情においては空観をもって空諦を証し、乃至、中観をもって中理の体を証す。宗は仏意においてはその菩薩界は常修常証を因となし、自受用身は常顕常満を果となす。因果は本有の自徳なり。

用は、仏意においては自受用身、寂光土に住し、九界のための故に常に仮用を施す。証道八相、自然の所作なり。機情門においては果徳上位の所作の妙用なり。

次に仏意の教とは、法華の心智に依りて一代の諸教を見るに、五時の本経ことごとく内証悵義あり。内証悵義とは、自受用身は自行の報土に住し、自性眷属の十界のために常に自性の法門を説き、自分如々の智をもって如々の境となす。能所ともに如なり。如とは不変を義となす。乃至、今の三大章疏等に至るまで自受用身の所説、自性会の説法なり。

次に機情の教とは大通結縁の衆のために四味の調熟を構え、法華会に来入して本迹二門を経るなり。乃至、文々句々、かくのごとく仏意・機情の二門をもって分別すべし。

問う。仏意の教において教とは聖人下に被らしむるの言なりの義有りや。

答う。玄文一部、文々句々、皆仏意と機情とに通ず。聖人被下の言もまた仏意に通ず。所以はいかん。自性会の十界は九界を下となし、仏界を上となす。この上下はただこれ本有不思議の上下にして更に思量の境界にあらず。

三には四重浅深の一面。

名の四重とは、

一には名体倶無常の名。謂わく、法華已前の教には名体無常の義を明かす。たとい法体常住の義を明かすといえども仏慧の説に依る実義にあらず。

二には体実名仮。謂わく、法華の始覚門には不変真如を明かす。体は実にして名相はこれ無常なり。

三には名体倶実。謂わく、本覚門の前には三千の名相、本有常住にして実に転変せず。

四には名体不思議。謂わく、仏意の辺に依れば思量言語を離れて更に名体の不同なし。体用ともに法然として内外これ真なり。

次に体の四重とは、一には三諦隔歴の体。二には理性円融の体。三には三千本有の体。四には自性不思議の体なり。

次に宗の四重とは、

一には因果異性の宗。方便の教を帯して因果の異性を明かす。この故に永く因智を捨して別に果用を得。

二には因果同性の宗。この法華の教には因果相入して果位に登るといえども因の性を捨てざることを明かす。真如法の中には一切の法を具す。智もまたかくのごとし。問う。果の宗と体と、いかんが別あるや。答う。果はこれ自受用の智、体はこれ法身真如の理法なり。理智すでに別なり。二相まさに知るべし。

三には因果並常の宗。文に云わく、三千並常なれば倶体倶用なりと。因果両法はともに常にして永く転変せず。因は果に酬ゆるの用なく、果は因を益するの能なし。因はこれ常因、果はこれ常果なり。

四には因果一念の宗。文に云わく、介爾も心有れば即ち三千を具す。三千多しといえども十界を出でず。十界とは因果の二性なり。九界を因となし、仏界を果となす。一念の心性すでに三千を具す。この故に、念起これば即ちこれ因果なり。

次に用の四重とは、一には神通幻仮の用。謂わく、法華已前の経には仏菩薩の出仮利生を明かせども唯これ神通変化にして任運の所作にあらず。二には普現色身の用。謂わく、一身の中において十法界を具す。その化用に随いて任運無作なり。三には無作常住の用。あるいは云わく、一切の諸法は常にこれ毘盧遮那実に三身を具す。三身を具するが故に即ち証道の八相ありて無作自在なり。四には一心の化用、云々。

次に教の四重とは、一には但顕隔理の教。二には教即実理の教。三には自性会中の教。四には一心法界の教なり。

第四には八重浅深の一面。

一に名の八重とは、一には名体永別の名。二には名体不離の名。三には従体流出の名。四には理体具足の名。五には本分常住の名。六には果海妙性の名。七には無相不思議の名。八には自性己己の名なり。乃至、教相知んぬべし。

第五には還住当文の一面。

謂わく、四重八重の不同の意をもって大旨に懸け、立ち還りて当文を見、本意をもって文意の異を治決すべし。

第六には但入己心の一面。

始め大法東漸より第十の判教に至るまで文の生起を閣きて一向に心理に入れ、正意をなすべし。大法と謂うは即ち己心の異名なり。心性は広大にして百千の経巻を摂す。心はまた諸法の本なり。東方は諸方の始めなり。故に心性を指して東漸となす。乃至、教相の文に至りては可思の心性に三千の本理を具す。九界の迷心を根性の不融となし、仏界の正意を根性の融となす。かくのごとく、一部始終の一文、心観に入れざることなし。

第七には出離生死の一面。

上の六章のなか、前の五章は専ら教門となし、第六は観心なり。六章は皆上根に在り。今立ち返りて法身不思議をもって皆出離生死の一面に入れて文意を治決すべし。謂わく、玄文一部は妙法等の五字を釈す。能釈所釈、実に差別有るべからず。今、大法東漸の一句を誦して、出離生死、証大菩提の本因となす。解釈中に別して解行証の相を出だし、委細に一句の別徳を顕す。総じて一処に在り。故に、口に文句を誦し、心に文句を安んず。皆これ円融不思議の勝行なり云々。この七面は玄文一部の大意なり。これをもって正意を思惟すべし。

法華文句七面決

それ法華文句とは、題名の五字は玄文にこれを釈せり。序品第一より作礼而去に至るまでの文段章句を釈するに、謂わく法華の正意、大師釈するところの広意・大旨知り難し。また七重の不同をもって転伝すべし。一には依名の一面。その義、上のごとし。二には感応の一面。三には四教。四には五時。五には本迹。六には体用なり。謂わく、一切の言説はことごとく無相の本理より出生す。本理を指して体とし、一切の言説を末用となす。七には入己心の一面。その義、上のごとし。

智威師の伝を案ずるに、玄義と文句と七面不同なし。また、玄師の秘伝に云わく、玄義と文句の両部に三十重の浅深をもってす。三十重とは、権教の十重、迹門の十重、顕本本門の十重なり。顕本の文々句々、その義ことごとく三十重の義を安んず。広く心得べし。

権教の十重とは、

一には破迷顕悟。

二には廃迷顕悟。迷心を破するを破迷となし、迷法断じおわりて迷性無きを廃迷となす。

三には開迷得悟。煩悩と菩提と相離れざるが故に。

四には会迷入悟。煩悩菩提不二なるが故に。迷において菩提を得。浄名経に云わく、煩悩処において即ち菩提を得と。

五には住悟顕悟。但中法性の実智は本よりこのかた迷相無し。但中法性に住して法の実義を顕すが故に名づけて住悟顕悟となす。

六には住迷顕悟。謂わく、権法においては断迷開悟ありといえども実には実教の障りを断ぜざるが故に開悟もまた迷となすなり。

七には住非迷非悟顕理。謂わく、法性の実理は諸相を離るるが故に迷に非ず悟に非ず。正しくこの義を顕すを住非迷非悟顕理となす。

八には覆迷顕悟。経に云わく、央掘摩羅、諸の悪業を造り、悪心を改めずして即ち真覚に入り、断迷の正教を待たずして直ちに入悟するが故に。

九には住迷用悟。初心位において果極の源法を聞き、あるいは果海の所作をなす。

十には住悟用迷。仏果において凡夫の相をなす。釈迦・阿難、乃至、業に依りて生死するがごとし。もし解釈の中、別に四味三教を釈せば、この十相をもって広く文を通ずべし。本迹の二十重は文のごとく知んぬべし。

摩訶止観の一部は十重の顕観をもってこれを観るべし。十重の顕観とは、

一には破教立観。権本迹の三教を破して不思議実理の妙観を立つ。文に云わく、円頓とは初めより実相を縁すと。

二には廃教立観。教門すでに破すれば、権教の執、速やかに除こりて、ただ妙観のみ有り。

三には開教顕観。円の不思議融即の実心に住すれば別性あることなし。文に云わく、一切の諸法は本これ仏法、三諦の理を具するを名づけて仏法となす。一切法においてなんぞ教を除かん。

四には会教顕観。教門すでに開して同じく妙観を成ず。妙観不思議の徳に依りて止観の内証に入らしむ。

五には住不思議顕観。謂わく、前の四重に妙相ありといえども皆迷の教に対す。本よりこのかた、迷妄の想なし。なんぞ教ありて教門を存せず教門に対せざらんや。一切の諸法は本これ自受用果海の本性なり。言うところの自受用とは唯これ一念三千なり。一念三千とは自性所作の故に自

受用と名づく。文に云わく、理は造作にあらず、故に天真という。証智円明なるが故に独朗という。

六には住教顕観。煩悩を断じ、菩提を証せんがために寂照相応の止観を修す。あるいは玄と文とにおいて一観の相を顕す。皆これ住教顕観なり。

七には住非教非観顕観。文に云わく、法性寂然なるを止と名づけ、寂にして常照なるを観と名づくと。不思議寂照の時、教と観との二相あることなし。教観ともに不思議なり。天然本性には教観の相なし。強いて名づけて顕観となす。

八には覆教顕観。あるいは名字の教処において直ちに天真を開き、あるいは玄文等において別類の機ありて不思議の観に入る。

九には住教用観。文に云わく、本迹殊なりといえども不思議一なりと。本迹の教において別して不思議観の理を顕すが故に。

十には住観用教。文に云わく、還りて教味を借り、もって妙円を顕すと。

この十重の浅深をもって止観の文義を通ずべし。後人、広意に達せず。故にただ一相に住して大師の本心を明らめず。故に十重の顕観に住して心観の広意に達すべし云々。

摩訶止観七面決

摩訶止観は大師終窮の極説にして諸仏内証の密談なり。内証の密機、一相にあらず。故に内談の実義もまた不同なり。大師、千差万別の広路を構えて妙釈の文義を立つ。末世鈍根の輩、いかでか了解に及ばんや。智者大師、閉眼の時に臨み、七重の深義をもって章安尊者に摩訶止観の広義を授く。

一には依名判義。

十章名相の一意に依りて始終の正意を正さず。文相を安立して仮義を通ずべし。

二には付文の元意。

十章建立の次第は、もし教門に依れば多く浅劣の義を成す。但し迷機のためなり。発心の大意を釈せば、無量劫来癡惑に覆われて無明即ちこれ明なることを知らず。今これを開覚するが故に大意断迷の劣相を言いて付文となす。もし元意に依れば迷惑はこれ本性の所作、三千一念の覚分なり。今開覚の時、迷悟の本性を解了して覚に住するも円明、迷に住するもまた円明これなり。摩訶止観の一部はことごとく果海上において建立し、全く機分に対せず。故に元意と名づく。

三には寂照一相。

もし法、寂なりといわば、これ一切の諸法は本よりこのかた不生不滅にして性相凝然なり。釈迦、口を閉じ、身子、言を絶つ。不生の言説をもって不生の実法を説く。能所さらに二相無きをもって寂静の義となす。もし法照というは即ち法に寂の相なし。三千常住にして十界の性相教観全く闕減なく、始め華厳より終わり法華に至るまで止観の内教にあらざるはなし。止観の十章、多く教道教門の偏説を存す。皆これ法性常照の妙説なり。この二意をもって止観一部の文相を通ずべし。

四には教行証の一面。

法性寂然なるを止と名づく。寂にして常照なるを観と名づく。文は教行証の三種をもって広く通ず。教分の義とは寂はこれ一念、照はこれ三千。一念三千は仏法の本源なり。一切皆三千の性相を具す。かの心をもってかくのごとく解了すべし。

次に行分とは、寂照二相の教化はこれ初心始行の門なり。行者この文をもって所依となして三千一念の観心を行ずべし。

次に証分とは、寂照の二相は不思議にして全く情量を離る。この時、なんぞ迷悟あらんや。迷悟無き処を強いて証分と名づく。乃至、文々句々の大旨、この三義をもって内安となし、実義を治決すべし。

五には六九二識の一面。

止観の文々句々、おのおの二義を備う。一には六識分別の義、二には九識本分の義なり。二種類ありて止観の内証に入る。鈍根は果海三千の修行を六識の迷心をもって仮義修立す。上根は六識の行分を用う。また別義にあり。利根の輩は則ちかくのごとくならず。止観に開くところの教行証は皆これ九識本分の内徳なり。五六七八識分を明かすはただこれ九識の内徳を別して開出する形なり。故に玄師の伝に云わく、止観はこれ大師己証の実説、塔中秘伝の深義なり。所有の言説、皆これ九識の別相にして余分にあらずと。文に云わく、理は造作にあらず、故に天真という。証智円明なるが故に独朗という。天真の止観、なんぞ余分の末相を摂せんや。

六には絶諸思量の一面。

前の五重の通決は道理・思量をもってす。道理・思量の分域は更に法の自性にあらず。止観弘通の輩、速やかに当面の実心に住すべし。文の中に円頓とは初めより実相を縁す等云々。更に思量をなすべからず。寒風峰に吹けば冷雪谷に住するがごとくなるべし。本有自性、言説を開す。この時、寂照の相無く、教行等の偏意を離る。

問う。もししからば、この時、何ぞ止観の文章を説くや。

答う。止観の文章の大旨は絶諸思量の義を明かす。文に云わく、理は造作にあらず、故に天真という。非造作とは諸の思量を絶するなり。無思無念の言説、皆ことごとく天真を成ず。寂照の言に依りて寂照の心をなすべからず。不思議に住して寂照の言を説くべし。故に文に云わく、言下に言を亡ぼすと。また云わく、もし名言に随いてその名言を解するは法の実性にあらずと。

七には出離生死の一面。

文句の章段に通じて一一に出離生死、証大菩提の要心を用うべし。この伝において弥陀の三業を念ず。諸法の名言は皆これ阿弥陀の三字なり。もし言説あるの時は阿の言にあらざるはなし。阿とは諸法不生の自証なり。弥とは量と翻ず。数数仮量の義、正しく仮諦に当たる。陀とは寿と翻ず。正しく中道に当たるなり。諸法、三諦にあらざることあるべからず。文に云わく、円頓と。円頓とは三諦なり。故に止観の十章の建立は皆これ阿弥陀の名号なり。また諸法所具の心識は弥陀にあらざることなし。心とは智慧なり。弥陀はこれ妙観察智にして断迷開悟の本性なり。摩訶止観に三諦三千の不同を明かして立教観の心地は皆これ弥陀内心の三摩地なり。口に文を誦し、心に妙義を案ず。皆これ念仏三昧の形なり。故に止観学行の輩、もしくは修行純熟の者は今生に弥陀の内証を契信すべし。もし学行不熟の者は必ず西方浄土に生じて彼において弥陀の内証に進至すべし。弥陀の願文に云わく、至心に一たび念ずれば必ず往生することを得んと。もし広く止観の一章において受持・解安の輩はいかでか生死を出で大菩提を証せざらんや。この内義をもって止観の文句を通ずべし。

三大章疏同異決

くわしく七面の大義をもって三大章疏の実義を伝えおわんぬ。ただ、章疏の大義を知るといえども三大疏において智者心地の同異を知らずんばまた不可なり。故に別して同異を記すべし。仏立師の云わく、玄義・文句と止観と一同十異あり。

一同とは名言同じきなり。止観と玄文と同じく相待絶待・麤妙・権実・教観・解行証・因果・迷悟等の名をもってす。

十異とは、

一には名同判義の異。玄文と文句と相待・絶待の二妙を立つ。摩訶止観の中においてはともに相待に属し、このほか別に無可待独一法界の絶待を立つ。乃至、玄義と文句とは爾前を権となし、法華を実となす。止観に至りては教分の権実を会して共に権心となして別に観の実を存す。また、教の部においては今日の始成を迹となし、五百の本成を本となす。止観は今日と五百とを共に迹理となし、不思議の心性を実本となす。

二には所依の異。玄義と文句とは顕説の妙法に依り、止観は根本の内経に依る。

三には観心の異。玄と文との二部の観を名づけて待縁の観となし、止観を名づけて不待縁の観となす。ゆえんはいかん。玄義は教の縁を待ちて観を修し、文句は事の縁を待ちて一の観を立つ。摩訶止観の観心は、云わく根塵相対して一念の心起これば即空即仮即中なり。また云わく、介爾も心あれば即ち三千を具す。教事を待たずして直ちに妙観を修す。故に名づけて直観となす。

四には傍正の異。玄文と文句とは教は正、観は傍なり。止観は観は正、傍は教なり。託事・附法二種の観ありといえども教相に対して傍意を成す。

五には用教の異。止観の妙教はこれ果上の自用なり。玄と文との教はこれを果功の教となす。

六には対機の異。二部は三周得悟の声聞を本機となし、種々の不同を立つ。また別機ありて傍に実理に入るもこれを遮せず。止観は直達の機のために諸相を建立す。文に云わく、初めより実相を縁す。造境即ち中なり。また云わく、初めよりこのかた三諦円に修す。凡夫人に対して直ちに円頓と説く。

七には顕本の異。玄と文とは随縁・不変二種の真如をもって本理となし、摩訶止観は不二の大真如をもって本理となす。不二の大真如とは、また云わく、真如の妙理に両種の義あり。随縁真如は縁起常住なり。不変真如は凝然常住なり。随縁・不変二種の真如は機に随いて別義あり。本性の真如には随縁・不変の両相あることなし。寂照不二の大相これなりと。文に云わく、寂照の二法は初後を言うといえども二なく別なし。これを円頓止観と名づくと。寂はこれ不変真如、照はこれ随縁真如なり。

八には修行の異。二部の修行は多く断迷開悟にあり。また、起心の外、別に正行を修す。止観の修行は知一切法皆これ仏法の解了立し已われば別に麤妙等の観を行ずべからず。起念即行にして三性の心を怖れず、覚心・行心別相なし。ただこれ根塵相対の念相即ち止観の行体なり。

問うて曰わく、文に云わく念々ことごとく諸波羅蜜と相応すと。既に別観を修す。なんぞ別行なからんや。

答えて曰わく、念々ことごとく諸波羅蜜と相応すとは解了既に立すれば所有の心識ことごとく波羅蜜と相応す。波羅蜜とはここには到彼岸という。妙解の円人は久しからずして彼岸に到るべし。故に諸波羅蜜相応という。あるいは云わく、念々相続するを観行即と名づくとは初めの一念の解了を名字即と名づけ、二念已後はことごとく観行即を成す。已後の諸心はことごとく妙行を成す。故に念々相続なり。また、二部の行者を随信行と名づけ、止観の行者を随法行と名づく。

九には相承の異。天台智者大師、所立所用の自行化他はことごとく塔中牟尼の伝授なり。玄義・文句の教観は天台山において伝うる十徳の中の玄悟法華の円意にして化他の別徳これなり。摩訶止観は直ちに大蘇道場の相承を開する自行内徳の妙文なり。十徳の中の自解仏乗の徳これなり。

問う。玄悟法華の相承は止観の妙教にあり。なんぞ玄文と文句との教に相限りて玄悟法華の悟に在るや。

答う。天台山の塔中牟尼の伝授の止観の義と自解仏乗の徳と同じ故にしか云うなり。化他の別義はこれ多く教門にあり。故に文に云わく、玄とこの文とは皆化他にありと。

十には元旨の異。二部の大旨、皆二法待対の別義にあり。貪の外に覚了を求む。故に所立の元旨、皆相待分別の偏義に属す。止観の大旨は言下に言を捨し還って言説を用う。自性果海の処に強いて教行証を建て、また本分の自己において本覚の教行証を立つるなり。玄師の伝に云わく、玄と文との元意は相待に属し、止観の元意は絶待に属す。二部に絶待ありといえどもただこれ相待の上に絶待を用うるなり。止観に相待ありといえどもまたこれ絶待の上の相待なり。和尚の伝に云わく、玄と文とは対物の元旨と名づく。止観は独一の元旨と名づく。文に云わく、待対すべきなければ独一法界なり。故に絶待止観と名づくと。

次に玄義・文句相対同異の相とは、二部同じく顕説の妙法を釈するに教相をもって正となす。しかりといえども中において小異なきにあらず。仏立寺の師、また四同六異をもって二部の同異を伝授す。

四同とは、一には名同。玄文・文句ともに四教・権実・本迹・五時等の名をもってす。二には義同。同じく本迹の義にあり。三には所依同。同じく顕説の法華に依るが故に。四には所顕同。同じく随縁・不変二種の真如を顕すが故に。乃至、多種あり。義に随いて準知すべし。

六異とは、一には釈名の異。玄文は妙法蓮華経の五字を釈す。文句は序品より而去に至るまで細かく分別す。

二には大綱網目の異。玄義は大綱、文句は網目なり。

三には本末の異。謂わく、玄義は衆生法妙を正となし、くわしく十界の相性を判ず。ここに五重玄あり。また約行自修の五重玄をもって正となす。文句は五重玄の中、用の重より開出す。仏、機に随いて説法利生する形なり。神力品の約経の五重玄義に当たる。約経の五重玄は用より出ずるが故に。

四には観心の異。文句の観は託事、玄文は附法観なり。附法観とは前説の教相をもって己心に入れて観達す。

五には教内外観の異。玄文の大章に五重あり。五重の中、観心の章なし。教即実相なるが故に。文句の大章には四あり。因縁・約教・本迹・観心なり。三章の教相の外に観心章あり。

六には自行化他の異。玄文は自行、文句は化他なり。説法利生の形を正となすが故なり。

本奥書云わく

御本云わく

時において応和三年六月これを伝う　忠尋

大治元年正月伝受

天文二年癸巳八月十九日　長秀

慶長十九年十月一日　弁隆

比叡山図書刊行所による『伝教大師全集』第五巻（一九二七年発刊）所収の原文を読み下した。

参考文献

全体に関わるもの

堀日亨編『日蓮大聖人御書全集』創価学会（一九五二年）
創価学会教学部編『編年体　日蓮大聖人御書』創価学会（一九七三年）
堀日亨編『富士宗学要集』全十巻　聖教新聞社（一九七八年）
堀日亨『富士日興上人詳伝』創価学会（一九六三年）
日興上人全集編纂委員会編『日興上人全集』興風談所（一九九六年）
立正大学日蓮教学研究所編『日蓮宗宗学全書』全二十三巻　山喜房仏書林（一九五九年）
正本堂建立記念出版委員会編『日蓮正宗歴代法主全書』全七巻　大石寺（一九七二年）
富士年表増補改訂出版委員会編『日蓮正宗　富士年表』富士学林（一九九〇年）
松本佐一郎『富士門徒の沿革と教義』大成出版社（一九六八年）
高橋粛道『日蓮正宗史の研究』妙道寺事務所（二〇〇二年）

第一章

創価学会山梨県青年部編『五人所破抄に学ぶ』上下　聖教新聞社（二〇〇〇年）
望月歓厚『日蓮宗学説史』平楽寺書店（一九六八年）

第二章

硲慈弘『日本佛教の開展とその基調』上下　三省堂（一九四八年）
身延山短期大学出版部編『本尊論資料』臨川書房（一九九八年）

第三章

河内将芳『日蓮宗と戦国京都』淡交社（二〇一三年）
田村芳朗ほか編『日本思想大系9　天台本覚論』岩波書店（一九七三年）
花野充道『天台本覚思想と日蓮教学』山喜房仏書林（二〇一〇年）
執行海秀『興門教学の研究』海秀社（一九八四年）

第四章

山川智応『日蓮聖人研究　第一巻』新潮社（一九二九年）

第九章

池田令道『富士門流の信仰と化儀』興風談所（一九九三年）
堀日亨『隠れたる左京日教師』興門資料刊行会（二〇〇一年）
早島鏡正『初期仏教と社会生活』岩波書店（一九六四年）

第十二章

堅樹日寛『六巻抄』聖教新聞社（一九六〇年）

創価学会教学部編『日寛上人文段集』聖教新聞社（一九八〇年）

金原明彦『日蓮と本尊伝承』水声社（二〇〇七年）

第十三章

笠原一男編『日本宗教史2』山川出版社（一九七七年）

圭室文雄『日本仏教史　近世』吉川弘文館（一九八七年）

松岡幹夫『日蓮正宗の神話』論創社（二〇〇六年）

不破優『地涌からの通信　別巻②　歴史編』はまの出版（一九九三年）

第十四章

牧口常三郎『牧口常三郎全集』全十巻　第三文明社（一九八三年）

牧口常三郎著・戸田城聖補訂『価値論』第三文明社（一九七九年）

美坂房洋編『牧口常三郎』聖教新聞社（一九七二年）

熊谷一乗『牧口常三郎』第三文明社（一九九四年）

斎藤正二『若き牧口常三郎　上』第三文明社（一九八一年）

斎藤正二『牧口常三郎の思想』第三文明社（二〇一〇年）

『評伝　牧口常三郎』第三文明社（二〇一七年）

『創価学会三代会長年譜』上中下　創価学会（二〇〇三年）

東京市本所区編『本所区史』東京市本所区（一九三一年）

村尾行一『牧口常三郎の「価値論」を読む』第三文明社（一九九八年）

ヴェーバー『社会科学と社会政策にかかわる認識の「客観性」』岩波書店（一九九八年）

市河政彦・村尾行一『二人で語る牧口価値論1』新世紀研究会（二〇〇三年）

鈴木貞美編『大正生命主義と現代』河出書房新社（一九九五年）

第十五章

村上重良『国家神道』岩波書店（一九七〇年）

村上重良『近代日本の宗教』講談社（一九八〇年）

第十六章

戸田城聖『戸田城聖全集』全九巻　聖教新聞社（一九八一年）

第十七章

堀米日淳『日淳上人全集』上下　日蓮正宗仏書刊行会（一九六〇年）

池田大作『法華経の智慧』全六巻　聖教新聞社（二〇〇〇年）

ウィルソン／ドベラーレ『タイム　トゥ　チャント――イギリス創価学会の社会学的考察』紀伊国屋書店（一九九七年）

ハモンド／マハチェク『アメリカの創価学会――適応と転換をめぐる社会学的考察』紀伊国屋書店（二〇〇〇年）

人名索引

《あ行》

阿育王《あいくおう》（アショーカ王）　172

アリストテレス　327

安然《あんねん》　239

池田大作《いけだだいさく》　253,265,289,294,301～307,336,344

伊藤瑞叡《いとうずいえい》　346

ウィルソン　316,317

ヴェーバー　270,271

ウォード　265

内村鑑三《うちむらかんぞう》　255

梅原猛《うめはらたけし》　24,326

江川太郎左衛門英龍《えがわたろうざえもんひでたつ》　249

円実坊直兼《えんじつぼうなおかね》　188

大田乗明《おおたじょうみょう》　40,87

大西愛治郎《おおにしあいじろう》　279

《か行》

河内将芳《かわうちまさよし》　45

カント　277,286

桓武天皇《かんむてんのう》　19,179,180,280

敬台院《きょうだいいん》　210,249

行満《ぎょうまん》　49,50

金原明彦《きんばらあきひこ》　240

空海《くうかい》　215

源信《げんしん》（恵心）　42,48

玄朗《げんろう》　66

後醍醐天皇《ごだいごてんのう》　10,187,188

《さ行》

斎藤正二《さいとうしょうじ》　271

佐々木銀弥《ささきぎんや》　357

三条西実隆《さんじょうにしさねたか》　45

三位房《さんみぼう》　40

慈覚《じかく》（円仁）　32

志賀重昂《しがしげたか》　225,256

執行海秀《しぎょうかいしゅう》　44

四条金吾《しじょうきんご》　26,30,60,230,353,355

舎利弗《しゃりほつ》　71,97,99,160,161,167,207,363

章安《しょうあん》　62,65,69,107,333,369

勝範《しょうはん》　42

勝呂信静《すぐろしんじょう》　346

僧肇《そうじょう》　146

左右田喜一郎《そうだきいちろう》　270,271

ソクラテス　362

曾谷教信《そやきょうしん》　24,232

ゾンバルト　270

《た行》

大黒喜道《だいこくきどう》　351,353

竹田青嗣《たけだせいじ》　360

田中智学《たなかちがく》　263,299

田村芳朗《たむらよしろう》　47

智威《ちい》　64～66,367

澄観《ちょうかん》　38,215

土御門天皇《つちみかどてんのう》　45

出口《でぐち》ナオ　279

デュルケーム　265

天親《てんじん》　19,38,60,111,114,171,184,213,214,217,218,222,350

天英院《てんねいいん》　249

天目《てんもく》　30,175,204,232

トインビー　307

道邃《どうすい》　50

道善房《どうぜんぼう》　10,11,39,40

富木常忍《ときじょうにん》　11,12,15,21,24～30,33,35,41,230,334,353,355,361

徳川家康《とくがわいえやす》　248,249

戸田城聖《とだじょうせい》　36,37,197,251,253,260,262,266,269,285,287～302,314

ドベラーレ　316

《な行》

永瀬清十郎《ながせせいじゅうろう》　197
南条時綱《なんじょうときつな》　202
南条時光《なんじょうときみつ》　14,181,186,202
南条兵衛七郎《なんじょうひょうえしちろう》　181
日向《にこう》　9～21,28,34～42,55,68,145,188,242
日位《にちい》　28
日印《にちいん》　10,27,30,187
日院《にちいん》　207～209,242,～244
日有《にちう》　46,84,181,185,190～201,204,207,220,237,
240,242,243,249,312,347,351,352
日永《にちえい》　208,210,211,227,245
日盈《にちえい》　209
日影《にちえい》　190,240
日悦《にちえつ》　178
日応《にちおう》　250
日我《にちが》　44,87,160,204～206,242,243
日開《にちかい》　251
日寛《にちかん》　84,174,189,200,210～250,268,295,297,308,
311,313,318,353
日眼《にちげん》　46,89,186,351
日郷《にちごう》　187,190,202,203
日山《にちざん》　160
日持《にちじ》　9,12,17,28,35,36
日時《にちじ》　13,44,49,50,84,190,240,242,346,347,351
日就《にちじゅ》　209
日住《にちじゅう》　44,46,201
日順《にちじゅん》　15,44～47,53,78,84,87～89,103,104,158,180,
183～185,191,199,206,219,221,231,240,242,347
～352
日淳《にちじゅん》　267,309,310,336
日盛《にちじょう》　186
日禅《にちぜん》　238,240～242
日像《にちぞう》　10,18,21,28,41,189
日尊《にちぞん》　44,47,84,87,103,158,173,187～189,198,199,
202,203,208,209,212
日代《にちだい》　15,87,158,173,180,187,199,202
日大《にちだい》　39,187,188,208,332
日道《にちどう》　13,185,187,190,202,347
日弁《にちべん》　334
日満《にちまん》　185,186
日目《にちもく》　14,39,87,103,158,180,187～190,199,202,203,
209,211,237,243
日宥《にちゆう》　211,244,249
日要《にちよう》　203,204
日養《にちよう》　211
日量《にちりょう》　210
日朗《にちろう》　9,10,12,14～21,27,28,32,33,35,36,40,41,169,
348
日教《にっきょう》　198～201,208,212,220,237,311
日恭《にっきょう》　250,284
日華《にっけ》　173
日啓《にっけい》　189,208,209,211,227
日顕《にっけん》　308
日興《にっこう》　13～37,41,85～87,158～160,177～187,243,
347,348,354,355
日高《にっこう》　30,40
日講《にっこう》　215
日主《にっしゅ》　207,209,243,244
日賙《にっしゅう》　208,209
日秀《にっしゅう》　334
日俊《にっしゅん》　87,209,210,227,244
日昭《にっしょう》　9,10,14,16～21,27,35,36,40,41,348
日昌《にっしょう》　189,201,207～209
日詳《にっしょう》　211
日正《にっしょう》　251
日昇《にっしょう》　310
日進《にっしん》　11
日辰《にっしん》　44,87,207～209,227～231

日精《にっせい》　87,179,199,207,209,210,224,227,237,244,249
日仙《にっせん》　173,185,232,243
日達《にったつ》　307,310
日柱《にっちゅう》　251
日頂《にっちょう》　9,11,12,15〜21,26,28,35,36,88,183
日澄《にっちょう》（寂仙房）　11,12,15,30,88,183
日澄《にっちょう》（円明院）　212
日朝《にっちょう》　285,353
日鎮《にっちん》　198,201,207,352
日典《にってん》　249
新《に》渡《と》戸《べ》稲造《いなぞう》　258

《は行》
波《は》木《き》井《い》実長《さねなが》　11,13,14,28,32,35,135,158,244,354
硲《はざま》慈《じ》弘《こう》　43
蜂《はち》須《す》賀《か》至鎮《よししげ》　249
花《はな》野《の》充道《じゅうどう》　47,239
ハモンド　316,317
早坂鳳城《はやさかほうじょう》　238〜240
早島鏡正《はやしまきょうせい》　197
平川彰《ひらかわあきら》　356
藤原弘達《ふじわらひろたつ》　307
プラトン　270,327
プロタゴラス　358
北条貞時《ほうじょうさだとき》　18
北条時頼《ほうじょうときより》　17,285,298
細川涼一《ほそかわりょういち》　357
ポパー　359

《ま行》
前田《まえだ》多門《たもん》　259,261
牧口常三郎《まきぐちつねさぶろう》　197,251,253〜287
松本《まつもと》佐《さ》一郎《いちろう》　45,88,338
マハチェク　316,317
三《み》谷《たに》素《そ》啓《けい》　263
宮《みや》田《た》幸一《こういち》　45,46,199,319〜364
妙楽《みょうらく》（湛然）　38,54,55,59,60,76,83,85,91,120,124,125,145,147,148,150
三《み》好長慶《よしながよし》　208
村《むら》尾《お》行一《こういち》　270,271
明《めい》治《じ》天皇《てんのう》　251,280
望月歓厚《もちづきかんこう》　16,19
森有礼《もりありのり》　255

《や行》
弥《や》四《し》郎《ろう》国重《くにしげ》　243,244
柳《やなぎ》田《た》国《くに》男《お》　258
山岡鉄舟《やまおかてっしゅう》　280
山川《やまかわ》智《ち》応《おう》　87

《ら行》
竜樹《りゅうじゅ》　38,111,114,171,217,362
良源《りょうげん》　42,48
臨済《りんざい》義《ぎ》玄《げん》　364

事項索引

《あ行》

愛染明王《あいぜんみょうおう》　116,165,337

アカデミズム　257,356

秋元御書《あきもとごしょ》　287

熱原法難《あつはらほうなん》　13,241,242,334

阿仏房御書《あぶつぼうごしょ》　26

阿弥陀《あみだ》　26,49,116,181,230,246,330,335〜337,353,371

アメリカの創価学会《そうかがっかい》　316,317,376

現人神《あらひとがみ》　279,281

案位《あんい》　120,121,147,148

池上本門寺《いけがみほんもんじ》　10,12

謂己均仏《いこきんぶつ》　364

以信代慧《いしんだいえ》　157

伊豆流罪《いずるざい》　13,29,35,36,353

伊勢神宮《いせじんぐう》　251,281,284

一元論《いちげんろん》　97,281

一帖抄《いちじょうしょう》　48,55,239

一代応仏《いちだいおうぶつ》　63,80,83,84,93,124,128,140,144,161,205,206,216

一代聖教大意《いちだいしょうきょうたいい》　39,228

一大秘法《いちだいひほう》　225,353

一同十異《いちどうじゅうい》　71〜73,371

一日経《いちにちきょう》　31,32,228

一念三千《いちねんさんぜん》　28,38,41,52,54〜56,59,60,66〜68,70,75,80,82〜84,90,91,96,98,100,105,106,111,115,128〜133,150,178,179,193,194,213〜219,223,239,295,313,360,362,363,368,370

一谷入道御書《いちのさわにゅうどうごしょ》　332

一部読誦《いちぶどくじゅ》　16,32,207〜209,227,228,231

一心三観《いっしんさんかん》　78〜91

一体仏《いったいぶつ》　10,28〜30,230,253,355

一品二半《いっぽんにはん》　55,68,99〜101,112,139,140,166,180,194,203,205,207,239,341

因果異時《いんがいじ》　70

因果異性《いんがいしょう》　56,57,366

因果一念《いんがいちねん》　57,98,137,169,313,366

因果倶時《いんがぐじ》　57,58,64,70,71

因果同性《いんがどうしょう》　56,57,366

因果並常《いんがびょうじょう》　56,57,313,366

院達《いんたつ》　250,251

引導秘訣《いんどうひけつ》　178,179

上野殿御返事《うえのどのごへんじ》（末法要法御書）　75,166,181,239,335

有供養者福過十号《うくようしゃふくかじゅうごう》　167,170,192,323

有師物語聴聞抄佳跡《うしものがたりちょうもんしょうけいせき》　46,192,193,197

美《うつく》しくない芸術《げいじゅつ》　274

産湯相承事《うぶゆそうじょうじ》　199,212

有名無実《うみょうむじつ》　50,51,215

依義判文《えぎはんもん》　3,211,222,223〜226

依義判文抄《えぎはんもんしょう》　3,211〜223,225,226

依正不二《えしょうふに》　148,149

恵心流《えしんりゅう》　43,177,238,239

ＳＧＩ（創価学会インタナショナル）　253,307,314,316,317,324,330〜332,362

依法不依人《えほうふえにん》　264

延暦寺《えんりゃくじ》　9,45,118,183,329

王舎城事《おうしゃじょうのこと》　332

応仏《おうぶつ》　59,63,80,81,83,84,92〜96,108,121,124,128,139,140,144,151〜154,160〜162,205,206,212,221

応仏昇進《おうぶつしょうしん》　80,154,212,231

王仏冥合《おうぶつみょうごう》　299

大阪事件《おおさかじけん》　300,305,306

大本教《おおもときょう》　279

御講聞書《おこうききがき》　11,41,42,55,68,145,339

小樽問答《おたるもんどう》　298

重須談所《おもすだんしょ》　14,15,44,87,180,183,185,187,202,348

恩《おん》　181,275,276,278

御義口伝《おんぎくでん》　41,42,82,119,145,148,151,162,168,178,212,213,217,224,227,339,356
隠密法華《おんみつほっけ》　155

《か行》
開会《かいえ》　55,74,78,113,120〜123,146〜148,223,232,239,282
開眼《かいげん》　30
解散勧告書《かいさんかんこくしょ》　311,312
戒定慧《かいじょうえ》　224,225
戒体《かいたい》　113,114,133
戒壇《かいだん》　36,37,133〜136,218,221,222,224〜226,306,307
戒壇本尊《かいだんほんぞん》　222,238,240〜247,317
戒名《かいみょう》　251,312
開目抄《かいもくしょう》　42,60,82,85,98,158,163,183,194,211,213〜217,223,236,297
花押《かおう》　12,33,34,85,116,167〜169,182,203,337,338,348
学頭《がくとう》　11,14,15,44,183,185,211,213,245,347,348
核兵器《かくへいき》　300,301
価値創造《かちそうぞう》　267〜269,271,277,284,294
価値論《かちろん》　247,260〜278,286,294,296,309,310,314,376
仮名《かな》　16,24,174
我本行菩薩道《がほんぎょうぼさつどう》　92,93,109,110,144,177,194,216,236
神天上《かみてんじょう》の法門《ほうもん》　14,16,21〜23,281
神札《かみふだ》　251,282,284,285,309

カルト　319,330〜332
観行即《かんぎょうそく》　51,53,76,99,127,128,147,157,372
諫暁八幡抄《かんぎょうはちまんしょう》　65,81,127,165,166,235,340
灌頂《かんじょう》　132,133
観心《かんじん》の大教《だいきょう》　54,55,67,239
観心本尊抄《かんじんのほんぞんしょう》　26,32,41,52,55,56,75,77,82,85,110,114,115,141,158,161,178,180,183,194,211,215,217,225,226,230,231,236,239,297,349,353,354,361,362
観心本尊抄抜書《かんじんのほんぞんしょうぬきがき》　205,206,242
観心本尊抄文段《かんじんのほんぞんしょうもんだん》　212,220,245,246,268
元祖化導記《がんそけどうき》　10,353

ガンダーラ　172
観念観法《かんねんかんぽう》　33,53,73,76,77,105,111,129,157,193,329
観念文《かんねんもん》　251,283
感応《かんのう》　64,65,72,126,127,131,144,367
祇園社《ぎおんしゃ》　45
聞書拾遺《ききがきしゅうい》　191,352
機情《きじょう》　51〜53,88,365
義浄房御書《ぎじょうぼうごしょ》　91,218
北山本門寺《きたやまほんもんじ》　14,15,87,88,198,202,208,249
義《ぎ》の戒壇《かいだん》　221,225
逆縁《ぎゃくえん》　80,100,141,142,338〜340,352,353
教育勅語《きょういくちょくご》　279
行位全同《ぎょういぜんどう》　125
経王殿御返事《きょうおうどのごへんじ》　26,164,168,361
教学入門《きょうがくにゅうもん》　321,326
教学《きょうがく》の基礎《きそ》　328
教観相対《きょうかんそうたい》　239
教行証御書《きょうぎょうしょうごしょ》　114,134
教主交代《きょうしゅこうたい》　319,338,341,345
教相《きょうそう》　36,50,51,66,67,69,70,72,73,76,99〜102,122,123,206,207,212,239,342,367,372,373
境智《きょうち》　157,219,233,237
郷土科《きょうどか》　258
郷土会《きょうどかい》　258,259,261
教派神道《きょうはしんとう》　279

キリスト教　248,263,280,316,325,326
金綱集《きんこうしゅう》　19,36,41
近代仏教学《きんだいぶっきょうがく》　319,324〜329
偶像崇拝《ぐうぞうすうはい》　30
久遠元初《くおんがんじょ》　80〜83,85,91〜95,97〜99,101〜109,113,

117～121,124～127,130～134,139,140,145,147,152,154～156,171,174,178,184,203,207,212,219,221,226,231,233～237,240,246,350
久遠寺《くおんじ》　11,198,202,208,242,249,320,321
久遠実成《くおんじつじょう》　54,56,57,59,61,80～83,92～94,125,126,138,139,145,180,181,187,215,221,232,246,335,339,342,349
九識《くしき》　145,343,344,370
供僧《ぐそう》　12
倶体倶用《くたいくゆう》　129,148,162
口伝《くでん》　36,38～43,47,49,50,88,89,206,212,238,240
具遍《ぐへん》　215
弘法寺《ぐほうじ》　11,12
黒住教《くろずみきょう》　279
クロマニヨン人　274
薫修日久《くんじゅうにっく》　234
訓諭《くんゆ》　250,307
草鶏記《けいそうき》　210
刑法《けいほう》　281,283～285
化儀抄《けぎしょう》　190,192～196,201,204,352
下種益《げしゅやく》　69,78,90,113,143,180,198,216,231,235,236
家中抄《けちゅうしょう》　87,89,103,158,190,199,207,211,244
結要付嘱《けっちょうふぞく》　57,108,119,120,236
外用《げゆう》　49,50,219,343
顕戒論《けんかいろん》　38
玄義釈籤《げんぎしゃくせん》　120,148,169,235
減劫御書《げんこうごしょ》　298
検察《けんさつ》　296,300,305
原水爆禁止宣言《げんすいばくきんしせんげん》　300,301
顕説法華《けんぜつほっけ》　155
現世利益《げんせりやく》　268
顕仏未来記《けんぶつみらいき》　127,165,244,329,331,338～340
建武の中興《けんむちゅうこう》　185,189
言論の自由《げんろんじゆう》　282,307
高祖年譜攷異《こうそねんぷこうい》　9,10
宏文学院《こうぶんがくいん》　258
光明点《こうみょうてん》　163
公明党《こうめいとう》　298,306,307
五箇の五百歳《ごかごひゃくさい》　105
国柱会《こくちゅうかい》　263,264
国立戒壇《こくりつかいだん》　299,306
五綱《ごこう》　226,361
五時《ごじ》　64,65,67,74,78,96,100,105,111,124,324,326,327,365,367,373
五重円記《ごじゅうえんき》　41,56,177,178
五重玄《ごじゅうげん》　51,61,373
五十二位《ごじゅうにい》　119,147,148,216
五重の相対《ごじゅうそうたい》　27,56,57,245,337
五種の妙行《ごしゅみょうぎょう》　32
御書全集《ごしょぜんしゅう》　49,90,153,161,251,297,316,375
コスモポリタニズム　258
五大《ごだい》　108,167,169,239
五大尊《ごだいそん》　108
国家諌暁《こっかかんぎょう》　284,285
国家主義《こっかしゅぎ》　250,255,263,271,299
国家神道《こっかしんとう》　250,251,279～285,376
五人所破抄《ごにんしょはしょう》　12,15,16,18,20～23,29～33,134,135,165,175,177,183,186,219,228,232,240,249,351,355,375
五百塵点劫《ごひゃくじんてんこう》　63,64,80～84,92～102,107,110,112,117,118,122,126～145,154,155,165,177,178,193,194,199,215,216,221,229～239,339
御本尊七箇相承《ごほんぞんしちかそうじょう》　34,160～165,168,170,171,175,176,181,192,204,217
五味《ごみ》　123,124,234
五味主《ごみしゅ》　123
五老僧《ごろうそう》　9,14～16,19～37,52,85,142,158,177,183,188,189,228,241,243,348

根源仏《こんげんぶつ》　60,63,84,94,103,104,109,171,173,216,235
言語道断《ごんごどうだん》　54,239,362,363
今此三界《こんしさんがい》　103.104,110,111,198
権実相対《ごんじつそうたい》　26,27,30,114,213〜215,218,223,230,337,
353
根本法華《こんぽんほっけ》　155

《さ行》
摧邪立正抄《さいじゃりっしょうしょう》　46,183
祭礼《さいれい》　315
佐渡御書《さどごしょ》　175
佐渡流罪《さどるざい》　9〜13,17,20,29,35,36,40,50,116,337,338
山王神《さんおうしん》　117〜119
参議院選挙《さんぎいんせんきょ》　298,304,305
三業《さんごう》　148〜150,224,371
三国四師《さんごくしし》　331
三三蔵祈雨事《さんさんぞうきうのこと》　39
三時弘経次第《さんじぐきょうしだい》　179〜181
三師御伝土代《さんしごでんどだい》　9,13
三重秘伝抄《さんじゅうひでんしょう》　3,211,213,217,218,223
三種の教相《さんしゅきょうそう》　50,51,122,123
三種法華《さんしゅほっけ》　155
三証《さんしょう》　264,362
三身如来《さんじんにょらい》　58,94,120,129,137,151,168,169
三世間《さんせけん》　214,360,362
三諦《さんたい》　55,56,68,99,152,366,368,371,372
三大章疏七面相承口決《さんだいしょうしょしちめんそうじょうくけつ》　47〜62,65,66,70〜75,
97,114,115,239,365
三大秘法《さんだいひほう》　36,37,39,82,87,91,134,156,174,204,205,
218,222〜226,244,267,313,336
三大秘法口決《さんだいひほうくけつ》　224
三大秘法抄《さんだいひほうしょう》　82,87,88,134,218,221,222,291,328,
346
三土《さんど》　153
三宝《さんぼう》　236〜238,276,309
三法妙《さんぽうみょう》　129,130
讃文《さんもん》　170,171,192,240,323,324
事戒《じかい》　133,134
止観勝法華《しかんしょうほっけ》　47,133,238,239
止観輔行伝弘決《しかんぶぎょうでんぐけつ》　69,83
色心不二《しきしんふに》　148,149,275
色相荘厳《しきそうそうごん》　121,144,145,154,188,221,231,344
直達正観《じきたつしょうかん》　101,169,295
色法《しきほう》　95〜97,150
事行《じぎょう》　41,52,55,56,66〜68,75,83,84,112〜115,133,
134,148,150,151,178,194,195,205,217,295
自解仏乗《じげぶつじょう》　74,107,108,206,335,373
寺社奉行《じしゃぶぎょう》　248,249
時習学館《じしゅうがっかん》　262,266,269
四十九院《しじゅうくいん》　12,13
四重興廃《しじゅうこうはい》　47,48,54,55,67,177,239
自受用身《じじゅゆうしん》　60,80,81,88,102〜104,106,108,109,120,
121,125〜127,131,133,140,154,155,171,174,178,
184,207,219,221,226,231,233,235,236,240,245,246,
350,365
自受用報身如来《じじゅゆうほうしんにょらい》　59,60,85,92〜94,101,108,139,
145,152
始成正覚《しじょうしょうかく》　54,84,122,163,233
四信五品抄《ししんごほんしょう》　32,102,194,198,227
四諦《したい》　75,151〜153
自他不二《じたふに》　148,149,276,277
十界互具《じっかいごぐ》　31,57,96,97,129,130,132,150,151,156,
160〜163,214
実相寺《じっそうじ》　13
十不二門《じっぷにもん》　148,150
十法界事《じっぽうかいじ》　54,55,67
師弟不二《していふに》　104,193,196,236,246
四天王《してんのう》　164
四土《しど》　153

自灯明《じとうみょう》　156,172
事《じ》の一念三千《いちねんさんぜん》　28,41,68,90,91,205,214〜219,223,224,237,313,328
事《じ》の戒壇《かいだん》　221,222,225
師範学校《しはんがっこう》　254〜256,258
治病抄《じびょうしょう》　90
四菩薩《しぼさつ》　27〜30,108,109,160,161,190,192,203,218,225,230,340,353,355
下野阿闍梨聞書《しもつけあじゃりききがき》　191〜193
釈迦仏法《しゃかぶっぽう》　63〜65,70,80〜82,84,90〜93,96,97,100〜109,112〜119,121〜141,147,151〜158,162,165,181,183,198,206,234,332,335,338,340,345
釈迦本仏《しゃかほんぶつ》　34,84,179〜182,188,190,193,199,207,208,330,338,347,351,352,354
寂照《じゃくしょう》　70,71,127〜129,369〜372
寂日房御書《じゃくにちぼうごしょ》　107,335,342
折伏《しゃくぶく》　16,32,33,79,80,96,100,140〜142,188,227,228,236,237,266,267,284〜286,294,296,297,304,309,310,314,327
借文《しゃくもん》　232,233,235
迹化《しゃっけ》の菩薩《ぼさつ》　51,76,82,95,119
朱印状《しゅいんじょう》　249
従因至果《じゅういんしか》　88,98〜100
従果向因《じゅうかこういん》　98,99
宗教社会学《しゅうきょうしゃかいがく》　316,322,324,358
宗教団体法《しゅうきょうだんたいほう》　280
宗教法人《しゅうきょうほうじん》　297,308,309
周書異記《しゅうしょいき》　328
宗祖御遷化記録《しゅうそごせんげきろく》　9,13,353
十二因縁《じゅうにいんねん》　75,151〜153
十如是《じゅうにょぜ》　59,78,214
十八円満抄《じゅうはちえんまんしょう》　48,66
住本寺《じゅうほんじ》　44,187,198,199,208
十羅刹女《じゅうらせつにょ》　118,119,160,161,167
熟益《じゅくやく》　69,78,107,113,114,119,140
授決円多羅義集唐決《じゅけつえんたらぎしゅうとうけつ》　43
守護国界章《しゅごこっかいしょう》　38,155
守護国家論《しゅごこっかろん》　298,328,361
主師親《しゅししん》　81,96,126,190,191,196,219,237,246,332〜342
受持即持戒《じゅじそくじかい》　114,134
種種御振舞御書《しゅじゅおふるまいごしょ》　247,320
種熟脱《しゅじゅくだつ》　50,51,90,122,136,137,212,221,222,236,239
修善寺決《しゅぜんじけつ》　239
種脱相対《しゅだつそうたい》　27,55,60,63,67,73,82,89,90,124,147,151,158,180,181,194,198,199,206,207,213〜218,223,239,337,361
地涌《じゆ》の菩薩《ぼさつ》　27,56,76,91,124〜126,138,166,171,217,218,290〜295,314,315,341〜345
正行《しょうぎょう》　231,372
上行《じょうぎょう》（菩薩）　19,20,23,27,29,32,39,68,76,77,91,94,95,98,102,103,107〜120,125,126,160,161,166,167,170,171,177〜180,184,〜186,190,192,198,199,203,205,206,218,219,230,292,319,336〜345,349,353,355
上行院《じょうぎょういん》　187,188,208
生死一大事血脈抄《しょうじいちだいじけつみゃくしょう》　320〜322
生死即涅槃《しょうじそくねはん》　130〜132
摂受《しょうじゅ》　32,33,79,100,140〜142,228
正宗分《しょうしゅうぶん》　111,112,139,140,165,166
小乗仏教《しょうじょうぶっきょう》　106,152,172,331
常泉寺《じょうせんじ》　249
唱題《しょうだい》　16,31〜33,36,70,77,91,134,162,211,221,222,226〜228,231,232,236,246,287,290,304,314,334,361,363
浄土教《じょうどきょう》　26,181,230,329,336
正法《しょうほう》（時代）　19,22,32,33,64,105,106,110,111,166,171,172,179,214,228,328,331,340,349

正本堂《しょうほんどう》　307,310,375
聖密房御書《しょうみつぼうごしょ》　38
助行《じょぎょう》　231,232
職業《しょくぎょう》　275,276,360
所生《しょしょう》　93,100,102,154,216,229,354
諸天善神《しょてんぜんじん》　22,117,118,281
所破《しょは》　232,233,235
序分《じょぶん》　68,75,111,139,165,166,225,232,336
諸法実相抄《しょほうじっそうしょう》　27,81,91,126,145,162,171,246,335,342
所用《しょゆう》　194,233,235,372
新《しん》カント学派《がくは》　270
信教《しんきょう》の自由《じゆう》　279,300,331
身口意《しんくい》　150,224
人権《じんけん》　247,275,300,307,359
神国王御書《しんこくおうごしょ》　29
真言諸宗異目《しんごんしょしゅういもく》
信心《しんじん》の血脈《けつみゃく》　320〜322
人生地理学《じんせいちりがく》　3,255〜258,264,265,274,278
真善美《しんぜんび》　270,271
心法《しんぽう》　59,95〜97,101,129,130,150,167,169,366
随縁真如《ずいえんしんにょ》　41,372
雖脱在現《すいだつざいげん》・具騰本種《ぐとうほんしゅ》　54,55,147
推理式指導算術《すいりしきしどうさんじゅつ》　263,266
スッタニパータ　325
砂村問答《すなむらもんどう》　197
生命《せいめい》　272〜277,289〜300,360,361,363
生命論《せいめいろん》　247,253,273,290,294,296,310
誓文《せいもん》　183,184,349〜351
絶待妙《ぜったいみょう》　74,78,142,143,150,223,224,232
撰時抄《せんじしょう》　42,77,96,108,211,222,223,250,332,333,335
禅宗《ぜんしゅう》　108,329,336,364
善《ぜん》の価値《かち》　273,275〜277
仙波檀林《せんばだんりん》　238,240
善無畏三蔵抄《ぜんむいさんぞうしょう》　107,335
創価教育学体系《そうかきょういくがくたいけい》　3,253,257,260,263〜269,278
創価大学《そうかだいがく》　307,319,335,342,356
総勘文抄《そうかんもんしょう》　62,64,82,104,148,247,277
葬式仏教《そうしきぶっきょう》　248,249,253,267,268
相似即《そうじそく》　53,76,99,147
僧俗師弟義《そうぞくしていぎ》　311,312
僧俗平等《そうぞくびょうどう》　312
相対主義《そうたいしゅぎ》　97,277,357〜361,363
相待妙《そうたいみょう》　74,78,142,143,223,232
相伝《そうでん》　28,36〜42,60,63,80,85,88,89,103,158,160,169〜171,175,176,178,181,192,206,209,212,213,216,221,225,228,231
相伝書《そうでんしょ》　44,47,50,55,82,84,85,87,89,91,135,158,159,178,194,199,204,208,212,213,216,224,227,235,236,240,297
造仏論《ぞうぶつろん》　227〜230
僧宝《そうほう》　236〜238
像法《ぞうほう》　20,32,51,64,98〜100,104〜106,111,114,115,128,129,133,134,140,141,166,179,205,228,328,331,340
草木成仏《そうもくじょうぶつ》　362,363
祖師伝《そしでん》　87,89,158
曾谷殿御返事《そやどのごへんじ》　40
曾谷入道殿許御書《そやにゅうどうどのもとごしょ》　39,55,141,142,217,225,229,338,339

《た行》
体外《たいげ》　231,232,234
帯権《たいごん》　78,99
大集経《だいしゅうきょう》　22,105,172,250,328
大正《たいしょう》デモクラシー　271,273
大聖人《だいしょうにん》　5,13,28,47,136,174,179,184,188,207,219,232,236,237,246,264,265,284,291,295,297,320,328,333,350,351
大乗仏教《だいじょうぶっきょう》　32,38,106,132,152,273,276,325,331,

356
大世学院《たいせいがくいん》　303
大石寺《たいせきじ》　14,15,45,171,173,178,186,187,189〜191,
195,197,198,200,202〜204,207〜210,213,219,227,
237,240〜249,253,267,280,284,286,290,294,301,
305,307〜310,317,318,321,336,347,351
大善生活実証録《だいぜんせいかつじっしょうろく》　269,281,282
大智度論《だいちどろん》　38
大通智勝仏《だいつうちしょうぶつ》　53,118〜120,122,229
台当相対《たいとうそうたい》　75,199
体内《たいない》　231,232,234
大日《だいにち》　26,164,181,230,246,330,335〜337,353,354
大白蓮華《だいびゃくれんげ》　47,198,294,320,351
タイム　トゥ　チャント　316
脱益《だっちゃく》　66,67,69,78,83,90,95,99,102〜109,112〜121,
126〜157,179,180,194,198,204,205,215〜217,220,
231,234〜236
多宝如来《たほうにょらい》　116,138,291,337,339,343,354
炭労《たんろう》　300,305
治安維持法《ちあんいじほう》　282〜285,294
地球民族主義《ちきゅうみんぞくしゅぎ》　301
稚児貫首《ちごかんず》　201,207,243,311
地人論《ちじんろん》　225
注法華経《ちゅうほけきょう》　9,27
寺請《てらうけ》　248
天真独朗《てんしんどくろう》　69,70,85
天台沙門《てんだいしゃもん》　9,10,16〜20,24,36
天台本覚思想《てんだいほんがくしそう》　42,43,47,48,50,60,62,66,67,72,73,
115,169,177,188,210,223,239,240
天台本仏論《てんだいほんぶつろん》　238,240
天皇一元論《てんのういちげんろん》　281
天皇機関説《てんのうきかんせつ》　281
天文法華《てんぶんほっけ》の乱《らん》　45,46,208
天目日向問答記《てんもくにこうもんどうき》　232
天理教《てんりきょう》　279
当位即妙《とういそくみょう》　167,169
統一地方選挙《とういつちほうせんきょ》　298,304
当家三衣抄《とうけさんねしょう》　3,211,236〜238
導師曼荼羅《どうしまんだら》　248
当体義抄《とうたいぎしょう》　58,71,79,82,129,148,152,158,162,211,246
塔婆《とうば》　195,312
東洋哲学研究所《とうようてつがくけんきゅうしょ》　306
当流行事抄《とうりゅうぎょうじしょう》　211,228,231〜238
独一本門《どくいちほんもん》　67〜71,75,77,84,85,92,95,101,104〜111,
113〜115,119〜123,135,153,167,169,214,217,233
特殊小学校《とくしゅしょうがっこう》　259
特高《とっこう》　283〜285,287

《な行》

内証《ないしょう》　50,55,56,63,70,71,79,102,104,110,155,205,
219,238,313,343,365,368〜371
内証《ないしょう》の寿量品《じゅりょうほん》　55,56,63,102,104,313
内務省《ないむしょう》　252,283
中山門流《なかやまもんりゅう》　33,34,87,88
ナショナリズム　250,258
七《なな》つの鐘《かね》　306,307
南三北七《なんさんほくしち》　78
南無妙法蓮華経如来《なんみょうほうれんげきょうにょらい》　84,94,120,145,151,168
西山本門寺《にしやまほんもんじ》　44,46,87,135,180,198,202,208,244,249
二十四番勝劣《にじゅうよんばんしょうれつ》　75,82,100,142
二乗作仏《にじょうさぶつ》　178,215
日眼御談《にちげんごだん》　46
日拾聞書《にちじゅうききがき》　190,197
日順雑集《にちじゅんざっしゅう》　88,89,184,206,347
日女御前御返事《にちにょごぜんごへんじ》　31,32,161,162,164,171
日蓮宗《にちれんしゅう》　45〜47,184,189,251,252,264,268,280,283,
284,298,319〜322,342,343,350,351
日蓮正宗《にちれんしょうしゅう》　46,197,201〜203,238,242,250,251,
253,262〜269,278,280,283〜286,296〜313,317,

318,320,322,324,327,329,330,356
日蓮本仏《にちれんほんぶつ》 34,35,84,89,103,104,137,169,173,178～186,190～192,195,199,204,207,219～222,235,238,247,329～333,339,352,361
日露戦争《にちろせんそう》 250
日興跡条々事《にっこうあとじょうじょうのこと》 240,242,243
二而不二《ににふに》 131,146
日本救世軍《にほんきゅうせいぐん》 280
日本正学館《にほんしょうがっかん》 294,303
日本灯台社《にほんとうだいしゃ》 280
日本風景論《にほんふうけいろん》 255
若悩乱者頭破七分《にゃくのうらんしゃずはしちぶん》 167,170,192,323
如説修行抄《にょせつしゅぎょうしょう》 33,142
如法経《にょほうきょう》 31,32,228
人間革命《にんげんかくめい》 287,289,290,363
仁王経《にんのうきょう》 22,223
人法一箇《にんぽういっか》 60,119,145,151,154,164,168,184,192,193,203～205,217,220,221,245,350,356
人本尊《にんほんぞん》 34,168,190,191,219～222,225,231,245,333,349
ネアンデルタール人 274
涅槃経疏《ねはんきょうしょ》 333
能化《のうけ》 210,238,311
能生《のうしょう》 64,93,100,110,139,144,154,216,221,229,333,354

《は行》

廃仏毀釈《はいぶつきしゃく》 250
波木井殿御報《はきいどのごほう》 13,35,85
八苦《はっく》 130～132
八相《はっそう》 58,130,131,365,366
八品派《はっぽんは》 210,213
破門通告書《はもんつうこくしょ》 308,311,312
原殿御返事《はらどのごへんじ》 14,18,20,28,30,35,354
反対価値《はんたいかち》 271,272,274,275
ひとのみち教団 279
美《び》の価値《かち》 274～276
百六箇抄《ひゃくろっかしょう》 80～82,87～159,161,178,184,193～195,199,201,203,206,208,209,212,213,217,221,234,236,240,295,297,313
表白《ひょうはく》 183,348,349,351
不軽《ふきょう》（菩薩） 65,79～81,99,100,141,142,186,228,235,338～340,351
福音書《ふくいんしょ》 325
不敬罪《ふけいざい》 279,281,283～285
富士一跡門徒存知《ふじいっせきもんとぞんち》の事《こと》 15,16,21,23,25～28,30,31,33,134,135,177,183,220,221,229,240,347,355
富士戒壇論《ふじかいだんろん》 134～136,221
富士年表《ふじねんぴょう》 46,186,209,375
富士門流《ふじもんりゅう》 187,189～213,216,219,220,230,234～240,243,245,247～252,264,268,278,308,311,312,318,351
不受不施派《ふじゅふせは》 248,249
仏意《ぶつい》 51～53,365,366
仏因《ぶついん》 58,71,345
仏果《ぶっか》 16,58,61,63,71,73,92,94,98,99,100,236,344,368
物神崇拝《ぶっしんすうはい》 30
仏像《ぶつぞう》 14,16,25,26～31,116,172,185,188,192,199,207～209,227～231,237,349,352～355
仏宝《ぶっぽう》 236,237
仏滅年代《ぶつめつねんだい》 324,327,328
仏立寺《ぶつりゅうじ》 49,50,71～73,365,373
不動明王《ふどうみょうおう》 108,116,165,337
不変真如《ふへんしんにょ》 41,74,128,129,148,150,366,372
普遍哲学《ふへんてつがく》 301
文献学《ぶんけんがく》 48,84,85,326,346
平和提言《へいわていげん》 301,307
変毒為薬《へんどくいやく》 273
法印《ほういん》 9,173,174,208

法衣《ほうえ》　236,237
報恩抄《ほうおんしょう》　10,39,40,65,106,163,218,230,231,276,334,340
法勝人劣《ほうしょうにんれつ》　64,93,221
法灯明《ほうとうみょう》　156,172
法宝《ほうほう》　236〜238
法本尊《ほうほんぞん》　168,219,221,222,225,231,245
法本人迹《ほうほんにんしゃく》　102,103,124
ホーリネス教団《きょうだん》　280
法華経寺《ほけきょうじ》　320,321
法華経《ほけきょう》の智慧《ちえ》　313,325,326,344
菩薩仏《ぼさつぶつ》　99,344
墓所可守番帳事《ぼしょまもるべきばんちょうのこと》　12
ポスト物質主義《ぶっしつしゅぎ》　317
ポストモダン　358,360
細草檀林《ほそくさだんりん》　210,240
保田妙本寺《ほたみょうほんじ》　44,47,87,160,198,202〜204,206,242,244
北海道教育会《ほっかいどうきょういくかい》　255
法華行者逢難事《ほっけぎょうじゃほうなんじ》　38
法華玄義《ほっけげんぎ》　24,42,47,48,51,54,61〜65,72〜75,112,113,137,141,143,144,146,148,157,169,177,232〜235,238,239
法華宗《ほっけしゅう》　16〜19,45,46
法華秀句《ほっけしゅうく》　42
法華取要抄《ほっけしゅようしょう》　68,112,158,166,211,218,341
法華文句《ほっけもんぐ》　24,47,48,55,64,65,72〜75,125,126,140,141,146,234,238,323,338,339,344,367
法華文句記《ほっけもんぐき》　55,125,323
法主信仰《ほっすしんこう》　173,200,201,311
ホロコースト　359
本已有善《ほんいうぜん》　93,101,105,107,113,141,142,144,154,229,338
本因妙口決《ほんいんみょうくけつ》　44,47,53,78,84,158,184,219,350,351
本因妙思想《ほんいんみょうしそう》　2,145,177,178,193,194,198
本因妙抄《ほんいんみょうしょう》　44〜85,87,89,93,94,97,98,100,102,109,115,128,137,140,142,144,151,158,159,161,169,178,184,194,195,199,201,206〜209,212,213,216,217,219,221,229,234,236,240,295,297,313,347,351
本化別頭仏祖統紀《ほんげべつずぶっそとうき》　11
本迹一致《ほんじゃくいっち》　50〜52,62,113,146,215
本迹勝劣《ほんじゃくしょうれつ》　50〜52,61,62,97,157,158,206
本迹相対《ほんじゃくそうたい》　27,73,89,114,213〜215,218,223,232,337
本尊已下還住《ほんぞんいかげんじゅう》の目録《もくろく》　87〜89
本尊抄得意抄副書《ほんぞんしょうとくいしょうそえがき》　35
本尊論資料《ほんぞんろんしりょう》　41
煩悩即菩提《ぼんのうそくぼだい》　130〜132,152,273
凡夫即極《ぼんぷそくごく》　76,148
凡夫本仏《ぼんぷほんぶつ》　99,162,246,247
本末制度《ほんまつせいど》　195,248
本未有善《ほんみうぜん》　141,229,338,339
ほんみち教団　279
本無今有《ほんむこんぬ》　139
本門寺《ほんもんじ》　133〜136,179,183,243,244,307,349
本六《ほんろく》　185,187

《ま行》

摩訶止観《まかしかん》　38,47,48,56,57,66,69〜75,78,97,147,212,239,364,368,369,371,372
末法《まっぽう》　1,19,20,22,23,27,31〜35,39,44,55〜57,64,65,68,75〜77,81,83〜85,91,94,99,100,104〜107,110〜112,114,115,119,127,133,134,137,138,140〜142,151,165,166,168,169,171,174,179,181,185,188,190,194,196,198,203〜206,214,217〜219,221〜223,225,〜231,235〜237,239247,250,314,319,324,327〜331,333〜336,338〜342,344,345,348,349,353,361
末法相応抄《まっぽうそうおうしょう》　211,219,227,228,231,353
曼荼羅本尊《まんだらほんぞん》　26,28〜34,36,41,77,79,116,134,150,157,160〜172,174,175,181,182,184,185,190,192,

195,203,205,220〜222,226,230,231,244,251,283,292,312,319〜321,323,324,337〜340,350,352〜355,360〜362
万年救護本尊《まんねんくごほんぞん》 242,353
御影《みえい》 12,104,182,185,191,220,237,243,347
御影本尊《みえいほんぞん》 191,220
密表《みっぴょう》 103,104,110
身延相承書《みのぶそうじょうしょ》 135
身延派《みのぶは》 16,202,238,248,249,252,263,264,280,283,298,350,353,356
身延離山《みのぶりざん》 14,15,18,20,135,187,242〜244
名字即《みょうじそく》 53,63,64,69,83〜85,92〜95,97,100〜103,107,108,119,124,125,145,147,148,157,165,212,219,236,237,372
妙密上人御消息《みょうみつしょうにんごしょうそく》 181
民主音楽協会《みんしゅおんがくきょうかい》 306
無作三身《むささんじん》 58,82,92〜94,120,121,129,148,162,167,226,237,240,246
無始無終《むしむしゅう》 56,81,94,106,108,109,134,137〜139,295
無量義経《むりょうぎきょう》 287,289
明治憲法《めいじけんぽう》 279,281
文字曼荼羅《もじまんだら》 14,16,25,26,28,29,31,34,116,172,173,187,190,219,229,230,318〜324,334,337,347,348,353,356
文義意《もんぎい》 212,222
文上《もんじょう》 20,56,60,63,64,67,68,73,75,77,78,80〜82,84,90,92,93,95,96〜102,105,106,108〜112,114,115,119,121,123,126,134,135,138〜140,143,144,153〜155,163,166,169,178〜181,194,203,205,212,215〜217,221,223,228,231,233〜236,238,239,295,335,336,341
文上顕然《もんじょうけんねん》 223
文上顕本《もんじょうけんぽん》 231,233,234
文段《もんだん》 5,174,211〜216,220,231,244〜246,250,268,297,367
文底《もんてい》 20,59,60,63,67,68,73,80,82〜84,92,102,110,120,123,124,138〜140,147,155,166,179,180,194,203,212,213,215〜218,223,235,236,238,313,336,341
文底顕本《もんていけんぽん》 231,233〜235
文底秘沈《もんていひちん》 213,218,223,237
文底秘沈抄《もんていひちんしょう》 211,218,225,245,313
文部省《もんぶしょう》 251,255,258,280,283

《や行》

薬王《やくおう》（菩薩） 19,20,52,75,76,79,82,108,110,115,179,323,339
薬師経《やくしきょう》 223
遺誡置文《ゆいかいおきぶみ》 24,34,200,209,311
唯識学派《ゆいしきがくは》 60
影現《ようげん》 124,126
楊枝本尊《ようじほんぞん》 116,244,337
用心抄《ようじんしょう》 349,351
要法寺《ようぼうじ》 44,87,187,189,198,201,202,207〜209,211,213,227,249
頼基陳状《よりもとちんじょう》 333,342

《ら行》

理戒《りかい》 133,134
理即《りそく》 52,53,76,120,121,127,128,147,148,150,151,236
理《り》の一念三千《いちねんさんぜん》 56,68,76,83,90,91,128,214,216,217
利《り》の価値《かち》 273〜276
利美善《りびぜん》 277
流通分《るつうぶん》 68,75,110〜112,139,165,166,225,336
歴史的《れきしてき》イエス 325
歴史的釈尊《れきしてきしゃくそん》 38,325,326
蓮陽房聞書《れんようぼうききがき》 190
六義《ろくぎ》 225,313
六重本迹《ろくじゅうほんじゃく》 88,146,147,206
六条門流《ろくじょうもんりゅう》 212
六即《ろくそく》 53,147,148

録内啓蒙《ろくないけいもう》　215
六人立義草案《ろくにんりゅうぎそうあん》　203,204
六巻抄《ろっかんしょう》　5,211〜215,218〜223,225〜237,244,245,
353

〈著者紹介〉

須田晴夫（すだ　はるお）

1952年2月、東京生まれ。
1977年3月、東京大学法学部卒業。
2012年2月、団体職員定年退職。
論　文：「西田哲学と『中道』の論理」
　　　　「神の変貌」、その他
著　書：『新 法華経論　現代語訳と各品解説』（ラピュータ）
　　　　『新版　日蓮の思想と生涯』（鳥影社）

日興門流と創価学会

定価（本体3800円+税）

乱丁・落丁はお取り替えします。

2018年8月27日初版第1刷印刷
2018年9月 5日初版第1刷発行
著　者　須田晴夫
発行者　百瀬精一
発行所　鳥影社 (www.choeisha.com)
〒160-0023 東京都新宿区西新宿3-5-12トーカン新宿7F
電話 03-5948-6470, FAX 03-5948-6471
〒392-0012 長野県諏訪市四賀229-1(本社・編集室)
電話 0266-53-2903, FAX 0266-58-6771
印刷・製本　モリモト印刷・高地製本

ISBN978-4-86265-687-2 C0015